渤海의 起源과 文化

渤海의 起源과 文化

崔茂藏 編譯

한국학술정보㈜

머리말

「고구려·발해 문화」書가 1985년에 증보판이 나온 이후 발해문화관계 논문과 발굴보고서가 15편 이상 수집되어 다시 「渤海의 起源과 文化」라는 제목으로 편역을 시도하였다.

王承禮의 「渤海簡史」에서 몇 편의 관계된 글들도 동시에 번역 수록하였다.

이 책의 원고를 처음부터 끝까지 정리하여 준 건국대학교 사학과 대학원 박사학위 과정의 이 상규 군에게 재삼 감사를 표시한다.

1988년 4월
최 무 장

차 례

第2章 渤海의 疆域과 地理

第3章　渤海의 政治와 對外關係

第4章　渤海의 文化

第1章 渤海族의 起源

1. 靺鞨族의 共同體類型과 특징 *

靺鞨은 周秦 이전의 시기에는 肅愼이라 불렀고 東胡·夫餘와 함께 東北 아시아의 고대 3大 民族을 형성하였다. 숙신의 주요 분포지역은 현재의 長白山 이북 松花江 중 하류와 牡丹江 유역의 광대한 지역이었다. 漢·魏·西晋 시기에는 挹婁라 하였고 南北朝 시기에 이르러서는 勿吉이라 하여 현재의 송화강·牡丹江 유역 및 黑龍江 중하류, 즉 동으로 동해(日本海)에 이르고 남으로 고구려에 접하는 광대한 지역을 차지하였다. 隋 시기에는 물길이라는 칭호와 함께 靺鞨이라 불렀고 唐 시기 역시 말갈이라 하였다. 따라서 전체적으로 보면 말갈(勿吉)族은 대체로 송화강 유역을 중심으로 하여 동으로 동해(日本海)에 이르고 서로 突厥, 남으로 고구려, 北으로 室韋에 접한다.

1) 靺鞨族의 共同體類型

숙신·읍루 시기의 민족공동체 내부의 발전에 관하여 史書에는 상세한 기록이 되어 있지 않아 이해하기 어렵고 수 이후에 이르러서야 비교적 명확한 기록이 보이고 있다.
《북사 물길전》의 말갈족에 관한 기록으로

---

* 馮繼欽 『靺鞨族共同體類型及其特徵初探』 北方文物 1986. 2, pp. 64～67.

　　그 부락은 모두 7개로 첫째는 속말부이다. 고(구)려와 접해 있고 병사은 수천이다. 모두 용맹스러워 매번 고(구)려를 침범하였다. 둘째는 백돌부이다. 속말부의 북쪽에 있고 병사는 7천이다. 셋째는 안거골부로 백돌부의 동쪽에 위치한다. 넷째는 불열부로 맥돌부의 동쪽에 위치한다. 다섯째는 호실부로 불열부의 동쪽에 위치한다 여섯째는 흑수부로 안거골부의 서북에 위치한다. 일곱째는 백산부이다. 속말부의 동남쪽에 위치하며 병사는 불과 3천에 지나지 않는다. 이 중에서 흑수부가 가장 강력하였고 불열부의 동쪽은 모두 돌화살촉을 사용하였다.　이것은 옛날의 숙신인들과 같다. (其部類凡有七種 : 其一號粟末部, 與高(句)麗接, 勝兵數千, 多驍武. 每寇高麗 : 其二伯咄部, 在粟末北, 勝兵七千 ; 其三安車骨部 ; 在伯咄東北, 其四拂涅部, 在伯咄東 ; 其五號室部, 在拂涅東 ; 其六黑水部, 在安車骨西北 ; 其七白山部, 在粟末東南. 勝兵幷不過三千, 而黑水部尤爲勁健. 自拂涅以東, 矢皆石鏃, 自古肅愼氏也)

라고 되어 있고 《수서 말갈전》에도 같은 내용의 기록이 있다. 《북사》는 북위에서 隋에 이르는 기간을 기록한 역사서로 말갈 7부는 隋代에 이미 출현하였다. 《신당서 흑수말갈전》에는 말갈을 6부로 기록하고 號室部가 빠져 있다. 《신당서 흑수말갈전》의 기록을 보면

　　그 중에서 가장 뛰어난 것은 속말부로 가장 남쪽에 위치하며 태백산의 기슭에 자리잡았고 또한 도태산이라 부르기도 하였다. 고(구)려와 접해있으며 속말강에 의지하여 거주하였다. 강은 산의 서쪽에서 발원하여 북쪽의 다른 강으로(송화강) 흘러 들어간다. 이곳의 동북쪽에 율돌부가 있고 또한 안거골부가 자리하고 있다. 안거골부의 동쪽에 불열부가 있으며 안거골부의 서북쪽에 흑수부가 있다. 속말부의 동쪽에 백산부가 있다. 각부 사이의 거리는 먼 곳은 3~4백리, 가까운 곳은 2백리이다. (其著者曰粟末部, 居最南 抵太白山, 亦曰徒太山, 與高麗接, 依粟末水以居, 水源于山西, 北注它漏河 ; 稍東北曰汨咄部 ; 又次曰安居骨部, 益東曰拂涅部 ; 安居骨之西北曰黑水部, 粟末之束曰白山部, 部問遠者三四百里, 近二百里)

라고 되어 있다. 그런데 실제로 말갈족공동체는 이 粟末・伯(汨)拙・

安車(居)骨・拂涅・號室・黑水와 白山의 7개 부락만이 있었던 것은 아니다.《구당서 말갈전》에 기록된 것을 보면 "그 나라는 수십 개의 부락으로 형성되어 각 부에는 酋帥가 있고 고구려나 돌궐에 부속되어 있었다"(其國凡數十部, 各國酋帥, 或附于高麗, 或附于突厥)고 하였고《신당서 흑수말갈전》에는 "수십 개의 부로 나누어져 추장이 각기 다스렸다"(離爲數十部, 酋各自治)고 되어 있다. 또한《新五代史 四夷附錄 第三 흑수말갈전》에 기록된 것을 보면 "그 무리는 수십 부로 나누어 졌다"(其衆分爲數十部.)라고 되어 있다. 이런 기록들을 보면 7部는 단지 이들 부락 중에서 두드러지는 비교적 큰 부락이었음을 알 수 있다.

또한 말갈족공동체 중의 각 부락 내에는 여러 개의 씨족이 조성되어있었다. 史書의 기록이 간략하여 말갈족공동체 중의 각 부락 내부에 있었던 씨족의 분포상황은 이해하기는 어려우나 활동이 빈번하였고 역사상 차지하는 비중이 상당히 컸던 속말말갈부와 흑수말갈부는 비교적 상세한 기록이 남아 있다. 이것은 속말말갈부는 후에 발해족의 주체가 되었고, 흑수말갈부는 여진족의 주체가 되었기 때문이었다.

속말말갈부에 대해《大平寧宇記》권71《北蕃風俗記》의 기록을 보면

> 개황년간에 속말말갈이 고(구)려와의 전쟁에서 승리하지 못하자 궐계부의 추장 돌지계는 홀사래부・굴돌시부・열계몽부・월우부・보호뢰부・파해부 보보괄리부 등 8부의 병사 수천 명을 이끌고 부여성의 서북쪽에서 관내로 이주하여 유성에 머물렀다. 이곳은 연군의 북쪽이다. (開皇中, 粟末靺鞨與高麗戰不勝, 有厥稽部渠長突地稽者, 率忽賜來部・窟突始部・悅稽蒙部・越羽部・步護賴部・破奚部・步步括利部, 凡八部, 勝兵數千人, 自夫餘城西北擧部落向關內附, 處之柳城, 乃燕郡之北)

라고 하여 속말말갈부 내에 8개의 部(氏族)가 있었음을 말하고 있다. 그러나 실제로 이 8개의 部(氏族)만이 있었던 것은 아니다.《구당서지리지 2》에 기록된 것을 보면

신주는 무덕 초에 설치하여 영주에 속하였다. 속말말갈 오소고부락(실제로는 씨족)을 다스렸다. (愼州武德初置, 隷營州, 領涑末靺鞨烏素固部落)

고 하여 속말말갈부 내에 烏素固 씨족이 있었음을 말하고 있다.

흑수말갈부에 관해 《구당서 말갈전》에는

흑수부의 전성시에는 16부로 나누어져 있었고 또한 남북으로 나누어 불렀다. (唯黑水部全盛, 分爲 16部, 部又以南北爲稱)

라고 기록하고 있고 《신당서 흑수말갈전》에는

흑수부가 강력할 때에는 16부락으로 나누어져 남북으로 불렀고 그들의 거주지는 가장 북쪽이었다.(唯黑水完强, 分16落, 以南北稱, 蓋其居最北方者也)

라고 기록하고 있다. 이것은 흑수말갈부는 16개의 씨족으로 이루어졌고 또한 南흑수말갈과 北흑수말갈이라는 2개의 大部落 집단으로 나누어져 있었다는 것을 설명해 준다. 그런데 실제로 史書에는 8개의 씨족 명칭만이 기록되어 있을 뿐이다. 《신당서 흑수말갈전》에 기록된 것을 보면

처음에 흑수의 서북쪽에는 사모부가 있고 더욱 북쪽으로 10일을 가면 군리부에 이른다. 동북쪽으로 10일을 가면 군설부에 이르며 또한 굴설이라 부르기도 한다. 동남쪽으로 10일을 가면 막예개부가 있고 또한 불열·우루·월희·철리부 등이 있다. 이 지역의 남쪽에 발해가 있고 북쪽·동쪽은 바다와 접해 있고 서쪽에는 실위가 있어 남북으로 2천리 동서로 천리에 달한다. 불연·철리·우루·월희부는 중국과 통교하였으나 군리·굴선·막예개부는 통교하지 않았다. (初, 黑水西北又有思慕部, 益北行十日得郡利部, 東北行十日得窟說部, 亦號屈設, 稍東南行十日得莫曳皆部, 又有拂涅·虞婁·越喜·鐵利等部, 其地南距渤海, 北·東于海, 西抵室韋, 南北柔二

千里, 東西千里, 拂涅·鐵利·虞婁·越喜·時時通中國, 而郡利·屈設·莫
曳皆不能自通)

고 하여 思慕·郡利·窟說·莫曳皆·拂涅·虞婁·越喜·鐵利의 8部(氏
族)를 말하고 있다. 그런데 이 가운데 불열은 앞서 말한 말갈 7部중의
불열부의 명칭과 동일하다. 이 불열이 모두 部를 말하는 것인가 아니
면 하나는 부락, 다른 하나는 씨족을 말하는가는 판단하기 어렵다. 이
외에《신오대사 사이부록 제3 흑수말갈전》에는

　동광 2년(1924년) 흑수의 올아는 사신을 보내 내조하였고 그 후 항상
조공하여 등주에서 배를 타고 청주에 이르렀다. 다음해 흑수의 호독록이
역시 사신을 보내 내조하였다. 올아·호독록은 그 2부의 추장으로 각각
사신을 보내 내조하였다. (同光二年 黑水兀兒遣使者來, 其后常來朝貢, 自
登州泛海出靑州, 明年, 黑水胡獨鹿亦遣使來. 兀兒·胡獨鹿若其酋長, 各以使
來)

라고 기록되어 있다. 이것은 흑수말갈부락 내에 일찍이 兀兒·胡獨鹿
의 2部(氏族)가 있었음을 말하는 것으로 16部(氏族)의 존재여부는 알
수 없다.
　말갈공동체 내의 이런 부락은 어떠한 관계를 맺고 있었는가? 또한
그들이 속한 공동체의 유형은 무엇인가? 이에 대해《위서 물길전》·
《북사 물길전》에는 "읍락이 서로 오랜 동안 통일되지 않았다"(邑落
各自有長不相總一)고 하고 있으며《신당서 흑수말갈전》에는 "수십 부
로 나누어져 추장이 각기 다스렸다"(離爲數10部酋各自治)고 기록하고
있다. 따라서 적어도 唐 초기에 이르기까지 말갈의 각 部는 아직 부락
연맹을 형성하지 않은 단계로 部落共同體 단계에 머물러 있었다고 할
수 있다.
　그런데 部落群은 통일된 族名·지역의 연결, 그리고 기본적으로 동
일語族에 속하였기 때문에 각 부락은 서로 비슷한 경제생활유형과 풍

속·습관을 나타내며 또한 통일된 族名의 여러 특징을 가진 흩어진 民族共同體類型이었다. 즉 부락군은 多民族共同體類型을 나타내었다. 그 특징은 첫째, 기본적으로 몇 개의 공동혈연관계의 부락으로 조성되었다는 점이며 둘째는 부락연맹으로 발전하여 부족을 형성하는 과도기였다는 점이다. 그 발전방향을 보면 部落群 중에서 각 부락이 결합하여 부락연맹으로 발전하고 나아가 부족을 형성하였다고 말하기도 하고 각 부락이 단독으로 발전하여 부족을 이루었다고 말하기도 한다. 여기에 비추어보면 말갈족공동체의 발전은 후자에 속하는 것으로 즉 발해와 여진의 2개 부족의 주체를 이루었다.

2) 靺鞨部落群의 특징

部落群의 각 부락사이에 통일된 부락연맹이 형성되지 않았고 각 부락 사이에 정치·경제사이로 발생한 관계가 매우 적어 이것을 散在性으로 표현하기는 하나 각 부락은 기본적으로 동일한 혈연관계와 이에 따른 공동 특징을 가지고 있어 그 공통성을 표현한다. 다음은 靺鞨部落群(勿吉 時期를 포함)의 지역·언어·경제생활·풍속에 나타난 공통의 특징을 간단히 소개하기로 한다. 이것은 靺鞨部落群의 多民族共同體類型의 특징을 이해하는데 도움을 줄 뿐만 아니라 중국 역사에 나타난 민족의 대부분이 部落群의 발전단계를 거쳤기 때문에 靺鞨部落群의 특징을 연구함으로써 다른 민족의 특징을 제시하는데 논리적 근거를 삼을 수 있는 것이다.[1]

1) 지역의 연결성 ; 《구당서 말갈전》에 "동쪽으로 바다에 이르고 서쪽은 돌궐과 접하며 남쪽은 고(구)려와 경계를 이루고 북쪽으로 실위와 이웃하고 있다"(東至于海, 西接突厥, 南界高麗, 北鄰室韋)고 기록되어 있고 (신당서 흑수말갈전)에도 같은 내용의 기록이 있다.[2] 이들 기

---

1) 《室韋民族共同體類型》, 《黑龍江文物叢刊》 1983년 1기 ; 《北魏至隋唐室韋的 經濟類型和社會性質初探》, 《求是學刊》 1983年 1期. 참조.

록으로 판단하면 靺鞨部落群 지역은 주로 송화강・牡丹江・흑룡강 중・하류 유역을 중심으로 동쪽으로 동해(日本海)에 이르며, 남쪽으로 고(구)려와 접하고 서쪽으로 돌궐, 북쪽으로 실위와 이웃하고 있음을 알 수 있다. 그리고 말갈부락의 7개의 주요부락 지역은 서로 연결되어 속말부는 현재의 장백산 북쪽, 송화강의 상류 지역이고 백돌부는 현재 북으로 흐르는 송화강의 하류 지역, 안거글부는 현재 흑룡강성 阿什河 유역, 불열부는 현재 흑룡강성 張廣才嶺의 동쪽 牡丹江유역, 호실부는 현재 우수리강 유역, 흑수부는 현재 흑룡강 하류지역이며, 백산부는 현재 길림성 延邊 지역이 된다.[3]

2) 언어 : 일반적으로 靺鞨族의 언어는 알타이語系의 만주-퉁구스 語族이다.《위서 물길전》・《북사 물길전》에 "언어가 독자적으로 다르 다"(言語獨異)라고 기록된 것은 말갈족의 언어와 그 주변의 원시몽고 語族・원시돌궐語族・원시朝鮮語族 등의 언어가 서로 다름을 말하고 있다.

3) 경제생활 : 말갈부락의 각 부락은 기본적으로 목축업・농업・수렵 이 병존하는 경제유형이었다.《북사 물길전》에는

> 그 나라에는 소가 없고 말이 있어 수레를 끌고 농사에 이용하였다.……
> 돼지를 많이 길렀고 양은 없다.……사람들은 활 쏘는데 능하여 활을 쏘아
> 수렵하는것을 업으로 삼았다.(其國無牛, 有馬, 車則步推,……其畜多猪, 無
> 羊.……人皆善射, 以射獵爲業)

라는 기록이 있고(《위서》도 같은 내용을 기록하고 있다.)《수서 말갈 전》에는

> 농사를 지어 많은 벼・보리・기장 등을 경작하였다.……많은 돼지를 길

---

2)《新唐書・黑水靺鞨傳》「束瀕海, 西屬突厥, 南高麗, 北室韋.」
3) 中央民族學院編輯組 : 《〈中國歷史地圖集〉東北地區資料 篇》.

렀다. 맵쌀로는 술을 빚어 이것을 마시고 취하였다.……사람들은 모두 활
을 쏘아 짐승을 잡는 것을 업으로 하였다. 뿔로 만든 활은 길이가 3척이
며 화살의 길이는 1척 2촌이다. 항상 7~8월에는 독약을 만들어 화살에 묻
혀 짐승을 사냥하는데 맞으면 그 자리에서 즉사하였다. (相與偶耕, 土多粟
麥稷 ……其畜多猪. 嚼米爲酒, 飮之亦醉……人皆射獵爲業, 角弓長三尺,
箭長尺有寸, 常以七八月造毒藥, 傅矢以射禽獸, 中者立死)

라는 기록이 있고《구당서 말갈전》의 기록에는

　　돼지를 기르는데 부자는 수백 여 마리에 달하였고 그 고기는 먹고 가죽
　　은 옷으로 이용하였다.(其畜宜猪, 富人至數百口, 食其肉而衣其皮)

라고 되어 있다. 그리고 말갈유적에서 출토한 토기·철기와 대량의 말
과 돼지 뼈를 볼 때 말은 말갈인들이 타고 다니거나 운송 또는 수렵
에 이용한 도구였으며 돼지는 衣食의 원천이 되었음을 알 수 있다. 그
런데 비록 말갈족의 경제유형이 목축업·농업·수렵 업의 3개의 형태
가 병존하였다고는 하나 남북의 자연조건의 차이에 의해 북쪽 지역의
흑수말갈부락의 농업의 비중은 크지 않았고 남부의 흑수말갈 각 部의
농업은 상당한 비중을 차지하였다고 여겨진다.

　　말갈족의 유적지에서 출토된 대량의 鐵器(생산도구와 무기를 포함)
및 기타의 금속제품은 수·당시대 말갈족의 사회생산력이 이미 야만
적인 시대에서 고급단계로 들어섰음을 말해 준다. 일찍이 서진 시대에
숙신은 이미 사유제를 보이면서 가부장적 사회로 진입하였다.《진서
동이전》에 "말은 타기 위한 것이 아니라 재산으로 되었다."(有馬不乘,
但已爲財産而己) "아버지와 아들이 대를 이어 군장이 되었다"(父子世
爲君長)라고 기록하고 있고 당에 이르러《구당서 말갈전》에 "아버지와
아들이 서로 계승하여 대대로 군장이 되었다"(父子相承, 世爲君長)고
말하고 있다. 또한《신당서 흑수말갈전》에도 "그 추장을 대막불만돌이
라 하여 대를 이어 군장이 되었다"(其酋曰大莫拂瞞咄, 世相承爲長)라

는 기록이 있다. 이것들은 모두 가부장제적인 사회로 들어섰음을 설명하는 것이다. 이와 동시에 빈부의 불균형 현상이 나타났다.《구당서 말갈전》에 의하면 "돼지를 기르는데 부자는 수백여 마리에 달하였다"(其畜宜猪, 富人至數百口)고 하였다. 따라서 생산관계로 볼 때도 말갈족은 이미 야만적인 시대의 고급단계로 진입하였던 것으로 즉 문명사회로 향하는 과도기 단계였다.

4) 풍속 : 靺鞨部落群의 각 부락 내에는 居住·服飾·머리 형태·혼인·葬俗 등의 풍속 습관에서 공통적인 특징을 나타낸다.

① 居住 : 말갈족은 穴居하였다. 穴居에 관한 기록으로 다음과 같은 것들이 있다.

> 그 땅이 축축하여 구덩이를 만들어 거주하였다. 방은 무덤과 비슷한 형태로 출입구가 윗쪽에 있어 사다리를 만들어 출입하였다. (其地下濕, 築城穴居, 屋形似冢, 開口于上, 以梯出入)《魏書 勿古傳》

> 땅이 축축하여 흙으로 제방처럼 쌓고 구덩이를 파서 거주하였다. 출입구가 윗쪽을 향하여 사다리를 만들어 출입하였다 (其卑濕, 築上如堤, 鑿穴以居, 開口向上, 以梯出入)《北史 勿古傳》《隋書 靺鞨傳》

> 가옥이 없고 산과 물을 의지하여 땅을 파 구덩이를 만든 후에 위쪽에 나무를 걸쳐 그 위에 흙을 덮었다. 그 모양이 마치 중국의 무덤과 같았다. 이곳에 서로 모여 거주하였다. (無屋宇, 并依山水掘地爲穴, 架木于上, 以土覆之, 狀如中國之冢墓. 相聚而居)《舊唐書 靺鞨傳》

> 거주하는 집이 없이 산과 물을 따라 땅을 파 구덩이를 만들고 그 위에 나무를 걸쳐 놓은 다음 흙을 덮어 무덤의 능처럼 생겼다. (居無室, 負山水坎地, 梁木其上. 覆以土, 如丘冢然)《新唐書 黑水靺鞨傳》

1974년 중국과학원 考古研究所와 흑룡강성 박물관은 綏濱同仁公社同仁大隊에서 물길-말갈문화유적지를 발굴하여 同仁文化類型으로 이름을 붙였다. 同仁 3호 주거지는 면적이 36m²로 木板과 穴壁의 밑부분을 파서 墓槽를 만들었다. 그리고 木板을 수직으로 세우고 板과 壁사이의 틈은 흙으로 메워 板壁을 만들었다. 4壁의 안쪽에는 기둥구멍이 있어 원통형의 나무를 기둥으로 하여 가옥의 천정을 지탱하였다. 거주면은 평탄하고 白色의 흙을 발랐고 둘레는 木板으로 덮었다. 竈坑이 房의 중앙에서 약간 서쪽으로 치우쳐 있다. 門道는 남쪽에 있다. 이것과 문헌에 기록된 穴居와는 완전히 일치하고 있다.4)

② 服飾 : 남자는 가죽옷, 여자는 베옷을 입었다. 服飾에 관한 기록을 보면 다음과 같다.

> 부인들은 베로 만든 치마를 입었고 남자들은 돼지·개의 가죽으로 갑옷을 만들어 입었다.……머리에는 호랑이나 표범의 꼬리를 꽂았다.(婦人則布裙, 男子猪犬皮裘……頭揷虎豹尾)《魏書 勿吉傳》·《北史 勿吉傳》)

> 부인들은 베옷을 입었고, 남자들은 돼지·개가죽으로 옷을 만들어 입었다. (婦人服布, 男子衣猪狗皮)《隋書 靺鞨傳》

> 편발의 풍속이 있고 들짐승의 이빨을 꿰어 매달았다. 꿩의 꼬리를 꽂아장식하여 다른 부락과 구별되었다. (俗編髮, 綴野豕牙, 揷雉尾爲冠飾, 自別于者部)《新唐書·黑水靺鞨傳》

③ 머리 형태 : 말갈족은 編髮을 하였다. 이에 관한 것으로 일찍이 숙신 시기의 기록으로《진서 동이전》에 모두 編髮의 풍습을 가졌다(俗皆編髮)고 되어 있고 수·당시기에 이르러서도 여전하여《구당서 말갈전》과《신당서 흑수말갈전》에 編髮의 풍습이 있었음을 말하고 있다.5)

④ 혼인 : 혼인 풍습에 관한 것으로 다음과 같은 기록이 있다.

---

4) 楊虎·譚英杰·張大湘:《黑龍江古代文化初論》,《中國考古學會 1980년 年會論文集》,
   文物出版社. 1981年版.
5)《舊唐書 靺鞨傳》; "俗皆編髮"
  《新唐書, 黑水靺鞨傳》; "俗編髮"

결혼 첫날밤에 남자는 여자집에 가 여자의 젖가슴을 쥐었다가 놓으므로
써 부부가 되었다. (初婚之夕, 男就女家, 執女乳而罷, 便以爲定, 仍爲夫婦)
《魏書·勿吉傳》

결혼 첫날밤 남자는 여자 집에 가 여자의 젖가슴을 쥐었다가 놓는다.
그의 아내가 간음하여 어떤 사람이 그에 일러주면 남편은 아내를 죽이고
또한 후회하여 반드시 그에게 고한 사람도 죽이니 이런 까닭에 간음하는
일이 그치지 않았다. (初婚之夕, 男就女家, 執女乳而罷. 其妻外淫, 人有告其
夫, 夫輒殺妻而后悔, 必殺告者, 由是奸淫事終不發)《北史 勿吉傳》

이와 같은 기록에서 나타난 바와 같이 남편이 간음한 아내를 죽이
는 것은 말갈족이 이미 父權制社會로 들어섰음을 말하는 것이다. 그러
나 남자가 여자 집으로 간다든지, 간음하는 일이 그치지 않았다는 것
을 보면 母權制社會의 잔재가 있었음을 알 수 있다.

⑤ 葬俗 : 靺鞨族은 土葬을 하였다. 土葬의 풍습에 관한 기록으로 다
음과 같은 것이 있다.

부모가 봄 여름에 죽으면 세워서 매장하고 무덤 위에 지붕을 세워 비로
인해 젖는 것을 방지하였다. 만약 가을 겨울에 죽으면 그 시체를 담비 무
리에게 주어 그 육신을 먹도록 하면서 이것을 잡았다.(其父母春夏死, 立埋
之, 冢上作屋, 令不雨濕, 若秋冬死, 以其尸撲貂, 貂食其肉, 多得之)《魏書
勿吉傳》·《北史 勿吉傳》

죽은 사람을 땅을 파서 묻고 그 위에 흙을 덮었다. 관은 만들지 않았으
며 시체 앞에서 타던 말을 죽여 제사를 지냈다. (死者穿地埋之, 以身襯上,
無棺斂之具, 殺所乘馬于履前設祭)《舊唐書 靺鞨傳》·《新唐書 黑水靺鞨
傳》에도 이와 비슷한 내용의 기록이 있다.)[6]

이상의 말갈부락의 특징을 분석해 보면 비록 각 부락 사이는 서로

---

6)《新唐書 黑水靺鞨搏》:"死者埋之, 無棺槨, 殺所乘馬以祭"

통일되지 않아 정치・경제상의 관계는 매우 적었으나 지역의 연결성
이나 언어, 경제생활과 풍습 등으로 볼 때는 공동의 성격을 보이고 있
다. 따라서 部落群을 민족공동체유형으로 파악하며 동시에 이 部落群
을 말갈이라 통칭하여 부를 수 있는 것이다. 이렇듯 비록 다른 칭호를
붙일 수 있으나 사람들이 이 部落群을 말갈이라 부르는 것은 주로 그
공동성에 기인하고 있다.

3) 靺鞨部落群의 발전

靺鞨部落群의 변화에 대한 문제는 매우 복잡하여 밀도 있는 연구가
필요하나 우산은 대체적으로 2개의 방향으로 발전한 것을 볼 수 있다.
하나는 당 總章元年(698년) 속말말갈이 주체가 되어 震國을 세우고 開
元 원년(713년) 당의 책봉을 받아 말갈의 칭호를 버리고 발해라 부르
면서 "海東盛國"을 이루었다. (신당서 흑수말갈전)의 기록을 보면

> 박돌・안거골 등이 분산하여 그 흔적을 찾을 수 없고 유민이 발해로 들
> 어갔다. (泊咄・安居骨等弅散, 浸微無聞焉, 遺人進入渤海)

고 되어 있다. 이것은 泊咄(伯咄)・安居骨 등의 部가 발해에 포함되었
음을 설명하는 것이다. 다른 하나는 흑수말갈이 발전하여 여진부족으
로 되었다.《구당서 말갈전》의 기록을 보면

> 개원 13년(725년) 안동도호 설태청은 흑수말갈에 흑수군을 두었다. 그리
> 고 계속해서 가장 큰 부락을 흑수부로 하고 수령을 도독으로 하였으며 여
> 러 부의 자사를 예속시켰다. (開元13年, 安東都護薛泰請于黑水靺鞨置黑水
> 軍, 續更以最大部落爲黑水府, 仍以其首領爲都督, 諸部刺史隷屬焉)[7]

---

7) 孫秀仁, 王志耿 : 《論渤海族的形成與歸向》, 《學習與探索》 1982년 第4期

고 되어 있다. 이것은 당이 흑수말갈에 黑水府를 설치하고 都督·刺史 관리를 두었으며 각 部의 자사는 모두 도독의 관할에 속하였음을 말 하는 것으로 객관적으로 부락 내의 각 部(氏族)의 통일이 이루어졌음 을 보여준다, 발해부족의 형성에 관해서는 근래에 연구 발표된 바가 있으며 여기서 여진족의 형성에 관해서도 자세히 언급하고 있다. 그 내용을 간단히 소개하기로 한다.

발해부족은 속말말갈을 주체로 하여 흑수말갈 이외의 기타 말갈의 각 部를 흡수하였으며 읍루·부여·예맥·옥저 등의 주민과 고구려 유민. 등을 포괄하였고 부분적으로 漢族이 발해부족에 포함되었다는 것 또한 사실이다. 이것은 속말말갈을 주체로 하여 형성된 발해부족의 새로운 공동체로 비록 원래 靺鞨部落群의 부분적인 특징을 나타내기 는 하나 기타의 여러 민족이 섞이면서 지역·언어·경제생활유형·풍 습·부족의 명칭 등 여러 방면에서 변화가 발생하여 원래의 靺鞨部落 群共同體는 아니었다.

靺鞨部落群의 흑수말갈부락은 점차 발전하여 여진족공동체를 이루 었다.《松漠紀聞》에 기록된 것을 보면

여진은 옛날의 숙신국이고 동한 시기에는 읍루, 위 시기에는 물길이라 불렸다. 장백산·압록강의 북쪽으로, ……그 부족은 6부로 흑수부가 지금 의 여진이다. (女眞卽占肅愼國也, 東漢謂之挹婁, 元魏之勿吉, 長白山·鴨綠 江之北, …… 其族分6部, 有黑水部, 卽今之女眞)

라고 되어 있고《大金國志》권22에는

그 거주지는 혼동강의 윗쪽으로 처음의 명칭은 여진이며 흑수부가 여진 으로 되었다. (其居混同江之上, 初名曰女眞乃, 乃黑水遺種)

라고 기록되어 있다. 여진의 명칭이 대체로 처음 나타난 것은 5대 시 기로《文獻通考》卷327에 "5대 시기에 처음으로 여진이라 칭하였다"(5

代時始稱女眞)고 말하고 있다. 8세기 초 당이 흑수말갈부락에, 黑水府
를 설치한 후 11세기 金 6대 景祖 烏古乃시에 予生女眞節度使를 제수
하였다. 《金史 世紀》에는

> 점차 여러 부락이 복속하여 백산·야회·통문(두만강 유역)·야라·토
> 골론에 속하는 지역에서 5국의 추장에 이르기까지 모두 명령을 받았다.
> (송화강 하류와 흑룡강 중·하류 일대)·(稍役屬諸部, 自白山·耶悔·統門
> ·耶懶·土骨論之屬以至五國之長皆所命)

라고 기록되어 부락연맹을 형성하였음을 말하고 있다 (이 시기의 흑수
말갈부락 내의 씨족은 이미 부락으로 발전하였다). 9대 穆盈시에 이르
러 《금사 세기》에 기록된 "병사가 천여 명이 있고 여러 부락이 웅거
하기 시작하였다"(有甲兵千餘, 始雄諸部.)라는 것을 근거로 하면 部落
聯盟은 더욱 발전하였음을 알 수 있다. 阿骨打가 遼 天慶 5년(1115년)
황제를 칭하면서 金國을 세울 당시에는 여진부락연맹은 거대한 부족
공동체를 형성하였으며 그 사회는 문명시대로 진입한 상태였다. 그리
고 여진부락공동체의 특징은 불완전하게나마 말갈부락공동체의 특징
과 비슷한 양상을 보이면서 또한 원래의 靺鞨部落群에는 없었던 새로
운 특징을 형성하였다.

2. 靺鞨의 발전과 渤海王國의 성립 *

渤海史는 중국 漢族이 주체로 된 多民族 역사 가운데 중요한 장을 이루고 있다. 발해왕국은 말갈의 粟末部人이 주체가 되어 현재의 소련 연해주와 한반도 북부의 일부를 포함한 중국 동북지역의 광대한 지역에 건립한 지방민족정권으로 698년부터 926년까지 229년 간 존속하였다.1) 당왕조는 속말말갈의 거주지인 牡丹江 유역에 忽汗州를 설치하여 忽汗州都督府(渤海都督府)를 두고, 그 수령을 도독으로 하였으며 발해군왕으로 봉하였다. 이를 역사에서 발해왕국으로 부른다. 발해사에 대한 연구는 多民族史이 대한 연구를 풍부하게 할 뿐만 아니라 발해안이 중국력사문화에 미친 공헌을 규명하여 민족 단결을 증진시키고 발해와 중원의 긴밀한 관계를 구체적으로 제시하는 것이라 하겠다. 이로써 발해사의 연구는 대단히 중요한 의의를 가지며, 더 나아가 동북아시아 역사에 대한 많은 문제를 규명하는 계기가 되는 것이다.

1) 말갈의 발전

발해의 출현은 중국 동북지역에 오랫동안 거주하였던 말갈인의 역사발전에 따른 필연적 결과였다.

수·당 시기의 말갈은 周秦에서 西漢 시기까지 肅愼으로 불리어졌고 東漢 시기에는 挹婁, 魏晋 시기에는 숙신과 읍루 두 가지 명칭이 사용되었으며 남북조 시기에는 勿吉로 불리어졌다. 이는 곧 중국 동북

* 王承禮『靺鞨的發展和渤海王國的建立』渤海簡史 黑龍江人民出版社 1984. pp. 1~23,
 1)《舊唐書》卷 199 下《渤海靺鞨傳》:「渤海靺鞨大祚榮者, 本高麗別種也」
   《新唐書》卷 219《渤海傳》:「渤海, 本粟末靺鞨附高麗者姓, 大氏」
   위의 기록은 모두 발해가 말갈족이 이룩한 국가라는 사실을 긍정하고 있는 것이다.

지역에 오랫동안 거주하던 여진족으로 만주족의 조상인 것이다. 따라서 중화민족을 형성하는 대가족 중의 하나이며 그 성원으로서 중국의 역사 발전에 중요한 공헌을 하였다.

肅愼 ; 숙신은 중국의 고대문헌에 최초로 나타나는 동북지역에 거주한 주민이다. 숙신에 관한 것으로 先秦 문헌 중의《尙書 序》·《逸周書》·《大戴禮記》의《少閑篇》·《五帝德篇》·《竹書紀年》·《左傳》·《國語》·《山海經》등에 기록되어 있으며 兩漢의 문헌인《史記》·《淮南子》의《隆形訓》과《原道篇》및《說苑》의《辨物篇》등에도 단편적인 기록이 있다.

이들의 내용을 살펴보면《죽서기년》에 "숙우 25년 식신씨가 내조하여 활과 화살을 바쳤다"(帝舜有虞氏二五年, 息愼氏來朝, 貢弓矢)라 기록되어 있고,《사기 5제본기》에 "남으로 교지·북발……북으로 산융·발·식신……등을 위무하여"(南撫交阯·北發……北山戎·發·息愼……)라는 기록이 있다. 鄭玄이 이에 대해 주를 달기를 "식신 혹은 숙신이라 부르는 것은 동북지역의 오랑캐이다"라고 하였다. 이런 기록에서 숙신과 중원과의 관계는 전설상의 기원전 21세기 이전인 부락연맹의 추장인 舜의 시대까지 거슬러 올라감을 알 수 있다. 비록 이러한 기록들이 전설적인 색채를 나타내고 있지만 상고시대부터 숙신이 중원에 왕래하였고 또한 북방지역에 살고 있는 주민의 활과 화살이 유명함을 중원지역에 알려 주었음을 말하고 있다.

숙신과 주왕고는 일찍부터 관계를 맺고 있었다.《논어》권2에 다음과 같은 고사가 기록되어 있다.

중니(孔子)가 진나라에 있을 때 매가 진의 제후의 정원에 나무화살(桔矢)에 관통되어 죽어 있었는데 그 돌화살촉의 길이는 8寸(咫)이었다. 진혜공은 하인을 시켜 중니가 머무르는 곳에 매를 보내어 물었다. 중니가 말하기를 매가 멀리서 왔다. 이것은 숙신 제후의 화살이다. 옛날에 무왕이 상나라를 공격하러 갈 때 그 도중 길에 많은 오랑캐들이 살고 있었는데

그들로 하여금 공물을 바치게 하여 직무를 잊지 않도록 하였다. 그런데
숙신은 나무화살과 돌화살촉을 바쳤는데 그 길이가 8촌이었다. 先王은 그
덕을 널리 알리기를 원하여 후인들에게 보여주고 영구히 귀감을 삼게 하
였다. 고로 그 이름을 괄(楛)이라 하여 숙신이 조공한 화살이라고 불렀다.
그리고 그것을 대신들에게 나누어주었고 虞胡公의 배려로 분봉된 진까지
오게 된 것이다. 옛날에는 同姓人에게 값진 보화를 나누어줌으로써 절친
함을 표시하였는데 지금은 異姓에게 변방지역에서 받은 공물을 나누어줌
으로써 그 직분을 잊지 않도록 하였다. 그래서 숙신이 공물로 보낸 화살
을 진에 나누어주었던 것으로 왕이 여러 곳의 지배자를 회유하자는 뜻이
다. 그것을 얻는 것은 금궤를 얻은 것과 같았다.(仲尼在陳, 有年集於陳侯
之庭而死, 楛矢貫之, 石砮, 其長尺有咫, 陳惠公使人以隼如仲尼之館, 問之.
仲尼曰：隼之來也遠矣, 此肅愼侯氏之矢也. 昔武王克商, 通道於九夷百蠻, 使
各以其方賄來百, 使無忘職業, 於是肅愼氏貢楛矢, 石砮, 其長尺有咫. 先王欲
昭其令德之致遠也, 以示后人, 使永監焉, 故名其楛曰肅愼氏之貢矢, 以分大
姬, 配虞胡公而分封諸侯. 古者分同姓以珍玉, 展親也; 分異姓以遠方之職貢,
使無忘服也, 故分陳以肅鎭氏之貢, 君若使有司求諸故府, 其可得也, 使求, 得
之金櫝, 如之)

　　이 고사에서 周武王 때에 숙신은 나무화살과 돌화살촉을 공물로 바
침으로써 우호와 臣服의 표시를 하였음을 알 수 있다. 周成王이 東夷
를 공격하여 승리한 후 숙신이 또 입조하여 하례하니 성왕은 榮伯으
로 하여금 "숙신에게 내리는 글(賄肅愼之命)"[2]을 짓게 하였다. 이것의
원문은 비록 전해지지 않으나, 알 수 있는 것은 일차적으로 화목의 왕
래가 있었다는 점이다. 《좌전》魯昭公 9년에 "숙신·연·박은 우리의
북쪽 땅이다(肅愼·燕·亳, 吾北土也)"라고 기록되어 있는 것을 보면
이는 주왕조가 숙신·연·박 등을 그 관할에 속하는 영토로서 승인하
고 있음을 알 수 있다.
《漢書 武帝本紀》의 元光 원년 詔에

---

2) 《尙書注疏》 卷17 《周官》 后附書序.

주의 성왕·강왕은 형벌을 집행하지 않아도 천하가 잘 다스려졌고 그 덕이 금수에까지 미쳤으며, 그 가르침은 四海에 통하여 해외의 숙신·북발·거·수·저강이 찾아와 복속하였다. (周六成康, 刑錯不用, 德及鳥獸, 敎通四海, 海外肅眘(愼)北發渠搜, 底羌來服)

고 기록되어 있고, 《한서 司馬相如傳》에는

또한 제의 동쪽에 큰 바다가 있고, ……동북쪽으로 숙신이 인접해 있다. ……이제 제가 동쪽의 번속국이 되어 밖으로 숙신과 통하니 나라의 경계가 바다를 건넌 지역까지 미친다. (且齊東陼鉅海, ……邪與肅愼爲鄰. ……今齊列爲東藩, 而外和肅愼, 捐國隃限, 越海而旧)

라는 기록이 있다. 郭璞은 이에 대해 "숙신이라는 나라는 해외에 있다"(肅愼國名在海外也)고 하였고, 顔師古의 注에는 "邪는 左나 斜라고도 말하며 동북쪽에 접해 있는 지역을 일컫는다"(邪讀爲左, 斜, 謂東北接也)라 하여 제나라는 산동에 위치하고 숙신은 산동의 동북지역에 있으며 발해의 바깥쪽임을 말하고 있다. 《산해경 大荒北經》에

대황의 가운데 산이 있어 불함이라 부르고 숙신씨의 나라가 있다.(大荒之中有山, 名曰不咸, 有肅愼氏之國)

라는 기록이 있는데 불함산은 漢 시기야 蓋馬大山이다 불렀고 수당 시기에는 徒大山·太白山이라 칭해졌다. 즉 오늘날의 長白山인 것이다. 《진서 四夷傳》에 "숙신씨는 읍루라고도 하며 불함산 북쪽에 거주하였다"(肅愼氏, 一名挹婁, 在不咸山北)라고 하여 숙신이 장백산 북쪽에 있었음을 명확히 나타내고 있다. 그리고 《신당서 발해전》에 "숙신의 옛 땅을 상경으로 하여 용천부라 하였다"(以肅愼故地爲上京, 曰龍泉府)라는 기록이 있는데 상경용천부는 현재 흑룡강성 寧安縣 渤海鎭인 것이다. 이러한 문헌기록을 근거하고 고고학적 발굴의 결과를 종합해

보면 다음의 사실을 알 수 있다. 즉 숙신은 오늘날 장백산 이북인 송
화강 중상류지역과 목단강 유역의 광대한 지역에 분포 존재하였고 특
히 목단강 유역은 숙신인의 활동 중심지였다고 생각된다.

흑룡강성 영안현 목단강 유역에 있는 鏡泊湖 근처의 鶯歌嶺 유적지
는 商周 시대 숙신인들의 문화유적의 하나로 볼 수 있다.

당시 앵가령 일대에서 거주했던 원시주민들은 마제석부(磨制石斧),
돌자귀(石錛), 돌끌(石鑿), 돌칼, 돌공이(石磨棒) 등을 사용하여 원시농
업에 종사하였다. 그리고 돌화살촉, 뼈로 만든 창(骨槍頭), 작살 등을
사용하여 수렵・어로에도 종사하였다. 半堅穴式의 방형 혹은 장방형인
원시주거지에서 출토된 소형의 흙으로 빚은 돼지(猪)는 당시 가축사육
의 모습을 보여 주고 있으며, 손으로 만든 모래가 섞인 흑회색 토기,
홍갈색의 토기・시루(甑)・항아리(瓮)・물동이(罐) 솥(釜)・대접(盤)・
잔(杯) 등도 보편적으로 사용되어졌다. 이러한 것들과 문헌상의 기록
에 불함산(혹은 장백산)의 북쪽에 거주하고 있다고 한 숙신인과 밀접
한 관계가 있는 것이다. 이 앵가령 유적은 C^{14}로 측정한 결과 기원전
1940±55년(ZK89)과 기원전 1190±145년(ZK38)으로 나타났다.[3]

춘추전국시대의 숙신사회는 진일보하여 비록 문헌상으로 직접 기록
된 것은 적으나 대량의 고고학적・자료들이 근거를 제시해 주고 있다.
송화강 중류에 위치한 길림시 부근의 西團山, 長蛇山 兩半山, 猴石山,
猩猩哨, 土城子 등의 유적의 대표적인 서단산문화에 속하며 이것은 춘
추전국시대 숙신사회의 발전이 비교적 빨랐던 문화유적일 가능성이
있다.[4]

---

3) 張太湘 : 《對牡丹江流域原始文化的幾點認識》, 本刊. 《放射性碳素測定年代》(三),
　　《考古》1974年 5期.
　　夏 甬 : 《碳−14測定年代和中國史前考古學》, 《考古》 1977年 4期.
4) 吉林長蛇山遺址의 C−14측정년대는 2340±75년(기원전 390년) (ZK96), 2275±75년(기
　　원전 325년)전으로 비교하여 교정한 연대는 B. C. 405±85년이다. 吉林永吉楊屯南유
　　적의 C−14측정연대는 2105±75년(BC215년)(ZK38)전으로 비교・교정 후의 연대는
　　B. C. 205±90년이다. 이는 春秋 말에서 戰國에 이르는 시대에 해당한다. 《放射性碳
　　素測定年代》4, 《考古》1977년 3期.
　　夏 甬 : 《C−14測定年代和中國考古學》, 《考古》1977년 4期.

길림시에서 발견한 고고학적 자료에 의하면 당시 송화강 중류 지역
에서 생활하던 숙신인의 사회생활의 면모를 하나의 전체적인 윤곽으
로 묘사할 수 있다.

당시의 사람들은 서단산, 후석산, 장사산 등의 유적에서 볼 수 있는
바와 같이 비교적 물에 가깝고 자체 방어에 편리한 작은 산 언덕위인
송화강 兩岸에 거주하거나 토성자유적과 같이 평원에 주거지를 정하
였다. 이러한 평원과 작은 산언덕 위에 밀집된 장방형이나 타원형 반
수혈식 가옥을 건조하였던 것이다. 가옥은 일반적으로 길이 4~5m, 깊
이 0.5~1m로 중심부 혹은 담장 모서리에는 할석(割石)을 이용하여 만
든 화덕자리(爐址)가 있고, 각 가정은 가족단위로 거주하면서 씨족사
회를 형성했으며 또한 다수의 씨족사회로서 부락을 형성하였다. 각개
의 씨족공동사회는 대체로 백여 인에 이르고 많은 경우는 수백 인에
이른다. 당시의 원시촌락은 분포밀도가 비교적 컸다. 예를 들면 서단
산 유적과 나란히 그 북쪽 2. 5km 지점에 歡喜嶺유적이 있고 서남쪽
4. 5km 거리에 平頂山유적이 있는데, 현재의 西團山子大隊, 下注子大
隊, 騷達溝大隊 등의 몇 개의 촌락의 분포밀도와 거의 차이가 없다, 유
적지의 면적은 서단산자가 2만 8천㎡이고, 소달구가 약 5만㎡, 장사산
이 3만㎡에 달하고 있다.

길림시에 있는 서단산문화 유적은 대량의 돌도끼(石斧), 돌자귀, 돌
칼. 돌끌(石鑿), 돌화살촉, 돌그물추(石網墜), 연석(磨谷器) 등이 출토되
었는데 다수는 강자갈, 혈암을 이용한 磨制이다. 토기는 수량도 매우
많으며, 청동기는 칼, 창, 도끼, 검, 장식품 등 30여 가지가 있다. 그밖
에 뼈바늘(骨針), 백석대롱(白石管), 벽옥대롱(碧玉管), 玉墜 등도 있다.
당시의 사람들은 농업생산에 종사하였으며 이 당시 농업은 이미 중요
한 생산부분을 차지하였다, 더욱이 청동기가 이미 출현하였으며 지금
까지 사용되던 석기도 그대로 생산에 있어서 주요한 지위를 차지하였
다. 사람들은 돌도끼를 사용해 나무를 채벌했고, 임야를 개간해서 토
지로 만들었으며 가뭄에 강한 기장(黍)과 조(粟)를 심었고, 돌칼을 이

어느 정도 반영하고 있다.

서단산고분群에서 출토된 人骨을 연구한 것을 근거로 하면 이곳에 살던 사람들은 몽고인종 중에서 퉁구스족에 속한다고 할 수 있다.[6]

대량의 고고학적 자료는 우리들에게 서단산문화는 중원문학의 강한 영향을 받았고, 또한 지역적 특색을 갖춘 문화유적으로 이는 중국의 원시문화를 형성하는 부분임을 말해주고 있다.

이러한 고고학적 자료와 문헌에 기록된 숙신인들의 특징은 대체로 서로 부합되는데 예를 들면 "동굴생활(穴居)", "푸른 돌로 화살촉을 만들었다"(以靑石爲鏃), "토제의 鬲을 사용해 음식을 만들었다."(用瓦鬲作飯) 사람이 죽으면 "그 날로 즉시 들판에 장례를 지내고, 나무로 만든 작은 槨을 짜서 그 위에 돼지를 죽여 올려놓음으로써 죽은 사람의 양식으로 하였다"(其日卽葬于野, 交木做小槨, 殺猪其上以爲死者之粮) 등의 기록들이다.[7]

숙신은 중국의 주요한 소수민족 가운데 하나로 말갈의 선조이며 만주족의 먼 조상으로, 2~3천 년 전의 商州시대에 이미 중원지역에서 알려졌고, 중원 황하의 중하류 지역에서는 매우 밀접한 왕래가 있어 여러 차례 나무화살과 돌화살촉을 바쳐 우호와 신복을 표시하였다. 수왕조 또한 그 관할지인 북방의 영토를 승인해 주었다. 숙신인은 중원문화를 받아들여 자신의 독특한 문화를 창조했으며 중국의 원시문화를 함께 이룸으로써 숙신 문화를 형성하는 몇 개의 구성요소 가운데 하나가 되었고 중국 다민족 역사 발전의 중요한 성원이 되었다.

挹 婁 : 後漢은 숙신의 광대한 거주민을 읍루라 칭하였다.

후한서 권85 《읍루전》의 기록을 보면

　　읍루는 옛날 숙신의 나라이다. 부여의 동북쪽 천여 리에 위치하고, 동쪽
　　으로 큰 바다와 접해 있으며 남과 북쪽에 옥저와 접해 있다. 그 북쪽이

---

6) 顔闇 : 《吉林西團山遺址人骨的硏究》, 《考古學報》 1964년 1期.
7) 《晉書》 卷 99 《四夷傳 肅愼傳》.

> 미치는 곳은 알 수 없다. (挹婁, 古書慎之國也, 在扶余東北千余里, 東濱大
> 海, 南興北沃接, 不知其北所及)

라고 하였다. 대체적인 분포지점은 오늘날의 목단강, 송화강 유역에 위치하며, 우수리강, 흑룡강 동쪽과 소련 연해주까지 이르는 광대한 지역이었다. 이들의 사회발전은 완만하게 이루어졌으며 목축을 주로 하는 부락과 농업과 목축생활을 함께 영위하는 부락이 있어 오곡, 소 말, 마포 등을 생산하였다.8) 또한 돼지를 사육하여 그 고기를 먹고 가 죽을 이용하였으며 붉은 색의 玉과 담비가 유명하였다, 푸른색의 돌로 화살촉(鏃)을 만들과 싸리나무(楛)로 활을 만들어

> 활 솜씨가 훌륭하였고 활을 쏘는 사람들은 화살에 독을 묻혀 사람이 맞
> 으면 모두 죽었다. (善射, 射人皆入目, 矢施毒, 人中皆死)9)

고 하는 기록이 있고 항해기술도 능하여 바다를 항해하였다. 그런데 읍루인의 형상은 부여와 같았으나 언어는 부여 고구려와 같지 않았 다.10)

읍루는 많은 부락으로 이루어져 있었고 그중 숙신은 목단강을 중심 으로 하여 형성된 부락이었다. 당시의 각 부락은 독립된 활동을 하여 통일을 이루지 못한 상태였다. 이에 관해《삼국지 위지 동이전》에 기 록되기를

> 대군장은 없고 읍락에는 각각 대인이 있다. (無大君長, 邑落有大人)

라고 되어 있다. 또한 이미 빈부의 분화현상이 나타나 사유재산을 보 호하기에 이르러

---

8)《魏書》卷 30《東夷傳 挹婁傳》
9)《後漢書》卷 85《挹婁傳》
10)《魏書》卷 30《東夷傳 挹婁傳》:「其人形似大餘, 言語不與大餘·高句麗同。」

　　도둑질은 물건이 많고 적음에 관계없이 모두 주살한다. (相盜賊, 物無
多少, 盡誅殺之)11)

라고 기록하고 있다. 그리고 읍루인 가운데 대다수가 산간지방에서 생
활하였는데 그들은 동굴에 거주하면서 살기에 적합하도록 9계단 정도
의 깊이로 구덩이를 팠으며 그 가운데 뒷간도 만들어놓았다. 이들은
여름에는 나체로 생활하면서 단지 작은 헝겊조각으로 앞뒤만을 가렸
고 겨울에는 돼지기름을 몸에 칠하여 바람과 추위를 막았으며 瓦鬲을
이용하여 밥을 지었다.

　　결혼풍습은 일부일처제가 시행되었으나 단지 결혼한 여자는 정숙하
였으나 결혼하지 않은 여자는 자유스러웠고 처녀가 남자를 선택함에
있어서도 비교적 자유로워 남자가 여자의 머리 위에 깃털을 꽂으면
여자는 함께 동행함으로써 동의의 표시를 나타내었다. 사회적으로는 "
젊은이를 귀하게 여기고, 늙은이를 천히 여긴다"(貴壯而賤老)라는12)
풍조가 성행하였고 사람이 죽은 후에 관해서

　　나무를 잘라 작은 곽을 만들고 그 위에 돼지를 죽여 올려놓았는데 부자
는 수백, 가난한 자는 수십 마리였다. 이는 죽은 사람의 양식으로 한 것이
다. (伐木做小槨, 殺猪積槨上, 富者數百, 貧者數十, 以爲死者之糧)13)

라는 기록이 있다.

　　漢왕조 이래로 읍루인은 부여의 억압과 수탈을 받았고 이에 대해
끊임없이 반항하여 마침내 삼국 초기 (220~226년)에 이르러 부여의
통치에서 벗어나게 되었다.

　　읍루는 삼국시대에서 兩晉에 이른 이후에 중원과의 관계를 더욱 강
화하여 여러 차례 중원에 통교해 와서 楛矢, 활과 갑옷, 담비가죽 등을

---

11) 《太平御覽》 卷 284 《肅愼國記》.
12) 《晉書》 卷 97 《四夷傳 肅愼傳》
13) 《太平御覽》 卷 284 《肅愼國紀》

헌상하였다.

흑룡강성 영안현 東康유적은 읍루인 사회에 대한 약간의 내용을 나타내고 있다. 동강유적은 방사성 동위원소 탄소 14로 측정한 연대가 기원 255±85년과 기원 315±95(ZK85)년으로서 이는 삼국시대에 해당하는 것으로[14] 이 유적에서 출토된 토기는 모래 섞인 紅陶와 고운 진흙 홍도가 주를 이루었으며 다음으로 고운 진흙으로 만든 黑陶가 출토되었다. 그릇의 형태는 瓮, 罐, 盆, 杯, 豆 등이다. 그 가운데는 구연부가 비교적 두꺼우면서 입이 넓고 배가 깊은 瓮이 있고, 구연부에 젖꼭지 모양의 작은 손잡이가 있는 碗, 그리고 몸체가 긴 罐, 목이 길고 입이 작으며 배가 부른 罐은 모두 기타의 유적지에서는 거의 볼 수 없는 것이다. 마제석기로는 도끼, 자귀, 칼, 끌(鑿), 창, 낫(鎌), 화살촉, 삽(鏟) 등이 있다. 그 가운데 전체를 갈아서 반월형석도, 돌 낫, 돌자귀, 三棱形, 柳形, 원추형의 돌화살촉은 모두 새로운 모양의 생산용구이고 이것은 이곳의 유적이 보다 진보되어 있음을 명확히 나타내는 것이다. 뼈로 만든 것에는 송곳, 못, 비녀, 화살촉, 끌, 방륜차 등 이 있는데 매우 정교하게 제작되었다. 주거형태는 반수혈식이고 깊이는 40~63cm, 길이는 14. 4m이다. 주거지의 陶瓮가운데 기장(黍)과 피(稷)의 두 종류의 농작물이 발견되었다. 짐승의 뼈는 돼지의 뼈가 가장 많고, 흙으로 만든 그물추는 큰 것이 직경 15cm에 달한다. 이러한 것들은 모두 읍루인이 정착해서 생활했음을 말해 주는 것으로 주로 원시 농업에 종사했고 목축과 어업 또한 중요한 생산의 부분이었음을 알 수 있다.[15]

勿吉 : 남북조시대에는 읍루를 勿吉이라고 불렀다.[16] 물길의 사회생산은 더욱 진일보하여 농작물에 조 및 보리, 피가 있었고 채소는 미나리가 있었다. "우경(牛耕)"을 이용해 씨를 뿌렸고 수레를 이용해 이동

---

14) 夏鼐 : 《碳—14測定年代和中國史前考古學》, 《考古》1977년 4期.
15) 同注 3
16) 《魏書》 卷100 《勿吉傳》「勿吉國, 在高麗北, 舊肅愼國也, 邑落各自有長, 不相总一, 其人勁悍, 于東夷最强, 言語獨異, 常輕豆莫婁等國, 諸國亦患之, 去洛五千里」勿吉은 원래 滿語로 烏窩, 窩集으로 해석할 수 있으며 山野密林을 뜻하는 것이다.

하였다. 또한 쌀을 으깨서 술을 빚었다. 수렵과 목축은 중요한 지위를 차지하여 돌로서 화살촉을 만들고 항상 7, 8월이 되면 독약을 만들어 화살촉 끝에 묻히고 짐승사냥을 하였는데 그 화살을 맞으면 사람도 죽었다.

물길은 몇 개의 부락으로 나누어져 각 부락에는 추장이 있었다. 穴居를 쌓았는데 집 모양은 무덤과 비슷하고 입구는 위에 있어서 사다리를 이용해 출입하였다. 부인들은 천으로 된 치마를 입었고 남자들은 돼지나 개의 가죽으로 걸쳤다. 사람들은 오줌으로 손과 얼굴을 씻었고 머리에는 호랑이, 표범의 꼬리를 꽂았다. 부모가 봄, 여름에 죽으면 매장한 후에, 위에 집을 지어 습기가 들지 않도록 하였다. 송화강이 물길을 관통해 흐르고 물길인은 남쪽의 徒太山(장백산)을 신령스러운 산으로 생각하여 숭배하였다.17)

고고학적 재료로 보면 흑룡강성의 綏濱司仁유적은 방사성 탄소 14로 측정한 연대가 기원 530±80년과 기원 595±85년(ZK273)으로 역사상으로 남북조 말기에서 수에 이르는 시기에 해당한다.18) 따라서 이 유적은 물길과 말갈의 문화유적일 가능성이 있다.

동인유적의 가장 중요한 특징은 도기상에 나타나 있다. 흑갈색의 원형 구연부가 직립 되고 목이 긴 罐이 출토되었고, 직립구연의 罐, 碗, 陶簸箕(키)등도 나왔다. 석기 가운데 내종을 이루는 것은 세석기이다. 다만 철기는 보편적으로 사용되어 혁대고리(帶卡)화살촉, 자귀, 작은 칼 등이 있다.19)

---

17) 《魏書》卷100《勿吉傳》：「國南有徒太山, 魏言 '大白', 有虎豹羆狼害人, 人不得上山溲染, 行徑山者, 皆以物盛」
　　《北史》卷97《勿吉傳》：「國南有徒(徒)太山者, 華言太皇, 俗甚敬畏之, 人不得上山溲染, 行徑山者, 以物盛去, 山有熊羆豹狼, 皆不害人, 人亦不敢殺」
　　　이러한 기록으로 볼 때 長白山은 祭禮拜를 행하는 靈山으로 간주하였고 金朝, 淸朝에 이르러서는 神格化되기까지 하였다.
18) 夏鼐：《碳−14測定年代和中國史前考古學》,《考古》1977年 4期
19)　《從黑河地區的考古發現看黑龍江流域的開發》,《歷史的見證》, 黑龍江人民出版社, 1977年
　　張太湘：《近年來黑龍江省考古工作的主要收穫》지刊

동인유적 발굴에서 발견된 두 개의 거주지는 매우 특색이 있다. 거주지는 그대로 반수혈식으로 4벽은 담장을 쌓고, 천정은 사각으로 만들었다. 바닥에는 凹자형의 목판을 깔아 침상으로 하였다. 거주지 중심에는 목판으로 겉을 싸서 만든 방형의 화덕자리가 놓여 있고 거주지 내에는 또한 일상 생활용구가 가득히 놓여 있었다. 주거지의 면적은 일반적으로 30㎡ 정도이다. 이러한 종류의 주거지 형태는 당시 물길인이 이미 상당히 성숙한 일부일처제 가정을 이루고 있음을 말해 주는 것이다.

철기의 사용은 매우 신속하게 물길사회의 생산력을 높였고, 생산관계의 변화를 일으켰다. 일부일처의 가정은 더욱 성숙되었고 이것은 문명시대의 시작을 알리는 표시라고 할 수 있다. 그리고 이것은 물길의 원시사회가 점차 해체되었고 이미 초기 노예제사회로 향하고 있음을 설명해 주는 것이다.

물길의 각 부락은 장백산 북쪽에 분포되어 송화강, 흑룡강과 우수리강에서 소련 연해주에 미치는 광대한 지역을 차지하였다. 따라서 이들의 사회발전이 가장 빠른 곳은 粟末水(송화강 중류)유역에 거주하는, 현재의 길림시 부근의 부락으로서 이곳은 물길의 주요한 지역이었다.

당시 중원지역은 바로 남북조가 대치한 상황이었고, 요동일대의 고구려는 나날이 강대하여 갔으나 지금의 農安－阿城을 중심으로 한 부여는 오히려 점차 쇠퇴하였다. 427년 고구려는 장수왕이 남쪽으로 세력을 확장하여 丸都(지금의 集安)에서 평양으로 천도하고 그 후 계속해서 백제를 공격하여 475년에는 백제의 수도 위례성(지금의 漢城)을 점령하였다. 당시 고구려는 南連策으로서 백제를 공격하였기에 북쪽의 정세에 눈돌릴 여가가 없었다. 따라서 길림시를 공격해서 점령했고, 세력을 신장시켜 고구려의 서북지역 지금의 輝發河 일대까지 이르렀다. 이것은 당시 물길은 이미 통일된 정치적 역량이 형성되었음을 설명해 주는 것이다. 475년(북위 延興 5년)에 물길은 乙力支를 파견하여 북위와 통교하였다. 을력지는 현재의 길림 부근에서 출발하여 송화강 연안을 따라 서쪽으로 나아가 難河(嫩江)에 이르렀다. 太魯水(洮兒河)에서 배로 남쪽으로 내려와서 洛孤水(西喇木倫河)를 건너고 거란의 서쪽을 지나 和龍(지금의 요녕 朝陽)에 이르러 중원에 들어갔고 마침내 북위의 수도 낙양에 도달하였다. 그리고 을력지로 하여금 북위의 통치자에게 다음과 같이 뜻을 표시하였다.

> 우리(勿吉)는 우선 고구려의 10개의 부락을 치고 백제와 함께 도모하여 물의 길을 따라 힘을 합쳐 고구려를 치려 한다. 이에 을력지를 대국(北魏)의 사신으로 보내어 그 가부를 청하는 바이다. (其國先破高麗十落, 密共百濟謀, 從水道幷力取高句麗, 遣乙力支奉使大國, 請其可否)

이에 북위는

> 함께 화평을 가지는 것이 옳으니 서로 침범하지 말아라. (宜共和順, 勿相侵擾)

라고 말하였다. 이에 을력지는 원래 갔던 길을 따라 물길로 돌아 왔다. 이것은 물길이 중원과 긴밀한 관계를 가졌음을 보여주는 것이다.[20] 492년 물길은 동북지역에서 노예제가 가장 발달했던 부여를 멸망시키고 또한 尹通河 유역의 松遼평원의 중심지역을 점거하여 당시 동북지역에서 강대한 정치세력을 형성하였다.[21]

물길은 475년(延興5년) 이래로 중원과의 관계를 점차로 긴밀히 하여 역사서의 기록에 의하면 475년에서 575년(武平 6년)에 이르는 100년

---

20) 《魏書》卷100 《勿吉傳》
21) 金富軾《三國史記》卷19《高句麗本記》:「文咨明王三年 (北魏孝文帝太和八年기원 494년) ……二月, 扶餘王及妻孥, 以國來降」,13年條「扶餘爲勿吉所逐」
   《魏書》卷100《高句麗傳》:「正始中, 世宗于東堂見其使芮悉弗, 悉弗進曰, 高麗系誠天報, 累葉純誠, 地産土毛, 無愆王貢。但黃金出自扶餘, 珂則涉羅所産。今扶餘爲勿吉所逐涉, 羅爲百濟所幷, 國王云惟繼絶之義, 悉遷于境內, 二品所以不登王符, 實兩賊是爲」이런 기록을 근거로 하면 勿吉은 太和 7년(493)년 扶餘를 멸망시켰음을 알 수 있다.

간 물길에서 사신을 파견하여 중원의 內地에 이른 횟수가 30여 차례
나 되었다.22)

靺鞨 : 물길은 수나라 때에는 말갈이라 불렸다. 물길과 말갈은 발음
상 音이 같은 것으로 다른 시대에 다른 한자로 음(音)을 나타낸 것이
다. 수대에는 말갈에 대하여 더욱 많은 이해가 있었다.《구당서》권199
下《말갈전》에

> 말갈은 숙신의 땅으로 後魏때에는 물길이라 불렸다. 수도는 동북쪽 6천
> 여 리에 있다. 동쪽으로는 바다에 이르고 서쪽은 돌궐과 접해 있으며 남
> 으로는 고구려와 경계를 이루고 있고 북으로는 실위와 인접하고 있다. 말
> 갈은 수십여 부로 이루어졌고 각각 추장이 있었다. 때로는 고구려에 복속
> 되기도 하였고 때로는 돌궐의 신하가 되기도 하였다. (靺鞨蓋肅愼之地, 后
> 魏謂之勿吉, 在京師東北六千餘里, 東至于海, 西接突厥, 南界高麗, 北鄰室
> 韋。其國凡爲數十部, 各有酋師, 或附于高麗, 或臣于突厥)

라고 기록되어 있고《신당서》의 기록도 대체로 이와 같다. 수대에는
말갈이 대체로 길림의 송화강유역을 중심으로 동으로는 소련 연해주
에 이르고 북으로는 흑룡강, 우수리강의 광대한 지역에 걸쳐 분포하
였다.

당시의 말갈은 수십 개의 부락으로 이루어졌는데 그 가운데 伯咄部,
安車骨部, 拂涅部, 號室部, 白山部, 黑水部, 栗末部의 7개 부락이 중요
한 위치를 차지하고 있었다.

《수서》권23《말갈전》에23) 말갈 7부에 대해서

> 말갈은 고구려의 북쪽에 위치한다. 읍락에는 모두 족장이 있어 서로 통
> 일되지 않았다. 대개 7개 부락이 있는데, 그 첫째는 속말부이다. 고구려와

---

22) 池內宏,《勿吉考》,《滿鮮歷史地理研究報道》第15冊, 東京帝大人文學部, 昭和 12년 참조.
23) 《隋書》卷81《靺鞨傳》. 靺鞨은《北齊書》卷7 武成帝河淸二年(563년)條에 다음과 같
　　이 처음으로 나타난다.「是歲, 室韋·厙莫奚。 靺鞨契丹并遣使朝貢」

서로 접해 있고 병사가 수천이고 모두 건강하고 굳세며, 고구려를 매번 침범하였다. 두 번째는 백돌부이다. 속말부의 북쪽에 있고 병사가 7천이다. 세 번째는 안거골부로서 백돌부의 동북에 위치한다. 네 번째는 불열부로 백돌부의 동쪽에 위치한다. 다섯 번째는 호실부로 불열부의 동쪽에 위치하며, 여섯 번째는 흑수부로 안거골부의 서북에 위치한다. 일곱째는 백산부인데 속말부의 동남쪽에 위치하고 병사는 불과 3천이다. 흑수부가 가장 강력하였다. 불열부에서 동쪽은 모두 돌화살촉을 사용했는데 이는 옛날 숙신인들과 같다. (靺鞨在高麗六北, 邑落僑有酋長, 不相總一, 凡有七種, 其一號栗(粟)末部, 與高句麗相接, 勝兵數千, 多驍武, 每寇高麗中, 其二曰伯咄部, 在栗末之北, 勝兵七千, 其三曰安車骨部, 在伯咄東北, 其四曰拂涅部, 在伯咄東, 其五曰號室部, 在拂涅東, 其六曰黑水部, 在安車骨西北, 其七曰白水(山)部, 在栗末束南, 勝兵幷不過三千, 而黑水部尤爲勁健, 自拂涅以東, 矢皆石鏃, 卽古之肅愼氏也)

라고 기록하고 있다. 또한 《신당서》 권21 《흑수말갈전》에는

　속말부는 가장 남쪽에 위치하며 태백산의 기슭에 자리잡았다. 또한 도태산이라 부르기도 하였고 고구려와 접해 있다. 속말갈을 의지하여 살았는데 수원은 산의 서북쪽에서 비롯되고 它漏河로 흘러 들어간다. 이곳의 동북쪽에 백돌부라 이름하는 곳이 있고 그 다음은 안거골부라 말하고 더욱 동쪽에 불열부가 있으며 안거골의 서북을 흑수부라 불렀다. 속말의 동쪽에 백산부라 부르는 곳이 있다. 부 사이의 거리는 멀리는 3, 4 백리 가까운 곳은 2백리이며 백산은 본래 고구려에 신복하였다. 당의 군대가 평양을 함락하자 그 많은 무리들이 입당하였다. 율돌, 안거골 등이 모두 분산되어 더 이상 알 수 없다. 그 유민들이 발해로 들어갔다. 오로지 흑수만이 강력하였고, 16부로 나누어져 있었으며 남북이라 칭하였고 가장 북쪽에 거주하고 있다. (其著者曰栗末部, 居最南, 抵太白山, 亦曰徒太山, 與高麗接, 依栗末水以居, 水源于山西北, 注它漏河. 稍束北曰汨咄部, 又次曰安車骨部, 盆束曰拂涅部, 居骨之西北曰黑水部, 栗末之東曰白山部. 部間達者三四百里, 近者二百里, 白山本臣高麗 王師取平壤, 其衆多入唐, 汨咄, 安居骨等皆奔散, 寖微無聞焉, 遺人進入渤海, 唯黑水完彊, 分十六部, 以南北稱, 蓋其居最北方者也)

라고 기록되어 있다.

이러한 기록들을 토대로 하여 말갈 7부를 구체적으로 말하여 보면 다음과 같다.24)

백돌부 : 속말부의 북쪽에 위치하는데 속말부는 대체로 지금의 길림시를 중심으로 하는 송화강 중류의 광대한 지역에 분포하고 있고 말갈 각 부의 거리는 서로 2~3백 리이다. 그러므로 백돌부는 대체적으로 拉林河 유역임을 알 수 있고, 오늘날의 길림성의 舒蘭縣과 흑룡강성의 五常 일대이다. 병사는 7천이다.

안거골부 : 백돌의 동북쪽에 위치하고 있다. 흑룡강성 寧安 - 牡丹江市가 중심이 되는 목단강 유역이다.

불열부 : 백돌의 동쪽에 위치하며 지금의 興凱湖 일대에 분포하였다.

호실부 : 불열부의 동쪽에 위치하고 소련 연해주에 분포하였다.

흑수부 : 안거골부의 동북에 위치하고, 말갈 각 부의 가장 북방에 위치하는 곳으로 대체적으로 송화강과 흑룡강이 합류하는 지점과 흑룡강 하류의 광대한 지역에 분포하였다. 室建河(흑룡강)를 경계로 남북의 2부로 나눌 수 있는데 모두 16개 부락을 가지고 있어 7부 중에 가장 뛰어난 용맹과 급하고 사나운 성질로 이름나 있다. 흑수말갈인은 머리를 땋아 늘어뜨렸고, 돼지 이(牙)를 달았고, 꿩의 꼬리로 장식했고, 주거지는 반수혈식이다. 車馬가 있고, 쟁기를 이용하여 경작하였으며 수레는 보행에 이용했다. 농작물은 조와 보리가 있으며 짐승 사냥을 좋아했는데 돌화살촉을 이용하였다. 보통 돼지를 사육하는데 부유한 집은 그 수가 수백 마리에 달한다. 흑수부 각 部의 사회발전은 불균형을 이루고 있으며 그 가운데 비교적 선진적인 부락은 이미 빈부의 격차가 나타났고, 계급사회로 향하는 초기단계를 지나고 있었다.

622년(당 武德 5년), 흑수부의 대추장 阿固郎은 西安에 이르러 당왕

---

24) 이것은 《隋書 靺鞨傳》을 근거로 할 것이다. 《舊唐書》《新唐書》《北史》《吉林通志》를 참조하여 曺延杰·金毓黻·景方昶·池內宏·松井等·津田·左右吉·山野開三郎·鳥山喜一 등이 연구성과를 이루었으나 필자는 이를 기초하여 새로운 관점을 제시하였다. 이에 관해 번잡함을 피하기 위해 《靺鞨七部考》를 따로이 발표한 것이다.

조와 통교하였는데, 이는 기록에서 보이는 흑수부가 처음으로 사람을 파견해 중원 내지에 이르게 한 것이었다.25)

綏濱同仁유적의 하한은 대체로 隋에 이르는데 이는 마땅히 흑수말갈의 문화유적이라 할 수 있다. 출토된 구연부가 넓고 배가 부른 罐은 목 부분이 종종 한 줄의 융기문이 있고, 북부에는 5개의 점이 한 조를 이룬 斜平行紋 혹은 劃紋이 있는데 길림, 돈화, 육정산의 초기 발해의 墓葬에서 출토된 陶罐과 매우 유사하다. 이는 흑수말갈과 속말말갈이 동일한 문화임을 말해주는 것이다.26)

백산부 : 속말부의 동남쪽에 위치하며 다 체로 오늘날의 연길, 琿春이 중심이 된 연변조선족자치주인 넓은 지역게 분포하고 있었다. 병사는 3천이고 고구려와 인접해 있었으며 고구려의 통치를 받았다. 고구려의 통제 하에서 고구려의 중요한 군사력을 이루는 한 성원이었다. 당태종이 고구려를 공격할 때 백산 말갈의 高惠貞 등은 수많은 무리를 이끌고 안시성을 원조했으며, 전쟁 때마다 전방에 나섰고 당태종이 안시성을 격파하면서 혜정을 사로잡고, 말갈의 병사 3천인을 포로로 했을 때도 모두 완강히 항거하였다.27)

백산부는 고구려의 문화를 받아들였다. 그구려의 멸망 후 많은 백산부인이 營州로 이주하였다.

속말부 : 말갈의 7개 부 가운데 그 주거 위치가 가장 남쪽에 있다. 도태산 (長白山)의 북쪽으로 粟末水(松花江)에 의지하여 살았고 남으

---

25) 《新唐書》卷219 《黑水靺鞨傳》.
　《渤海國志長編》卷12 《屬部列傳》.
26) 이런 종류의 考古文化의 분포는 비교적 광범위하여 동으로 흑룡강 하류에서 북으로 흑룡강 중류에 이르는 結雅河 일대, 서쪽으로 阿什河 유역 동남쪽으로 綏芬河・소련 연해주에 이르고 있다. 다음의 논문을 참조.
　張太湘 《近年來黑龍江考古工作的重要收獲》利
　지야코프・샤프크누프 : 《아무르 江鐵器時代의 新文物 사카치, 알리안촌의 古城》, 《소련考古學》1975年 3期.
　E. N. 데레바얀크 : 《아무르江中游의 靺鞨文化遺存》조보시비르스크 1975年
27) 《新唐書》卷219 《黑水靺鞨傳》. 필자는 高惠貞 등이 黑水靺鞨部人이 아니라 白山靺鞨에 속한다고 인식하고 있다.

로는 고구려와 인접하였다. 서쪽으로는 거란과 접하고 있었는데 대체적인 분포는 길림시를 중심으로 하는 송화강 중류의 넓은 지역이었다. 속말말갈은 대륙과 고구려에 매우 가깝게 있어 대륙의 고도로 발달한 봉건문화와 고구려 문화를 받아들임으로써 커다란 영향을 받았고 속말말갈 사회의 발전을 가속화시켰다. 당시 속말말갈인의 군사는 7천이었고 항상 고구려와 전쟁이 발생하였다. 수의 文帝 때에 속말말갈이 사신을 파견하여 장안에 도착했는데 수문제가 베푼 향연에서 사신과 그 일행이 모두 춤을 추었는데 그 몸짓이 전투하는 모습이었다고 한다. 속말말갈은 대륙의 문화를 수용하였고, 더욱이 고구려의 소요에 견디지 못해 대개 대륙으로 주거를 옮겼다. 수문제 때에는 속말말갈의 추장인 突地稽가 일천여 戶를 이끌고 隋에 이르러 영주에 정주하였다.
28)《발해국지장편》권 16《族俗考》에 이에 대해서

　　발해의 부족은 원래 속말말갈이다. 원래의 거주지는 태백산의 북쪽으로 속말수 (松花江)에 의지하여 살았다. 수의 건국 중에 그 추장 돌지계가 고구려와 전쟁을 하였고, 패배하자 8부의 병사 일천여 명을 거느리고 부여성 서북에서 부락민과 함께 복속해 왔다. 煬帝 즉위 때에는 돌지계가 金紫光祿大夫의 칭호를 받고 遼西太守로서 영주에 거처하였다. 요동의 병역은 돌지계가 거느리는 부락민으로 충당하였으며 매번 戰功이 있어 황제가 그를 칭찬하였다. 당의 무덕초년에 사신을 보내어 조공하였고, 당에서는 그 부락을 연주로 설치했으며 돌지계를 총관으로 삼았다. 유흑달이 반란을 일으켜 돌지계가 부를 이끌고 정주에 가서 사신을 보내어 태종을 알현하게 하여 지휘(節度)를 청하였다. 이에 당은 돌지계의 공을 생각하여 耆國公에 봉하고 그 부락은 幽州 昌平城으로 옮겼다. 高開道가 이끄는 돌궐이 유주를 공격해와 돌지계는 그를 대파하였고, 貞觀 초에는 右衛將軍에 봉해졌고 이씨의 성을 내려 받았다. 그가 죽고 아들 謹行이 대를 이었는데29) 무력이 뛰어나고 덕이 많아서 계속해서 영주도독을 역임했고 그 부

---

28)《冊府元龜》卷970 外臣部貢三, 武德元年十月條
29)　大唐故右衛員外人將軍燕國公李謹行墓志銘:「公謹行字謹行, 其先盖虜慎之苗裔, 涑沫之后也」여기에 기록된 突地稽·李謹行은 粟末靺鞨人의 중요한 사료이다.

락에 노비가 수천 인이나 되었다. 재력도 뛰어났으며 오랑캐들이 두려워
하였고 그 후에도 자주 전공이 있어 계속하여 鎭軍大將軍], 行右衛大將軍
을 역임하였으며, 燕國公에 봉해졌다. 永淳 원년에 사망하자 유주도독에
추증되었다. (渤海部族本爲粟末靺鞨, 其先尾于太白山之北, 依粟末水以居,
隋開皇中, 其酋師突地稽與高麗戰, 不勝, 乃率八部勝兵千餘人, 自扶餘城西
北. 舉部內附, 時煬帝已卽位, 突地稽金紫光祿大夫, 遼西太守, 處于營州, 遼
東之役, 突地稽率部以後, 每有戰功, 帝優賞之, 唐武德初間, 遣使朝貢, 唐祖
以其部落置燕州, 仍以突地稽爲總管, 劉黑闥之版也, 突地稽率所部越定州, 遣
使詣太宗, 請授節度, 以戰功封蓍國公, 又徒其部落于幽州昌平域, 公高開道突
厭來功幽州, 突地稽邀擊大破之, 貞觀初, 拜右衛將軍賜姓李氏, 尋卒, 子謹行,
武力絶人, 麟德中, 歷遷營州都督, 其部落家僮數千人, 以財力雄邊, 爲夷人所
憚, 其後屢有戰功, 累官鎭軍大將軍, 行右衛六將軍, 封燕國公, 永淳元年卒,
贈幽州都督)

라고 기록하고 있다.

고구려 멸망 후 고구려에 신복하였던 일부분의 백산말갈과 한때 고
구려의 통치를 받았던 속말말갈인이 영주로 이주하였다. 영주는 일시
에 매우 많은 말갈인이 모여 살았고, 말갈인 내부에는 이미 수천인의
노비를 거느린 대귀족이 형성되었다. 그러나 다수의 속말말갈인은 그
대로 계속해서 송화강 중류와 목단강 상류 일대에서 생활하였다.

2) 唐初 東北의 정치형세와 발해왕국의 성립

618년 李淵이 당왕조를 건립하였다. 당조의 사회생산은 매우 빠른
회복과 발전을 이루고, 경제가 번영하였으며 문화가 크게 발전하여 아
시아의 정치·경제·문화 중심을 이루었다.

당왕조의 건립 후에 더욱 강력하게 동북지역에 대해 행정관리를 하
였고, 동북지역의 각 부족은 또한 대륙과의 관계를 더욱 밀접하게 발
전시켰다.

당 초기, 동북의 遼東 遼南 지역과 通化 지역은 고구려인이 세운 봉
건 국가의 영역이었다. 고구려의 북쪽은 속말말갈이고 동쪽은 백산말
갈이 위치하였으며 송화강 이북, 목단강 유역, 소련의 연해주와 흑룡
강 중하류의 넓은 지역에는 백돌부, 불열부, 안거골부, 호실부와 흑수
말갈이 분포하였다. 또한 상류에는 거란의 각 부족이 분포 존재하는데
거란의 북쪽은 室韋이고 거란의 서쪽 변방은 奚였다.

당태종 때에 당왕조의 지위는 더욱 견고하게 되었다. 642년(貞觀16
년) 고구려의 연개소문이 그 왕을 죽이고 스스로 莫離支라 칭하면서
남쪽 백제와 결속하여 신라를 공격하였다. 신라는 당왕조를 향하여 구
원을 청했고 당의 태종은 644년 병력을 이끌고 고구려를 공격함으로
써 요동성 (현재의 遼東 遼陽)을 함락시켰고 안시 (현재의 遼寧 蓋縣)
를 포위하였다. 그러나 고구려는 끝까지 저항하였으며 여러 날이 지나
고 추워져서 당태종은 병사를 철수하였다.

당 고종 乾封 원년 (666년)에 李勣과 薛仁貴를 다시 파견하여 고구
려를 공격하자 고구려는 저항을 계속하였고 고구려에 복속되어 있던
백산말갈과 속말말갈 또한 저항에 참가하였다. 고구려는 사회・경제의
쇠퇴와 통치계급 내부의 분열로 인하여 마침내 당왕조의 공격으로 668
년(당 고종 總章 원년)에 멸망하였다.

고구려의 멸망 후 당왕조는 고구려가 통제했던 동북지역을 통치하
게 되었다. 그리고 일부분의 속말말갈인과 백산말갈인 고구려인이 영
주 (지금의 遼東 朝陽) 일대로 강제 이주되었다.

629년(貞罐 3년)에 당태종은 몽고에서 길림성 白城 일대에 이르는
東突厥의 세력을 장악하여 거란과 奚를 돌궐의 속박에서 벗어나게 하
였으며 따라서 당왕조와 더욱 밀접한 관계가 유지되었다.

거란은 동쪽의 오랑캐(東湖)로 오랫동안 昭烏達盟과 哲里木盟의　老
哈河과 西喇木倫河 유역의 광대한 지역에서 유목생활을 하였다. 동으
로는 말갈과 접하고 있고 서로는 奚, 남으로는 영주(朝陽)와 동남쪽으
로 고구려와 접하고 북으로는 실위에 이른다. 병사는 4만 정도이고 8

부로 나주어져 대개 전쟁에 대한 논의는 모든 부족이 모여 회의하였
으며 수렵생활을 영위하였다.30) 사회발전단계는 원시사회의 말기에 해
당하며 동돌궐이 일찍이 거란을 통치한 적이 있는데 당태종 정관 2년
에 거란의 추장 摩會는 부하들을 이끌고 당에 투항하였다. 당태종이
고구려를 공격하는데 이때 거란과 奚도 함께 참가하였다, 당태종은 장
안으로 돌아오는 길에 영주를 거쳐 거란 추장 窟哥 등을 보고 그들에
게 예물을 내렸다. 얼마 후 굴가가 부족을 이끌고 복속해 오자 당왕조
는 그 지역에 松漠都督府를 설치하면서 굴가를 도독으로 삼았고 無極
男에 봉하고 이씨의 성을 내렸다.

奚도 또한 東湖系에 속한다. 동으로는 거란과 접하고 서로는 돌궐에
이르고 남으로는 白狼河에 의지하고 북으로는 霫에 접하고 있다. 물과
풀을 따라 목축생활을 하였고 氈盧(천막으로 만든 집)에 거주하였으며
마차를 중심으로 집단을 형성하였다.31) 병사는 3만이고 5부로 나누어
졌으며 당태종 때에 추장 可度가 당에 복속해 왔고 당왕조는 그곳에
饒樂都督府를 설치하였다.

당왕조는 영주에 영주도독부를 설치하였고 이 영주는 당왕조의 동
북지역 통치의 중심이 되었다.

696년(측천무후 萬歲通天 원년) 영주도독 趙翽가 거란 등 각 종족을
가혹하게 통치하자 거란·말갈 등의 각 부족이 불만을 품고 반란을
일으켰다. 굴가의 손자 송막도독 李盡忠과 그의 처남 孫萬榮이 연합한
각 부족이 반항하여 조회를 무찌르고 영주를 점거하였으며 이진충은
스스로 無上可汗이라 칭했고 손만영을 대장으로 삼아 그가 이르는 곳
마다 모두 항복하니 열흘 만에 병사가 수만에 이르렀다. 측천무후는
曹仁師, 張玄遇 등 28인의 장수를 파견하여 진압토록 하였으나 실패하
였고, 거란의 병사는 檀州를 공격하여 점령하였다. 9월에 이진충이 죽
고, 손만영이 계속 병사를 이끌고 冀州를 공격하였고 瀛州와 幽州를

---

30) 《唐書》 卷219 《契丹傳》
31) 《新唐書》 卷219 《奚傳》

함락시켰다. 697년(萬歲通天 2년)에 측천무후가 王懿榮·婁師德이거느리는 20만 대군을 파견하여 공격케 하자 거란의 대장 李楷固·駱務正이 투항하였고, 당군은 돌궐, 奚의 군대와 연합하여 697년에 이러한 반란을 진압하였으며 손만영은 피살되었다.[32]

그런데 영주로 거주를 옮긴 말갈인, 고구려인도 이진충의 군대에 참가하여 당왕조에 반항하자 측천무후는 반란군을 분산시키기 위하여 말갈의 추장 乞四比羽에게 許國公, 속말말갈의 乞乞仲象은 震國公으로 삼으면서 그들이 당에 반항했던 잘못을 사면하여 주었다. 그러나 걸사비우는 이를 받아들이지 않고 거절하였다. 걸걸 중상과 걸사비우는 고구려인과 말갈인을 이끌면서 당왕조의 세력이 점차 약화되는 틈을 타서 영주를 공격해 점령했고, 말갈의 옛 지역이 비어 있는 유리한 시기에 영주 일대를 떠나 동으로 遼水(遼河)를 건넜다. 측천무후는 거란에서 투항해온 장수 이해고로 하여금 병사를 이끌고 추격하게 하였으며 이에 걸사비우는 피살되었고 걸걸중상도 세상을 떠났다. 걸걸중상의 아들 大祚榮 용맹하고 용병에 뛰어나 말갈인과 고구려인을 단결시키고 이해고와 天門嶺에서 전투를 벌여 대조영이 당왕조의 추격병을 무찌르고 이해고는 실패하여 돌아갔다.[33] 698년(聖曆 원년)에 돌궐이 당왕조를 침입해 嬀州, 檀州, 定州, 趙州를 점령하였다. 이에 거란은 다시 돌궐에 부속되었고 중원에 이르는 동북의 도로를 차단하자 대조영은 이 기회를 잡아 말갈인과 고구려인을 이끌고 동쪽을 향하여 진군하고 태백산(長白山) 동북의 언덕 奧婁河(목단강) 상류 일대로 되돌아왔다. 이 지역은 원래 읍루의 옛 땅이다. 영주에서 중원의 고도로 발달한 봉건문화의 영향을 받은 대조영은 東牟山아래에 성을 쌓고 거주하였는데 이곳이 최초의 도성이다. 뒤에 藿國이라 칭하였고 오늘날의 길림성

---

32) 《舊唐書》 卷6 《則天武后》
   《新唐書》 卷219 《契丹傳》.
33) 대조영의 건국에 관해서 《新唐書》 卷219 《渤海傳》, 《舊唐書》 卷199 下 《渤海傳》을 주로 의거하였다. 由烏庫吉은 발해가 고구려인이 건립한 것이라 인식하고 있으나 이러한 견해는 역사적 사실에 부합되지 않는 것이다.

敦化縣城이 敖東城이다. 698년 대조영은 스스로 震國王이 되었고 그대로 말갈이라 칭하였다.[34]

당시의 말갈의 각 부는 원시사회의 말기 단계에 머물러 있는 것도 있었고 계급사회로 향하는 과도기 단계에 처한 것도 있었다. 백산과 속말말갈은 이미 계급사회에 속하였으니 일찍부터 고구려의 봉건통치를 받았던 데에서 그 원인을 찾을 수 있다. 멸망한 후 흩어진 동북의 고구려인은 한편에서는 봉건귀족으로, 다른 한편에서는 피지배 농민으로서 존재하고 있었다. 대조영은 당왕조의 민족압박정책에 대항하고자 말갈 각 部와 고구려 유민에 대한 통치를 더욱 강력히 하였고 4곳에 분산된 속말, 백산 백돌, 안거골 등의 말갈의 각 부족과 고구려인을 연합하여 모으고, 속말말갈의 귀족과 고구려의 일부 귀족에 의지하여 현재의 목단강 상류의 돈화 寧安을 중심으로 나라를 세웠는데 서쪽으로 거란과 접하고 동으로 동해와 연해 있으며 남으로는 신라와 泥河를 경계로 하고 있으며 군사가 수만이고 戶수는 10여 만인 사방천여 리의 지방민족정권이었다. 713년 당의 현종은 대조영을 발해의 군왕에 책봉하였고, 忽汗州都督으로 삼아 이 이후는 말갈의 칭호를 버리고 발해라 칭하였다.[35] 이에 발해왕국은 당대 중국의 속말말갈의 귀족을 주체로 일부의 고구려 귀족을 연합하여 건립하였던 지방민족정권이라 할 수 있다. 당왕조는 또한 그 통치지역에 홀한주를 설치하였고 발해의 통치자는 당왕조로부터 渤海郡王의 칭호를 받았고 홀한주도독으로

---

34) 日本《類聚國史》卷193에 대조영이 발해를 건국한 연대가 기록되어 있다. 원문은 다음과 같다.「又傳奉在唐學問僧永忠所附書：渤海國者高麗之故地也，天命開別天皇七年高麗王氏爲唐所滅也，后以天之眞宗豊祖父天皇二年大祚榮始建渤海國，和銅六年受唐冊立，其國延袤二千里，無州縣館驛，處處有村里皆靺鞨部落．其百姓者，靺鞨多，土人少，皆以土人爲村長，大村曰都督，次曰刺史，其下百姓皆曰首領，土地極寒，不宜水田，俗頗知書」(《渤海國志長編》卷二《總略》下 자인용)
   日本天之眞宗豊祖父天皇二年 즉 文武天皇二年은 唐・則天武后聖曆元年，新羅孝昭王31年 즉 698년에 해당한다. 和銅六年은 唐 玄宗開元元年으로 713년이다.
35) 崔忻은 開元 2년 (714년) 장안으로 돌아오던 도중에 旅順 지나면서 旅順의 黃金山 아래에 두 개의 우물을 파고 이름을 새겨 영구히 기념하고자 하였다. 이것은 발해에 관해 중요한 유물로 1904, 1905년 日本 日宮振天府로 옮겨 간 것을 金毓黻이 다시 고찰하면서 잘 묘사하였다. 《渤海國志長編》卷19《業考》鴻臚弁條

봉하여 짐으로써 당왕조 일부분으로 조성되었다. 발해왕국의 건립은 주로 속말말갈사회 발전의 필연적 결과였다. 동시에 이는 당왕조의 민족압박정책의 결과 말갈인과 일부분의 고구려유민이 당왕조에 반항하여 건립한 민족정권이라 할 수 있다. 당왕조는 동북에 있어서 정치세력의 약화로 발해왕국의 건립과 발전을 이룰 수 있는 객관적 조건을 제공해주었다. 이러한 발해왕국은 동북지방의 광대한 지역에서 출현하였으니 이곳은 사회적·경제적·정치적으로 커다란 바탕이 되었다. 대조영이 건립한 지방정권은 발전의 양상이 서로 다른 여러 지역을 통일한 것이기 때문에 대륙과의 정치, 경제, 문화적 관계를 보다 밀접하게 진일보시켰다. 또한 말갈 각 부의 사회적 발전을 가속화시켰고 중국 역사에 있어서의 문화 발전에 공헌하였으며, 아울러 동북아시아의 역사 발전에 있어서도 공헌하였다고 할 수 있다.

3. 渤海大氏王室의 來源에 관한 고찰 *

　고고학의 발달은 사학연구에 새로운 자료와 방법을 제시함으로써 역사상의 의문을 해결하고 史學 논쟁시비를 결정하는데 중요한 역할을 하기에 이르렀다. 따라서 우리가 발해사를 연구하는데 있어서도 고고학의 중요성을 소홀히 할 수 없다.

　발해왕실의 大氏族이 어느 族에 속하는가의 문제는 주지하다시피 사학계에서 말갈과 고구려의 두 가지 설로 귀착되었다.[1] 이 두 가지 설이 나오게 된 것은 문헌의 기록을 인용하고 이해하는데 서로 차이를 보이고 있음에 연유하고 있다. 이 문제는 여전히 문헌기록의 범위 내에서 해결점을 찾으려 하고 있기는 하나 해방 (1959년)이후 고고학의 발전에 따라 우리에게 문헌 편찬자의 주관이 섞이지 않은 실물적 사료, 즉 유적과 유물을 제공함으로써 장차 이러한 실물적 사료를 우리 연구의 시초로 삼게 되었다는 것은 더욱 신뢰감을 주고 유익한 일이었다.

　그러므로 발해왕실의 大氏族의 來源에 대한 문제를 고찰하는 본 논문에 있어서 고고학적 발견을 중심으로 하여 전개하고자 한다.

　발해왕실인 大씨의 내원에 대한 문제를 고찰하려면 먼저 발해왕족 자체에서 그 문제점을 찾아야 한다. 현재의 우리들이 매우 다행스럽게 여기는 것은 바로 발해왕족 자신들에게 속해 있던 직접적인 유물을 이미 발견하여 수중에 넣을 수 있었다는 점이며 이것의 발견은 유명한 六頂山 발해왕족 초기墓에서였다. 이 묘지는 길림성 돈화현 발해의 초기 왕성이었던 "舊國"의 남쪽 육정산의 양지바른 언덕에 위치하고

＊　劉振華『渤海大氏王室族屬新證』社會科學線 1981年 3期 pp 208～215.
1) 근래의 사학계에서 발해왕실이 말갈에서 나왔다는 설을 주장하고 있는 것은 金毓黻의 《東北通史》, 王承禮의 《靺鞨의 發展和渤海王國의建立》등이며 고구려 설을 주장하는 것은 津田左右吉의 《渤海史考》 등이다.

있었다. 고고학적 조사를 통하여 묘의 전체 수가 약 90基가 있다는 것을 알 수 있었으며 전후하여 30여 기의 발굴을 마쳤다. 출토된 유물 중 가장 관심을 끄는 것은 貞惠公主墓碑로 碑文을 여러 사람이 고증한 결과 이 墓群의 주인이 발해왕족이라고 판단하는데 유력한 증거를 제시해주었다.2) 이 점에 대해서는 현재 中外의 역사 고고학계에서 이미 보편적으로 승인되었다. 이 묘에서 발굴된 유물은 앞서 말한 묘비와 人骨 외에도 묘를 축조하였던 재료와 부장품들로서 그 질에 따라 磚·瓦·陶·石·玉·瑪瑙·金·銀·銅·鐵 등의 종류로 구분할 수 있다. 이러한 각종 유물 중에서 부장한 토기가 가장 중시된다. 이것은 다른 부장품과 서로 비교하여 볼 수 있을 뿐만 아니라 각각의 묘 내에 보편적으로 분포하고 또한 형태의 변화가 풍부하며 고고문화의 속성과 특징을 알 수 있는 기본적인 자료가 되고 고고연구에 있어서 통례가 되기 때문이라 할 수 있다. 그러므로 우리는 이에 대한 밀도 있는 연구분석이 필요한 것이다.

현재까지 육정산 묘지에서 출토된 부장된 토기 중 파괴되지 않고 원형의 상태를 유지하거나 원형으로 복원이 가능한 그릇의 종류는 碟·盤·碗·鉢·盂·瓶·壺·罐의 8종류가 있다. 그 형태로 볼 때 碟·盤·碗은 특징적인 것이고 瓶·壺·盂는 약간의 변화된 상태를 나타내고 있으나 기본적으로는 漢-唐 시기의 토기형태와 유사하며 중국의 영향을 받은 고구려 토기 중에서도 역시 이러한 유사점을 찾아볼 수 있다. 형태의 변화가 가장 풍부하였던 罐은 5가지 형태로 구분할 수 있다. 그 Ⅰ·Ⅱ·Ⅲ·Ⅳ型의 성질을 보면 Ⅰ型은 외반된 탄경고복, Ⅱ型은 직립구연罐, Ⅲ型은 수축된 구연罐, Ⅳ型은 대구연고복罐으로 구분된다. Ⅴ型의 罐은 2중구연罐으로 여러 가지의 특징을 가

---

2) 閻萬章：《渤海貞惠公主墓碑的硏究》,《考古學報》 1995年 第2期.

金毓黻：《關于"貞惠公主墓碑的硏究"的補充》,《考古學報》 1956年 第2期.」

王建群：《渤海貞惠公主墓碑考證》,《吉林省考古硏究室》.

王承禮：《敦化六頂山渤海古墓淸理發掘記》,《社會科學戰線》 1979年 第3期.

지고 있으며 가장 큰 특징으로는 구연두에서 찾아볼 수 있다. 즉 脣 아래에 凸형태의 선무늬를 두름으로써 중첩된 復脣을 형성하였다. 그리고 제작방법과 온도·태토·색갈에서도 다른 토기와 차이를 보이고 있다. 다른 종류의 각종의 토기는 모두 녹로를 사용하여 제작하였고 높은 온도와 胎土가 점토로 만들어진 灰陶(약간 엷은 褐色을 보이는 것도 있음)인데 반하여 V型은 手制이며 온도도 비교적 낮은 砂質의 갈색토기이다.

위에서 살펴본 바와 같이 육정산 묘지의 토기들은 일종의 규율을 보여주고 있다. 즉 결합구성에 있어서 두 가지의 중요한 성질을 가지는 것으로 A·B의 두 계층으로 함축하여 표현할 수 있다. A系는 碟·盤·鉢·碗·盂·瓶·壺와 Ⅰ·Ⅱ·Ⅲ·Ⅳ型의 罐으로 이것들의 形制가 중국의 직접 혹은 간접의 영향을 받아 제작기술수준이 높았다. B系의 그릇 형태는 V型罐 한 종류로 제작기술이 비교적 낮은 수준이나 그 형태는 독특하였다. V型罐의 수량은 A系에 비하여 적다. 그러나 A系의 한 종류의 그릇이나 그릇의 形態만을 단독으로 비교하여 보면 V型罐이 우세하며 또한 각각의 묘에서 나타나는 비율도 높아 보편성을 가짐을 알 수 있다. 이 때문에 B系는 완전히 A系와 평등한 자격을 가진다고 할 수 있다. 그렇다면 A·B 두 계통의 유물 중 어느 것이 육정산묘 주인의 전통성을 가진 유물이라 할 수 있는가? 이것을 판단하는 것은 어려운 일은 아니다. 앞서 말한 바와 같이 A系는 선진기술의 산물로서 질이 견고하여 내구성을 가지고 있으며 그 형태에 외래의 영향을 받았던 요소가 보이고 그릇의 종류도 다양하여 당시 인간생활의 수요를 충족시킬 수 있었던 것으로 육정산묘 주인의 문화발전수준이 높았음을 말해주고 있다. 그런데 B系는 A系에 비하여 제작기술이 원시적이고 질도 조잡하며 그릇의 종류나 형태도 많지 않아 V型罐 한 종류만 나타나는 것으로 보아 육정산묘 주인의 문화발전수준과 생활의 다양한 요구를 충족시키기에는 부적합한 것이다. 이것이 선진기술로 제작된 A系의 토기와 끊이지 않고 공존한 것은 단지 전통

의 인습성 때문이라 여겨진다. 그런데 어느 민족의 來源에 대해 말을
할 때 선진문물을 학습하고 선진문물의 영향을 받아들여 자기발전을
촉진시킨다는 것은 통례인 것이다. 이와는 상반되게 역으로 전하여졌
다고 문화발전의 상승단계에 있던 육정산묘 주인의 來源을 말한다는
것은 불가능한 것이다. 이런 이유에서 결론지어 말할 수 있는 것은 B
계통의 토기가 바로 육정산묘 주인이 속하였던 민족문화의 전통적인
유물이며 V型罐은 민족문화의 전형적인 토기라는 점이다.

  B중구연·大口로 특징지워지는 손으로 제작한 砂質의 조잡한 陶罐
으로 존재하였던 시간과 분포지역을 보면 육정산발해왕족의 초기墓에
국한되어 나타났다. 지금까지 알려진 자료를 근거로 하여 이것을 다음
의 4組로 나누어 보았다.(그림 참조)3)

  제1조, 漢代 이전의 것으로 우수리강 유역 興凱湖 부근의 소련 哈林
谷유원지에서 발견되었다. 여기에 속하는 2중 구연의 大口罐이나 甕종
류의 대부분이 주거지 내에서 발견되었으며 소련의 고고학자들은 기
원전의 청동기시대 문화로 규정하였다.

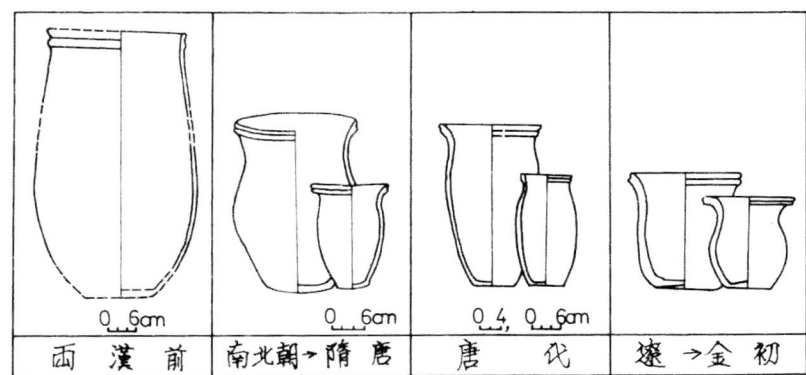

그림 1-1

---

3) 본 도표는 길림대학의 林沄, 흑룡강성 문물공작대의 譚英杰과 길림성 고고연구실의
   林樹山이 협조하여 제작한 것이다.

제2조, 南北朝에서 隋唐에 이르는 기간에 나타난 것으로 흑룡강 중·하류지역, 송화강 하류, 우수리강과 綏芬河의 북부에서 발견되었다. 중국 흑룡강성 綏賓縣 同仁유적지는 그 例중의 하나로 탄소 14로 측정한 결과 1435±80년 이전으로[4] 대체로 南北朝 시기에 해당하며 이 유적지의 상층퇴적은 수 당 시기에 이루어졌다. 기타의 실례가 소련 結雅河와 烏蘇里斯克 부근에서도 나타난다.

제3조, 唐代로 육정산묘지의 V型罐과 동일한 형태의 토기이며 吉林省·黑龍江省의 중부와 동부, 그리고 소련과 접하는 지역에서 발견되었다. 길림성 돈화현의 敖東城, 화룡현의 八家子, 永吉縣의 楊屯, 흑룡강성 海林縣의 山咀子, 東寧縣의 大城子 등을 그 예로 들 수 있다.

제4조, 遼에서 金초기의 것으로 흑룡강 중·하류, 송화강 하류와 우수리강 유역에서 발견되며 중국의 흑룡강성 綏濱縣의 新省 3號墓地 소련의 護太自治州와 傅朗湖지역 등을 그 例로 들 수 있다.

지금까지 말한 이 4조의 자료에 나타난 점은 육정산 묘지에서 출토한 V型 B계통의 陶罐이 절대로 우연한 예외적 존재가 아니라는 것이다. 먼저 제3조의 자료 중에 나타난 일례를 들어보면 제3조의 자료는 제1, 제2조의 자료가 발전을 계속한 것이고 그 후의 제4조로 발전하였다는 것을 알 수 있다. 이것은 漢代이전부터 遼와 金代의 초기에 이르기까지 2중 구연大口의 손으로 만든 褐色陶罐은 하나의 특징적인 요소를 구비하면서 특정문화의 계통 중에 형성되어졌다는 것을 설명해 주는 것이다. 이 지역에 대해서 간단히 말해보면 중국 동북지역에서 동북부로 치우친 곳과 소련 綏芬河 북쪽의 연해주지역 및 흑룡강하류, 그리고 그 동쪽과 북쪽으로 동해(日本海)와 오오츠크 해안에 이르는 지역이다. 따라서 중심지역은 송화강·우수리강의 두 강이 흑룡강과 합류하는 지역이 된다.

지금까지 2중 구연大口의 손으로 만든 褐色陶罐이 속했던 특정문화

---

4) 《文物考古工作三十年》116頁, 文物出版社, 1979年.

의 분포시간과 지역에 대해서 살펴보았다. 그런데 중국의 풍부한 古史의 문헌기록으로도 그 族의 來源에 관해서 알 수 있다. 중국의 古史기록을 볼 때 앞서 말한 漢代 이전부터 遼·金代 초기에 이르기까지 이 지역에서 거주하였던 민족은 어떤 민족인가? 그것은 당연히 고구려는 아니었다. 왜냐하면 고구려는 건국이전은 물론이고 국력이 가장 강성하였을 시기에도 압록강 일대를 가장 중요한 활동지역으로 하였고 그 지역의 북쪽 한계가 어떤 시기에도 송화강·우수리강의 두 강과 흑룡강이 합류하는 지역 및 그 북쪽·동쪽지역에는 이르지 않았다. 그리고 고구려의 멸망 후 유민의 이동방향 역시 주로 남쪽과 서쪽으로 향하였고 북으로 흑룡강에 이르지는 않았다. 기록을 근거로 하면 하나의 특정시간과 지역에서 생활하였던 민족을 분명하게 알 수 있으며 그 族의 명칭은 때에 따라 변하였다. 《구당서》에는 "말갈은 숙신의 지역에 위치하며 후위때에는 물길이라 불렸다."(靺鞨, 蓋肅愼之地, 后魏語之勿吉)고 기록되어 있고 《위서》에는 勿吉國을 舊肅愼國이라 기록하였다. 《삼국지》에서는 挹婁를 "옛 숙신씨의 나라이다."(古之肅愼氏之國也)라고 하였고 《金史》에서는 金의 선조는 靺鞨氏이라고 말하고 있다. 《松漠紀聞》에는 말갈에 대해 5대에 처음으로 여진이라 불렸다고 기록되어 있다. 이러한 기록들을 볼 때 《삼국지》에서 숙신이라 인정한 것을 漢魏 시기에는 읍루라 하였고 南北朝 시기에는 물길이라 불렀으며 隋唐 시기에는 말갈이라 하였고 遼金代에는 여진이라 불렀던 민족이 그 지역에 분포하였음을 알 수 있다. 古문헌 중에 이러한 양상을 상세히 기록하고 있다. 《위서》에 보면

> 숙신씨는 그 지역이 부여국에서 동북으로 10일을 가는 곳에 위치하며 동으로 바다와 접해 있다. (肅愼氏, 其地在夫餘國北十日行, 南濱大海)

라고 기록하고 있고 《삼국지》에는

읍루는 부여에서 동북으로 천여 리 떨어져 있고 바다와 접하며 남쪽으로 옥저의 북쪽과 서로 닿는다, 그(읍루)으 북쪽으로 미치는 곳은 알 수 없다. (挹婁在夫餘東北千餘里, 濱大海, 南與北沃沮接, 未知其北所極)

라고 기록되어 있다. 또한 《위서》에서는

물길국은 고구려 북쪽에 있고 옛숙신국ㅇ 다. (勿吉國, 在高句麗北, 舊肅愼國也)

을력지가 이르기를 처음 그 나라를 출발하여 배를 타고 난하를 거슬러 서쪽으로 올라가면 太涂河에 다다른다. (이것은 동쪽으로 흐르는 難河 즉 嫩江과 합류한 후에 松花江이 된다) (乙力支稱, 初發其國, 乘船沂難河西, · 至太涂河)

고 말하고 있다. 《括地志》에는 말갈에 대해 "서울(당의 장안)에서 동북으로 만여 리 떨어져 있고 동쪽·북쪽은 바다와 접하였다." (在京東北萬里以下, 東及北路各抵大海)고 기록하였다. 《신당서》에도 역시 이 지역을 "동쪽과 북쪽이 바다에 점해 있다."(오오츠크해와 동해)(北·東際于海)고 말하고 있으며 《金史》에 기록된 것을 보면

여진의 지역은 혼동강·장백산지역으로 혼동강은 또한 흑룡강이라고도 부르며 소위 백산흑수가 바로 이것이다.(生女眞地有混同江·長白山, 混同江亦號黑龍江, 所謂 '白山黑水'是也)

고 하였다. 《大金國志》에는 "그 거주지는 혼동강의 윗쪽으로 처음에는 여진이라 하였다."(其居混同江之上, 初名女眞)라고 기록하고 있으며 《遼一統志》에서는

혼동강은 장백산에서 발원하여 동북으로 상경을 지나고 아래로 5국의 성을 거쳐 동북쪽으로 바다로 흘러 들어간다. (混同江發源長白山, 東北經

上京, 下達五國城頭, 又東北注于海》

고 말하였다, 여진족은 遼代 5國部의 분포지역을 포괄하였고 또한 송화강과 흑룡강의 하류지역을 포함하고 있었다. 앞서 인용한 문헌에 기록된 읍루-여진족 系 및 《삼국지》에서 칭하는 그 전대의 숙신은 시종일관하여 송화강·우수리강·흑룡강의 합류지역 동쪽과 북으로 바다에 이르는 전통의 거주지역 중에 포함되어 있으며 이것은 동시에 2중 구연大口의 손으로 제작한 褐色陶罐을 특징으로 하는 문화계통의 분포범위와 서로 일치하고 있다.

이상에서 말한 바와 같이 B계통이 2중 구연大口의 손으로 제작한 褐色陶罐의 분포지역이 고구려의 거주지역과 서로 동일하다는 것은 모순이며 읍루-여진족의 거주지역과 서로 일치된다. 이로써 우리는 B계통의 2중 구연大口罐의 손으로 제작한 褐色陶罐이 후자에 속하는 것이라고 판단하는 것이며 그것은 읍루-여진족의 전통적인 물질문화의 특징을 보이는 것이다. 말할 것도 없이 육정산에서 출토한 2중 구연의 大口罐은 漢代 이전부터 遼와 金초기에 이르기까지 이 계통의 陶罐이 발전하는 단계 중에 唐代에 속하는 것이며 읍루-여진족은 唐代에 말갈이라 불려져 육정산묘의 주인은 말갈인이 되는 것이다. 다시 말해서 발해왕실인 大氏의 來源은 고구려가 아니라 말갈이라 할 수 있다. 이것은 고고학적 연구를 통하여 얻은 결론이다.

이 결론은 《신·구당서》의 발해전에 大氏族의 來源에 관한 기록으로도 증명할 수 있다. 두 개의 唐書의 기록은 각기 표현상의 특징을 지니고 있다. 《신당서》는

발해는 속말말갈을 주체로 하여 고(구)려인이 포함되었고 성은 대씨이다. (渤海, 本粟末鞨鞨附高麗者, 姓大氏)

라는 간단명료하게 기록되어 大氏가 말갈족에서 나왔고 그 말갈족은

속말말갈을 지칭하며 또한 고구려의 역사상황을 설명하고 있다.《구당
서》에 기록된 특징을 보면 당시 사람들은 大氏族의 어느 族에 속하였
는가를 어느 정도 알고 있어 그것을 대조영의 이름 앞에 기록하였고
발해보다 전이였던 고구려 국가와의 역사관계와 고구려族과의 구별을
파악하여 이것을 설명하도록 만들어었다. 즉 "발해말갈 대조영은 본래
고(구)려의 別種이다."(渤海靺鞨大祚榮者, 本高麗別種也)라고 기록하였
다. 그런데 발해왕족의 고구려설은《구당서》의 이 기록의 뜻을 해석함
에 있어 "本高麗別種"을 논증의 근거로 삼음으로써 오류에 빠졌다고
볼 수 있다. 그 잘못은 "대조영"의 앞에 기록된 "말갈"의 문자를 무시
한 것에서 첫째 원인을 들 수 있고 두 번째는 "別種" 앞에 기록된 "
고려"라는 자구에 대해 이 속에 함축된 의미를 파악하지 못한데서 기
인한 것이다. 이 "고려"라는 것은 族名을 나타내는 것이 아니고 國名
을 의미하는 것이 분명하며 그 아래에 바로 붙여서 기록된 "高麗旣滅"
이라는 말은 고구려라는 국가가 멸망했다는 것이지 고구려인을 의미
하지는 않는다.《구당서》에 기록된 글의 뜻은 대조영이 고구려국에 일
찍이 복속되어 있었으나 그 族은 말갈에 속하는 것으로 고구려인과
동일한 민족은 아니다는 것을 말하고 있다. 또한《구당서》편찬자의 안
목 중에서 大씨가 속해있던 말갈族과 고구려族의 구별을 분명히 하고
있다. 예를 들어《구당서》의 편찬자는 발해말갈과 고구려를 나누어 "
北狄" "東夷"의 서로 다른 族群에 넣은 것은 좋은 증명이 된다. 따라
서《구당서》의 편찬방법과 체제는 발해왕족의 고구려說이 잘못되었다
는 것을 충분히 입증하고 있다. 그리고《신·구당서》에 기록된 발해왕
족 大氏에 대한 내용이 비록 그 문자는 서로 다르나 같은 의미를 말
함으로써 아무런 모순이 없으며 역시 고고학적 자료와도 상호 결합하
고 있다. 두 권의 唐書보다 약간 일찍 쓰여진《通典》에는

　　　이적이 고(구)려를 정벌하여……옛 국토가 말갈에 속하게 되었다. 고씨군
　　장이 드디어 없어졌다. (李勣伐高麗,……舊國土盡入于靺鞨, 高氏君長遂絶)

라고 기록하고 있다. 이것은 발해를 말갈로 부르게 되는 경위를 말하는 것으로 大氏族의 來源에 대해 두 권의 唐書보다 비교적 확실하게 기록하고 있다. 기타의 두 권의 唐書를 전후하여 쓰여졌거나 동시에 쓰여진 여러 서적들에서도 《신·구당서》의 기록과 마찬가지로 표현하고 있고 이후의 여러 역사서에서도 역시 이에 대해 이의를 나타내지 않는다. 그러므로 발해왕실의 고구려 說은 중국의 古史에 기록된 것을 잘못 이해한 것이 명백하다. 《구당서》발해전에 開元 7년(719년) 대조영이 죽은 후의 일을 다음과 같이 기록하고 있다.

> 이에 그의(대조영) 적장자 계루군왕 대무예로 하여금 아버지를 계승토록하여 좌효위대장군·발해군왕·홀한주도독으로 책봉하였다. (乃冊立其嫡子桂婁郡王大武藝襲父爲左驍衛大將軍·渤海郡王, 忽汗州都督)

그런데 이 기록에서 大武藝를 桂婁郡王이라고 말하고 있다. 桂婁는 원래 고구려의 5부 가운데 하나로 이 때문에 발해왕실 大氏를 고구려인이라 추정하고 있다. 그러나 실제는 그렇지 않다. 隋唐 시기를 살펴보면 어떤 사람을 어떤 王·公·侯 등의 작위로 봉하는데 어느 族人인가는 불필요한 것이었다. 예를 들어 《冊府元龜》外臣部 武德 2년10월條의 기록을 보면

> 말갈추장 돌지계는 사신을 보내 조공하고……요서태수를 배알하여 부여후에 봉해졌다. (靺鞨酋帥突地稽遣使朝貢……拜遼西太守, 封扶餘侯)

라고 기록되어 있다. 여기서 突地稽는 말갈인이 분명하며 그가 扶餘侯로 봉해졌다하여 부여인은 아닌 것이다. 이처럼 대무예가 桂婁郡王으로 봉해지기는 했어도 그는 桂婁部의 고구려인은 아니다. 이러한 추론상의 착오는 자연히 古史의 기록과는 무관하다는 것을 다시 말할 것도 없다.

발해왕실이 말갈에서 나왔다는 것은 金石·言語·民俗學 등의 방면

에서도 직접·간접의 많은 증거를 찾을 수 있다.

발해의 金石중 중요한 것으로 遼寧 旅順 黃金山의《鴻臚井刻石》이 었다. 이것은 崔忻이 713년 당 玄宗의 명을 받아 대조영을 책봉하고 돌아오는 길에 우물을 파서 이를 기념하기 위해 돌에 새긴 것이다. 그 文은 "勅持節宣勞靺鞨使鴻臚卿崔忻井兩口永爲紀驗開元二年五月十八日" 이다 새겨져 있다. 여기서 책봉의 대상자를 대조영으로 하여 宣勞靺 褐使라고 文에서 칭한 것은 大氏王室이 말갈족에 속하였음을 증명하는 것이다.

발해민족의 언어 역서 古文獻에 기록되었음을 찾아볼 수 있다.《신당서》에는 발해에서 왕을 칭하는 것에 대해

> 왕을 세간에서는 '可毒夫'·'聖王'·'基下'라고 부르고 그의 命을 '敎'라 하였다. (俗謂王曰 '可毒夫', 曰 '聖王, 曰 '基下', 其命爲 '敎')

라고 기록하고 있고《冊府元龜》에서는

> 세간에서 왕을 부르는데 '可毒夫'라 하였고 왕을 대면해서는 '聖王'이라 하였으며 상소문에서는 '基下'라 하였다. (其俗呼其王爲 '可毒夫', 對面爲 '聖王', 牒表呼 '基下')

라고 말하고 있다. 여기에 나타난 "可毒夫"는 명백히 민족언어로 볼 수 있다. 이 "可毒夫"를 만주어의 "卡達拉(kadala)와 같다고 인식하였던 연구자가 있었던 것을 보아도 공통의 어원을 가졌을 가능성이 있으며 참고할 만한 것이다. 요컨대 발해에서 왕에 대해 앞서 말한 칭호를 어떻게 사용했는가를 차지하고라도 이러한 용어들이 고구려에서는 보이지 않는다는 것을 유의해야 한다.《후한서》,《삼국지》등에서 부여·고구려의 職官을 민족어로 기록한 것은 상세히 보이고 있으나 왕에 대한 것은 없다. 이것은 발해왕이 고구려인이 아니고 고구려와는 달랐기 때문에 특정인을 王이 속해있던 민족어로 불렸던 것이다.

이밖에 민족의 풍습으로 볼 때《松漠紀聞》은 발해의 풍습을 다음과
같이 기록하고 있다.

그 왕은 예부터 大를 성으로 하고 右姓으로는 高·張·楊·寶·烏·李
등 불과 몇 가지에 지나지 않는다. 부곡노비는 성이 없고 모두 그 주인을
따랐다. 부인은 모두 사납게 투기하였다. 大氏와 다른 성이 혼인하여 10
자매가 되었는데 그 남편을 살피고 측실을 허용치 않았다. 남편이 외출하
면 음모를 꾸며 독으로 총애하는 부인을 죽이려 하였다. 남편이 잘못을
범하였으나 이를 발견하지 못한 처를 나머지 9인이 함께 꾸짖었다. 질투
와 시기로 서로 다툼이 심하였다. (其王舊以大爲姓, 右姓曰高, 張·楊·
寶·烏·李, 不過數種. 部曲奴婢無姓者, 皆從其主. 婦人皆悍妬, 大氏與他姓
相結爲十姉妹, 迭幾察其夫, 不容則室. 及他游, 聞則必謀眞毒死其所愛. 一夫
有犯, 而妻不擧者, 九人則群聚而詬之, 爭以忘嫉相夸)

이것과《후한서》에 기록된. 고구려의 풍습을 보면

그 풍속이 음란하고 모두 깨끗함을 좋아하였고 해가 질 저녁이면 남녀
가 서로 모여 倡樂을 즐겼다. (其俗淫, 皆潔淨自憙, 暮夜輒男女群聚爲倡樂)

라고 하여 서로 상반된. 양상을 보여준다.《松漠紀聞》에 기록된 풍속
은 당연히 발해왕실인 大氏族人 및 여러 右姓을 포함하는 것이며 그
기록 중 "부인이 모두 질투가 심하였다"는 것은 大姓과 右姓과 밀접
하게 연관되는 것으로 右姓외에 일반평민에 대해서는 언급하지 않고
있다. 또한《冊府元龜》등에 開元 10년의 일이 기록된 것을 보면

11월 발해는 대신 미발계를 사신으로 보내 내조케 하고 매를 헌상하였
다. (十一月渤海遣使大臣味勃計來朝幷獻鷹)

라고 하는 등 武王 3년에서 僖王 朱雀 2년에 이르기까지 전후하여 9
차례 鷹을 헌상하였다. 그런데 肅愼(挹婁)이 고구려 대조왕 69년에 鷹

을 헌상하였다는 기록과 〈《三國史記》〉 후대의 여진인이 遼에 鷹종류를 헌상하였다는 기록을 참고하면 숙신말갈 – 여진인은 鷹을 귀히 여기는 풍속을 가지고 있었고 이것은 대대로 전통성을 나타내고 있다. 鷹의 출현은 이처럼 어느 한때 일정한 지역에 그치지 않았으며 발해가 唐에 鷹을 헌상하였다는 것은 그 왕이 이를 중시하였다는 것을 나타내는 것이다, 그런데 고구려에서 중국의 왕조에 헌상한 것 중에서 鷹의 기록은 찾아볼 수 없는 것으로 보아 그 당시 고구려에 鷹이 전혀 없었던 것은 아니나 이를 귀중히 여기지 않았기 때문에 헌상 할 필요가 없었다고 생각된다. 이러한 것 역시 발해와 고구려族의 풍속이 같지 않음을 말해준다. 지금까지 살펴본 2가지의 발해와 고구려의 풍속의 차이는 발해왕실의 來源이 말갈이며 고구려가 아니라는 것을 판별케 하는데 증거를 제시해 준다.

결론지어 말하자면 고고학적 자료를 연구하여 얻은 결론, 즉 발해왕족이 말갈족에서 나왔다는 설은 중국의 古史기록과 일치하고 있으며 또한 金石·言語·民族學 등 여러 방면에서도 직접·간접의 증거를 얻을 수 있다. 따라서 이런 결론은 성립되며 믿을 수 있는 것이다.

그러나 고구려說을 주장하는데 중국 측의 사료만을 근거로 하는 것이 아니라 일본의 古史書에 기록된 많은 발해문헌을 인용하기 때문에 이에 관계되는 여러 가지 문제에 대해서도 논증하여야만 한다.

발해사를 연구하는데 발해인 자신들이 편찬한 사료를 얻는다는 것이 가장 이상적이기는 하나 발해의 멸망 후 이런 사료들이 대부분 사라졌고 그 중에서 비교적 중요한 십수편의 國書가 일본 古史에 채록되어 남아있을 뿐으로 이것은 매우 가치 있는 것이다. 그러나 일본 古史에 보존된 것 중 발해인 자신이 쓴 중요한 사료는 단지 이에 한정되었을 뿐이고 일본의 史籍 편찬자가 일본을 방문하였던 발해사신들의 말을 기록한 것은 앞서 말한 국서와 동일하게 취급해서는 안 되며 또한 국서와 동일한 가치를 지니고 있다고 할 수 없다. 이것은 일본 史家의 주관이 섞인 2차 사료이기 때문이다. 이런 이유로 인하여 앞서 말한 사료를 가지고 발해왕족이 고구려인에서 나왔다고 주장한다는 것은 오히려 오유를 범하는 해석이 나오기도 한다. 예를 들어 고구려 說은 발해 大興 21년 (758년) 文王이 스스로 "高麗國王大欽茂"라고 칭하여 일본천황에게 보낸 국서를 가지고 발해왕실이 고구려族에 속한다고 근거를 삼고 있다. 그러나 《續日本紀》를 보면 이와 같은 기록은 찾아볼 수 없고 소위 이 국서는 일본인이 발해사신 楊承慶의 말로 행한 上奏文을 기록한 것에 지나지 않으며 이것을 국서라고 부르는 것은 잘못된 것이다. 《續日本紀》에 나타난 발해사신의 일본천황에 대한 이런 종류의 말로 행한 상주문은 모두 5차례에 이른다. 이 가운데 "渤海國王"과 "國王"이라고 한 것은 4차례이고 "高麗國王"이라고 대흠무가 말한 것은 양승경의 한 차례에 지나지 않는다. 발해사신 양승경이 일본의 淳仁천황에게 天平寶字 3년(759년) 정월 庚午에 말로 하였던 것을 기록한 상주문을 보면

> 경오년 천황을 배알하니 고려사신 양승경이 方物을 조공하고 아뢰길 고려국왕 대흠무가 말씀하셨습니다. 일본에서 천하를 밝히시던 성스럽고 현명하신 천황께서(聖武천황) 천궁을 승하하셨다는 소식을 들었습니다 (庚午, 帝臨軒, 高麗使楊承慶等貢方物, 奏曰高麗國王大欽茂言, 承聞, 在于日本, 照臨八方, 聖明皇帝, 登遐天宮……)

라고 기록하고 있다. 이외에 다른 사신이 말로 행한 상주문을 보면 孝謙天皇 天平勝寶 5년 (753년) 5월 丁丑의 기록으로

> 발해사신 보국대장군 慕施蒙 등이 알현하고 信物을 받쳤다. 이때 발해국왕의 말이라 칭하면서 아뢰길 일본에는 성스러운 천황께서 다스리고 계시는데 그 명을 받지 못한 것이 이미 십수년이 지나고……(渤海使輔國大將軍慕施蒙朝幷貢信物, 奏稱渤海國王言, 日本照臨聖天皇朝, 不賜使命, 已經十餘歲……)

라고 한 것과 淳仁천황 天平寶字 4년(760년) 春정월 丁卯의 기록으로

> 천황을 알현하니 발해사인 高南申 등이 方物을 조공하고 국왕대흠무의
> 말을 아뢰면서 일본에서 당에 사신으로 보냈던 特進兼 秘書監 藤原河清의
> 表文과 貢物을 함께 헌상하였고……(帝臨軒. 渤海國使高南申等貢方物, 秦
> 日國王大欽茂言. 爲獻日本朝唐使特進兼秘書監藤原朝臣河清上表幷恒貢物)

라고 하였다. 위에서 인용한《속일본기》의 기록은 발해사신이 말로 아
뢰었던 것을 기록한 것으로 여기서 나타난 바와 같이 "王" 앞에 쓰여
진 글자는 발해사신이 직접 말하였던 것이 아니라 일본의 사관이 부
가하여 기록한 것이다. 발해사신이 일본천황을 대면하여 아뢸 때에는
단지 "王(혹은 國王)"께서 이렇게 말씀하셨습니다"라고 할 뿐이지 "王
(혹은 국왕)"앞에 다른 글자를 부가할 필요가 없다는 것은(일본의 천
황은 당연히 어느 나라의 국왕인지는 알고 있었다) 망연하다. 발해사
신이 일본천황과 발해왕이 대해서 말을 한 때에는 신하라는 균등한
지위에서 말을 하는 것으로 만약 "王(혹은 國王)"앞에 다른 글자를 덧
붙여 말한다는 것은 자기 자신을 이들 왕을 초월한 제삼자의 입장에
두는 것으로 이것은 자신의 왕과 일본천황에게 모두 실례가 된다. 이
렇게 한다는 것은 예의를 중시해야 하는 발해 사신으로써는 엄중한
외교경우에 있어서 취할 행동이 아니었다. 따라서 "王(혹은 國王)"앞
에 있는 글자와 "대흠무"라는 이름은 모두 발해사신이 아뢸 당시 일
본의 사관이 부가하여 기록한 것이며 진정하게 믿을 수 있는 상주문
은 "言"자의 다음 부분인 것이다. 그러므로 "고려국왕"은 발해왕이 스
스로 그렇게 칭하였던 것이 아니라 일본인 개인의 발해에 대한 인식
이라고 볼 수 있다. 이렇다면 고구려說은 발해사신이 말로 아뢰었던
것을 국서로 한 것에 잘못이 있으며 여기서 "고려국왕"이라 칭한 것
은 발해사신이 아뢰었던 본문이라고는 할 수 없다.

고구려說을 주장하는 다른 이유로 발해와 일본 사이에 왕래하였던
국서 가운데 스스로 "고려국왕"이라 칭한 것이 있다는 점이 있다. 물

론 이점은 사실이다. 그러나 천부가 스스로 발해국왕이라고 칭하지는 않았으며 일본천황이 발해왕에게 보낸 몇 개의 국서 중에서만 나타나고 있다. 《속일본기》·《日本后紀》·《續日本后紀》·《日本三代實錄》과 《日本逸史》등이 보존되어 있는 발해와 일본사이에 왕래한 국서는 모두 35개이다 이 중에서 발해왕이 일본천황에게 보낸 국서는 15개로 국서의 앞머리를 "……啓"예를 들어 武藝啓·玄錫啓 등으로 시작하는 것이 많다. 이처럼 이름 앞에 "……王"이라는 문자를 붙이지 않는 것은 발해국서의 통상적인 체제이며 단지 1개의 국서만 "渤海國王大彝震啓"라고 시작하고 있다(이것 역시 일본사관이 덧붙인 것일 가능성이 있다). 요컨데 발해가 일본에 보낸 국서 가운데 "고려국왕"이라고 스스로 청하였던 예를 찾을 수 없다는 것은 더 이상 말할 필요가 없다. 그런데 이렇게 하였던 원인은 발해국왕이 스스로 말갈족에 속하였음을 알았기 때문이며 또한 민족의 존엄을 지킬 수 있는 능력을 구비하여 다른 사람의 의지에 따라 다른 族으로 고치는 것을 원하지 않았기 때문이었다.

일본천황이 발해국왕에게 보낸 국서가운데 국서의 처음을 "天皇敬問渤海國王(혹은 王·郡王)으로 시작하는 것이 많이 있고 20개의 국서 가운데 "天皇敬問高麗國王"으로 시작하는 것은 2개에 지나지 않는다. 그중 하나는 淳仁천황 天平寶了 3년(759년)에 행해진 것이고 다른 하나는 光仁천황 寶龜 3년(772년)에 행해진 것으로 발해국왕 대흠무에게 연속해서 보낸 것이다. 그런데 이 2개의 국서에서 "고려국왕"이란 칭호를 썼던 원인을 국서를 썼던 당시 정치적 배경에서 찾아볼 수 있다. 처음의 국서에 앞서 孝謙天皇 天平勝寶 5년(753년) 문왕 대흠무에게 보낸 국서의 내용 가운데

> 啓를 살펴보니 신하됨을 말하지 않았다. 이에 고(구)려의 옛 기록을 보니 표문 중에 형제라 말하고 있으며 이 뜻은 군신의 관계임을 말하는 것이다.(省來啓, 無稱臣名, 仍檢高恩舊記, 上表文云族則兄弟, 義則君臣)

라고 말하고 있다. 이것은 일본측이 발해가 평등한 외교적 국가로 이루어지는 정책을 펴나가는 것을 보고 발해에 대한 변화를 모색하기 시작하였던 것으로 발해가 고구려국의 옛 지역을 계승하였다는 점을 이용하여 발해로 하여금 고구려의 관계를 준수하도록 요구하는 것이었다. 즉 君臣의 관계를 성립시켜 일본을 함께 신하됨을 청하게 하였던 것이다. 따라서 淳仁・光仁이 전후하여 문왕 대흠무에게 보낸 2개의 국서에서 문왕을 "고려국왕"이라 한 것은 孝謙천황의 정책을 계승하고 발전시킨 것이라 볼 수 있다. 예를 들어 光仁천황의 국서에서 말하길

　　짐은……온 천하를 다스려 같은 법도에 따라 화목함이 있게 한다.(朕…率土之濱. 化有輯于同軌)

라고 하고 있다. 이러한 의도에 의해

　　옛날 고(구)려의 전성시에 그 왕이 차례로 바뀌면서……군신의 관계가 이루어졌다. 이에 바다를 건너고 산을 넘어 조공을 계속하였다.(昔高麗全盛時其王高武祖宗奕世……義若君臣. 航海梯山. 朝貞相續)

라는 관례에서 출발하여 발해로 하여금 일본에게 신하됨을 칭하고 조공하도록 요구하였다. 이러한 현상은 이전의 고구려와 같은 것이었다. 그러므로 일본이 "발해국왕"을 "고려국왕"이라 바꿔 칭한 것은 단지 정치적 책략과 수단에 불과한 것이고 발해왕실의 族屬에 대한 인식에 새로운 변화를 의미하는 것은 아니라고 말할 수 있다. 이것은 그 후 다시 "발해국왕"이라 불렀던 사실에서도 거듭 증명할 수 있다, 역사연구는 거짓을 버리고 사실만을 취하는 과학정신이라 할 수 있으므로 일본천황의 앞서 말한 정치적 원인에 따라 취해진 외교적 책략과 수단 즉 국서 중에 "고려국왕"이라 칭하였던 것은 의미가 없는 것이며 발해왕실 族屬에 대한 증거가 될 수 없다.

다른 이유를 들어 설명할 수 있다. 즉《속일본기》天平寶字 3년에서 寶龜 5년(759년~778년) 사이의 발해에 관한 기록에 때에 따라 "발해"라 칭하기도 하고 "고려"라 칭하기도 하는 등 혼재된 양상을 나타내고 있다. 그런데 이 19년간은 발해와 일본관계의 파동기로서 사관이 일을 기록하는데 있어 천황의 국서에서 "고려국왕"이라 칭하였던 영향을 받지 않을 수 없었고 형세의 기복에 따라서 칭호 역시 변화를 가져와 혼재된 현상이 나타났다고 볼 수 있다.《속일본기》는 여러 권으로 나누어 편찬되었고 집필자 역시 한 사람이 아니었으며 藤原繼繩 등이 편찬한 21~40권이 오히려 菅野眞道 등이 편찬한 1~20권보다 몇 년 일찍 앞서고 있다. 그런데 이 19년 동안을 21~40권의 앞부분에 기록하고 있는 것이다. 또한 책의 表에서 말한 바에 의하면 근거하고 있는 것이 상세하지 않음을 알 수 있고 기록에 소홀함이 있으며 편찬의 기간이 짧아 조잡함을 면하기 어려워 정확성이 결여되어 있다. 이러한 상황 때문에 혼재되어 기록된 것이 보존되었다고 여겨진다.

고구려說을 주장하는 또 다른 근거로 발해 仁安 8년(727년) 武王이 일본의 聖武천황에게 보낸 국서에서

　　　고(구)려의 옛 지역을 회복하고 부여의 풍습을 이어 받았다.(復高麗之舊 居, 有扶餘之遺俗)

라고 하여 일본에 건국의 경과를 보고한 것에서 발해왕실이 고구려인으로 형성되었다는 증거를 삼고 있다. 그러나 이것 역시 해석상의 잘못에 의한 것이다. 위에서 말한 기록의 앞쪽에 보면

　　　무예는 여러 나라들 사이에 끼여 여러 藩國을 결속시켰다.(武藝忝當列 國監總諸藩)

라고 되어 있다. 이것을 보면 일본에 통고한 것은 전국의 경과가 아니라 영역과 屬民으로 고구려의 옛 지역과 그 유민을 관할한다는 것을

의미하는 것이다. 그리고 말갈의 조상은 읍루이고 이 읍루가 漢이래로 부여를 복속하고 있었으므로 부여의 문화풍습의 영향을 어느 정도 받았을 것이다. 이로 인해 "부여의 풍습을 이어 받았다(有扶餘之遺俗)"고 말할 수 있다. 따라서 발해와 고구려의 관계는 단지 지역상으로 계승한 관계, 즉 "발해국은 고(구)려의 옛 지역(渤海國者, 高麗之故地也)"인 것이다.

이상으로 고구려說에 대해 일본 古史자료에 입각하여 문제점을 살펴보았다. 여기서 우리는 그 주장하는 논거가 불확실하고 결론 또한 믿을 수 없음을 알 수 있다. 그리고 우리가 고고학적 자료를 통해 얻은 발해왕실 族屬이 말갈이라는 결론은 일본의 古史 기록에서도 현재로서는 아무런 문제점을 찾을 수 없다. 그러나 고고학이 더욱 발전하여 이 결론에 대해 새로운 논증이 행해지길 바라는 바이다.

4. 渤海王族 大氏의 고찰 *

발해 始祖의 姓이 大씨라는 것은 史書에 명확히 기록되어 있다. 그러나 大씨의 源流에 관해서는 현재까지 역사학계에서 의견의 일치를 보지 못하고 있다. 金毓紱은 《東北通史》에서 말하길 대조영의 父인 乞乞仲象의 官이 大舍利였으므로 官에서 姓이 유래하였다고 하였다. 일본의 稻葉君山은 대조영이 말갈족에 속하였고 말갈의 音이 瑪法과 유사하며 여진어로 大人을 瑪法이다 부르는데서 大씨의 유래를 찾았다. 《吉林大學學報》에 실린 「以大爲氏」라는 논문에서 羅繼祖는 대개 胡人은 部의 長을 部大라 부르고, 오직 烏桓·鮮卑만은 大人이라 칭하였으며 발해왕족의 大씨도 여기서 유래한다고 보았다.[1] 이상의 것을 종합해 보아도 발해 始祖의 姓이 大씨라는데에는 적어도 3가지 說이 있다.

발해 始祖의 姓을 大氏로 기록한 것이 최초로 보이는 것은 《구당서 발해말갈전》으로

> 발해말갈 대고영은 본래 고(구)려의 別種이다. (渤侮靺鞨大祚榮本高麗別種也)

고 기록되어 있다. 그 후 《신당서 발해전》에도 역시 명확히 기록되어

> 발해는 속말말갈을 주체로 하고 고(구)려가 이에 속하였으며 성은 대씨이다. (渤海, 本粟末靺鞨附高麗者, 姓大氏)

---

* 王成國 『渤海王族大氏考』黑龍江文物叢刊 1983. 3, pp. 65~66.
1) 羅繼祖 : 《以大爲氏》《吉林大學學報》1982年 第2期~

라고 하였다. 이 두 권은 서적은 발해 始祖의 성을 大로 기록하여 서로 일치하고 있다. 그러나 오히려 서로 다르게 기록하고 있는 것을 연구·검토하는 것이 가치가 있다고 본다. 예를 들어 《신당서》에는 발해국을 세운 대조영의 父를 舍利乞乞仲象으로 기록하고 있으나 《구당서》에는 그 父에 관해서 언급하지 않았다. 따라서 《신당서》에서 대조영의 父를 舍利乞乞仲象으로 칭한 것을 믿을 수밖에 없다(외국의 학자 가운데에는 乞乞仲象과 대조영을 동일인물로 간주하는 사람도 있으나 이것을 뒷받침하는 자료는 없다). 그런데 金毓黻의 말에 의하면 대조영의 父를 舍利乞乞仲象으로 하는 것에는 수정할 필요가 있다. 舍利乞乞仲象의 앞에 大字가 붙은 것이 처음 보이는 기록은 宋代 王溥의 《五代會要》의

> 발해말갈, ……고(구)려와는 別種인 大舍利乞乞仲象이 있다. (渤海靺鞨, ……有高麗別種大舍利乞乞仲象)[2]

고 한 기록이다. 舍利는 원래 거란의 官名으로 《遼史》國語解에

> 거란의 豪民이 裏頭巾 필요로 하면 牛舵 10頭, 馬 100필을 내었고 이에 舍利라는 官名을 주었다. (契丹豪民要裏頭巾者, 納牛駝十頭, 馬百匹, 乃給宮名曰舍利)

라고 한 것을 보면 舍利가 거란의 官名임이 분명하다. 그렇다면 大舍利는 어디서 유래한 것인가. 원래 乞乞仲象의 선조인 度地稽는[3] 당高宗이 고구려를 멸망시키기 이전에 이미 營州에 거처를 정하였으며 그 당시 營州는 거란인인 李盡忠의 관할에 있었다. 乞乞仲象이 靺鞨粟末部의 長이 되어 거란에 복속하고 거란의 舍利라는 官을 받았을 가능

---

2) 王溥 : 《五代會要》
3) 孫進已·王成國·艾生武·莊嚴 : 《渤海建國的幾個問題》, 《渤海史論集》, 1981年 第1期

성이 매우 높다. 《신당서》에는 대조영의 父를 舍利乞乞仲象으로 기록
하였고 大舍利乞乞仲象으로는 하지 않았다. 그러니 《五代會要》의 편찬
자가 舍利乞乞仲象] 앞에 大를 붙인 것은 《구당서》에 조영의 성이 大
라 기록된 것을 근거로 삶았을 가능성이 매우 높다. 그리고 앞서 인용
한 《五代會要》의 기록 다음에 있는 注를 보면

> 大는 姓이고 舍利는 官이며 乞乞仲象은 이름이다.(大, 姓, 舍利, 官, 乞乞
> 仲象, 名也)[4]

라고 하고 있다. 이것을 보면 "大舍利"라는 官名은 존재하지 않았음을
알 수 있다.[5] 이와 같다면 김육불이 大씨가 官名에서 유래하였다고 말
한 것은 받아들일 수 없다. 비록 古人 중에 官을 姓으로 삼았던 사람
이 있기도 하여 司馬, 司徒 등의 姓을 사용하였으나 대조영의 姓인 大
가 그의 父인 乞乞仲象의 官名에서 유래하였다면 당연히 "舍利祚榮"
이라고 했어야 옳았고 대조영은 아니었을 것이다.

다음으로 稻葉君山이 말한 大씨의 源流에 대해서도 적어도 두 가지
의 이해하기 어려운 점이 있다. 하나는 靺鞨과 馬法의 語音이 서로 유
사하지 않다는 것이며 둘째는 그 音이 비록 비슷하다 하더라도 靺鞨
과 馬法은 서로 아무런 관계가 없다는 점이다. 이런 점을 볼 때 大씨
의 源流를 女眞語인 馬法으로 말한다는 것은 그 논리가 부족하다.

단지 羅繼祖가 고찰한 바 있는 大씨의 기원을 胡人이 部의 酋長을
大人으로 칭한 것에서 찾았다는 이론은 자못 일리가 있다고 생각하여
필자는 이 견해를 기초로 大氏의 源流에 대해 몇 가지 보충하고자 한

---

4) 王溥：《五代會要》
5) 《宋史・宋琪傳》에 高模翰을 契丹大舍利로 기록하고 있으나 《五代會要》의 "大舍利
乞乞仲象"라는 기록을 근거로 하면 잘못 기록하였을 가능이 매우 크다. 《遼史・高
模翰》에 의하면 模翰은 발해인으로 발해의 멸망 후 거란의 관직에 임하였고 戰功
으로 인하여 遼人將軍・統軍副使 등에 제수되기도 하였다. 후에 東丹國의 中台省
左相・右相을 역임하기도 하였다. 그런데 大舍利라는 官이 기록된 것을 찾아볼 수
없다.

다. 羅繼祖가 말한 胡人은 고대 중국의 漢族에 대해 그 변경지역의 소
수 민족을 지칭한다. 그 胡人은 모두 部의 酋長을 大人이라 불렀고 烏
桓·鮮卑의 두 族만 大人이라 한 것은 아니었다.《후한서 읍루전》의
기록을 보면

> 읍루는 옛 숙신의 나라이다. 부여의 동북으로 천여 리 떨어진 곳에 있
> 다……그 읍락에는 각기 大人이 있었다.(挹婁, 古肅愼之國也. 在夫餘東北
> 千餘里……其邑落各有大人)

고 하였다. 여기서 말한 后漢의 挹婁가 바로 수·당 시기의 말갈이다.
이 기록을 근거로 하면 말갈인이 그 部의 酋長을 大人이라 부른 것은
오랜 역사를 가지고 있다.《북사 물길전》에는

> 물길국은 고구려의 북쪽에 있고 말갈이라 부르기도 한다. ……거주지는
> 대부분 山水에 의지하고 있다. 그 渠帥는 大莫弗瞞咄이라 부른다. (勿吉國
> 在高句麗北, 一曰靺鞨. ……所居多依山水, 渠帥曰大莫弗瞞咄)

라는 기록이 있다. 여기서 말하는 渠帥는 편찬자(李延壽)가 勿吉부락
즉 말갈부락의 酋長을 통칭한 것이다.《구당서》,《冊府元龜》같은 史書
에서 말하는 酋帥·君長·首帥는 모두 같은 의미라고 할 수 있다. 그
리고 大莫弗瞞咄은 바로 말갈인이 그들의 部落長을[6] 칭하는 것이다.
이를 근거로 추측컨데 大人은 大莫弗瞞咄을 漢語로 해석한 명칭이라
여겨진다. "大莫弗瞞咄"은 度地稽의 官名이며 역시 乞乞仲象의 官名도
된다. 이로써 대조영의 姓인 大의 유래를 말갈족의 酋長一大莫弗瞞咄
로 본다는 것은 적절한 것이다.

---

6)《冊府元龜》卷970《外臣部》의 기록을 근거로 하면 말갈의 酋長 突地稽(度地稽)의
  兄을 瞞咄이라 불렀다. 그런데 瞞咄은 大莫弗瞞咄을 줄여 그兄의 이름으로 부른
  것이라고 추측된다. 瞞咄이 죽은 후 度地稽가 대신하여 그 무리를 이끌면서 大莫
  弗瞞咄이라 부르지 않게 되었고 단지 渠帥라고 하였다.

일찍이 위·진시대에 이미 말갈인은 각 부의 酋長을 大莫弗瞞咄이라 부르고 있었다. 그런데 왜 수·당 시기에 이르러 度地稽나 乞四比羽 등 말갈의 首領을 大莫弗瞞咄이라 부르지 않고 단지 酋長이라고 하였는가? 이 까닭은 大莫弗瞞咄은 말갈이었고 당시의 度地稽·乞乞仲象·乞四比羽 등 각 部의 酋長은 이미 營州에 정착한지 오래였기 때문에 大莫弗瞞咄이란 용어는 사용치 않았기 때문이었을 것이다. 그리고 漢族의 역사편집자(歐陽修 등)는 이를 간편하게 하여 酋長으로 기록하였고 또한 酋帥·君長 등 漢語로 그 뜻이 같은 다른 말로써 대체하였던 것이다. 營州(현재의 朝陽부근)는 동북지역의 여러 族이 중원으로 통하는 육로의 요충지로 일찍이 진·한 시기에는 遼西郡을 두어 營州를 중요한 鎭의 하나로 하였고 많은 漢人이 이곳에 이주하여 살았다. 이로 말미암아 선진의 漢문화의 영향을 받게 되었고 乞乞仲象 등 말갈의 귀족들은 華風을 숭상하여 그의 아들에게 漢式의 이름인 "祚榮"을 붙였고 "大莫弗瞞咄"을 이어받아 大를 姓으로 하였다.

또한 東漢의 應劭가 편찬한 《風俗通》에는

> 大氏는 大唐氏의 후예로…… 〈禮記〉에 말하길 '大連은 東夷의 자손이다'고 하였다. (大氏, 大唐氏之后, …… 〈禮記〉曰 '大連, 東夷之子')

라는 기록이 있다. 東夷는 《후한서》에서 인용한 《王制》에서 말하길

> 동방을 夷라 한다. 따라서 夷는 근본이 된다. 어짐을 말하고 삶을 즐기니 만물이 땅을 근본으로 하여 생겨난다. (東方曰夷. 夷者, 柢也. 言仁而好生, 萬物柢地而生)[7]

라고 하였다. 또한 《후한서 東夷傳》에도

---

7) 《后漢書·東夷傳》, 中華書局點校本, 第2807~2808頁.

　　무왕이 紂를 멸하자 숙신이 내조하여 석노·호시를 헌상하였다, 管蔡가
周에 반기를 들고 이에 夷狄을 불러모아 두혹하니 주공이 이를 정벌하고
東夷안정시켰다. 강왕 때에는 숙신에 이르렀다. (及武王滅紂, 肅愼來獻石
砮·楛矢管蔡畔周, 乃招誘夷狄, 周公征之, 遂定東夷. 康王之時, 肅愼復至)

라고 기록되어 있다. 이러한 사료들을 근거하면 숙신이 東夷 가운데
가장 빠른 시기에 형성된 민족임을 알 수 있다. "大連이 東夷"의 자손
이라 하여 숙신을 大氏로 부르는 것도 역시 史書에 기록되어 있다. 따
라서 말갈이 본래 숙신의 후예라는 사실을 근거로 하여 발해왕족의
성이 大라는 것을 소급하여 찾아볼 수 있는 것이다.

5. 白山靺鞨五考 *

1) 白山靺鞨의 지역 위치

白山靺鞨의 지역위치는 중국과 외국의 사학계에서는 모두 長白山의 북쪽 혹은 현재의 延吉·琿春을 중심으로 하는 延邊지역을 말하면서 유일한 근거로 《隋書》에 기록된 "백산부는 속말부의 동남쪽에 있다." (白山部在粟末東南.)고 한 것을 들고 있다. 그러나 이것은 잘못된 해석으로 《신당서·흑수말갈전》에 기록된 것을 보면

그 중에서 가장 뛰어난 것은 속말부로 가장 남쪽에 위치하며 태백산의 기슭에 자리잡았고 또한 도태산이라 부르기도 하였다. ……속말부의 동쪽에 백산부가 있다. (其著者曰粟末部, 居最南, 抵太白山, 亦曰徒太山,……粟末之東曰白山部)

라고 하여 속말부 지역은 동쪽으로 長白山에 이르고 장백산 동쪽지역의 한반도 내에 백산부가 있었음을 말하고 있다.

그리고 중국 외의 古典籍에서도 백산말갈이 한반도의 동북부였음을 대량으로 기록하고 있다. 《신당서 백제전》에는

영휘 6년 신라가 백제·고(구)려·말갈을 공격하여 북쪽의 30개 성을 얻었다. (永徽六年, 新羅·高麗·靺鞨取北境三十城)

라고 기록되어 있다. 여기서 말하는 "靺鞨"은 백산부를 의미하는 것으로 그들은 한반도의 동북지역에 거주하였던 것이다. 高宗 總章元年

---

* 董萬崙 『白山靺鞨五考』 北方文物 1986. 2, pp, 59~63,

(668년) 唐이 고구려를 멸망시키고 그 영토를 신라와 말갈로 분할하였다. 《通典》의 《州郡典》에 기록된 것을 보면

> 고종은 고(구)려·백제를 평정하여 바다의 동쪽 수천리를 얻었으나 신라·말갈의 침입으로 이를 잃었다. (高宗平高麗·百濟, 得海東數千里, 爲新羅·靺鞨所侵, 失之)

라고 하여 여기서 말하는 "得海東數千里"는 한반도지역을 의미하는 것으로 고구려 영토를 분할하는데 참여하였던 말갈은 白山部였으며 이들의 거주지는 한반도지역 내에 있었음을 말해 준다. 《新唐書 黑水靺鞨傳》에

> 백산부는 본래 고(구)려의 신하로 왕사가 평양을 탈취하자 그 무리 가운데 많은 수가 당에 들어갔다. (白山本臣高麗, 王師取平壤, 其衆多入唐)

라고 기록된 것은 백산말갈의 거주지는 원래 한반도의 東北지역이었으나 唐이 평양을 함락시킨 후 그들이 스스로 한반도에서 唐에 들어갔던 일을 설명하고 있다. 또한 《고려사》[1]에 고려의 大將 尹瓘이 한반도 내의 曷懶甸女眞을 정벌한 것에 대한 일을 기록한 것으로

> 여진족은 본래 말갈의 유민으로 수·당 사이에 고구려에 병합되었고 후에 읍락을 이루어 산택에 흩어져 거주하여 아직 통일을 이루지 못하였다. 정주·삭주 근처에 거주하던 무리들이 신하가 되기도 하고 반란을 일으키기도 하였다. (女眞本靺鞨遺種, 隋唐間爲高句麗所幷, 后聚落散居山澤, 未有統一, 其在定州, 朔州近境者, 雖或內附, 乍臣乍叛……)

고 한 것을 보면 고려 시기에 이르기까지 曷懶甸女眞(長白山女眞)의 선조인 白山靺鞨이 한반도의 東北지역에 거주하였음을 알 수 있다.

---

1) 《高麗史 尹瓘傳》

2) 白山靺鞨과 한반도靺鞨의 관계

한반도 동북지역의 古民族에 대해서 漢 시기의 신라《古記》나 고구려《留記》에는 "靺鞨"과 東沃沮로 기록하고 있으며《후한서》에는 동옥저라고만 기록되어 있다. 그리고 隋唐 시기의 중국과 한반도 내의 각종의 古典籍에는 모두 "말갈"로 기록되어 있다. 그런데 朝鮮의 학자인 丁若鏞[2]은 각종의 서적에 서로 다르게 기록된 것을 고증하여 말갈은 동옥저라고 인식하였다. 이러한 견해는 사학계에 오랫동안 해결되지 않았던 문제를 완전하게 해결시키는 것으로 그들의 분포지역이 서로 동일하게 淇水・泥河부근과 그 북쪽 지역이었음을 의미하고 있다. 이외에도 말갈 즉 勿吉은 (崔忻이 우물에 새긴 銘文을 보면 "靺鞨"을 "靺羯"로 썼으며 이 音이 勿吉의 音과 비슷하다. 따라서 靺鞨은 勿吉의 音이 변한 것임을 알 수 있다.) 옥저와 마찬가지로 Weji(窩集)의 音이 변한 것으로 漢字로 쓰는 방법이 비록 다르기는 하나 모두 森林의 뜻을 내포하고 있다. 따라서 이들의 族名은 원래 Wejik(林中人)이었으며 우에 遼金의 언어로 고쳐졌다고 볼 수 있다. 그리고 明代의 兀狄哈, 淸代의 窩集克・烏德蓋는 모두 이와 동일한 語源인 것이다.

한반도 동북지역의 "靺鞨"은 隋唐代 즉《수서》・《신・구당서》에서 白山靺鞨로 말하고 있다. 이런 이유를 다음과 같은 사실로 증명할 수 있다.

① 《구당서 말갈전》에 "백산부는 원래 고(구)려에 속해 있었다." (白山部素附高麗.)라는 기록 중에서 소위 "素附"라는 것은 隋唐이전에 이미 고구려에 예속되었음을 의미하는 것이다.《삼국사기》에는 東漢 光武帝 建武中元원년(56년) 고구려가 東沃沮靺鞨를 정벌한 기록으로 "그 토지를 취하여 성읍으로 하고 동쪽의 경계를 바다에 이르도록 넓혔으며 남쪽으로는 살수에 달하였다."(取其土地爲城邑, 拓境東之滄海,

---

2) 丁若鏞 : 《人韓疆域考 靺鞨傳》

南之薩水)라고 되어있다. 北魏 太武帝 始光 4년(427년) 고구려가 평양
으로 천도한 후 고구려는 여러 차례 "靺鞨兵"을 파견하여 신라와 백
제를 공격하였다. 이에 관한 기록으로《신라 본기》에는 "신라 자비마
립간 11년(北魏 獻文帝 皇興 2년 (468년) 고구려와 말갈이 북쪽 변경
의 실직성을 습격하였다."(新羅慈悲麻立干十一年 高句麗與靺鞨襲邊悉
直城)라고 기록하고 있고《百濟本紀》에는 "백제 무녕왕 7년(北魏 宣武
帝 正始 4년, 507년)겨울 10월 고구려의 장수 고로가 말갈과 공모하여
한성을 공격하려 하여 횡악 아래에 진군하자 왕이 나아가 이를 격퇴
시켰다."(百濟武寧王七年 冬十日, 高句麗將高老與靺鞨謀, 欲攻漢城, 進
屯于橫岳下, 王出帥戰退之)라는 기록이 있다. 이러한 것들은 모두《구
당서》에서 말하는 "백산부는 원래부터 고(구)려에 속해 있었다."(白山
部素附于高麗)는 것을 설명해 주고 있다.

② 唐이 고구려를 공격할 시기에 양쪽 모두 "靺鞨"을 지휘하고 있
었다. 즉 唐에서 지휘한 것은 營州로 거주지를 옮긴 속말말갈이었고
고구려가 지휘한 것은 주로 백산말갈이었다. 고구려가 지휘하던 말갈
이 당의 병사와 전투를 벌였던 것 중 가장 관심을 끄는 것이 安市城
전투였다. 貞觀 19년(645년) 唐 太宗은 遼東을 공격하여 안시성을 포
위하였다. 이에 고구려의 莫離支 淵蓋蘇文은 北部褥薩 高延壽와 南部
褥薩 高惠眞으로 하여금 고구려와 말갈의 병사 15만을 이끌고 안시성
을 지원토록 하였다.[3] 그러나 高延壽와 高惠眞이 이끄는 병사는 패하
여 투항하였다. 이에 관해서《구당서·고려전)에는

> (고)연수·(고)혜진이 병사 15만 6천 8백 명을 이끌고 항복을 청하였다.
> 태종이 원문에 들어서자 (고)연수 등은 무릎으로 기면서 앞에 나아가 손
> 을 맞잡고 배알하며 영을 청하였다. 태종은 욕살이하 수장 3천 5백 명을
> 간추려 오랑캐의 품계에 따라 작위를 내리고 이들을 중원지역으로 옮겨
> 살게 하였다. 말갈의 병사 가운에 3천8백 명을 가려내어 땅에 묻어 죽이

---

3)《舊唐書 高麗傳》

고 남은 무리는 평양으로 돌려보냈다 ……고연수는 홍려경으로 고혜진은
사농경으로 제수하였다. (延壽·惠眞率十五萬六千八百人請降. 太宗引入轅
門, 延壽等膝行而前, 拜手請命. 太宗簡褥薩以下酋長三千五百人, 授以戎秩,
遷之內地, 收靺鞨三千三百, 盡坑之,餘衆放還平壤 ……授高延壽鴻臚卿, 高惠
眞司農卿)

라고 기록되어 있다.

  그리고 南部褥薩 고혜진이 어느 族이며 그가 이끌었던 靺鞨兵은 어
느 部에 속하는가에 관해《신당서 흑수말갈전》에

    황제가 고(구)려를 정벌하자 그 북부가 반란을 일으키고 고(구)려와 합
    세하여 高惠眞 등이 병사를 이끌고 안시성을 지원하였다. 매 번의 전투마
    다 말갈족이 항상 앞장을 섰다. 황제가 안시성을 제압하여 (고)혜진을 사
    로잡고 말갈병사 3천여명을 모두 땅속에 묻어 죽였다.(帝伐高麗, 其北部反,
    與高麗合, 高惠貞等率衆援安市, 每戰, 靺鞨常居前. 帝破安市, 執惠眞收靺鞨
    兵三千餘, 悉坑之)

라고 기록한 것을 보면《신당서》는 고혜진을 黑水部人으로 보고 있으
나 이는 명백히 잘못된 것이며 근래의 中外학술계에서는 白山部人으
로 인정하고 있다. 고혜진이 고구려의 南部褥薩이었다는 사실로 보면
"褥薩"은 唐의 都督에 상응하는 직위이며 고구려 전체에 5부褥薩이
있었고4) 따라서 南部褥薩는 한반도 내에 있었음이 확실하다. 그런데 "
연수는 항복한 후 항상 분함을 한탄하다가 오래지 않아 병들어 죽었
다."(延壽自降后, 常憤嘆, 尋以憂死)라는 기록과 "혜진이 장안에 당도
하였다"(惠眞意至長安)5)는 기록이 있다. 여기서 고연수가 분함을 탄식
하다 병들어 죽었다는 것은 나라를 배반하고 부족을 잃었다는 것에
대한 수치심에 불과하고 고혜진은 필시 고구려에 복속해 있다가 당에

---

4)《隋書 高麗傳》
  《舊唐書 高麗傳》
5)《舊唐書 高麗傳》

투항함으로써 그 지위가 격상되었을 것으로 이것은 수치가 아니라 영
광스러운 것이었다. 따라서 고혜진이 통솔하였던 말갈병사는(高延壽가
통솔했던 고구려병사도 포함) 명백히 한반도지역에서 온 것이며《구당
서 고려전》에 "남은 무리를 다시 평양으로 돌려보냈다"(餘衆旅還平壤)
고 기록된 것이나《삼국사기》의《고구려본기》에 "남은 무리는 평양으
로 돌아가게 하였다"(餘皆縱之, 使還平壤)는 기록이 이것을 잘 증명해
준다.

이상에서 고찰한 바와 같이 "말갈"의 장수 고혜진이 고구려를 도와
당에 대항하였다는 역사적 사실은 한반도 내에 말갈이 존재하였으며
隋唐代에 이르러서는 그것이 곧 백산말갈인 것이다,

③《신당서 흑수말갈전》에는 "백산은 본래 고(구)려의 신하로 왕사
가 평양을 탈취하자 그 무리가운데 많은 수가 당에 들어갔다,"(白山
本臣高麗, 王師取平壤, 其衆多入唐)라고 기록하고 있다.《구당서》·
《삼국사기》의 기록에 의하면 唐高宗이 고구려를 공격하자 고구려의
지휘아래에 있던 말갈이 당의 군사에 대항하였으나 마침내 평양이 함
락되고 고구려가 망하게 되어 말갈은 고구려와 함께 많은 무리가 중
국으로 들어갔다고 하였다. 이것 역시 한반도의 "말갈"은 백산말갈임
을 설명해 주는 것이었다.

3) 白山靺鞨의 來源

한반도의 동북지역에 자리하던 "靺鞨"의 來源에 대해 역사학자들은
근래에 이르러 여러 가지의 견해를 표방하였다. 고려의 一然和尙은 한
반도의 "말갈"을 중국의 古典籍 속에서 말하는 말갈과 동일한 계통으
로 보아 모두 숙신이라고 하였고[6] 丁若鏞은 "말갈은 동옥저의 濊人으
로 漢史에서는 不耐濊를 말한다"고[7] 하였다. 고고학적 자료와 문헌사

6)《三國遺事 靺鞨渤海》
7) 丁若鏞 :《人韓疆域考 靺鞨傳》

료를 분석한 것에 의하면 백산말갈족의 내원은 복잡하여 여러 민족의
융합체로 볼 수 있다.

고고학 자료의 분석에 따르면 최초로 한반도에 진입한 민족은 대체
로 東部해안지역에 거주하던 고대의 숙신인으로 그들은 두만강을 건
너 함경북도로 진입하였다. 북한의 고고학자들은 한반도 초기의 신석
기시대 문화유적이 鏡城, 慶興, 會寧 등의 지역에서 발견된다고 말하
고 있다. 석기의 대부분은 흑요석·규석·燧石으로 제작하였으며 그
종류는 石鏃·石斧·石刀·石鍬·연석·紡錘車 등이며 槍·鉤·針·
鏃 등의 骨器와 사슴, 돼지 등의 짐승뼈가 있다. 토기는 無紋의 두꺼
운 토기, 줄문토기, 붉은색을 칠한 마연토기 등이 대부분을 이룬다. 북
한의 고고학자들은 이 문화유적이 두만강 북쪽의 소련 연해주일대의
유적과 일치한다고 보고 있다. 그리고 붉은 칠을 한 마연토기는 중국
북부에서도 출토되는 것으로 중국토기와 일정한 관계를 맺고 있다고
보고 있다.[8] 특히 주의할 만한 것은 이 신석기문화유적이 함경북도에
서 점차 남쪽으로 이동하였다는 점이다. 북한의 고고학자들은 함경북
도 지방의 유물은 시간상 전기이고 남쪽의 것은 후기로 보고 있다. 또
한 서로 다른 문화계통에 속하는 토기가 서로 섞여 출토되는 것은 문
화계통이 서로 다른 來源을 가지고 있으며 서로 다른 시기의 외부의
문화가 융합된 것임을 반영하는 것이다.[9] 이러한 이유를 가지고 단정
할 수 있는 점은 이것이 동부의 해안지역에 거주하던 옛 숙신인의 한
갈래가 두만강을 건너 남쪽으로 이동하면서 한반도의 동북지역에서
대륙에서 건너온 濊貊人과 서로 융합하였다는 것이다(고고학계에서는
한반도의 濊貊이 대륙에서 옮겨온 것이라고 인정하고 있다).

한반도 동북지역의 고대민족은 언어·풍습에서 濊貊語族과 공통성
을 가지고 있으나 또한 명백한 차이점을 보이기도 한다. 濊貊語族의
각 族들은 모두 歌舞飮酒를 즐겼으며 풍성한 수확을 거둔 후 祭天행

---

8) 《朝鮮通史》 1962년版.
9) 《朝鮮通史》 1962년版

사를 벌였으나 말갈(東沃沮)은 이러한 풍습을 가지지 않았었다. 그리고 婚姻풍습에 있어서 濊貊語族은 먼저 여자 집에 기거하다 후에 남자 집으로 옮겼으나 "말갈"(東沃沮)은 오히려 남자 집에 먼저 기거하였다. 즉 남편이 여자를 맞이하여 오랫동안 길러 부인으로 하였으며 성인이 된 후에는 다시 여자 집에 가 데릴사위가 되었다. 濊貊語族의 墓葬은 대부분 石棺墓·積石墓이며 單人의 1次葬이였으나 "말갈"(東沃沮)는 土壙墓, 木槨墓이며 대부분이 2차葬이었다. 이에 관해《삼국지 위지동이전》에는

> 그 葬俗에는 큰 木槨을 만들어……새로이 죽은 자는 모두 가매장하는데 겨우 형태만을 덮은 후 살이 썩으면 다시 뼈를 모아 槨에 넣었다. 가족이 모두 하나의 槨을 이용하였다. (其葬作大木槨……新死者皆假埋之, 纔使覆形皮肉盡, 乃取骨置槨中, 擧家皆其一槨)

라고 기록하고 있다. 또한 함경도에서는 積石墓와 石棺墓는 발견되지 않았다. 그들의 경제생활 역시 서로 다른 양상을 나타내었다. 濊貊語族은 대부분 農耕을 위주로 하였고 어로와 수렵은 그 다음의 위치를 차지하였으나 "말갈"(東沃沮)은 農耕과 마찬가지로 어로와 수렵 역시 해안지역에서 성행하였다.[10] 문화의 유형이나 종교신앙, 그리고 族長의 칭호에서도 "말갈"(東沃沮)은 옛 숙신과 많은 유사점을 발견할 수 있다. 三足器는 中原 古文化의 대표적인 그릇으로 역시 濊貊文化의 전형적인 특징을 나타내고 있으나 肅愼문화유적에서는 三足器가 보이지 않고 北沃沮문화유적이나 한반도의 동북지역에서도 역시 三足器는 발견되지 않는다. 숙신은 돼지·개의 사육이 성행하여 숙신문화의 대표적인 鶯歌嶺유적에서는 대량의 토제돼지·토제개가 출토되었고 함경도의 茂山에서는 진흙으로 만든 돼지가 출토되었으며, 淸津에서도 진

---

10) 이상은《三國志 魏志》의《濊傳》·《夫餘傳》·《高句麗傳》·《東沃沮傳》에 보이고 있다.

흙으로 만든 狗의 머리가 출토되었다.11) 黑曜石은 숙신인들이 돌을 이
용해 물건을 제작한 중요한 石材로 앵가령 유적지에서는 대량의 흑요
석으로 만든 石鏃이 발견되었으며 함경도에서도 역시 흑요석편을 정
교하게 가공하여 제작한 石鏃·石槍의 머리·긁개와 버드나무잎모양
(柳葉形)의 石器가 대량으로 발견되었다. 肅愼語族은 巫術을 신봉하였
으며(후에 샤만敎로 발전하였다) 북한의 고고학자들은 茂山에서 출토
한 진흙으로 만든 돼지나 淸津출토의 진흙으로 만든 개의 머리는 巫
術과 관련이 있다고 보았다.12) 肅愼語族은 수령을 大人이라 불렀고 "
말갈"(東沃沮) 역시 수령을 大人이라 불렀다.《삼국지 위지동이전》의
기록을 보면

> 동옥저, ……고(구)려는 다시 그 안에 大人을 두어 使者로 하였다.(東沃
> 沮, ……高麗復置其中大人爲使者)

라고 하였다. 남북조 시기에는 肅愼語族은 그 수령을 大莫弗瞞咄이라
고 개칭하였고 실제로 그것은 大人의 본래의 칭호였다. "大人"의 '大
'는 漢語의 '大'가 아니라 肅愼語의 'da'로서 수령·두목의 뜻을 가
진다.13) 그러나 濊貊語族에는 이러한 "大人"의 칭호는 보이지 않는다.
 "말갈"은 고구려와의 오랜 교류를 통하여 융합현상을 나타내었다.
《구당서》에서는 "백산부는 원래 고(구)려에 속하였다."(白山部素附于
高麗)라고 말하고 있고《삼국사기》의 기록을 근거로 하면 "말갈"은 고
구려에 수백 년 동안 예속되어 고구려의 인구 중 많은 수를 차지하고
경제와 문화가 발달하였으며 또한 한반도의 통치자는 언어·풍속·의
식형태 및 정치·경제제도 등의 여러 방면에서 "말갈"의 영향을 장기
간 받았었다. 이들 말갈인들은 한곳에 모여 살면서 근친혼을 통해 혈

---

11)《朝鮮通史》1962년판.
12)《朝鮮通史》1962년판.
13)《五體淸文鑒 人倫》

연의 혼합현상을 보였으며 고구려의 멸망 후에는 한반도의 고구려유민들은 신라나 "말갈"에 투항하였다. 이에 대해 《通典》의 《邊防典》에서는

이적은 고(구)려를 정벌하여……그 후 남은 무리들은 스스로 보전할 수 없어 흩어져서 신라·말갈에 투항하였다.(李勣伐高麗,……其后餘衆不能自保, 散投新羅靺鞨)

라고 기록하였고 《삼국사기》의 《고구려본기》에서는 "남은 무리가 말갈로 들어갔다,"(餘衆散入靺鞨)고 기록하고 있다. 이로써 "말갈" 내부에는 새로운 혈연관계가 맺어지게 되었다.

백산말갈은 肅愼語族의 말갈의 후예로 한반도의 동북지역에서 계속하여 거주하였다. 그러나 그들은 이미 단일민족혈통은 아니었으며 肅愼語族과 濊貊語族이 융합하여 형성된 새로운 민족공동체를 이루었다. 따라서 그 언어생활·풍속 등은 두 語族의 공통된 특징을 모두 갖추었다 (여기서 숙신어족의 특징이 비교적 강하였음은 당연하다).이러한 면을 볼 때 그 의의를 말하자면 백산말갈을 말갈의 別種으로 파악할 수 있고 또한 고구려의 別種이라 할 수 있다는 점이다.

백산말갈의 후예를 遼代에는 "장백산 30부女眞"(長白山三十部女眞)이라 하였고14) 《고려사》에서는 達姑·黑水를 女眞 30姓部落으로 불렀다.15) 그리고 達姑 등 女眞 30姓部落을 《삼국사기》에서는 한반도 동북지역의 말갈의 別部로 기록하였다.16) 元代에 이르러 東女眞과 合蘭府水達達이라 칭하였고 明代에는 女眞과 骨看兀狄哈이라 불렸고 淸代에는 瓦爾喀과 庫雅喇滿洲로 불렀다. 만일 한반도 동북지역의 古民族이 순수혈통의 濊貊語族에 속한다면 위에서 말한 바와 같이 시대에

---

14) 《遼史 聖宗本紀》
15) 《高麗史 顯宗世家》
　　《高麗史 文宗世家》
16) 《三國史記 新羅本紀》

따라 이 민족을 서로 다르게 부르지는 않았을 것이고 淸代에 이르러 당연히 조선인이 되었을 것이다. 그러나 사실상 그들은 조선인이 아니라 女眞－滿洲人으로 보아야 한다.

4) 白山靺鞨의 歸屬

丁若鏞의 "말갈은 東沃沮이다"라는 분석에 의하면 백산말갈의 선조는 멀리 西漢초의 衛氏朝鮮에 귀속된다. 그 후 漢이 衛氏朝鮮을 멸하고 설치한 4郡 중 玄菟郡에 귀속되며 또한 玄菟郡이 內地로 옮긴 후 樂浪郡에 속하였다. 東漢 光武帝 建武中元원년(56년) 고구려가 한반도의 동북지역을 점령한 후에는 고구려의 통치를 받았다.[17] 《삼국사기》에 기록된 "말갈"의 역사를 보면 백산말갈의 선조는 西漢初 樂浪郡이 귀속되어 있었다. 《삼국사기 백제본기》에는 西漢 成帝 綏和원년(BC8년) 樂浪大守가 말갈로 하여금 백제의 甁山柵을 공격한 일이 기록되어 있다. 후에 고구려가 평양을 점령하면서 그 세력이 浿水(현재의 대동강)에 미치게 되고 北魏 太武帝 始光 4년(427년) 평양으로 천도하자 고구려에 귀속하였다. 이로써 "靺鞨"은 고구려에 속하면서 대외확장의 동반자가 되었다. 그들은 한반도 내에서는 고구려와 함께 백제·신라를 공격하였고 대륙에서는 遼西를 침범하고 거란을 공격하였다. 당이 고구려를 공격하자 그들은 당에 대항하여 싸우기도 하였다. 고구려가 멸망한 후에는 당이 安東都護府를 설치하여 그들을 통치함으로써 백산말갈은 당에 속하게 되었다. 안동도호부를 철수한 후 백산말갈은 백여 년 동안 어느 곳에도 귀속하지 않았다. 발해 10대 王인 大仁秀의 통치 시기에 남으로 신라를 정벌하고[18] 南京南海府를 한반도의 동북지역에 설치함으로써[19] 백산말갈의 자손들은 발해의 통치 하에 編戶

17) 《后漢書 東沃沮傳》
   《三國史記 高句麗本紀》
18) 《遼史 地理志》
19) 《新唐書 渤海傳》

를 이루었다.

5) 고구려 멸망 후 白山靺鞨의 이동

백산말갈의 분포지역은 한반도의 동북지역으로 西漢 시기에는 백산말갈의 선조는 남으로 浿水를(이 浿水는 현재의 禮成江이고 임진강이라는 설도 있다) 경계로 하여 백제와 접하고 있고 泥河로써(현재 永興 부근의 龍興江) 신라와 경계를 이루고 있었다. 《삼국사기》의 《백제본기》에는 말갈이 백제의 북쪽 경계와 닿았다고 기록하고 있다. 그런데 이때의 백제의 영토는 북으로 浿河에 이르고 있었다. 《신라본기》는 말갈의 북쪽 경계로 들어와 泥河를 지났다고 기록하고 있고 또 남북조 시기에는 그 남쪽의 경제가 대체로 浿水(현재의 대동강)와 泥河에 이르렀고 北魏 獻文帝 皇興 2년(468)에는 고구려·말갈이 悉直城을 습격하자 신라는 泥河에 성을 축조하였다고 기록하였다.[20]

고구려의 멸망 후 백산말갈의 일부분은 당에 의해 대륙으로 徙民되었다. 《구당서 말갈전》의 기록을 보면

> 백산부는 원래 고(구)려에 복속되었고 평양이 함락된 후 많은 백산부인이 중국에 들어갔다.(白山部素附于高麗, 因收平壤之后, 部衆多入中國)

고 하였다. 그런데 백산말갈의 전체가 당으로 옮겼다고 이해하는 학자도 있으나 이것은 큰 오해이다. 中外의 古典籍의 기록을 보면 백산말갈의 일부분이 당에 들어갔고 대부분은 원래의 거주지에 여전히 남아 있었다. 《通典》의 《州郡典》의 기록은

> 고종이 고(구)려·백제를 평정하여 海東 수천리를 획득하였으나 신라·말갈의 침입으로 이를 잃었다. (高宗平高麗·百濟, 得海東數千里, 旋爲新

---

20) 《三國史記 新羅本紀》

羅·靺鞨所侵, 失之)

고 되어 있다. 여기서 "海東"은 한반도를 말하고 있으며 "말갈"과 신라가 이 지역을 분할하여 얻었으므로 백산말갈이 여전히 원래의 거주지에 거주하였음이 명백하다. 唐이 고구려를 멸망시킨 후 고구려의 유민과 백산말갈이 한반도내에서 반란을 일으키고 이에 高宗은 右領軍衛大將軍 李謹에게 이를 진압토록 하자 고구려는 말갈을 이끌고 대항하였으나 패하여 도망하기도 하였다.21) 그런데 고구려의 멸망 후 백산말갈과 신라는 고구려의 영토를 놓고 서로 전쟁을 벌였다.《삼국사기 신라본기》에는 이와 같은 사정을

> 말갈의 병사가 占口城을 포위하였다.(靺鞨兵來圍占口城)
> 말갈이 阿達城을 침입하였다.(靺鞨入阿達城)
> 말갈은 또한 赤木城을 포위하였다.(靺鞨又圍赤木城)

등으로 기록하고 있다. 이것은 백산말갈이 원래의 거주지에 그대로 거주하였다는 것을 설명해 주는 것이기도 하다.

고구려의 멸망 후 신라는 고구려의 옛영토를 점령하여 그 영역이 북으로 浿水(현재의 대동강)와 泥河(대체로 泥河의 약간 남쪽)에 이르렀고 唐은 신라의 청구에 응하여 浿江의 남쪽지역을 하사하였다.22) 신라는 이 지역에 漢·朔·溟의 3州를 설치하였다.23) 漢州가 관할하는 지역의 가장 북쪽은 漢陽郡으로 지금의 평양이며 朔州가 관할하는 가장 북쪽은 井泉郡, 즉 涌州로 德源이라고도 하며 현재의 원산부근이다.24)

---

21)《通鑑紀事本末》 "唐平遼東"
22)《冊府元龜》 卷971.
   《三國史記 新羅本杞》
23)《三國史記 地理志》
24)《三國史記 地理志》
   《高麗史 地理志》

이 시기의 백산말갈의 남쪽 경계는 대체로 浿水(현재의 대동강) 및 泥河의 약간 남쪽인 鐵嶺(함경남도와 강원도의 교차지역) 일대이다.

백산말갈이 당에 의해 대륙으로 강제로 이주된 곳이 어느 곳인지는 史書에 분명하게 기록되어있지 않다. 그러나 모든 현상을 종합하면 그들은 營州에 거주하였다. 唐代의 영주는 말갈·거란·奚 등의 族이 모여 살았던 지역이다. 고구려의 멸망 후 많은 고구려에 복속하던 말갈인이나 소위 "高麗別種"은 가족을 이끌고 영주로 이주하였다. 이로써 백산말갈이 영주로 이주하였다는 것이 가능하다. 《구당서 말갈전》에는

> 백산부는, ……평양이 함락되자 많은 사람들이 중국에 들어갔다. (白山部, ……因收平壤之后, 部衆多人中國)

라고 기록하고 있고 《신당서 흑수말갈전》에는

> 백산부는, ……王師가 평양을 함락시키자 그 무리중 많은 수가 唐에 들어갔다.(白山部, ……王師平壤, 其衆多入唐)

라고 기록되어 있다. 이것을 볼 때 백산말갈이 강제로 영주로 이주된 수가 적지 않아 적어도 수만 명에 이른다고 생각된다. 후에 이들은 모두 발해국을 건국하는데 공로를 세웠다.

지금까지 살펴본 다섯 가지 점을 종합하면 다음과 같이 결론지을 수 있다.

첫째, 백산말갈은 한반도의 동북지역에 쿤포하여 남으로 浿水(현재의 대동강)와 泥河(泥河의 약간 남쪽으로 泥河는 현재의 龍興江)가 경계를 이루었다.

둘째, 백산말갈은 한반도 "말갈"(東沃沮)의 후예이다.

셋째, 백산말갈의 선조의 來源은 복잡하여 동북연해의 옛 숙신의 일부가 한반도의 동북지역으로 들어와 대륙에서 온 濊貊人과 융합되어

형성되었고 그 族은 肅愼語族에 속한다.

넷째, 백산말갈의 선조는 西漢初에는 衛氏朝鮮에 속하였고 위씨조선이 멸망한 후에는 漢이 설치한 현도군에 속하였다. 이 현도군이 內地로 옮겨간 후는 낙랑군에 속하였다. 북위 시기 고구려가 평양으로 천도한 후에는 고구려에 속하였고 고구려가 멸망한 후에는 백산말갈은 한때 당에 속하였다.

다섯째, 고구려의 멸망 후 백산말갈의 일부분은 唐에 의해 대륙으로 이주하였고 나머지는 원래의 거주지에 그대로 거주하였다.

6. 高句麗와 渤海의 계승관계 *

발해는 고구려의 故地에서 고구려 유민이 세운 나라이다. 그것은 곧 발해의 문화가 우리 민족의 문화유산의 구성부분이었음을 의미한다. 따라서 발해는 우리나라 역사에서 중요한 위치를 차지하는 것이다. 발해가 고구려의 계승자라는데 대해서는 《朝鮮通史(上)》, 《渤海史研究를 위하여》를 비롯한 일련의 글에서 이미 밝혀진 바 있다. 그 중에서도 《渤海史研究를 위하여》에서는 고구려의 계승자가 발해임을 제시하였다. 첫째로 발해인이 자신을 고구려인이라 하였다. 727년 발해 2대왕인 武王은 일본과 국교를 여는 첫 국서에서

> 발해국은 고려(고구려)와 옛 영토를 회복하고 부여의 유습을 가지고 있다.(復高麗之舊居, 有扶餘之遺俗)[1]

고 하였고 3대왕인 文王은 일본에 보내는 국서에 자신을 《高麗國王大欽茂》라 칭하였으며 또 다른 국서에서는 발해왕실을 고구려왕실과 같은 《天孫》, 즉 천제의 자손이라고 하였다는 《續日本紀》의 기록이 있다. 이와 같은 기록에 근거하여

> 요컨대 이상 일본 문헌들에 남아 있는 발해왕실 자체의 기록으로서 논한다면 발해왕실은 고구려인들이요 그들이 세운 나라 이름이 처음에는 震國이고 후에는 발해로 개칭하였지만 본질에 있어서는 고구려의 후예요 또 고구려 자체라는 결론을 얻게 된다.

---

* 발해문화『발해는 고구려의 계승자』사회과학출판사 1971, pp. 147~171.
1) 《續日本紀》卷10

라고 주장하였다. 둘째로 두 나라 사이에 50여 차례의 사신교환을 통하여 발해의 국내형편을 상당히 자세하게 알고 있던 당시의 일본인들이 《續日本記》나 《類聚國史》에서 발해를 고구려의 계승자로 인정하고 있다. 셋째로 《三國史記》에서는 신라에서 발해로 사신을 보낸 내용을 전하는 元聖王 6년(790년) 및 憲德王 4년(812년) 條에 발해를 《北國》으로, 지리지에서는 《北朝》라 하였고 최치원열전에서는 발해를 고구려의 유민이 세운 나라라고 하였으며 또 《三國遺事》에서는 이미 없어진 《新羅古記》를 인용하면서

> 《新羅古記》에 말하길 고(구)려의 옛 장수 조영의 성은 大氏로 패잔한 군사를 모아 태백산 남쪽에 나라를 세워 국호를 발해라 하였다.(新羅古記 云, 高麗舊將祚榮姓大氏, 聚殘兵, 立國於太白山南, 國號渤海)[2]

고 하였다. 이러한 기록은 신라인들이 발해를 고구려를 계승한 동족의 나라로 인정하였다는 것을 말한다.

물론 《三國史記》 신라본기 성덕왕 32년, 33년(732년)條의 김유신전 및 지리지 일부 기록에는 《渤海靺鞨》이라는 용어를 사용하였으나 이는 《新唐書》 같은 것을 그대로 옮긴 것에 불과하다. 그러므로 발해는 그 주민, 영역, 주권의 일체 면에서 모두 고구려의 후계자인 동시에 그의 훌륭한 계승발전자였다.

발해가 고구려의 계승자라는 것은 문헌상으로 뿐만 아니라 고고학적인 유적 유물을 가지고도 말할 수 있다. 지금까지 알려진 발해 시기의 고분, 城址, 도시 및 발굴된 각종 그릇과 기와, 벽돌, 무기, 불상 그밖의 각종 조각품 같은 크고 작은 유적 유물이 모두 고구려와의 계승관계를 명백하게 말하여 준다.

---

2) 《三國遺事》卷1 紀異篇 《靺鞨·渤海傳》.

1) 고분 형태에 나타난 계승관계

유적유물을 가지고 그것을 남긴 사람이 누구였는가를 밝히는 것에
서 먼저 주의해야 하는 것은 고분이다. 왜냐하면 매장의 풍습은 매우
보수적인 것으로 특별한 이유가 없는 한은 그 풍습이 오래 보존되기
때문이다.

발해의 여러 유형의 고분 중에서 지배적인 것은 둘 또는 그 이상의
시신을 차례로 펴서 묻는 石室封土墓이다. 이 유형 중에 왕이나 공주
와 같은 왕실귀족이 묻힌 大募가 속해 있다. 이 유형의 고분에는 규모
가 큰 것뿐만 아니라 中型과 小型의 것이 있다. 고분의 규모는 주인공
의 신분상의 차이나 빈부의 차이를 반영하는 만큼 이런 형태의 墓를
사용한 계층은 발해주민 중에서 기본을 형성하였으며 大型의 고분을
사용한 계층은 상층부 즉 발해의 왕실귀족이었다.

발해가 고구려를 계승한 나라임을 밝히려는 목적의 하나로 발해 고
분 중에서 지배적 유형인 둘 또는 그 이상의 시체를 차례로 펴서 묻
은 크고 작은 石室封土墓를 고구려의 石室封土墓와 비교해 볼 필요
가 있다.

고구려의 石室封土墓는 많은 경우 부두를 합장하거나 가족장을 하
여 둘 또는 그 이상의 시체를 차례로 펴서 묻었고 또한 棺을 사용하
였다. 그와 같은 점은 발해의 것과 동일하다. 다음으로 고분의 구조를
살펴보자.

먼저 발해의 大型石室封土墓와 고구려의 石室封土墓를 비교해 보면
발해의 것은 땅위 또는 절반을 땅 밑에 墓道와 內室로 된 墓室을 돌
로 쌓고 墓道를 남벽 중앙에 설치하였으며 천정을 고임식 또는 꺾임
식으로 처리하였다. 그리고 벽에는 돌을 잘 다듬어서 쌓거나 또는 회
를 바른 후 벽화를 그렸다. 그리고 墓室 위에는 흙을 덮었다. 그와 동
일한 구조를 갖춘 墓가 바로 고구려의 石室封土墓의 전형적인 것 중
의 하나이다. 고구려의 것은 그 구조에서 여러 가지 유형으로 구분된

다. 그중 墓道와 內室로 이루어져 하나의 墓室로 된 墓가 기본이었다. 그러나 발전과정에서 계속 墓室이 하나인 것으로 남아 있는 것과 墓室을 여러 개 만드는 방향으로 발전하여 龕 또는 側室이 있는 墓가 생겨났다. 龕 또는 側室이 있는 墓의 墓室은 다시 간단화의 과정을 밟으면서 2室墓의 무덤으로 넘어 갔으며 그것은 다시 하나의 墓室을 가진 무덤으로 변화 발전하였다. 결국 하나의 墓室을 가진 墓는 石室封土墓가 발전하는 과정 속에 계속 남아 있는 형태이며 좀 늦은 시기의 石室封土墓의 전형적인 형태로 발전하였다. 그 유형의 무덤 구조의 특징은 땅 위에 墓道와 內室로 된 墓室을 돌로 쌓으면서 墓道를 남벽 중앙에 만들었고 고임천정으로 하였으며 墓室에 회를 발랐거나 벽화를 그렸고 墓室 위에 흙을 덮었다. 그렇게 보면 발해의 大型石室封土墓는 고구려의 石室封土墓 특히 후기의 墓室이 하나인 무덤과는 그 구조면에서 동일함을 알 수 있다.

둘 사이의 공통성을 자세히 알아보려면 墓를 구체적으로 비교하여 보아야 한다. 발해의 大型石室封土墓인 貞惠公主墓는 墓道와 內室로 이루어진 墓室을 땅 위에 돌로 쌓았으며 그 천정은 고임식으로 남향의 墓室이 한 개인 무덤이다. 거기에는 墓碑가 있어 축조한 연대와 여기에 묻힌 사람을 알 수 있는데 비문에서 볼 수 있는 바와 같이 貞惠公主는 발해 3대왕 大興寶曆孝感□□□法大王 즉 文王大欽茂의 둘째 딸이었다. 그는 寶曆 4년(777년) 4월 14일에 죽었고 3년 후인 寶曆 7년(780년) 11월 24일. 珍陵의 西原 그를 陪葬하였다. 따라서 그 무덤을 고구려후기의 石室封土墓인 강서大墓, 그 밖의 후기의 墓室이 하나인 무덤과 비교하면 다음과 같다.

이 표에서 보는 바와 같이 貞惠公主墓 같은 발해의 大型石室封土墓는 강서大墓, 진파리 1호墓, 통구사신墓 같은 고구려후기墓와 같은 점에서 동일하다(그림 1-2).

시 대	墓 名	墓室을 쌓은 재료	墓 室	墓室의 위치	방향	墓道의 위치	천정의 구조
발 해	貞惠公主墓	돌	墓道와 內室	땅 위	남향	남벽의 중앙	고임천장
고구려	강서大墓	〃	〃	〃	〃	〃	〃
	진파리1호墓	〃	〃	〃	〃	〃	〃
	통구사신墓	〃	〃	〃	〃	〃	〃

물론 발해의 石室封土墓에도 조금씩 차이가 있다. 三靈屯墓에서는 천정을 꺾임식으로 쌓아올렸고 능위에 기와지붕을 이었으며 貞惠公主墓에서는 墓道 앞에 벽돌을 깐 긴 무덤바깥길을 만들었다. 그런 것은 개별적인 무덤에서만 볼 수 있는 것이다. 그런데 그러한 것도 고구려 무덤에서도 더러 찾아볼 수 있다. 三靈屯墓의 꺾임천정은 중화군 진파리 제10호墓와 集安의 꺾임천정墓, 그 밖의 고구려墓에서 흔히 볼 수 있는 천정구조이다. 그 무덤들은 천정뿐만 아니라 그 밖의 구조도 모두 동일하다(그림 1-3). 고구려 石室封土墓의 천정구조에는 여러 가지가 있는데 꺾임천정은 그 중의 하나인 것이다. 능위에 기와를 얹거나 집을 짓는 풍습도 고구려 무덤에서 찾아 볼 수 있다. 集安에 있는 태왕무덤, 장군무덤, 서쪽의 大墓 같은 왕릉급의 大型積石墓에 기와조각이 널려져 있다. 보존상태가 좋은 장군墓를 보면 그 능위에 지붕을 한 흔적으로서 기둥을 세웠던 자리가 있으며 기와조각이 널려져 있다(그림 1-4). 그것은 고구려에서 왕릉같이 큰 積石墓위에 흔히 기와지붕을 씌웠던 사실을 말하는 것이다. 능위에 기와를 덮은 것도 일부 고구려의 石室封土墓에서 볼 수 있다. 그것은 능위에 집을 짓거나 기와를 덮는 풍습이 발해뿐만 아니라 고구려의 積石墓시절부터 있었다는 것을 말해주는 것이다. 다음으로 墓道앞에 무덤의 바깥 길을 내는 풍습도 안악의 미천왕릉을 비롯한 고구려의 大型石室封土墓에서 볼 수 있는 바이다.

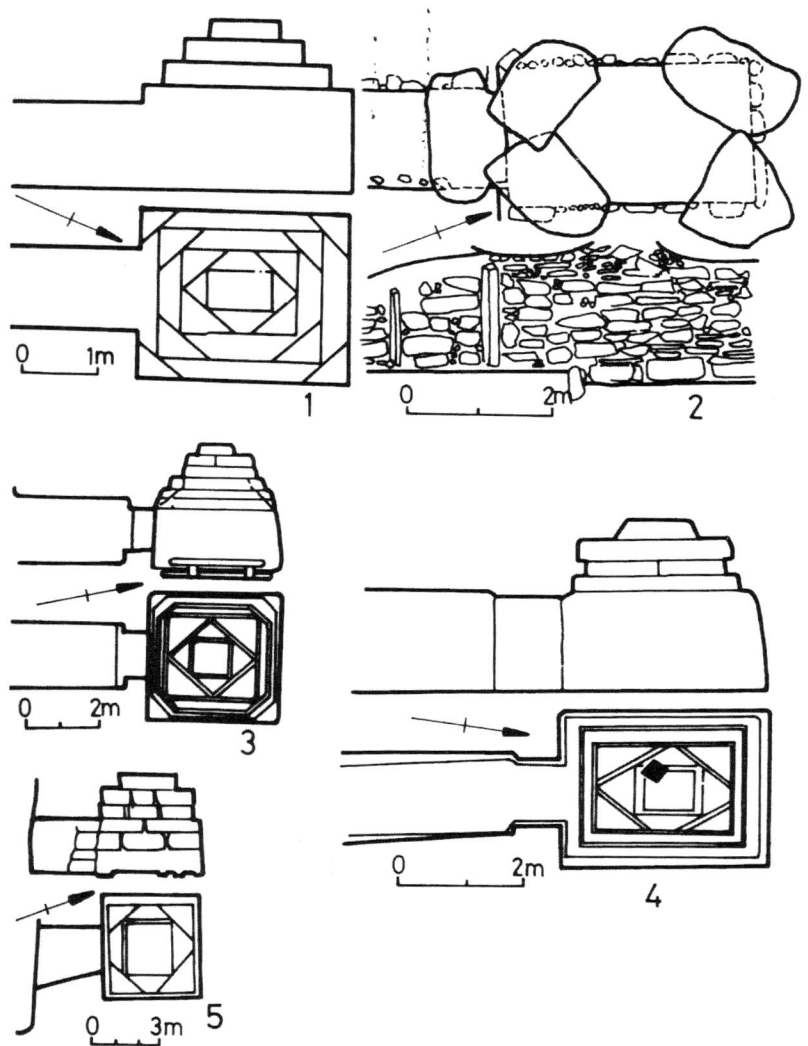

그림1-2 고구려, 발해의 大型石室封土墓(1)

1. 정혜공주墓(발해),   2. 북대제1호墓(발해),   3. 강서大墓(고구려),
4. 진파리제1호墓(고구려),   5. 통구사신墓(고구려)

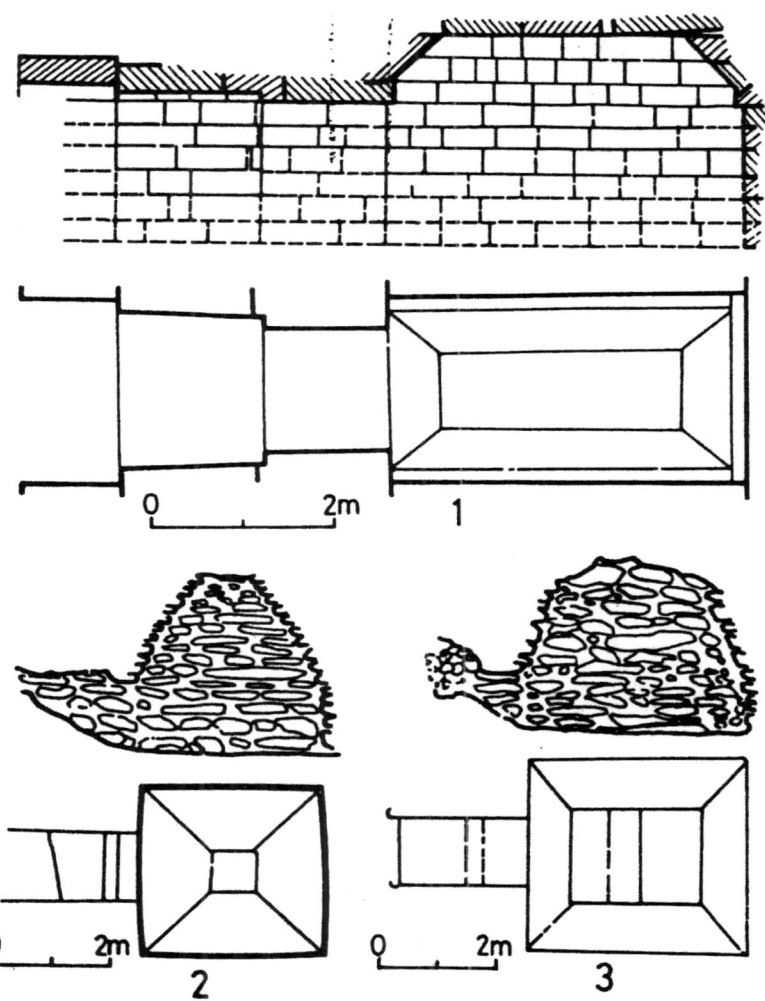

그림 1-3 고구려, 발해의 大型石室封土墓(2)
1. 三靈屯墓(발해), 2. 진파리 제10호墓(고구려), 3. 集安 꺾임천정墓(고구려)

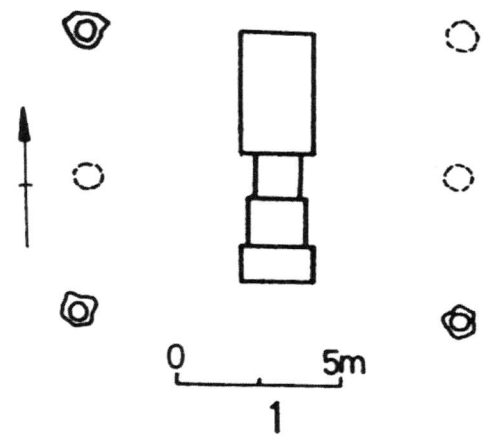

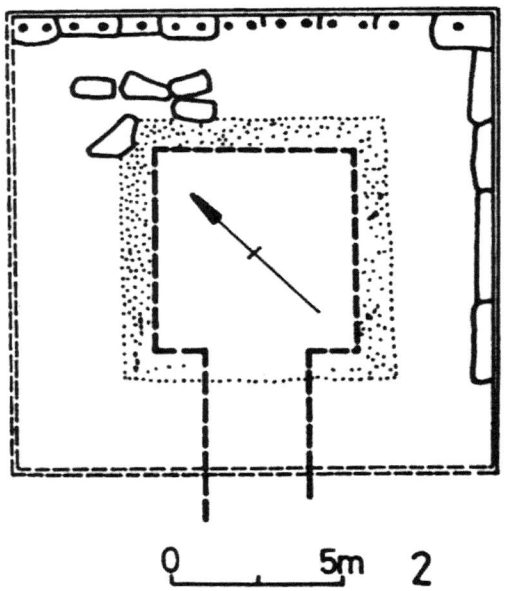

그림 1-4 墓의 지붕시설
1. 三靈屯墓(발해), 2. 장군墓(고구려)

　둘 또는 그 이상의 시체를 차례로 펴서 묻은 中型의 石室封土墓와 고구려의 石室封土墓와의 관계는 위에서 말한 大型石室封土墓의 경우와 동일하다. 中型石室封土墓는 大型의 石室封土墓의 크기를 줄인 것에 지나지 않는다. 그와 같은 크기의 무덤 역시 땅위에 돌로 쌓은 墓道와 內室로 된 남향의 墓室이 하나인 무덤으로서 천정을 평천정으로 한 것 등이 大型墓와 다를 뿐 기본적인 구조는 동일하다. 두도하자 제1호 墓, 大朱屯 및 六頂山墓群의 中型石室封土墓와 그 구조가 동일한 무덤은 고구려의 石室封土墓 중에도 많이 있다. 압록강 유역이나 대동강유역에서 많이 알려진 고구려의 石室封土墓 가운데서 좀 작고 평천정이며 墓室이 한 개인 무덤은 발해의 中型石室封土墓와 그 구조가 같다(그림 1-5).

　발해의 小型石室封土墓도 그 구조가 고구려의 것과 동일하다. 小型墓는 규모가 매우 작았기 때문에 남쪽에 출입구를 만드는 대신에 墓道를 따로 두지 않았다. 발해의 小型石室封土墓 중에서 대표적인 것은 六頂山제12호墓, 두도하자 제2호 墓, 大朱屯의 小墓 등으로 그와 동일한 것이 고구려의 石室封土墓 중에서 적지 않게 알려졌다. 압록강 이북인 길림성 통화현 동강천 일대에서 알려진 고구려 시기의 《小墓》라고 하는 것은 六頂山 제12호 墓와 같으며 환인현 고려묘자촌에 있는 《小石墓》라고 하는 것은 두도하자 제2호墓나 大朱屯의 小墓와 같은 형식의 무덤이다(그림 1-6).

　이상에서 본 바와 같이 둘 또는 더 많은 시체를 차례로 펴서 묻은 크고 작은 石室封土墓는 그 구조에서나 매장의 형식에서 고구려의 石室封土墓와 동일하다. 그러므로 그러한 유형의 무덤이 있는 敦化六頂山 제1호墓群의 발굴간략보고에는 육정산 발해무덤의 형식과 제도는 고구려의 것을 이어받은 것이라고 말하고 있다. 즉 그러한 유형의 石室封土墓를 세운 발해인이 다름아닌 고구려의 후손임을 말하여 주는 것이다. 그 점에 대해서는 무덤이 분포되어 있는 상황을 가지고 좀더 구체적으로 말할 수 있다. 貞惠公主墓가 있는 六頂山의 제1墓群에는

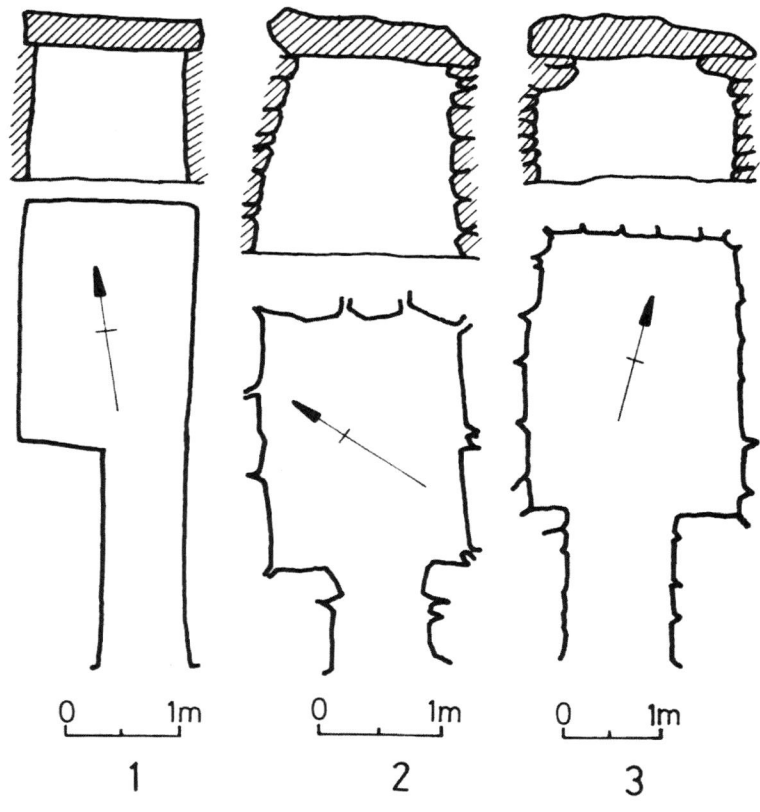

그림 1-5 고구려, 발해의 中型石室封土墓
1. 만달산 제10호墓(고구려), 2. 남파동 제105호무덤(고구려), 3. 두도하자 제
　1호墓(발해)

주로 이러한 유형의 大型石室封土墓가 있다. 거기에는 中型이나 小型
의 것은 매우 적다. 그와 반대로 제2墓群에는 여러 가지 유형의 무덤
이 섞여 있는데 貞惠公主와 같은 평행삼각고임의 천정구조를 갖춘 대
형의 것은 하나도 없고 모두 중형이나 소형의 것이다. 그것은 敦化六
頂山의 제1墓群의 大型石室封土墓가 바로 고구려의 후손인 고구려왕
실 귀족들의 무덤임을 밝혀주는 것이다. 그곳에 있는 珍陵을 비롯한

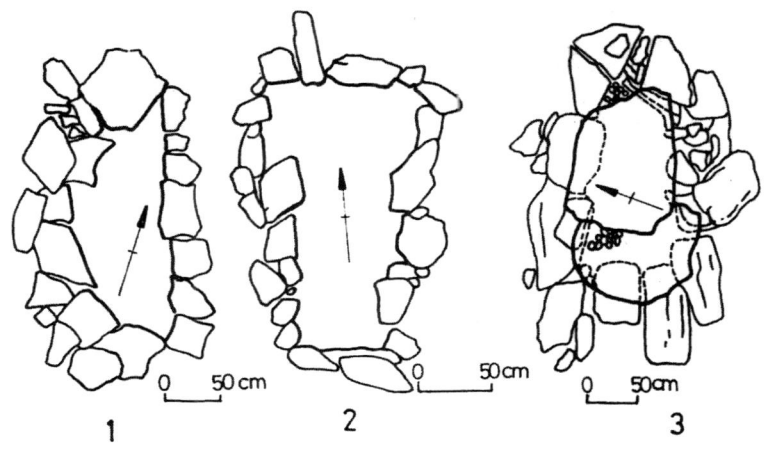

그림 1-6 고구려, 발해의 石室封土墓
1. 육정산 제12호墓(발해), 2. 용화현 동강촌 제11호墓(고구려), 3. 환인현고려
   묘자촌 제12호墓(고구려)

그 밖의 大墓에 묻힌 발해왕들은 바로 일본왕에게 보내는 국서에서
자기를 高麗王이다 칭하고 자기의 혈통이 天孫이라 하였으며 또 일본
왕은 당서에서 발해왕을 高麗王이라고 하였던 것이다.

사실이 이처럼 명백함에도 불구하고 일부인들이 첫째유형의 무덤을
말갈족의 무덤이라고 주장한다. 대표적으로 東京城의 발굴보고에서 三
靈墓에 지붕이 있다는 것이 勿吉族이 무덤 위에 지붕을 씌웠다고 한
《魏書 勿吉傳》의 기록과3) 맞으므로 삼령무덤에 발해의 전통이 있다
고 보았던 것이다. 그러나 무덤 위에 집을 짓는 풍습 즉 능위에 지붕
을 씌우거나 기와를 덮은 것만 가지고 곧 말갈족의 것으로 단정할 수
는 없다. 이미 말한 바와 같이 고구려인들에게도 그러한 풍습이 있었
으며 고구려왕능 중에도 그러한 것이 적지 않다. 따라서 무덤에서 종
족적인 전통을 찾으려던 墓室의 구조를 보아야 한다. 三靈墓의 墓室의

---

3)《魏書》에는 「其父母春夏死立埋之塚上作屋下令雨濕」이라고 기록되어 있다.

구조나 墓域의 형태는 고구려의 것과 동일하다. 그러므로 발해의 三靈墓는 고구려 墓의 전통을 그대로 이어받은 것이라고 보아야 옳은 것이다. 말갈족의 무덤 구조는 자세히 알 수 없다. 다만《舊唐書》의 간단한 기록을 가지고 어느 정도 추측할 수 있을 뿐이다. 기록에 의하면 말갈족은 땅을 파서 시신을 매장한 다음 흙을 덮는데 槨을 만들지 않는다고 하였다.[4] 그러나 三靈墓를 비롯한 발해의 앞서 말한 유형의 石室封土墓는《舊唐書》의 기록과는 전혀 다른 것이다.

물론 위에서 지적한 바와 같이 발해 墓의 매장형태가 모두 동일한 것은 아니었고 따라서 墓를 여러 가지 유형으로 나눌 수 있었는바 그것은 주민의 종족상 차이를 의미하는 것임을 알 수 있다. 그것은 발해도 고구려와 마찬가지로 고구려인외에 옥저나 말갈 같은 여러 종족을 그 세력안에 포함하고 있었기 때문이다. 그러나 발해 墓중에서 압도적인 다수를 이루는 것은 大型石室封土墓로 발해 주민의 대다수와 통치자들은 고구려의 후손이었다. 또 발해의 영토 안에 있었던 여러 종족을 사이에는 혈통적으로나 문화적으로 강한 공통성이 있었다.

발해가 고구려의 후손들이 세운 나라임은 도시와 건축, 기와와 벽돌 같은 모든 유적유물에서 찾아 볼 수 있는 바이다.

2) 城址와 建築 및 각종 유물에 나타난 계승관계

(1) 城址와 建築에 나타난 계승관계

발해의 성터에는 서로 다른 지형조건을 이용하여 쌓은 산성터, 평지성터, 평지와 산성이 결합한 성터 등이 있는데 산의 지형지세를 이용하여 쌓은 산성으로는 延吉市 성자산 산성과 寧安縣의 성자습산성 같은 것이 있고 산과 평야지대를 이용하여 쌓은 평산성으로는 크라쓰노야르스크의 성터 같은 것이 있다.

---

4)《舊唐書, 北狄傳靺鞨條》에는「死者穿地埋之以身襯土無槨斂之殺所乘馬於屍前設祭」라고 기록되어 있다.

　　그러한 산성이나 평산성은 벌판을 끼고 교통의 요충지대에 있는 험준한 자연의 지세를 이용하여 성을 축조하던 고구려의 전통을 그대로 이어받은 것이다. 그러한 산성 중에서 연길시의 성자산산성 같은 것은 고구려 시기의 것을 그대로 물려받은 것인 만큼 그 직접적인 계승관계는 더 말할 나위도 없다.

　　평지성에는 각종 규모의 도시와 군사시설이 있는데 그 중에서 체계적으로 발굴 조사한 것은 上京龍泉府址이다. 그러므로 여기서는 주로 상경 용천부지에 보이는 고구려적 전통에 대하여 이야기하려고 한다.

　　상경 용천부지는 넓은 들을 낀 분지의 중앙에 자리잡았으며 목단강을 해자처럼 두르고 앉았다. 그 점만으로도 성을 축조하는데 자연지세를 잘 이용하였다고 말할 수 있다, 상경 용천부의 경우에는 성벽을 네모나게 쌓고 대칭적으로 문을 내었으며 성안을 宮城, 皇城, 外城의 3부분으로 나누었다. 평지성의 경우에는 산성이나 평산성의 경우와는 달리 성을 평지에 건설한 만큼 성의 형태를 규모있게 만들고 문이나 길도 짜임새 있게 만들 수 있었다. 고구려의 평지성인 集安의 국내성터, 평양의 안학궁터 등은 모두 방형의 성이며, 요동성 무덤벽화에 보이는 요동성은 내성과 외성으로 된 장방형의 성으로 그림에는 3개의 큰문이 일직선상에 놓여있다.

　　평지에 성을 쌓을 때 네모지게 하고 문이나 길을 이처럼 규칙적으로 낸 것은 고구려나 발해에서뿐만 아니라 당이나 일본에서도 볼 수 있는 것으로 당시에는 그러한 것이 일반적인 현상이었다. 그러므로 평지성인 경우에 계승관계를 살펴보려면 먼저 성벽과 성안에 있던 각종 건물의 구조상태를 파악하여야 한다.

　　상경용천부의 성벽은 속을 돌로 쌓고 외부를 흙으로 덮었다. 그렇게 성벽을 쌓는 방법은 고구려에서 성벽을 쌓던 전형적인 방법 중의 하나였다. 고구려의 서울인 평양성시를 비롯한 중요한 성들의 벽이 바로 이러하다(그림 1-7).

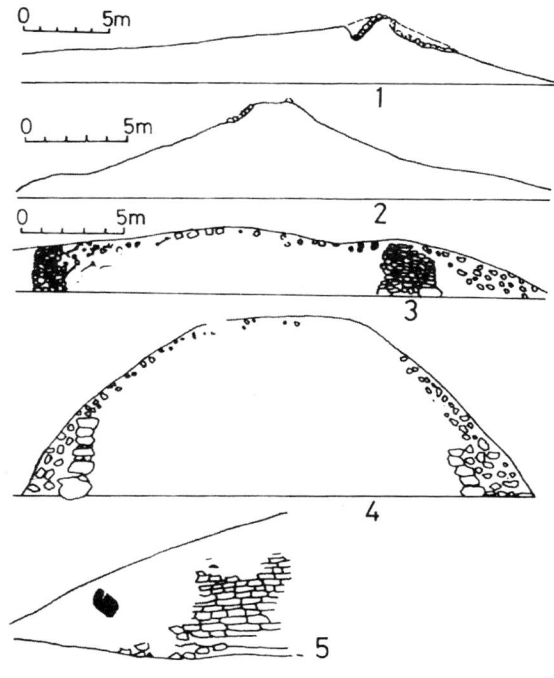

그림 1-7 성벽 단면
1. 2. 상경용천부 외성 동벽문터(발해), 3. 4. 안학궁 성벽문터(고구려),
5. 평양 부근의 고구려 성벽

그리고 성안에는 그 용도와 형태를 달리하는 여러 가지 종류의 집들이 차지하고 있었다. 그 중에서 가장 중요한 것은 사람들이 거주하던 거주용 집이다. 왜냐하면 거주용 집에는 그 나라 사람의 거주습관과 기후풍토상의 특성이 잘 반영되어 있으며 바로 그러한 이유에서 거주용 집은 풍습과 기후풍토에 맞도록 지난날의 경험을 가장 잘 계승하는 것이기 때문이다.

발해 주거용집의 구조를 보여주는 집터로는 궁성 제4궁전의 본채와 성쪽채 및 西區의 《침전터》가 있다. 그러한 집터 등은 集安縣 東臺子에 있는 고구려의 집터와 동일한 형태를 나타내고 있다. 집들은 모두 낮은 기단위에 선 골 기와집이었으며 밖에 겹기둥체계로 된 회랑이 있고 안에 하나로 잇닿는 3개의 방이 있어 그중 좌우의 방은 크고 중앙의 방은 작은 것이었다. 방안에는 난방을 위한 시설이 있었고 그런 시설이 하나 또는 두개의 골로 된 좁고 긴 구들과 굴뚝으로 이루어졌다는 점에서 모두 고구려와 동일하다(그림 1-8).

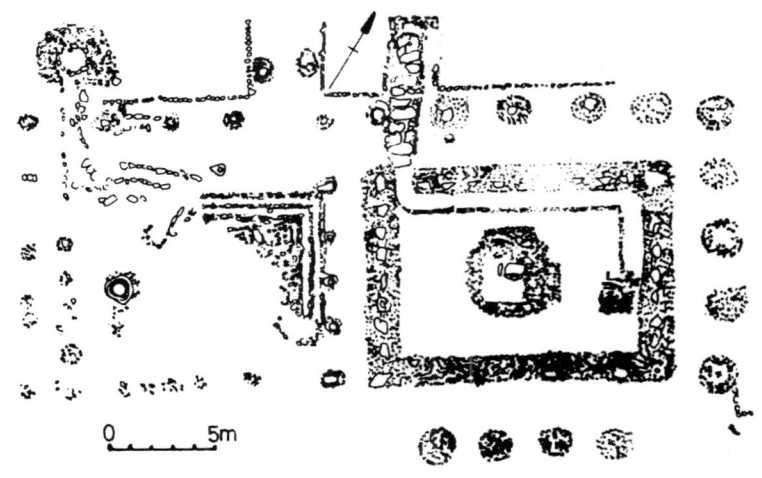

그림 1-8 집안 동대자집터(고구려)

그와 같은 난방을 위한 시설은 고구려인들이 겨울에 長炕을 만들어 불을 때 덥게 하였다고 한《舊唐書》의 기록과도 들어맞는다.5) 유적과 기록이 말하여 주는 바와 같이 長炕은 고구려에서 처음 생겨난 것이었다. 위에서 비교하여 본 바와 같이 거주용 집의 구조뿐만 아니라 난방시설까지 꼭 같다는 것은 고구려의 거주용 집의 구조를 발해에서 그대로 이어받았다는 것을 말해주는 것이다.

성문의 구조를 보아도 계승관계는 명백히 알 수 있다. 이미 지적한 바와 같이 상중 용천부의 성문에는 門樓를 성벽 위에 세운 것(궁성남

---

5)《舊唐書》高句麗傳 : 「冬月皆作長坑下燃熅火取暖」

문의 양쪽 곁문)과 冂樓를 성벽 밑에서 세운 것(외성남벽과 북벽의 문)과 같은 것이 있는데 고구려도 이와 동일한 형식을 갖춘 문이 있었다. 즉 요동성무덤벽화의 성문이 첫째 경우이고 용강 大塚 및 약수리 무덤벽화의 성문이 둘째 경우이다. 고구려나 발해의 여러 성문 중에서 둘째 형식의 성문에 대한 발굴조사가 어느 정도 진행되었으므로 주로 그것에 대해 이야기하기로 한다. 상경 용천부의 외성남벽의 동쪽문 평면은 ㅔ ㅏ형으로 즉 문길을 중앙에 두고 그 좌우에 성벽과 잇닿아 문방의 축대가 마주하고 있다. 문은 용강대총의 벽화에서 보는 바와 같이 좌우에 문방이 마주섰고 그 위에 冂樓가 있고 그 밑인 두 문방사이에 문이 달린 것이다 이 冂樓의 평면은 위의 것과 동일하다.

고구려의 성문터 중에서 상경 용천부 남벽동문의 경우와 동일한 구조를 갖춘 것이 적지 않게 있는데 예를 들어 集安縣에 있는 산성자산성의 동문터와 關馬墻산성의 동문터를 들 수 있다. 문들의 평면구조는 상경 용천부의 남벽동문의 경우와 동일한 ㅔ ㅏ형으로(그림 1-9)이것은 고구려나 발해의 성문구조가 서로 같다는 것을 의미하는 것이다.

위에서 말한 것과 같이 발해의 주거용 집, 성문, 그 밖의 건축물의 구조는 고구려의 것과 같다. 측면구조나 평면구조는 말할 것도 없고 내부설비에 이르기까지 서로 동일하다. 둘 사이의 관계를 좀더 세밀하게 살펴보기 위하여 주춧돌을 놓고 돌을 쌓은 것 같은 몇 가지 기술적인 측면을 검토해 보기로 한다.

먼저 주춧돌을 놓는 형태를 살펴보면 상경 용천부의 주춧돌의 대다수는 기둥밑받침 부분을 둥그스름한 형태로 볼록 튀어나오게 하였다. 그리고 대부분의 주춧돌 밑에는 주춧돌 받침대가 있다. 그 평면은 주춧돌의 평면보다 커서 주춧돌에 내려 누르는 무게를 잘 받을 수 있게 하였다. 集安 東臺子 및 평양 안학궁터의 고구려 시기의 주춧돌에서도 기둥밑받침대가 위의 것과 같은 형태였으며 주춧돌보다 평면이 큰 받침돌을 밑에 깔았다. 이것은 주춧돌을 다듬고 그 기초를 튼튼하게 닦은 고구려의 기술이 발해에 그대로 전해졌음을 의미한다.

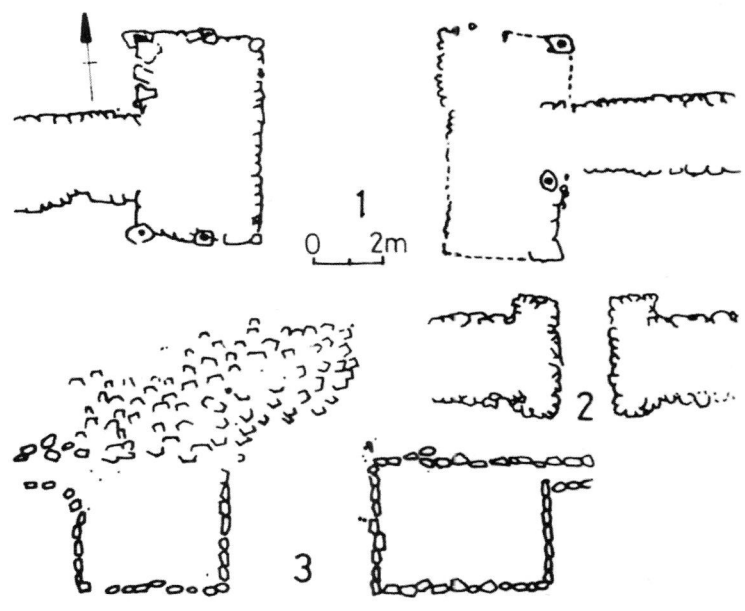

그림 1-9 고구려, 발해의 성문터
1. 상경용천부 외성 남벽동문터(발해), 2. 관마산성(고구려),
3. 성자산산성 동문터(고구려)

돌을 다루는 방법에 있어서도 발해인들은 돌을 잘 다룰 줄 알아 돌로써 우물을 훌륭하게 쌓았으며 또 평행삼각고임 또는 꺾임천정 같은 독특한 방법으로 무덤을 쌓았었는데 이미 전에 말한 것과 같이 그것은 고구려의 石室封土墓 그대로일 뿐만 아니라 하나의 돌을 다듬거나 쌓는 방법까지 고구려식 그대로이다. 예를 들어 건물의 기단이나 그밖의 시설물들을 돌로 쌓을 때에는 돌의 뒤를 뾰족하게 즉 각추형으로 깎아 서로 맞물리도록 하고 그것을 쌓을 때에는 체감법을 써서 안정감이 있게 하였으며 멈추개돌을 써서 튼튼하게 하였다. 돌로 쌓은 발해유적지에는 많은 경우 멈추개가 있는데 이것은 축조를 튼튼히 하기 위하여 돌이나 벽돌로 멈추개를 만들어 썼기 때문이다.《침전터》물도랑에는 멈추개벽돌을 사용하였으며 제1 및 제9절터의 돌계단과 축

대 가장자리에 멈추개돌을 사용하였다. 그리고 두 절터 기단의 바닥에
깐 돌에는 턱이나 홈을 내어 미끄러져 나가지 않게 하였다. 그러한 멈
추개 구조는 고구려의 집이나 무덤에서도 발견할 수 있다. 그 대표적
인 것으로 장군墓가 있다.

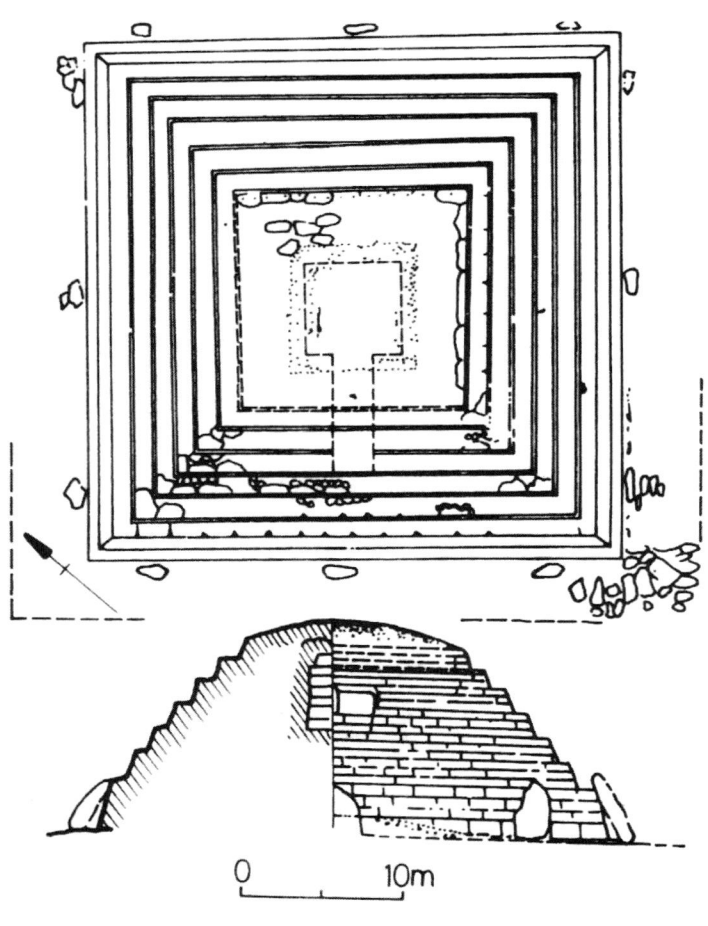

그림 1-10   고구려의 멈추개 시설, 집안장군墓

장군墓는 墓域의 설비, 능 밑의 받침돌과 버팀돌, 능의 가장자리에 큰 돌을 쌓고 그 안에 잔돌을 쌓은 것, 무덤을 튼튼히 하기 위한 능의 구름다리식 체감법, 기단 및 墓室의 튼튼한 구조설비 등에서 고구려 積石墓의 광대하고 견고한 특성을 잘 나타냈다. 그것은 더 나아가서는 고구려 石造기술 및 예술의 높은 발전수준을 잘 보여준다. 바로 이 장군墓에서 보이는 버팀돌은 그 임무가 멈추개돌과 같으며 각각의 마름돌의 윗면에 턱을 내어 돌들이 서로 잘 맞물리도록 하였는바 이것은 멈추개턱에 해당한다(그림 1-10). 그러한 돌쌓기는 무덤뿐만 아니라 성벽이나 그 밖의 시설에서도 흔히 찾아 볼 수 있다. 그것은 돌을 잘 다루기로 유명한 고구려인들이 창안한 독특하고 효과적인 돌쌓는 방법이다. 고구려의 그와 같은 우수한 石造기술은 발해 건축물의 멈추개와 판돌로써 짜올린 평행삼각고임이나 꺾임천정에 그대로 반영되었다. 돌로 만든 발해의 유명한 燈은 고구려의 독특하고 우수한 石造기술을 이어받은 데서 온 것이다. 발해는 이와 같이 고구려의 石造기술을 이어받았을 뿐만 아니라 기와나 벽돌 같은 건축자재에서도 고구려의 우수하고 독특한 것을 계승 발전시켰다.

(2) 각종 유물에 나타난 계승관계

발해문화와 고구려 문화의 직접인 계승관계는 발해유적에 발견된 거의 모든 유물에 뚜렷이 나타난다. 그러나 발해유적에서 그중 많이 발견된 기와, 토기, 鐵鏃, 불상 등 대표적인 몇 가지 유물만을 들어 고구려 시기의 것과 비교하여 보기로 한다.

먼저 기와를 보면 발해기와에는 암키와, 수키와 및 장식기와가 있다. 그 가운데서 가장 많고 또 기본을 이루는 것이 암키와와 수키와이다.

발해의 암키와나 수키와는 모두 나무에 천을 감고 그 위에 빚은 흙을 붙인 다음 물자로 잘 다스려서 뜯어내는 방법으로 만들었으므로 한쪽에는 천자리가 있고 다른 쪽은 미끈하다. 막새기와인 경우에는 틀빼기로 만든 둥그런 막새를 수키와 앞에 붙여서 만들었다. 막새에는 흔히 도안화한 연꽃무늬를 볼록하게 새기었다. 그리고 일부 암키와에 서는 앞쪽을 장식하였는데 여기에는 공작새의 긴 꼬리를 연상케 하는 아름다운 무늬와 물결무늬 및 톱니무늬 같은 것이 있다. 수키와는 반 원형으로 앞뒤의 너비가 같고 뒤에는 연결부가 있다. 암키와는 앞이 넓고 뒤가 좁으며 전체가 약간 휘어서 완만한 곡선을 그렸다. 기와의 胎土는 매우 부드러우며 기와의 빛깔은 회색이거나 붉은 색이다. 그런 데 고구려의 기와를 보면 그 생김새, 질, 빛 갈, 만든 수법 및 무늬 등 이 발해 시기의 기와에 계승되었음을 알 수 있다.

암키와나 수키와의 질과 생김새가 발해 시기의 것과 같을 뿐만 아 니라 고구려 암키와 중에 물결무늬를 새긴 것이 많은 비중을 차지하 는 사실이라든지 막새 중에 도안화한 연꽃무늬를 볼록하게 새긴 것이 많다는 사실이 이를 잘 증명하여 준다(그림 1-11).
막새무늬로서 연꽃무늬를 볼록하게 새긴 예는 물론 고구려나 발해뿐 만 아니라 다른 나라의 기와에서도 많이 볼 수 있다.

그러나 볼록하게 새긴 연꽃무늬의 현상수법을 화려하게 혹은 웅건 하게 스스로의 미적 감정에 맞게 서로 다르게 만들었다. 발해나 고구 려의 막새에 보이는 연꽃무늬는 웅건한 점에서 서로 같다. 발해나 고 구려의 막새에서는 웅건성을 잘 나타내게 하기 위해 먼저 막새의 겉 테두리를 두텁고 깊게 하였고 중앙의 꽃술을 두드러지게 강조하였으 며 그 둘레에 연꽃무늬를 방사선형태로 여유 있게 배치하였다. 그리고 겉 테두리와 중앙의 꽃술같이 두드러진 것과 조화시키기 위하여 연꽃 잎을 대체로 얇게 돋친 선으로 가볍게 하면서도 앞의 끝을 뾰족하고 예리하게 만들었다. 무늬를 간결하게 하면서 동시에 무늬의 각 부분을 강하게 나타나게 함으로써 웅건한 맛을 잘 나타내었다.

토기를 보면 그 종류가 다양할 뿐만 아니라 매우 우수한 것으로 한 마디로 말하여 발해 시기의 요업기술은 고구려 시기보다 한층 더 발 전하였었다. 그러나 발해 시기의 도자기공예가 고구려 시기의 공예기 술을 토대로 하여 발전한 것임을 명백하게 찾아볼 수 있는바 그것은 무엇보다도 그릇의 형태에 잘 나타난다.

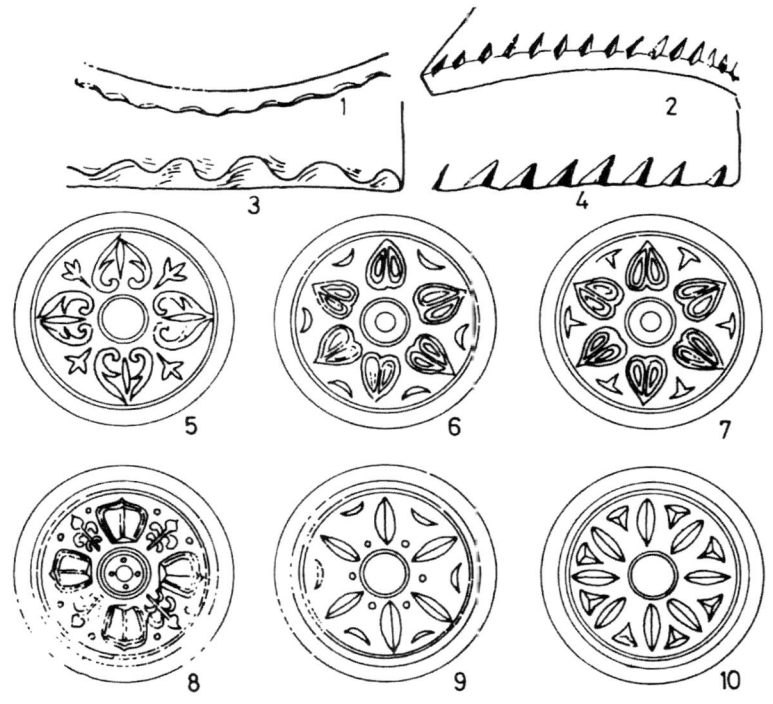

그림 1-11 고구려, 발해의 암키와 및 막새무늬
1. 2. 상경용천부지(발해), 3 서대무덤(고구려), 4. 천추무덤(고구려)
5~7. 상경용천부(발해), 8~10. 대성산(고구려)

　발해의 토기 중에서 가장 많은 것은 보시기, 바리, 자배기, 버치 같은 것이며 그 모양이 독특한 것은 바리모양의 단지, 나팔병, 시루 같은 것이다. 그 중에서 발해의 것과 비슷한 형태의 보시기, 바리, 자배기, 버치 같은 것은 고구려유적에서도 흔히 찾아볼 수 있다. 대표적인 것으로는 안악의 미천왕릉에서 나온 보시기와 대성산기슭의 고구려무덤에서 나온 자배기 및 평안북도 염주군 도봉리의 고구려유적에서 출토된 손잡기가 가로로 한 쌍 붙은 버치와 (그림 1-12) 그 밖의 고구려유

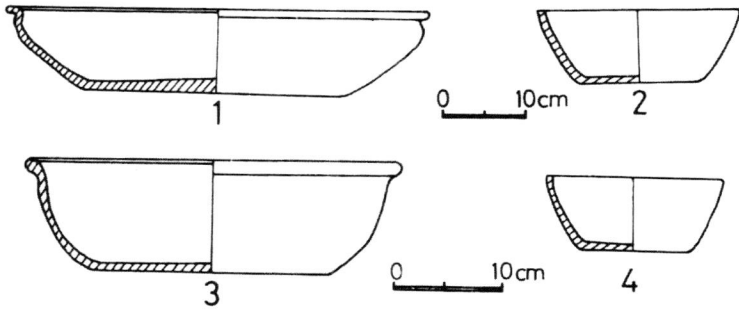

그림 1-12 보시기와 자배기
1. 상경용천부에서 나온 자배기(발해), 2. 돈화육정산무덤에서 나온 보시기
(발해), 3 대성산 안학궁터에서 나온 자배기(고구려), 4. 미천왕무덤에서 나온
보시기(고구려)

적에서 나온 단지를 들 수 있다. 특히 주목되는 것은 발해유적에서 많
이 나온 구연부가 벌려지고 배가 부른 항아리모양의 단지와 바리모양
의 단지이다. 항아리모양의 단지는 敦化六頂山墓에서와 上京龍泉府址
에서 모두 출토되었다. 그릇은 높이 20cm 정도의 것으로 평안북도 자
성군 하구비와 대성산기슭의 고구려 무덤에서 출토된 것과 거의 같으
며(그림 1-13) 바리모양의 단지는 평안북도 자성군 법동리 하구비의
고구려의 무덤에서 출토된 단지와 기본 형태뿐만 아니라 구연부분에
덧무늬를 돌린 점이라든지 그 크기에 이르기까지 서로 꼭 같다(그림
1-14).

발해토기 중에서 이채를 나타내는 것은 나팔병과 구름모양의 자배
기이나. 동그랗고 배가 부른 몸체에 띠손잡이가 한 쌍 붙고 그 위에
활짝 핀 나팔꽃을 방불케 하는 입구가 달린 아름다운 병인데 이와 비
슷한 병도 集安 마선구 제1호 무덤과 集安 마승리유적을 비롯한 고구
려 시기의 유적에서 흔히 발견된다(그림 1-15).

고구려의 나팔병은 발해의 것에 비하여 목이 좀 짧은 것이 다르다
그 기본 형태에 있어서는 비슷하다. 발해의 나팔병은 고구려의 나팔병

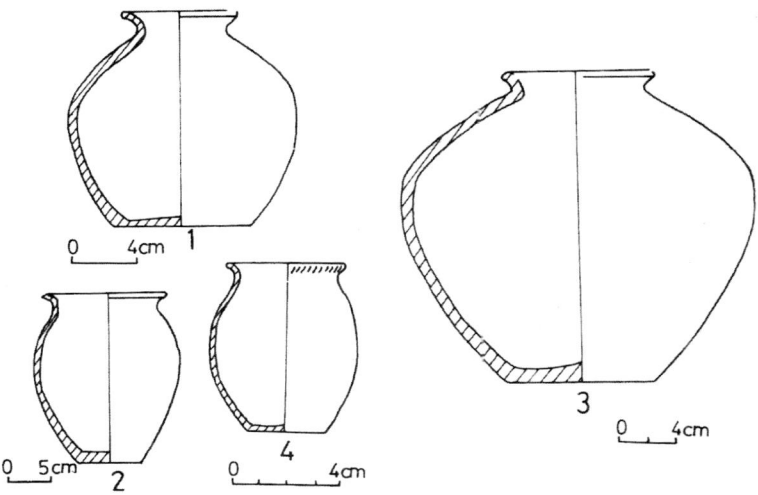

그림 1-13 단 지
1. 돈화육정산墓에서 나온 단지(발해), 2. 상경용천부지에서 나온 단지(발해),
3. 미천왕墓에서 나온 단지(고구려), 4. 하구비石室封土墓에서 나온 단지(고구려)

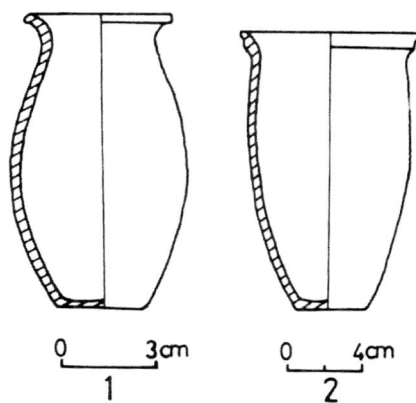

그림 1-14 바리모양의 단지
1. 법동하구비 石室封土墓에서 나온 단지(고구려)
2. 돈화 육정산墓에서 나온 단지(발해)

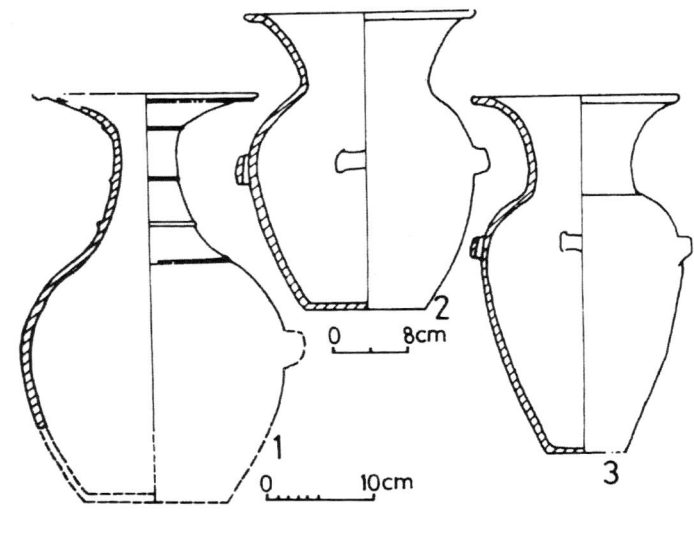

그림 1-15 나팔병
1. 상경용천부지에서 나온 나팔병(발해), 2. 집안 마신구 1호 墓에서 나온
나팔병(고구려), 3. 집안 승리대대에서 나온 나팔병(고구려)

이 더욱 아담하여진 것으로 여겨진다. 구름모양의 자배기의 형태는 안
악의 미천왕릉, 그 밖의 고구려 무덤벽화에 그린 도안화한 구름무늬를
방불케 한다. 하나는 그림이고 하나는 그릇이기는 하나 재미있는 형태
로 도안화하고 그 테두리를 유창한 선으로 처리한 점에서 고구려와
발해인들의 공통적인 예술적 기교와 미적 감정을 엿볼 수 있다(그림
1-16).

유약을 바른 토기를 살펴보면 발해의 조상인 고구려의 도자기공예
수준을 전면적으로 밝혀주는 자료는 아직 나오지 않았지만 다만 몇
곳에서 유약을 바른 토기가 알려졌다. 集安 마선구 제1호 墓에서 황색
의 유약을 바른 풍로와 황녹색의 유약을 바른 단지 및 자배기가 나왔
으며 撫順市 洼渾木村 제2호 墓에서 녹황색의 유약을 바른 단지가 출
토되었고 撫順市 前屯 제13호 墓에서 녹색 유약을 바른 단지가 나왔
다. 유약 바른 토기는 비록 몇 점이 안 되지만 그것은 고구려 시기의

도자기공예의 발전을 어느 정도 짐작할 수 있게 하는 것이다. 이상에서 본 바와 같이 고구려의 도자기공예의 전통을 이어받았음으로 인하여 발해는 각종 유약 바른 토기나 장식기와뿐만 아니라 자기를 만들어냈던 것인바 발해의 자기는 그 질적인 면에서 일정한 수준에 이르렀다. 자기의 원류도 역시 고구려에서 찾을 수 있는 것이다.

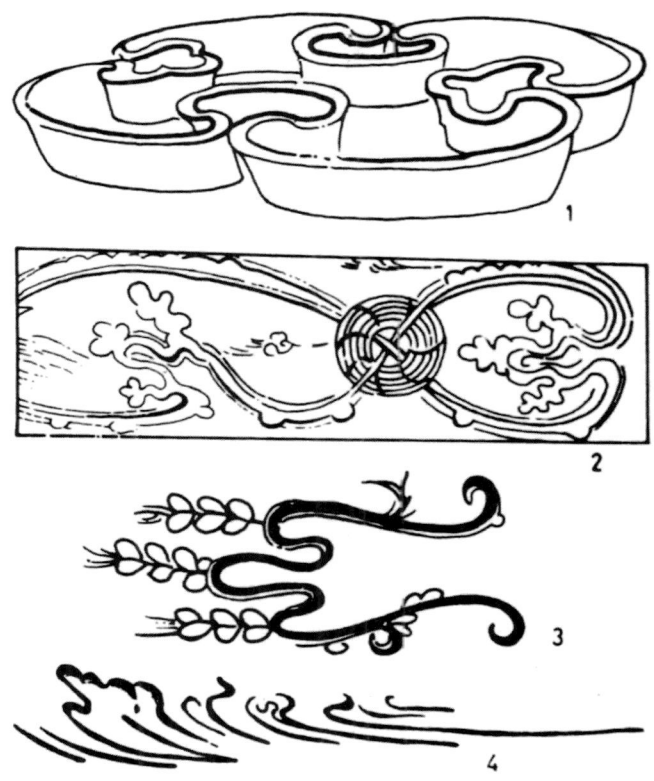

그림 1-16 발해의 구름무늬자배기와 고구려의 구름무늬
1. 상경용천부지에서 나온 구름무늬자배기(발해), 2. 미천왕무덤벽화(고구려),
3. 약수리벽화무덤(고구려), 4 진파리1호무덤벽화(고구려)

발해의 유물이 고구려의 것을 계승한 것임은 鐵鏃에서도 뚜렷이 찾아볼 수 있다. 물론 고구려활촉과 발해활촉과는 서로 있고 없는 것이 있으며 또 발해활촉이 고구려 시기의 활촉보다 좀더 세련되고 쓰기 편리하게 개조된 것만은 사실이다. 그러나 활촉의 전반적인 모습은 고구려의 것과 별로 큰 차이가 없다.

지금까지 알려진 발해의 활촉은 몸의 생김새에 따라 대체로 9가지로 나눌 수 있다. 첫째형태는 좁은 창날모양의 활촉이나 활촉몸의 앞쪽에 등이 섰고 양쪽에 날이 섰는데 그 횡단면은 菱形이다. 뒤쪽은 자루모양으로 그 횡단면은 둥글거나 6각형으로 촉의 형태가 곱고 긴 창끝을 연상시킨다. 둘째 형태는 넓고 창날모양의 활촉이다. 그 몸은 날 부분이 넓은 창이나 柳葉形으로 그 횡단면이 菱形 또는 타원형이다. 셋째 형태는 좁고 긴 끝의 날 모양인 활촉이다. 횡단면이 4각형이고 끝 부분에 곧은 날이 섰다. 넷째 형태는 날 부분이 부채처럼 퍼진 도끼날 모양의 활촉이다. 이러한 활촉에는 날의 둥글게 생긴 것, 날 중앙이 오므라든 것, 은행나무잎처럼 생긴 것 등의 여러 가지가 있다. 다섯째 형태는 세 날개 활촉이다. 여섯째 형태는 활촉의 몸이 두 가닥으로 갈라져서 두 가닥의 창날처럼 생긴 것이다. 일곱째 형태는 그 몸의 횡단면이 菱形의 좁고 긴 송곳처럼 생긴 것이다. 여덟째 형태는 몸이 삼각형으로 된 활촉으로 다른 것에 비하여 매우 짧다. 아홉째 형태는 소리나는 활촉으로 몸 뒤에 소리가 나게 하기 위해 구멍을 뚫은 물건을 붙인 것이다. 지금까지 알려진 것으로는 은행나무 잎처럼 날 중간부분이 휘어든 도끼모양의 활촉에 소리나는 물건을 붙인 것이다 (그림 1~17).

그런데 이 9가지 형태의 활촉들이 고구려유적들에서도 거의 다 나타나고 있다는 사실이 이를 잘 말하여 준다. 예컨대 集安縣 마선구에 있는 고구려무덤에서 출토된 좁은 창날모양의 활촉은 형태상 발해활촉의 첫째 형태와 거의 동일하고 집안 성후유적에서 발견된 넓은 창날모양의 활촉은 둘째 형태의 활촉과 비슷하며 평안북도 중강군 장성리

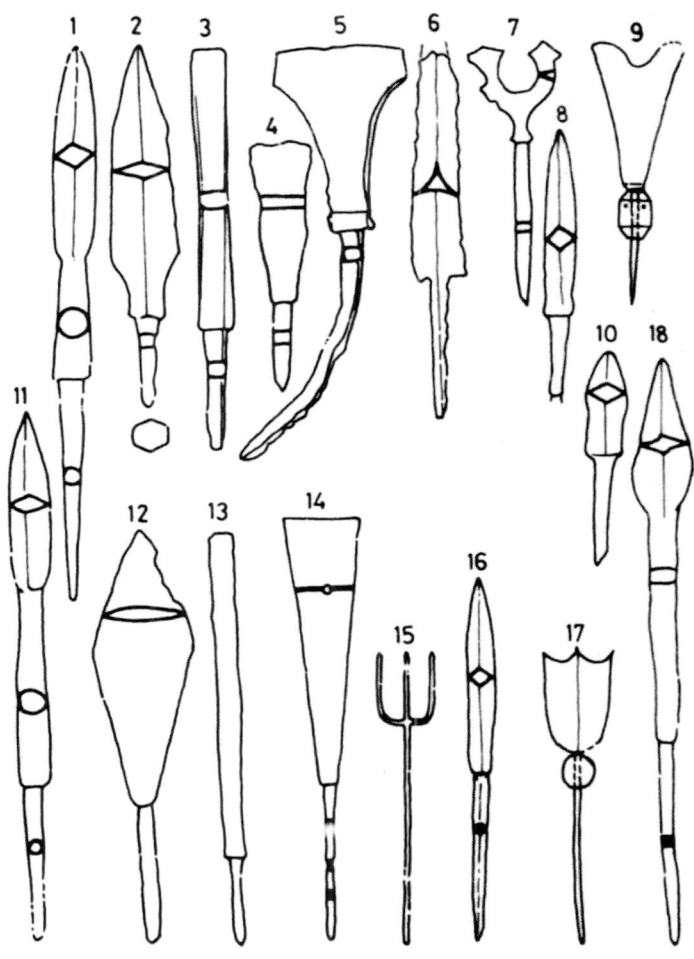

그림 1-17 활촉
1~10. 발해의 활촉, 11~18. 고구려의 활촉

의 고구려무덤에서 나온 끝날 모양의 활촉은 셋째 모양의 활촉과 완전히 동일하다. 특히 주목되는 것은 도끼날처럼 생긴 넷째 형태의 활촉인데 이것은 고구려 시기에 가장 흔히 사용하던 활촉중의 하나이다.

그러한 활촉이 발견된 대표적인 고구려유적으로는 평안남도 순안군
용궁리. 집안 마선구유적 및 통구 5묘 중의 제4호 墓 등을 들 수 있다.
그밖에 집안 현의 고구려유적들에서 출토된 송곳날모양의 활촉. 집안
현 성후유적과 만주의 유적에서 발견된 독사머리 모양의 활촉 및 고
구려유적이나 무덤벽화에서 보이는 소리나는 활촉도 각각 발해 시기
의 일곱째, 여덟째, 아홉째, 형태의 활촉과 거의 같은 모양의 것이다.
그렇게 보면 발해 시기의 활촉 중에서 다섯째 형태의 날개가 3개인
활촉과 여섯째, 형태인 쌍 날개 활촉만이 아직 고구려유적에 보이지
않을 뿐 나머지 형태의 활촉들은 모두 고구려 시기에 흔히 사용하던
것임을 알 수 있다.

그러나 발해 시기의 3날개활촉이나 쌍날개활촉도 고구려 시기의 활
촉과 전혀 연관이 없는 것은 아니다. 그 중 3날개활촉 같은 것은 실지
유물로서 아직 발견된 일은 없으나 고구려 무덤벽화에서는 비슷한 활
촉을 찾아볼 수 있다. 그리고 통구 5묘 중의 제5호 墓의 그림에는 문
지기장수가 활의 시위를 당긴 모습이 보이는데 여기에 그린 활촉은
세 가닥 난 활촉이다. 발해 시기의 쌍날개활촉도 결국은 활촉에 여러
가닥을 내던 고구려인의 취미와 전통을 이어 받아 그것을 두 가닥으
로 개조한 것임을 알 수 있다.

그와 같이 발해 시기의 활촉을 고구려활촉과 비교하여 보면 여러
가지 형태로 개조되기는 하였으나 그 전반적인 모습에서 고구려의 것
을 거의 그대로 이어받았다고 할 수 있다.

마지막으로 불상을 살펴보면 발해불상에서 공통적으로 느끼게 되는
것은 얼굴표정이 같고 몸체 각 부분의 균형이 잘 조화를 이루었으며
주름이 곱게 잡힌 옷을 입은 점이다. 황해도 곡산, 평양시 평천 구역,
평안남도 평원군 원오리 같은 곳의 고구려 시기의 절터에서 나온 불
상의 모습은 발해의 것과 서로 통한다. 발해 시기의 절터에서는 틀빼
기로 만들어서 불에 구운 불상이 많이 나왔다. 그러한 불상은 陶佛 또
는 塼佛이라 부른다. 그것들은 모두 작은 것으로 절간 벽에 있는 작은

龕안에 두었던 것이다. 그리고 그 자세는 앉은 것과 선 것이 있는데
그와 같은 종류의 발해 불상은 벽에 붙이게끔 만든 것이므로 뒤가 평
평하다. 앞쪽은 그 전체를 입체적으로 만들었다. 그것과 형태와 제작
기법에서 동일한 불상이 고구려 시기의 절터인 평안남도 평원군 원오
리 절터에서도 나왔는데 좀더 크고 아름다운 것이다. 앉고 선 모양과
얼굴표정, 주름이 곱게 잡힌 옷, 불상을 입체적으로 만든 점에서 발해
의 것과 같다. 그러한 종류의 발해불상은 고구려의 같은 종류의 불상
과 그 제작기법 및 용도에서 서로 비슷하다. 반대로 같은 시기의 다른
나라의 塼佛像은 많은 경우에 板狀을 이루고 있어 고구려나 발해의
것과는 서로 다른 바 이에 대해서는 이미 다른 사람들이 이야기한 바
있다.

　이상과 같이 그것이 비록 조그마한 물건이기는 하나 그 형태와 제
작기법에서 발해의 것은 고구려의 것과 서로 같으나 다른 나라의 것
과는 현저하게 다르다는 것은 조각미술에 있어서도 위에서 이미 지적
한 다른 모든 유적유물들의 경우와 마찬가지로 발해는 고구려의 계승
자임을 엿볼 수 있다.

　그와 같이 발해는 무덤의 구조나 매장의 형식, 성터를 선택하는 방
법, 성벽을 축조하는 방법, 주거용 집 그 밖의 각종 건축물의 구조, 기
와 같은 건축재료 또는 그것을 만드는 기술, 그릇이나 무기 또는 불상
그 밖의 조각품에서 고구려의 전통을 강하게 받았음을 보여준다. 이와
같은 사실은 발해가 고구려의 문화와 풍습을 직접 이어받은 나라임을
여러 가지 측면에서 폭넓고 깊이 있게 증명하여 준다.

　그러나 일부 학자들은 발해문화가 높은 수준에 이른 것은 우수한
고구려문화를 이어받았기 때문임을 무시하고 唐의 우수한 문화를 받
아들여 그것을 모방한데 기인한다고 보고 있다. 그러므로 그들의 견해
에 대하여 간단하게나마 언급할 필요가 있다.

　그와 같은 견해를 주장한 사람으로는 《東京城》발굴보고서의 집필자
와 《세계고고학대계 7》발해부분 집필자를 들 수 있다.

   그들은 상경 용천부의 평면배치와 여러 가지 집의 구조형태, 三靈墓
의 구조에 대하여 원칙적으로는 唐의 형식을 모방한 것이라고 하였다.
또한 여러 가지 빛깔의 유약을 바른 토기를 비롯한 일부 유물들은 당
나라에서 가져온 것이거나 그렇지 않으면 영향을 받은 것이라고 하면
서 당시의 아시아의 정세로 볼 때 발해의 문화에 唐의 것이 영향을
준 것은 당연한 일이라고 말하였다.

   발해는 唐은 물론 일본 그 밖의 여러 나라와 경제문화교류를 활발
하게 하였다. 그런데 문화를 교류하는 목적은 자기 나라의 문화를 발
전시키기 위한 것인 만큼 나른 나라의 좋은 경험과 성과를 자기의 특
성에 알맞게 섭취한다. 그러나 문화교류가 여기에서 받은 것이 그 나
라의 문화를 발전시키는 기본요인이 될 수는 없다. 발해의 유적과 유
물 중에서 다른 나라의 것과 비슷한 것이 더러 있다. 그것은 다른 나
라와의 사이에 문화교류를 의미하는 것이기는 하나 위에서 본 바와
같이 그것이 발해문화의 바탕을 이루는 것은 아니다.

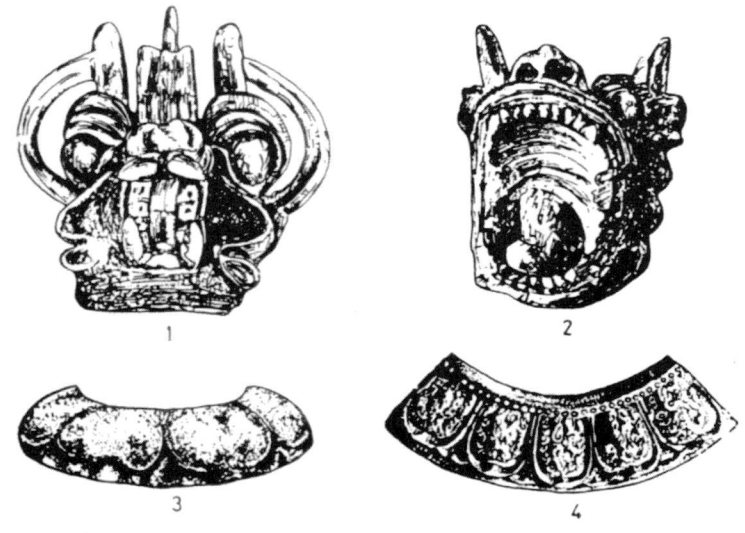

그림 1-18 1. 3 상경 용천부지에서 나온 괴면과 기둥밑장식(발해)
            2. 4 개성만월대에서 나온 괴면과 기둥밑장식 (고려)

　고구려를 이어받은 발해의 우수한 문화전통은 그 후 고려에 계승
발전되었다. 고려의 기둥밑장식이나 괴면, 장식기와와 녹유기와, 청자
기와 같은 것은 바로 발해 시기에 이루어진 건축장식기법과 요업기술
을 고려에서 계승하여 더욱 발전시킨 것이다(그림1-18). 즉 고려자기
같은 것은 결코 빈터에서 나온 것이 아니라 고구려, 발해 이래의 유구
하고 우수한 도자기공예의 전통을 계승 발전시키는 과정에서(신라도자
기 공예의 전통도 이어받았다) 비로소 생겨난 것이다. 고려는 신라와
발해를 이어받은 나라인만큼 신라문화와 함께 발해문화의 전통은 고
려의 유물과 유적의 여러 곳에서 나타난다.

第2章   渤海의 疆域과 地理

1. 발해의 歷史地理硏究 *

발해왕국(698~926년)은 당의 예속하에 있던 지방정권으로 史書에서 "海東盛國"이라 부르며 중국의 통일된 多民族國家 발전사에 있어서 중요한 위치를 점하고 있다. 따라서 그들이 창조한 "海東文化"는 盛唐文化를 이루는 한 부분이 되었다. 발해의 영토는 광활하여 5천여 리에 달하며 이것은 중국의 역사 영역에 속하는 것이다. 그들은 국가를 건립한 초기에는 당의 제도를 모방하여 府·州·縣을 두었으며 발전과정을 거치면서 점차 통일된 제도를 이루어 통치기구를 완비하였다. 발해 시기는 중국의 長白山(백두산)·목단강 이북의 동쪽, 특히 우수리강·흑룡강 유역의 개발사에 있어서 새롭기 군현제통치지역으로 발전하였던 시기로 이것은 중국의 다민족국가의 발전에 중요한 의의를 가지는 것이다.

발해는 그 광활한 영역 내에 5경·15부·62주와 130여개의 縣을 설치하였다. 그런데 천여 년의 시간이 흐르면서 변화가 심하였고 이것은 문헌기록에도 영향을 주어 발해에 대한 체계적인 문자자료가 남아있지 않다. 이런 까닭에 발해의 역사지리에 대한 문제는 근대의 학자들이 연구해야 할 중대한 과제중의 하나가 되었다.

중국의 발해역사지리에 대한 연구는 이미 오랜 역사를 가지고 있으

---

 * 丹化沙 『渤海歷史地理研究情況述略』黑龍江文物叢刊 1983. 1, pp. 15~21.

며 탁월한 연구업적을 이루었다. 淸初의 산견된 고증에서부터 근대의 체계적인 연구까지 2세기를 넘는 역사를 가지고 있다. 청대의 학자들이 이미 발해의 京·府·州에 대해 구체적으로 고증한 바가 있다. 저명한 역사지리학자인 曹廷杰은 문헌기록을 고증하였을 뿐만 아니라 유적지에 대한 실지조사를 행하였다. 그는 중국에서 비교적 일찍이 上京龍泉府에 대한 실지조사를 행함으로써 발해 上京城을 연구한 학자 중의 하나로 인정받았다. 또는 청대에 소수의 외국학자들이 발해의 역사지리에 대한 연구·고증을 진행하였다. 그리고 중국의 저명한 사학자인 金毓黻은 발해사에 대해 체계적으로 심도 깊은 연구를 진행하여 많은 성취를 보았으며 그 중에서도 역사지리에 대한 연구성과는 탁월한 것이었다. 금세기이래로 국내외학자들이 발해역사지리에 대한 문제에 흥미를 가지면서 비록 그들의 연구·고증이 그들 나름대로의 傾向性을 보이기도 하나 객관적인 발전을 나타내었다. 그 중에서 일본학자의 연구가 비교적 뛰어났다. 이렇듯 국내외학자들의 오랜 노력으로 인하여 발해의 역사지리 문제에 대한 연구는 비교적 일찍부터 많은 발전을 이루었다.

1949년 이후 중국의 역사와 고고학자들은 대량의 고고학적 조사와 발굴을 기초로 하여 말해의 역사지리에 대한 문헌과 결합시켜 깊이 있는 연구를 진행함으로써 많은 수확을 얻을 수 있었고 또한 새로운 문제점을 제시하였다. 필자는 이런 시대의 연구성과와 근래의 연구를 결합하여 발해의 역사지리에 나타난 몇 가지 문제점을 간단히 말해보기로 한다.

1) 5京制의 淵源과 建置年代에 관한 問題

발해에 5경이 있었다는 사실은 주지하는 바이다. 그런데 京制는 어느 곳에서 온 것인가, 발해의 5京制는 언제 시작된 것인가에 대해서는 비록 학자들의 많은 연구가 있었으나 서로 다른 견해를 표방하고 있다. 김육불은 "5京制는 발해에서 시작되었고 후대의 遼金이 모두 이를 모방하였다."고[1] 말하고 있다. 일본학자 津田左右吉은 발해의 5京制는 당의 영향을 받았으나 이때의 당에는 아직 5경은 세워지지 않았고 단지 5도에 지나지 않았으며 河中府가 오래지 않아 그 명칭을 中都로 하였으므로 2경·4都를 이루었기 때문에 5京制는 발해에서 처음으로 만든 것이라고 인식하였다.[2] 이후의 연구자들도 모두 기본적으로 이와 동일한 견해를 가졌다. 그러나 5京制의 연원은 고대 중국의 5행 5運 사상에 비롯된다는 점에는 학자들 간에 서로 일치하고 있다.

발해 5京의 건치 연대에 관한 문제도 서로 다른 의견을 보이고 있다. 일반적인 인식으로 가장 먼저 세운 것은 上京·中京·東京이고 南京과·西京은 약간 후에 세웠다는 것이다. 津田씨는 宣王 大仁秀 시기에 5경이 모두 갖추어졌다고 인식하였다. 駒井和愛는 文主 大欽茂 시기에 上京·東京과 함께 中京을 세웠다고 말한다. 근래 중국학자 중에 「張建章墓志」를 연구하여 大彝震 시기에 "遼東盛國", "地有五京十五府六十二州"가 이루어졌다고 인정함으로써[3] 5京制가 대이진 시기에 세워졌음을 암시하고 있다.

魏國忠 등은 《신·구당서》와 《자치통감》의 기록을 근거로 하여 당에 이미 5경이 존재하고 있었으며 따라서 발해의 5경은 바로 唐制를 모방하여 세운 것이고 그들이 새롭게 창건한 것은 아니다고 하였다.[4] 唐肅宗 至德 2년(757년)에 이미 5경의 명칭이 나타나 鳳翔을 西京, 洛陽을 東京, 成都를 南京, 太原을 北京으로 하고 있다. 이때는 문왕대흠무의 통치 시기로 대흠무는 天寶末年 즉 8세기 50년대 중기(대체로 755년 전후)에 왕도를 상경으로 옮겼다. 따라서 당에 5京制가 있었던 지덕 2년과는 2년 정도의 차이가 있다. 만약 대흠무가 상경으로 도읍

---

1) 金毓黻：《東北通史》上編.
2) 津田左右吉：《渤海史考》.
3) 佟桂臣：《〈渤海記〉著張建章〈墓志〉考》,《黑龍江文物叢刊》1981年 창간호.
4) 魏國忠, 朱國忱：《渤海史稿》(未刊稿).

을 옮겼던 당시에 이미 "상경"이라고 불렀다면 지덕 2년 이전부터 이
미 "京都"의 설치가 이루어졌고 적어도 "상경"은 존재하였다고 볼 수
있는 것이다. 그런데 당에 존재하였던 5경의 명칭은 이후 10년이 지나
지 않아 사라졌고 渤海郡王이 國王으로 책봉되었으며 대흠무가 처음
이에 해당되었다. 이러한 변화는 발해에 세운 5京制에 중대 한 영향을
미치기에 이르렀다. 이런 이유에서 발해의 5京制는 당의 5京制의 영향
을 받았을 뿐만 아니다 직접 이 제도를 당에서 받아들였다고 보는 것
이다. 단지 당의 5京 5都制의 실시가 오래 동안 지속된 것이 아니었기
때문에 일반적으로 사람들이 주의를 하지 않은 것에 지나지 않는다.
발해는 당의 5京制를 효과적으로 모방하여 자신의 5경을 세우고 이것
이 후에 계속 이어져 요·금의 발생에 중대한 영향을 미쳤던 것이다.

　필자는 앞서 말한바와 같이 발해 5경의 설립은 군왕을 국왕으로 책
봉한 것과 관계가 있다고 생각한다. 대흠무의 통치 시기는 발해의 경
제문화가 대단한 발전을 이루어 "해동성국"의 기초를 이루면서 大城
市에는 이미 상당한 정도로 경제역량과 기술역량이 갖추어져 있었다.
이로써 5京制의 완성은 문왕 시기라는 데에는 대체로 문제가 없다고
인식할 수 있다. 그리고 5京制의 완성은 문왕 대흥 21년 (숙종 지덕 2
년, 757년) 이후인 것이다. 그런데 이전에 나타났던 상경과 동시에 한
번 왕도로 삼았던 顯州가 있다. 이 현주가 중경현덕부를 설치하였던
곳인지는 확실하지 않으나 당이 도읍으로 정하였다는 것을 보면 京都
의 명칭에 해당할 수 있는 것이다. 더욱이 이 위치가 5경의 위치 중
가운데에 자리하여 中京일 가능성이 매우 크다. 만약에 이와 같다면
중경은 발해에서 비교적 빠른 시기에 京都를 형성하였다고 볼 수 있
다. 문왕 寶曆年間에 이미 남해부 혹은 남경이 설립되었었다. 서경의
기록은 보이지 않으나 대칭적으로 보아 동경이 있었음으로 이와 대응
하여 서경이 존재하였다는 것을 알 수 있다. 따라서 필자는 文王대흠
무 시기에 5경의 설립이 이루어졌다고 보는 것이다. 그런데 발해의 京
과 당의 5경은 약간 차이를 나타내어 당에는 중경이 없고 발해에는

북경이 없으며 그 외에는 모두 동일하다.

문왕 대흠무 시기에 비록 5京制가 완성되었다고는 하나 아직 통일된 府·州를 정한 것은 아니었다. 이 때문에 府·州·縣의 建制와 명칭이 《신당서 발해전》의 기록과 차이를 보이고 있다. 그러므로 단지 木底州·若忽州·玄菟州 등이 기록에 보이며 대부분 발해 서남부지역에 위치하고 있으나 이런 州들이 《신당서·발해전》에 보이지 않는 것을 이해할 수 있다. 즉 《신당서》에 기록된 府·州는 선왕 대인수가 행정구역을 정리하여 建制를 통일시킨 이후의 것이다

2) 5京의 위치에 대한 研究

《신당서 발해전》에는 다음과 같이 기록되어 있다

> 숙신의 옛 지역을 상경으로 하여 용천부라 불렀으며 용·호·발의 3주를 다스렸다. 그 남쪽을 중경으로 하여 현덕부라 불렀으며 로·현·철·탕·영·홍의 6주를 다스렸다. 예맥의 옛 지역을 동경으로 하여 용원부라 부르고 또한 책성부라 부르기도 하였으며 경·목·염·하의 4주를 다스렸다. 옥저의 옛 지역을 남경으로 하여 남해부 부르고 옥·정·초의 3주를 다스렸다. 고(구)려의 옛 지역을 서경으로 하여 압록부라 부르고 신·환·풍·정의 4주를 다스렸다. (以肅愼故地爲上京, 曰龍泉府, 領龍·湖·渤三州. 其南爲中京, 曰顯德府, 領盧·顯·鐵·湯·榮·興六川. 濊貊故地爲東京, 曰龍原府, 亦曰柵城府, 領慶·穆·鹽·賀四州. 沃沮故地爲南京, 曰南海府, 領沃·晴·椒三州. 高麗故地爲西京, 曰鴨綠府, 領神·桓·豊·正四州)

이상의 기록된 순서는 발해 5경의 地位에 중요한 의의를 가지고 있을 뿐만 아니라 설립한 시기가 동일하지 않음을 반영하고 있다. 이 5경에 대해 국내외 학자들이 백여 년에 달하는 연구고증을 하면서 현재의 위치를 정확하게 정하고자 하였으나 학자들 간의 의견의 일치를 보는

것은 상경용천부에 불과하며 동경용원부의 위치에 대해서는 의견의
차이가 크지는 않으나 여전히 서로 다른 견해를 표방하고 있다. 기타
3경의 소재지에 관한 문제에 관해서도 서로 다른 견해를 밝히고 있으
며 비록 일치되는 점이 있다하여도 역시 고고학적 자료를 가지고 증
명할 수 없다.

舊國과 中京

舊國은 발해 최초의 왕도로 발해가 성립된 지역이었으나 5京에는
속하지 않았다. 《신당서 발해전》에는

> 천보말 (대)흠무는 상경으로 천도하니 구국에서 3백 리 떨어져 있고 홀
> 한하의 동쪽이다.(天寶末, 欽茂從上京, 置舊國三百里, 忽汗河之東).

라고 기록하여 대체로 구국의 위치와 상경과의 거리를 명확히 하고
있다. 즉 상경의 지역을 정확하게 정하기 위해서는 구국의 소재지를
연구하여 확실한 좌표를 제공하여야 한다. 김육불은 구국을 현재의 敦
化敖東城이라고 인식하였고 조정걸도 "鄂多里城"(敖東城)이 구국이라
하였으며 《吉林通志》도 역시 같은 내용을 말하고 있다. 景方昶은 《興
地釋略》에서 말하길 상경에서 3백 리 떨어진 돈화에는 "額多力城"(敖
東城)이 있어 이곳에 구국이 위치한다고 하였다. 앞서 말한 김육불의
구국돈화說은 구국과 중경을 구분하는 것으로 이 두 곳이 하나의 지
역이 아님을 말하는 것이다. 이러한 견해는 점차 학술계의 승인을 받
기에 이르렀다.

일본학자 松井等은 구국·현주·중경현덕부를 한곳으로 인식하여
모두 "那丹佛勒城"에 있다고 하였다. 小川琢治는 이 3개의 지역이 모
두 樺甸 "蘇密城"에 있다고 보았다. 津田은 3곳이 모두 和龍 "西古城
子"에 있다고 하며 鳥山喜一은 구국은 서고성자에서 남쪽으로 8리 떨
어진 八家子古城(현재의 河南屯古城), 현주는 大甸子古城(현재의 安圖

萬寶古城), 중경현덕부는 서고성자에 있다고 인식하였다. 和田淸 역시 이와 비슷한 견해를 가지고 있다. 駒井和愛는 구국은 돈화, 현주는 현재의 길림부근에 있다고 보았으며 중경현격부는 新·舊 두 가지로 나누어 舊中京은 현주에 있었으며 후에 盧州로 옮겨 新中京顯德府를 이루었다고 주장하였다. 김육불은 현주와 중경현덕부는 모두 소밀성에 있다고 인식하였다. 이상에서 말한 것과 같이 의견이 분분하여 이를 종합해 보면 다음과 같다. 구국의 소재에 대해서는 돈화說·나단불륵성說·소민성說·팔가자고성說 등의 4설이 있으며 현주는 나단불륵성說·소밀성說·대전자고성說·돈화說·길림부근說 등 5설이 있고 중경현덕부는 소밀성說·나단불륵성說·서고성자說·돈화說 등 4설이 있다. 그런데 이건재 등의 근래의 연구조사와 고증에 따르면 나단불륵성은 소밀성을 말하는 것이다.[5]

그런데 구국이 돈화에 있고 중경현덕부가 두 곳에 있었다는 의견이 점차 대다수에 의해 승인되었다. 그러나 이미 언급한 바와 같이 중국 학자가운데에는 이와는 다른 견해를 가지그 있어《中國歷史地圖集》에는 현주와 중경현덕부를 돈화오동성에 표시하고 있다. 1949년 이후 돈화현 부근의 육정산에서 발해 貞惠公主墓와 墓志 및 기타 발해묘군을 발견하였다. 이 발견은 구국이 돈화에 있었다는 주장을 뒷받침하는 좋은 자료가 되었다. 고리고 돈화에서 상경으로 이르는 방향과 거리가 문헌의 기록과 일치하며 또한 그곳의 지리조건과 특징이《신·구당서》에 기록된 자연환경과도 일치하고 있다.

舊國의 범위 문제

구국이 오동성과 기타의 古城을 포괄하는가에 관한 문제를 살펴보기로 하자. 근래에 돈화현성 서남쪽 25리 지점에서 城山子山城과 顯城 동북쪽 12리 지점에서 永勝유적지가 발견되었다. 성산자산성의 규모는

---

5) 李健才《那丹佛勒城卽蘇密城考》(未刊稿).

작지 않고 영승유적지의 면적도 역시 크다. 이 성산자산성은 대조영이 東牟山에 성곽을 쌓고 거주하였던 지역으로 인식하는 사람도 있으나 역시 오동성이 구국이라는 것을 부인하지는 않아[6] 구국의 범위를 성산자산성과 오동성으로 확대하였다. 즉 먼저 성산자산성을 축조하고 후에 오동성을 쌓았다고 보아 이 오동성이 발해의 장대한 "平原城"을 형성하였고 동모산성은 구국의 衛城이 되었다고 인식하였다. 이에 대해서 식물의 증거가 없는 이상은 당연히 오동성이 구국이라는 견해를 가지는 사람도 있다.

필자는 "구국"의 개념을 둘로 나누어 협의의 의미로는 王都城邑을 말하며 광의로는 옛 왕도지역을 말한다고 보았다. 구국의 범위가 확대되었다는 것. 예를 들어 성산자산성이 그 범위에 들어갔다는 것은 주목할 만한 것이다. 이 성산자산성이 위치하는 곳은 대조영이 거주하던 동모산으로 김육불은 대조영이 무리를 이끌고 동쪽으로 把婁의 옛 지역으로 나와 동모산에 성을 쌓고 거주하였고 후에 구국의 소재지가 되었다고 말하고 있다. 따라서 성산자산성이 있던 산은 동모산이며 이 성이 발해에서 가장 일찍 형성된 城市인 것이다. 당에서 張行岌을 파견하여 대조영과 그 신하들을 "招慰"하였던 곳이 바로 이곳으로 대체로 705년 이전의 震國은 이곳을 중심 활동지역으로 삼았다. 당의 "招慰"를 받은 후 진국은 당에 복속하면서 정세에 큰 변화를 일으키게 되었다. 즉 진국은 방어적 설비를 감소시키고 평야분지 지역에 성곽을 쌓아 거주할 수 있게 된 것이다. 오동성 등이 이런 정세 가운데 축조된 城市 중의 하나이다. 따라서 책봉사신이었던 崔忻 등은 이곳으로 나와 책봉의 일을 행하였다. 비록 성산자산성에서 전형적인 발해유물이 많이 발견되지 않고 있기는 하나 이 때문에 발해의 城市라는 사실을 부인하는 것은 곤란하다. 사실상 오동성에서도 전형적인 발해유물이 많이 출토되지는 않았으나 역시 발해의 城市임을 부인하는 것이

---

6) 劉忠義 : 《東牟山在哪里》, 《學習與探索》1982年 第4期

어려운 것이다. 즉 발해초기에 세워진 城市에는 현재 우리가 인식하고 있는 발해의 전형적인 유물을 모두 갖추고 있지는 않았다고 보아야 한다.

중경현덕부에 관해서는 여러 가지 의견이 말해지고 있다. 조정걸은 나단불륵성에 위치한다고 말하며 경방창·松井 等이 이에 동조하고 있다. 김육불은 화전현경계의 소밀성이라고 말하며 島山喜一·和田淸 등은 서고성자로 주장하고 李文信도 이와 같은 견해를 가지고 있다. 그런데 鳥山·駒井 등은 현주와 중경현덕부를 두개의 지역으로 보아 島山은 현주를 대전자고성으로 정하였고 駒井은 길림시로 정하여 차이를 나타내고 있다.

근래에 이건재는 여러 차례의 조사와 기존의 연구성과를 토대로 하여 중경현덕부는 화룡현 서고성이라고 정하였다.[7] 70년대 서고성부근의 河南屯古城에서 발해귀족의 陵園과 墓葬이 발견되었고 귀중한 유물이 출토되었다. 80년대에는 서고성부근에서 貞孝公主墓와 墓志 및 기타 중요한 발해묘장이 발견되었다. 이러한 발견은 서고성이 중경현덕부라는 주장에 유력한 방증자료를 제시하는 것이었다. 이로써 서고성이 중경현덕부라는 견해는 점차 사람들도부터 승인되기에 이르렀다. 그러나 서고성이 노주 또는 현주라는 것에는 여전히 서로 다른 견해를 가지고 있다.

盧州와 顯州

이 2州와 중경현덕부는 밀접한 관계를 맺고 있어 중경현덕부가 관장하는 6州가운데 노주가 처음이고 현주가 그 다음을 차지하고 있다. 그리고 현덕부라는 명칭은 현주와 首縣이었던 金德에서 유래하였다고 여겨진다. 그런데 京府를 현주에 두었는가 아니면 노주에 설치하였는가에 관한 문제가 일찍부터 제기되었다. 앞서 말한 바와 같이 구국과

---

7) 李健才·陳相偉 : 《渤海的中京和朝貢道》, 《北方論叢》 1982년 1기.

현주를 동일시하고 또한 중경의 소재를 현재의 돈화로 보는 견해가
있고 이건재는 서고성이 현주로 인식하였다. 그러나 駒井은 노주는 중
경현덕부가 옮긴 후의 治所라고 인식하여 중경현덕부는 신·구의 둘
로 나누어 舊京顯德府는 현주에 있고 현주는 현재의 길림시 부근이라
하였으며 노주는 新中京으로 서고성자에 위치한다는 견해를 피력하였
다. 鳥山은 현주는 대전자고성에 있으며 서고성은 노주로 중경현덕부
가 다스리던 곳이라고 하였다. 이처럼 서고성이 현주라는 주장 역시
서로 다른 견해를 나타내었다.

  그런데 서고성이 현주라는 주장에 대해 다른 견해를 가진 사람도
있기는 하지만[8] 이곳이 중경현덕부의 治所였다는 점에 있어서는 동일
한 견해를 말하고 있다. 다시 말해서 견해를 말하고 있는 것은 현주인
가 노주인가 하는 문제이다. 현주를 중경의 치소로 보는 주요 근거는
《신당서 지리지》에 "현주는 天寶중에 왕도가 되었고, 또한 곧장 북쪽
으로 6백리를 가면 발해왕성에 이른다"(顯州, 天寶中王所都, 又正北六
百里, 至渤海王城)고 기록된 것과 《요사 지리지》의 관계기록이다. 여기
서 현주가 서고성에 있지 않았다는 이유를 들어보면 첫째, 지역의 방
위가 서로 부합되지 않는 점으로 현주는 상경의 서남쪽 6백리지점에
있고 서고성은 상경의 정남쪽 5백리지점에 있으며 또한 神州(현재의
臨江)에서 6백 리 떨어져 있다. 둘째, 《요사》를 인용하여 현주나 중경
을 논증하는 것은 믿을 수 없다. 왜냐하면 이 기록이 혼란·모순을 가
지고 있고 《요사》의 현주는 발해의 현주가 아니다. 셋째, 관례대로 한
다면 京府의 바로 외곽의 州는 당연히 首州가 되며 노주가 이에 속한
다는 것이다. 비록 현주가 天寶년간에 잠시 왕도가 되기는 하였으나
현주가 중경현덕부가 된다고 말할 수는 없다. 다만 당시는 일정하게
중경현덕부라는 하나의 명칭만을 가졌던 것이 아니었기 때문에 현주
가 중경현덕부라는 결론도 연구해 볼 가치가 있다. 駒井은 서고성이

---

  8) 朴龍淵 : 《關于渤海中京問題的商榷》(未刊稿)

海蘭江유역에 있고 이곳이 水稻산지였던 것이 "盧城之稻"라는 기록과 합치된다고 보아 이 서고성을 노주라고 하였다. 그러나 현주는 어느 곳에 있는가에 대해서는 확실하게 언급하지 않았다. 김육불은 발해의 5京·15府에 대해 異說이 많은 것은 그 잘못된 점이 모두 《요사》에서 나왔다고 생각하여 遼의 현주는 현재의 北鎭이고 遼志에 기록된 것과 발해의 현주가 명칭이 같다고 하여 본래의 발해 현덕부라고 말한다는 것은 더 이상 생각해 볼 필요도 없다고 하였다.9) 《신당서·지리지》에서는 현주가 상경의 남쪽 6백 리 지점에 있다고 하였고 《신당서 발해전》에서는 중경이 상경의 남쪽에 있다고 기록하고 있다. 그런데 서고성이 상경의 남쪽에 있으므로 이곳이 현주인가 노주인가에 대해서는 좀더 깊은 연구가 기대된다.

중경현덕부의 나머지 4州인 鐵·湯·榮·興의 구체적인 위치에 대해서도 지금까지 언급한 문헌사료와 고고학적 자료를 결합하여 연구가 진행되고 있다.

上京龍泉府 및 各 州

발해의 상경성유적지는 현재의 寧安縣 등경성부근의 牡丹江가에 위치하며 "동경성"이라 부르기도 한다. 이에 대해서는 학자들 간에 異議가 없다. 그러나 어느 시기에 동경성유적지가 발해의 상경으로 확정되었는가, 성의 축조는 언제 행해졌는가, 관장하던 州는 현재의 어느 곳인가에 대해 앞으로 좀더 많은 연구가 필요하다.

일찍이 淸初에 쓰여진 저서에 이미 발해의 上京에 대해 고증한 바가 있다. 예를 들어 《滿洲源流考》에서는 "寧古塔의 옆은 발해의 忽汗州이고 후에 상경용천부라 불렀다. 지금의 城(寧古塔城을 말함) 서남쪽 60리 지점에 있는 爾哈河의 남쪽에 古城이 있어 그 둘레가 30리이고 內城은 5리이며 궁전은 잘 보존되어 있다"고 말하고 있다. 이것은

---

9) 同注 1).

바로 "동경성"유적지를 지칭하고 있는 것이다. 淸代의 康·雍·乾의 3
조 시기에 많은 학자들이 寧古城에 유배되어 그들은 크기가 지금의
京城과 비슷한 이 古大城을 찾았으나 축조된 시대와 명칭을 확정하지
못하였고 다만 그들 중 대다수는 金代의 상경 혹은 북경이라 하였고
극소수의 사람만이 발해의 상경이라 인식하였다. 이후 조정걸 등은 동
경성을 발해의 상경이라고 고증·확인하면서 발해의 상경은 원래 拂
涅古城으로 지금의 동경성이라고 말하였다.《吉林通志》에서도 역시 같
은 의견을 기록하고 있다.

  금세기에 들어 동경성유적지는 국내외 학자들의 관심을 불러 일으
켜 전후하여 실지를 답사하였고 그 중에서도 일본학자들의 관심은 대
단하였다. 김육불이 일찍이 조사·채집하였고 池內宏·原山淑人 등이
이 유적지를 발굴하여 1930년대 말에《東京城》을 출판함으로써 상경
의 연구에 대한 고고학방면의 내용이 증가되었다.

  ### 발해 上京의 축조연대

  금세기 이래로 학자들 간에 많은 연구가 진행되었으나 이 문제에
관한 견해의 일치를 보지 못하고 있다. 이에 관한 몇 가지 의견을 들
어보면 다음과 같다. 첫째, 文王代에 건립한 것이다. 둘째, 外郭城은 宣
王代에 건립한 것이고 宮城은 그 이전에 세워졌다.[10] 셋째, 근래의 학
자들의 견해로 武王말기 혹은 文王초기[11] 즉 8세기 30년대 전후이다.
이런 견해들은 발해가 북방의 변경지역을 향하여 영토를 넓혀 가면서
黑水部 등을 공격하던 일과 관계를 가지고 있다는 점에는 의견을 같
이 하고 있다. 따라서 上京을 처음 세울 당시에는 아직 상경이라 부르
지 않았으며 무왕대에 상경의 축조계획이 있었고 기본적인 구조가 완
성된 것은 문왕대라고 추측된다. 대인수와 대이진이 상경에 府州를 확
정하고 궁궐을 세웠으나 이것은 상경이 건립된 시기와는 동일하지 않

---

10) 駒井和愛 :《中國都城 渤海研究》
11) 丹化沙 :《略談渤海上京龍泉府》《黑龍江學報》1979년 제2기

고 가장 오랜 기간동안 왕도로 있으면서 몇 차례 왕도가 옮겨졌던 것
과 밀접한 연관을 가지고 있는 것이다.

상경용천부는 龍·湖·渤의 3주를 관장하였다. 용주는 首州로써 京
府와 같은 기억에 있고 호주는 호수(鏡泊湖)근처에 위치하여 그 명칭
이 유래되었다고 보아 현재의 鏡泊湖지역에 있었다고 여겨진다. 城墙
砬子古城이 호수라고 보는 사람도 있다. 이 城은 둘레가 4리 정도로
20세기 초에 "勿汗州兼三王大都督"이라 새겨진 인장이 발견되기도 하
였다. 그러나 성을 축조한 상황을 보면 절벽을 끼고 3면이 호수에 접
해있어 군사목적에는 유리하나 행정의 중심을 이루기에는 많은 불편
을 가지고 있다. 따라서 발주의 위치를 정하는 데에는 더 많은 연구가
필요하다고 생각한다. 발주에 대해서 김육불은 牡丹江과 海浪河 유역
의 古城(현재의 龍頭山古城)이라고 하고 있으나 이 성은 크지 않고 발
해의 유물도 매우 적게 출토되었다. 그런데 근래의 牧丹江市교외의 南
城子古城을 조사하였다. 이 성의 둘레는 약 5華 리(약 2.5km)로 발해
유물이 많이 출토되었다. 따라서 이 성이 발주일 가능성이 있다.[12] 3
州가 관장하던 縣으로 永寧縣은 상경용천부에 있었으며 肅愼縣은 杏
山公社부근에 있고 貢珍縣은 南城子에 위치하고 있다. 나머지는 명확
하지 않아 어느 古城인가 추측할 뿐이다.

東京과 南京

동경은 濊貊의 옛 지역에 세워졌고 남경은 沃沮의 옛 지역을 차지
하였다. 김육불은 대체로 예맥은 남쪽에 있고 옥서는 북쪽에 있다고
하여 《신당서》의 기록이 뒤바뀌었다고 인식하였다.[13] 동경은 상경의
동남쪽으로 대략 4백여 리 떨어져 있다. 동경이 기록에 보이는 것은
貞元초기 즉 문왕이 동경으로 천도한 시기의 典籍으로 8세기 80년대
중기이후 즉 문왕 말기에 해당한다. 이것은 동경이 상경보다 30년 늦

---

12) 陶剛：《南城子調査記》,《黑龍江文物博物館學會成立紀念文集》1980년.
13) 同注 1).

게 기록에 나타나는 것이다. 동경의 현재 위치에 대해서는 經學者들의
연구가 대체로 일치되는 경향을 보인다. 김육불은 현재의 琿春八連城
(일명 八疊城)은 그 안에 子城이 있고 부근에 여러 개의 小城이 있는
까닭으로 八連의 명칭을 얻게 되었고 이것이 바로 발해동경용원부의
소재지이다고 말하였다. 鳥山도 역시 같은 견해를 나타내었다. 松井等
은 훈춘부근說을 주장하였다. 丁若鏞은 함경북도 穩城부근이라고 말하
였으나 지지를 받지는 못하였다. 駒井 등이 팔련성을 발굴하면서 대규
모의 유적지를 발견하지 못하였다. 이것은 도읍지로 하였던 기간이 짧
았기 때문이라고(10년이 채 되지 않음) 이유를 들고 있다. 그러나 발
굴과정에서 木柵의 흔적을 발견함으로써 팔련성은 東京城址라는 사실
을 암시하고 있고 이 때문에 용원부를 柵城府라 부르기도 한다. 千志
耿 등은 동경을 혼춘경내의 둘레 20리에 달하는 城墙砬子古城이라고
주장하였다.14) 鳥居는 雙城子에 있다고 말하나 이 주장 역시 지지를
받지 못하였다.

동경용원부가 관장하면 4州중 首州가 慶州이고 그 首縣이 龍原인것
에서 府의 명칭이 유래되었다. 次州인 鹽州는 바다 가까운 곳에 위치
하고 있다. 샤프크누프가 제시한 사료에 의하면 波謝特灣 부근에서 발
견된 발해의 古城 즉 크라스키노城이 염주이다. 이 성은 哈桑區 크라
스키노村의 남쪽 2km지점, 岩杵河의 右岸, 하구가 내륙 쪽으로 들어간
만부근에 위치하고 있다. 따라서 "岩杵"과 염주는 그 명칭에 있어 관
계를 가지고 있다. 그런데 이 성을 중국의 기록에서는 毛口崴라고 부
른다. 팔련성에서 모구위까지의 거리는 약 70km로 이 지역이 염주의
옛 성이 있던 자리로 보는 것이다. 염주에 있는 外港은 발해가 일본과
통교하는 창구역할을 하였다. 穆州・賀州는《요사》의 기록을 근거로
하여 추측해 보면 대체로 현재의 훈춘지역 내에 위치하고있다.

남경남해부는 沃・睛・椒의 3주를 관장하였다. 이 府는 비교적 일찍

---

14) 千志耿・孫秀仁 ：《黑能江古代民族史綱》

기록에 나타나는 府 중의 하나로 문왕 시기에 발해의 答聘使인 史都蒙이 일본에 가면서 남해부 吐號浦에서 출발하였다고 기록되어 있다. 이때가 문왕 寶曆 3년(777년)인 것이다. 남해부의 현재의 위치에 대한 문제는 학자들 간에 서로 다른 견해를 보이고 있다. 김육불은 현재의 함경도 北靑郡에 있는 발해의 古城이 있고 이 지역이 남쪽으로 바다와 접하여 남경남해부의 소재지가 아닌가 하고 생각하였다. 정약용은 咸興說을 주장하였고 白鳥·池內 등도 이와 의견을 같이 하였다. 內藤虎次郎은 鏡城說을 제시하였다. 그리고 鳥山은 北靑부근이라고 인식하였다. 중국학계에서는 일반적으로 北靑郡 德源이라고 말한다. 남해부는 신라에 이르는 길로써 반해와 신라가 泥河를 경계로 하고 있어 육로를 통하여 신라와 왕래하는 요충지였다. 泥河는 현재의 덕원 북쪽에 있는 龍興江이며 남해부가 그 남쪽에 위치하였다. 신라의 泉井郡(德源)에서 발해의 동경까지에는 모두 39개의 驛이 있었다. 府가 관장하였던 3개의 州는 모두 한반도의 북부지역에 위치하였다.

西京과 長嶺府

西京鴨綠府와 長嶺府는 고구려의 옛 지역에 위치하였다. 《신당서 지리지》에 기록된 것을 보면 登州에서 바다를 건너 고구려(신라), 발해에 이르는 길로써

> 압록강 입구에 배를 타고 백여 리를 가고 다시 작은 배로 거슬러 올라가 동북으로 30리를 가며 박삭구에 도달하니 이곳이 발해의 경계이다. 다시 거슬러 5백 리를 가며 환도성에 도달하니 이곳이 옛 고구려의 도성이다. 또한 동북으로 거슬러 2백 리를 가며 신구에 도달한다.(自鴨綠江口舟行百餘里, 乃小舫溯流, 東北三十里至泊汋口, 得渤海之境. 又溯流五百里至九(丸)都城, 故高麗王都. 又東北溯流二百里至神州)

라고 기록하고 있다. 神州는 首州로써 서경압록부가 있는 곳으로 현재의 渾江市 臨江鎭일대이다. 松井·津田도 같은 견해이다. 鳥山은 桓州

를 京府가 있던 곳이라고 주장하나 駒井은 환주(현재의 集安)은 首州
가 아니며 이곳에 京府가 있다는 것은 이상한 일이라고 반박하였다.
따라서 대다수의 학자들이 京府가 神州, 즉 현재의 임강진 일대라고
인정하고 있다. 그러나 이곳이 있던 古城이 어느 것인지는 확실하게
지정하지 못하였다. 근래 吉林考古工作隊가 이 지역에서 몇 개의 발해
유적지를 발견하였고 그 중에서 규모가 작지 않은 것이 있었으나 이
곳의 위치가 임강 일대에 있지 않았다. 우리는 이 발굴의 결과를 주의
해 볼 필요가 있다.

장령부에 관해서 김육불은 현재의 海龍縣 英額門부근의 분수령으로
일명 長嶺子라고 한다고 하였다. 일본 학자들은 모두 北山城子(현재의
山城鎭山城)·英額門의 북쪽과 화룡현부근이라고 말하고 있다. 그런데
이건재는 근래에 발굴·조사를 통하여 앞서 말한 견해를 부정하고 장
령부는 화전현의 소밀성이라고 말하고 있다.

3) 기타 府에 관한 연구

지금까지 언급한 5경·15부와 장령부는 발해의 15부 가운데 6부이
고 이에 속하는 州가 22개로 전체 주의 1/3에 지나지 않는다. 나머지
9부 40주의 현재의 위치는 고증하기 어려우나 몇 개로 나누어 지금까
지 나타난 것을 근거하여 간단히 살펴보기로 한다.

扶餘府와 鄚頡府

일반적으로 이 2부는 扶餘의 옛 지역에 위치하고 있다고 인식하고
있다. 김육불은 부여부의 범위를 대체로 昌圖의 북쪽, 開魯의 동쪽, 長
春의 서남쪽으로 하였고 후에 창도의 북쪽 40리 지점에 있는 四面城
이다고 정하였다. 그런데 국내외의 다른 학자들은 현재의 農安일대라
고 하였으며 이 견해는 대체로 대다수의 동조를 받았다.

鄚頡府의 위치에 대한 고증은 서로 큰 차이를 보이고 있다. 김육불

은 장춘 농안 및 부여의 남쪽으로 정한 바가 있었으나 다시 이 막힐
부를 부여부와 함께 서술하면서 부여부의 북쪽, 현재의 장춘·농안·
부여현 등의 지역이라고 수정하였다. 그런데 《요사 본기》의 기록에 의
하면 발해가 멸망한 초기에 막힐부가 定理·安邊府와 함께 병사를 일
으켰다고 되어 있다. 따라서 막힐부 지역이 멀리 떨어진 挹婁의 옛 지
역에 있던 안변·정리의 2부와 인접하고 있는 것으로 여겨져 어느 지
역에 있는지 성급하게 정할 수 없다. 津田 등은 이 府가 부여부의 북
쪽 哈爾濱일대라고 하였다. 샤프크누프는 鄭頡이 莫曳皆와 동일한 音
을 내는 것으로 서로 다르게 기록하였을 뿐이라고 인식하여 이 府를
黑龍江하류지역이라고 하였다. 근래에 鄭英德은 《요사 지리지》의 기
록을 근거하여 막힐부는 원래 고구려의 옛 2州였고 遼 시기에 韓州가
되었다고 보아 창도 북쪽에 있는 八面城으로 하였다. 府의 관할에 있
던 高城는 현재의 梨樹·懷德일대라고 추정한다. 이런 견해에 대해서
는 연구와 고고발굴에 따른 실증이 필요하다. 김육불은 "발해의 여러
州에 대해 서로 다르게 말하는 것은 그 잘못이 모두 《요사》에 기인한
것으로 예를 들어 현주가 현재의 八面城에 위치하고 있으나 遼志에
부여의 옛 지역인 막힐부라고 기록되어 있는 것은 발해의 여러 州를
이북에서 남으로 옮겨지면서 옮겨진 州를 처음 설치하였던 지역으로
기록하였기 때문에 이러한 오류가 발생한 것이다"라고 말하였다

率賓府 및 기타

率賓府는 현재의 綏芬河유역에 위치하고 있다. 《신당서》에는 "솔빈
의 옛 지역, 혹은 솔빈부가 차지하던 지역은 증명되지 않아 상세하게
알 수 없다."(率賓故區, 或占率賓部, 以無明證, 不能詳也)고 기록되어
있으나 김육불은 雙城子를 솔빈부의 소재지로 말하였다. 그리고 淸末
이래로 많은 학자들이 쌍성자가 솔빈의 소재지라는 데 의견을 같이
하였다. 그런데 이 성에서는 발해의 유물이 매우 적게 나왔음으로 말
미암아 솔빈의 소재지였다는 것에 의문을 제기하고 동녕대성자고성이

솔빈부였을 가능성이 있다고 주장하는 사람도 있다. 이 성은 둘레가
7.5화리로 綏芬河근처에 있으며 상경성보다는 작고 서고성이나 팔련성
보다는 크다. 그리고 그 形制가 상경과 기본적으로 동일하고 이곳에서
발해의 전형적인 유물이 다수 출토되었으며 遼·金代의 유물도 발견
되는 것으로 보아 이 성이 계속해서 사용되었다는 것에 주의해 볼 가
치가 있다. 이 대성자고성을 兀惹城이라고 보는 사람도 있다. 揖婁의
옛 지역에 세웠던 정리부는 定·潘 2주를 관장하였고 안변부는 安·
琼 2주를 관장하였다. 拂涅의 옛 지역에 있던 東平府는 伊·蒙·沱·
黑·比의 5주를 관장하였다. 철리의 옛 지역에는 철리부가 있어 廣·
汾·海·義·蒲·歸의 6州를 관장하였다. 越喜의 옛 지역에 세웠던 懷
遠府는 達·越·懷·紀·富·美·福·邪·曹의 9주를 관장하였으며
安遠府는 寧·湄·慕·常의 4주를 관장하였다.

　지금까지 말한 4부의 옛 지역에 설치하였던 6부는 대체로 宣王代에
세워졌다. 이 6부는 전체 府의 2/5를 차지하며 이에 속해 있던 州는
28개로 전체 州의 4/9로 절반 가까이 되는 것으로 보아 그 지역의 광
활함을 엿볼 수 있다. 그러나 6부의 정확한 지역위치를 알 수 없고 이
에 각 州의 위치에 관해서도 정확하게 알 수 없으나 일반적으로 현재
의 우수리강·송화강·흑룡강하류 및 연해주지역이라고 여겨진다. 김
육불은 揖婁가 虞婁의 잘못된 것이라고 말하였다. 그러나 虞婁라는 명
칭이 어쩌면 挹婁에서 나온 것인지는 모르나 발해초기에 虞婁는 肅愼
의 옛 지역 바깥쪽에 별도로 존재하였으며 스스로 일부가 되기는 하
였어도 숙신지역은 아니었다. 숙신의 옛 지역에는 상경이 세워지고 이
것이 역시 挹婁의 옛 지역인 것이다.《張建章墓志》에는 忽汗州를 挹婁
의 옛 지역이라 말하고 있다. 虞婁部의 위치에 관해서는 의견의 일치
를 보지 못하고 있다. 정리부에 대해서도 依蘭일대라고 말하기도 하고
蘇昌이라고도 하나 서로 현격한 차이를 보이고 있어 역시 믿을 수 없
다. 안변부와 정리부는 서로 접하고 있어 발해의 멸망 후에 출현한 定
安國과 이 2府가 밀접한 연관을 맺고 있다. 동평부는 솔빈부의 북쪽,

현재의 興凱湖의 남쪽에서 동쪽으로 이르는 지역으로 관할 하에 있던 沱州와 호수가 관계를 맺고 있다. 안원부는 흥개호의 북쪽에서 동쪽으로 이르는 지역으로 관할하에 있던 湄州와 호수가 관계를 맺고 있다. 철리부는 우수리강 하류지역으로 부분적으로 바다와 접하여 部人이 발해인들과 함께 일본에 가 무역을 행하였다. 이러한 府의 위치는 역시 추측에 의한 것으로 앞으로 더 많은 연구가 필요하다. 근래에 涑州, 鄭州등의 지역에 대해 조사·연구를 진행하였던 사람도 있다.

4) 발해의 王都와 遷徙問題

발해가 비록 5경을 설치하였으나 이것이 모두 왕도가 되었던 것은 아니었다. 김육불은 발해의 왕도는 4곳으로 구국·상경·동경·중경이었다고 말하였다. 구국은 발해 최초의 왕도로 언제 구국에서 도읍을 천도하였는가 하는 문제는 명확하지 않다. 김육불은 《道里記》에 기록된 "顯州天寶中王所都"라는 기록을 인용하면서 비록 일찍이 현주가 왕도로 되었다고 인식하는 사람이 있으나 《신당서·발해전》에는 이에 대한 아무런 증거가 나타나지 않아 대흠무가 상경으로 천도하기 전에 중경에 도읍을 정하였는지는 확실하게 알 수 없다고 하였다.

駒井은 발해 최초의 왕도는 중경현덕부(舊中京을 의미함)라고 하였으며 津田은 "顯州天寶中王所都"라는 기록을 근거하여 문왕은 가장 먼저 구국에 거주하였다가 天寶년간에 현주로 천도하고 후에 상경으로 옮겼으며 貞元년간에 동경으로 천도하면서 이때 중경(西古城)을 수축하였다고 보았다. 李龍范은 중경현덕부가 상경으로 천도하기 이전인 天寶년간까지 대흠무의 거주지였다고 인식하면서 발해의 古都라고 하였다. 근래에 중국학계에서 대흠무의 3차천도의 견해를 피력한 사람이 있으나 구체적인 근거를 제시하지는 듯하였다. 이건재는 天寶이전의 발해왕도는 구국에 있었고 天寶 중에는 현주, 天寶말에는 상경 貞元년간에 동경으로 천도하여 4지·3차의 천도를 하였고 모두 문왕대흠무

代에 이루어졌다고 하였다. 이러한 견해는 근본적으로 문헌기록을 기초로 한 것이었다.

이상에서 말한 문제들, 즉 天寶 이전에 발해는 구국을 왕도로 삼았는가, 대흠무는 3차례의 천도를 하였는가 하는 것들은 더욱 연구를 필요로 한다. 高王・武王의 2대는 발해의 위치를 공고히 하고 세력을 확장하던 시기로 더욱이 무왕대흠무의 재위기간은 18년에 지나지 않으나 발해가 변경지역을 개척하던 중요한 시기였다. 즉 동북지역의 여러 부족을 공격하여 영토를 넓히고 동쪽으로 일본과 교류하였고 남으로는 신라와 대적하면서 그 세력이 날로 강해졌다. 그가 흑수부를 정벌하고 바다를 건너 登州를 공격하였다는 것은 발해에 이미 상당한 역량이 있었음을 알 수 있다. 그런데 이를 총관할하던 발해의 왕도가 규모가 협소하였던 구국이었다고 보기는 어려운 것이다. 고왕후기 그리고 특히 무왕대에는 발해가 구국의 규모보다 큰 都城을 세웠을 것이며 그러한 인력과 물적 자원을 확보하고 있었다. 이 때문에 필자는 발해가 天寶 이전에 구국을 왕도로 하였다는 견해에는 찬성하지 않는다.

"天寶末, 欽茂徒上京", "顯州, 天寶中王所都"라는 기록에서 필자는 현주로 천도한 것은 대무예대로 이것은 발해가 흑수부를 징벌하고 당을 공격하였던 사건과도 관계가 있을 것이다. 그리고 상경의 수축은 북방으로 확대해 나가던 사정과 연관을 갖지 않을 수 없다. 이런 결과에 따라 文王이 왕위를 계승한 곳은 마땅히 현주였으며 후에 이곳에서 상경으로 천도하였다는 것은 상경이 이미 세워져 있었고 文王대흠무 시기에는 상당한 규모를 형성하였다는 것을 말해주고 있다. 宋代의 기록으로 현주가 당 天寶 이전에 발해의 國都였다고 하였다. 이로써 현주에서 상경으로 천도하였다는 것에는 아무런 문제가 없으며 현주는 비교적 빠른 시기에 왕도가 되었음을 알 수 있는 것이다.

2. 渤海의 彊域과 地理 *

1) 발해 강역의 형성과 발전

발해가 나라를 세운 229년 동안 처음에는 구국(舊國 : 지금의 길림 돈화)을 중심으로 하였고 이후 상경용천부(지금의 흑룡강 寧安縣渤海鎭)－동경용원부(지금의 길림 琿春縣八連城)－중경현덕부(지금의 길림 和龍縣西古城)를 중심으로 하였고 계속하여 영토를 확장함으로써 발해국의 영역이 형성되었다. 이는 당왕조 동북지역의 정치형세 및 경제적, 민족적, 자연적 여러 요소가 혼합되어 형성된 것이다. 우선 당왕조의 동북지역에 대한 통치력의 쇠약으로 발해국의 건립과 발해의 영역이 형성되는 조건을 만들게 되었다. 대조영은 거란 李盡忠의 반란을 이용하여 당왕조에 반항의 뜻을 세움으로써 營州에서 挹婁의 옛 지역인 목단강 상류를 향해 이동했고 그 후에 돌궐과 당왕조 사이의 전란을 이용하여 발해의 정권은 더욱 견고해지고 발전되었으며 부단히 발해의 영역은 확대되었다. 그 다음으로 大씨들은 말갈부족의 세력을 이용하고 의지하여 말갈이 점거 활동하던 지역을 견고히 하고 발전시켰다. 발해 통치의 핵심세력은 속말말갈의 大씨들로 말갈 각부의 주요 거주지역은 목단강, 송화강 유역을 중심으로 하였고 아울러 이 구릉지에 의거하여 영토를 부단히 확대하고 점차 佛涅, 鐵利, 越喜, 虞婁 등 각 말갈부락을 통일시켰으며, 이는 大씨들이 등족인 말갈을 통치의 기본으로 삼았던 결과였다. 세 번째로는 大씨들은 당왕조가 동쪽 지역을 돌볼 힘이 없는 때에 교묘히 말갈과 고구려와의 역사적 연계성을 이용하여 고구려의 일부분의 옛 지역을 점거하였으며 이로써 신라와 대

---

* 王承禮『渤海的彊域和地理』黑龍江文物叢刊 1983. 4, pp. 10~16. 渤海簡史 (3章)黑龍江人民出版社 1984.

치되고 거란과 인접하는 국면을 이루게 되었다.

발해영역의 형성과 발전은 대체로 두 시기로 나눌 수 있다. 전기는
大祚榮의 건국에서 大欽茂가 상경으로 천도한 시기까지이다 (698~755
년). 대조영은 읍루의 옛 지역에 살았고 東牟山을 의지하였는바 현재
의 돈화를 중심으로 하는 지역이었다. 大武藝의 시기에 이르러서는 보
다 영토를 확장하여 동북의 모든 오랑캐가 그를 부러워하고 신복하게
되었다. 다만 철리, 월희, 불열, 흑수부 등은 각기 독립된 부락으로서
발해와 동시에 入唐 조공하였는데 당왕조는 일률적으로 동등하게 대
우하였고 이는 대무예에서 대흠무의 초년에 이르기까지 말갈의 각 부
가 발해의 영역 내에 포함되지 않았음을 설명하는 것이다. 전기의 발
해 영역은 구국(돈화)을 중심으로 하였고, 동으로는 목단강을 건너 불
열과 서로 접하고, 서로는 길림, 장춘을 넘어서 泊汋口에 이르렀고, 북
쪽으로는 철리, 월희와 국경을 이루고 남으로는 신라와 접하고 있는데
이에 관해 《구당서》에 기록된 것을 보면,

> 발해지역은 영주의 동쪽으로 2천리 떨어져 있고 남쪽으로 신라와 접하
> 고 있으며 서쪽으로 월희말갈, 동북쪽으로 흑수말갈이 있어 그 거리가 2
> 천리였다. (其地渤海在營州之東二千里, 南與新羅相接, 越喜靺鞨, 北至黑水
> 靺鞨, 地方兩千里)[1]

라고 되어 있다. 후기는 대흠무의 상경천도에서 발해의 멸망에 이르는
시기이다(756~926)년. 대흠무는 역사 조류에 순응하여 발해사회의 생
산력이 신속하게 높아졌고 비약적인 발전을 이루게 되었다. 天寶년간
중기에 발해 상경의 동쪽을 병합해 차지했는데 현재의 목단강 중류

---

1) 이에 관해 《책부원귀》권59 《土風》에 다음과 같이 기록하고 있다. 「진국은 원래 고
구려이다. 그 영토는 영주의 동쪽으로 2천리 떨어져 있고 남쪽으로 신라와 접하며
서쪽으로 월희말갈과 접하고 동북쪽으로 흑수말갈에 이른다. 영토의 크기는 사방 2
천 리이다.(振國本高麗, 其地在營州之東二千里, 南接新羅, 西接越喜靺鞨, 東北至黑水
靺鞨, 地方二千里) 」

및 興凱湖 일대의 불열부로서 그 지역에 東平府를 설치하였다. 북방과 동북방의 통치를 강화하기 위하여 천보말년에는 구국에서 도읍을 상경으로 옮기고 이후 점차로 5경제를 건립하였다. 5경은 발해의 정치·경제·문화의 중심지구를 이루는 것으로 그 후 대흠무는 또한 천리부·월희부를 병합하고 그 지역에 鐵利府·懷遠府·安遠府를 설치했고 그 세력이 동으로 송화강 유역과 우수리강의 동쪽에까지 도달하게 되었다. 또한 虞婁部를 병합하여 그곳에 定理付, 安邊府를 설치했고, 率賓河를 병합해 率賓府를 설치하는 등 동부지역은 동해에 도달하는 세력판도를 이루었다. 선왕 大仁秀(819~930년)는 海北(현재의 홍개호 북쪽)의 여러 부족을 토벌하여 영토를 크게 넓혔다. 그러나 흑수말갈은 발해의 통제를 받기는 하였지만 마지막까지 발해에 완전 병합되지 않았다. 이때의 발해는 영토가 광대하였으며, 중앙에서 지방에 이르기까지 행정적 관리체제가 완비되었고 5경 15부 62주를 설치하였다.《신당서 발해전》에 기록된 후기의 영역을 보면

> 발해는 영주의 동으로 2천리의 거리에 있다. 남으로는 신라와 泥河로써 경계를 이루며 동으로는 바다에 이르며 서쪽은 거란과 경계하고 있다. 성을 쌓아 거주하였다. ……그 영역은 5천리에 달하고 가구는 10여만 戶, 병사는 수만이다. 부여·옥저·변한·조선 그리고 海北의 여러 나라를 얻었다. (渤海地直營州東二千里, 南比新羅以泥河爲界, 東窮海, 西契丹, 筑域以居. ……地方五千里, 戶十餘萬 勝兵數萬. 盡得扶餘·沃沮·辨韓·朝鮮·海北諸國)[2]

라고 되어 있고 김육불의 저서인 《동북통사》 가운데 《신당서》를 근거로 하여 종합적으로 고찰한 발해의 영토를

---

[2] 김육불은 《渤海國志長編》권19 《叢考》 469頁 (社會科學戰線雜志社版, 1982년, 長春)에서 《新唐書 渤海傳》에 「盡得辨韓朝鮮地」라고 기록된 것은 잘못된 것이라고 밝힌 바 있다.

남쪽은 신라와 泥河로써 경계를 이루고 서남쪽은 압록강의 泊汋口에서
長嶺府의 남쪽 경계까지 미처 당과 경계를 이루어서 동쪽으로 사이에 바
다를 두고 있다. 남쪽은 거란과 경계를 이루고 동북으로는 흑수말갈에 이
르며 서북은 室韋에 미쳐 지역이 5천리에 다다른다(南與新羅, 以泥河爲界
西南以鴨綠江之泊汋口, 及長嶺府之南境, 與唐爲界, 東際海, 西界契丹, 東北
至黑水靺鞨, 西北至室韋, 地方五千里)[3]

라고 기록하고 있다.

이러한 기록들을 근거로 하여 부분적으로 나누어 살펴보면 발해는
남쪽으로 신라와 접하여 泥河로써 경계를 이루고 있다. 신라 후기의
서북쪽 경계는 《삼국사기 지리지》의 기록에 의하면 고구려의 息達·
加火岬·夫斯波依였다. 신라의 통일 후 息達은 土山縣(지금의 북한 祥
原郡)으로, 부사파의는 松峴縣으로 加火岬은 唐嶽縣(이상의 2현은 지
금의 북한 中和郡)으로 바뀌었으며 동북쪽의 경계는 井泉郡(고구려의
泉井郡, 지금의 북한 德源)으로 蒜山縣(고구려의 買尸達)·松山縣(고구
려의 夫斯達)·幽居縣(고구려의 東墟)와 접하고 있었다.[4] 泥河는 정천
군의 북쪽을 흐르는 강으로 현재의 함경남도 龍興江이고 이 泥河로써
발해는 신라와 남으로 경계를 이루었다. 발해의 남쪽 서부의 변방 경
계가 신라와 접하게 된 것은 안동도호부가 평양에서 물러감에 따라
당왕조의 세력이 대동강 유역 및 그 이북의 지역에서 약해졌고 그로
인하여 발해의 세력이 긴장되어 대동강 유역의 일부분을 차지하게 됨
으로써 형성된 것이었다. 이것이 바로 발해가 남쪽으로 신라와 접하게
되는 국면이었다.

발해의 서남쪽은 압록강의 박삭구와 장령부의 남쪽으로 그 경계를
형성하여 당과 접하였다. 당 賈耽의 《邊州入四夷道里記》의 기록을 보
면

---

3) 김육불 : 《東北通史》297頁, 社會科學戰線雜志社版 1981년 長春.
4) 井上秀雄 : 《新羅史基礎硏究》, 附錄漢州郡縣圖·朔州郡縣圖, 東人出版, 東京 1974
   년.

등주(지금의 山東 蓬萊)……압록강입구에서 배로 백여리 가고 그대로 작은 쌍배(舫) 거슬러 30리 동북쪽으로 올라가며 박삭구에 이르는데 발해와의 경계이다.(登州……自鴨綠江口舟百餘里, 乃小舫泝流, 東北三十里至泊汋口, 得渤海之境)[5]

라고 되어 있다. 즉 박삭구는 大浦石河에서 압록강으로 들어가는 곳에 있는 大浦石口인 것이다. 賈耽은 또 기록하기를

안동도호부의 동북쪽에서 개모·신성(지금의 遼寧 撫順市)을 지나 발해의 장령부에 이른다.(安東都護府東北經蓋牟新城 以至渤海長嶺府)

라고 말하고 있다. 장령부는 海龍縣의 분수령으로 발해 서남쪽은 대체로 현재의 寬甸, 新賓, 淸源을 잇는 선으로 하여 당과 경계를 이루었다.

동부의 安遠·安邊·定理府는 현재의 소련 우수리강 동쪽에 이르는 광대한 연해주지역을 차지하고 더욱이 동해까지 미치는데 이 때문에 "동으로 바다에 이른다(東窮海)."고 말하는 것이다.

서쪽은 거란과 경계를 이룬다. 발해의 扶餘府·鄚頡府가 거란과 접하고 있는데 대체로 현재의 昌圖, 梨樹, 農安, 乾安에 이르는 선이다.

동북쪽은 흑수말갈에 이른다. 흑수말갈은 발해에 예속되지 않았고 발해 동북쪽의 경계는 현재의 동으로 흐르는 송화강으로 대체적으로 현재의 鶴崗, 蘿北, 同江 및 그 동쪽 일대이다.

지금까지 말한 발해의 영역을 전체적으로 개괄하면 발해의 강성 시기에는 그 영역이 현재의 길림성의 절대부분을 포함했고 흑룡강의 대부분, 요성의 일부분, 그리고 소련의 연해주지역과 한반도의 함경남북도, 평안남북도의 일부분까지 포함하는 광활한 海東盛國을 이루었다.

이것이 발해가 가장 강성할 시기의 영토의 경계였다.

---

5) 《新唐書》卷43 《地理志七下》1146頁, 中華書局版.

2) 발해의 자연조건 경제구역과 교통

발해의 영토는 매우 광활하고, 지세는 복잡하여 북쪽은 현재의 小興安嶺 남쪽기슭과 三江평원 서남쪽에 이르며, 동으로는 錫霜特山으로 되어 있고, 동해에 접해있으며 동남쪽은 長白山지역, 서남쪽과 중부는 松嫩평원을 이루고 있으며 북부와 동부는 기복된 구릉과 연속된 높은 산으로 둘러 싸여 보아도 끝이 없는 평원을 둘러싸고 있는 반월형 분지의 형세를 이루었다.

발해는 지리적으로 中緯度에 위치하여 寒溫濕潤을 갖춘 계절풍기후로서 겨울철은 한랭이 계속되고 여름철에는 온난다습하고 봄과 가을이 짧으며 삼림이 무성한 밀림으로 침엽수림 및 침엽수와 활엽수가 뒤섞여 매우 울창한데 그 무성함이 매우 조밀하고 사철쑥(茵)과 초원 沼澤이 넓게 분포되어 있다.[6] 자연적 특징으로 해서 발해는 네 개의 자연지역으로 구획 지을 수 있다. 1. 현재의 소흥안령과 삼강평원지역 2. 장백산지 지역 ; 3. 석곽특산지역 ; 4. 송눈평원지역.

소흥안령과 삼강평원지역

발해의 회원부, 철리부, 안원부와 솔빈부의 일부분을 포괄한다. 철리부와 회원부는 소흥안령의 산록에 위치하고 있으며 산이 원만하고 구릉상 台地를 이루고 있다. 흑룡강, 우수리강, 송화강의 충적으로 이루어진 삼강평원은 지세가 낮게 굽어있으며, 홍개호 부근의 東平府, 率賓府 일대까지 계속해서 연결되어 있으며 전 지역이 삼림이 울창하고 초원이 무성하며 沼澤이 치우쳐 있고 기후가 매우 추워서 각종의 짐승 모피와 물고기가 많이 나온다.

장백산지역

장백산은 戰國시대에는 不咸山이라 불렀고 후에는 蓋馬大山, 單單大嶺이라 하였으며 당나라 때에는 太白山이라 하고 또한 徒太山이라고

---

6)《中國自然地理》下册,《東北地區》참조. 人民敎育出版社, 1982년 北京

도 불렀다. 장백산지는 속말말갈과 백산말갈의 고향이었으며 장백산맥
은 동남쪽을 가로로 관통하고 있으며 동쿡을 향해 달리는 모양인 발
해의 최고 지역을 이루고 있으며 백두산을 중심으로 광대한 용암고원
을 형성하고 있는 곳으로 압록강, 두만강, 송화강이 이곳으로부터 발
원하고 있다. 겨울은 길고 한랭하며 여름은 온난하고 습윤하다. 산지
의 수목은 하늘을 덮고, 낮은 곳은 草甸이 많다. 호랑이, 표범, 담비,
곰 등의 짐승이 출몰하였고 인삼이 매우 많이 생산되고 있으며 附子
등의 약재며 유명하다. 장백산지는 평행산맥으로 나타나며, 산 구릉과
상당히 많은 산간분지, 계곡이 서로 배열되고 있다. 산맥은 동쪽으로
부터 完達山脈, 張廣才嶺이 있고 해발 600~1,000m 사이에 위치하고
있으며 목단강이 장광재령과 老爺嶺 사이를 뚫고 지나가고 있다. 목단
강은 당의 천보년간에 발해를 홀한주로 이름함으로 말미암아 그 강이
忽汗河로 되었고, 忽汗, 忽爾半 한은 모두 같은 음이 변한 것으로 목단
은 즉 忽汗계열의 음이 바뀐 것이며 당의 서적에 역시 奧婁河라 부르
고 있는데 奧婁는 말갈계인이 홀한하를 부르는 것으로 홀한하의 중부
는 忽汗海(鏡泊湖 혹은 畢爾騰湖라 부름)를 이룬다. 목단강 및 그 지
류는 크고 작은 일정하지 않은 하곡충적평원을 이루고 있으며, 상류는
돈화분지가 있는데 상경용천부가 그 가운데 위치하며 영안분지, 목단
강분지가 모두 발해의 城地를 형성하였다. 목단강이 송화강으로 흘러
들어 가는 곳은 발해 철리부에 德里鎭의 소재지이고 장광재령은 발해
의 구국을 이루는 곳으로 상경을 둘러싸고 있다. 노야령은 동쪽 연변
산지로서 산맥이 연속되어 있고 산봉우리가 우뚝 솟아 기복이 심하며
고도는 500~800m였다. 이곳은 穆陵河, 綏芬河, 二道白河 등이 흐르는
많은 충적의 산간분지를 형성하고 있다. 중경현덕부는 해란강의 하곡
평원에 자리잡고 있으며 동경용원부는 琿春분지에, 솔빈부는 綏芬河의
충적분지에 위치하고 있다. 산간분지는 토지가 비옥하고 동해에 인접
해 있으므로 기후가 습윤하고 산림이 많고 물을 가까이 하고 있어서
농경에 유리하고 어렵에도 편리하며, 장백산지의 고산과 넓은 하천은

발해의 공격과 수비의 요새를 이루고 있는 곳으로 역사상에 있어서는 또한 이곳은 말갈족의 옛 지역이며 이러한 까닭으로 발해의 정치·경제·분화의 중심지를 이루게 되었다. 장광재령과 大黑山산맥의 사이는 구릉의 기복이 있고 산간의 계곡은 매우 넓으며 장령부는 輝發河의 충적분지에 위치하고 있고 涑州府, 鄭頡府는 제2 송화강의 충적평원에 자리잡고 있다. 서경압록부는 장백산지의 서쪽 어디에 위치하고 있으며 압록강이 계속된 산맥을 뚫고 흐르며 많은 산가에 분지를 형성하고 있어 서경압록부의 여러 州縣이 분포하였다. 남쪽 언덕에는 남경남해부가 있는데 함경산맥과 낭림산맥이 있으며 동으로는 동해에 접하고 있으며 해산물이 많고 기후는 습윤하며 비교적 온난하다.

석곽특산지역

우수리강과 그 동쪽의 소련의 광대한 연해지역을 포괄하는 지역으로[7] 발해는 그곳에 안원부, 솔빈부, 안변부와 정리부를 설치하였다. 석곽특산맥이 이 지역을 뚫고 지나면서 동북을 향해 달리고 있으며 동해에 임하여 산세는 험준하고 수목이 무성하며, 초원이 넓고, 우수리강 유역에는 이러한 산간곡지가 있다. 북부의 기후는 매우 춥고 남부에는 항만이 있어 항해가 가능하며 지역이 넓으나 인가가 매우 적었다.

송눈평원지역

발해의 막힐부, 부여부, 장령부는 대체로 이 지역에 위치하고 있다. 송눈평원은 송화강, 눈강의 침식과 충적에 의해서 이루어졌으며 수원이 풍부하고 지세가 낮고 평평하여 보아도 끝이 없으며 해만 120~250m에 위치하고 있다. 검은 인산토양과 흑색 토양이 대지를 덮고 있으며 평원에는 습지가 많고 습지상에는 물을 담고 있는 작은 호수가 이어져 있으며 초원은 무성하고 수목은 울창하며 비옥한 평야가 천리에 달하는 발해의 농업지역이다.

---

7) 운테르베게리《著濱海省》1900년. E. Stuart, Kirby 著《소련의 遠東地區》Tha Macmillan Press Ltd, 1971년(英文)

발해의 사회발전은 균일하지 않아 발듵지역은 이미 봉건경제를 형성하고 있었으나 변방지역에 있어서는 그대로 원시사회 말기 혹은 노예제로 향하는 과도기적 단계에 있었다. 달해 사회의 경제적인 실제에서 출발하여 각지의 자연조건을 결합해 보면 발해는 대체로 3개의 경제 구역으로 구획 지을 수 있다.

서부농업지역 : 대체적으로 송눈평원 일대의 각주를 포괄하고 涑州, 중경현덕부의 일부분까지 이르는 지역이다. 이 지역에서는 주로 봉건제의 농업생산에 종사했으며, 粟, 麥, 穄, 稻 등이 생산되고, 목축업에는 돼지, 말, 양, 사슴 등을 길렀으며 冶鐵·면화재배, 紡綢, 질그릇 제작 등의 수공업도 일정한 규모로 발달하였다.

중부 농업과 어렵지역 : 대체적으로 상경. 중경, 동경, 남경일대를 포괄하는 봉건제의 농업이 행해져 粟, 麥, 稻, 穄 등이 생산되었고 盧城의 쌀은 매우 유명하였다. 목축업이 비교적 발달했는데 솔빈의 馬는 매우 유명하였다. 솔빈은 수분하 유역으로서 또한 穆陵河 유역을 포괄하였으며 穆陵은 만주어로서 말(馬)이라는 뜻이다. 수공업 또한 비교적 발달해서 顯州의 布, 沃州의 綿, 龍州의 紬, 位城의 철이 모두 이 지역의 특산물이다. 산간의 분지는 수렵, 어로에 편리하였으며 각종의 진귀한 약재를 채집하는 등 수렵업과 채집업이 비교적 발달하였다.

동부와 북부의 어엽지역 : 이 일대는 산이 높고 수풀이 빽빽하며 기후가 매우 추워 人家가 거의 없다. 불열, 월희, 우루, 철리의 각부가 비록 이미 철기를 사용하였으나 보편화되지 않았고 발해에 진입한 후에도 그 사회발전의 추진은 있었으나 농업생산이 발달하지 않아 그대로 수렵·채집이 주업이 되는 원시사회의 말기에 해당하며 노예제도로 향하는 과도기일 가능성도 있다.

발해사회의 정치·경제가 발전함에 따라서 빈번한 대외 외교와 왕래가 있어서 교통의 발달을 촉진했는데 발해의 주요한 교통간선은 鴨綠~朝貢道, 長嶺~營州道, 扶餘~契丹道, 龍原~日本道, 南海~新羅道의 5개였다.

압록－조공도

이는 발해의 구국, 상경용천부, 중경현덕부, 동경용원부에서 압록강을 경과하는 것이며 바다를 건너 등주에 이르고 당의 도읍인 장안에 나가는 조공도이다. 수로를 위주로 하는 발해와 당왕조를 연결하는 하나의 교통간선이다. 구체적인 노선은 상경용선부(영안 발해진)에서 출발하여 구국 (돈화)을 경과하고 현재의 돈화의 大蒲柴河를 지나며 撫松으로 향하는 길로 서경압록부의 神州(臨江鎭)에 이르거나 혹은 상경용천부 汪淸 嘎呀河유역에서 延吉, 龍井을 지나 중경현덕부(和龍 西古城)에 이르거나 동경용원부(훈춘팔련성)에서 두만강 연안을 따라 南崗산맥을 넘고 布爾哈通河를 따라 연길, 용정을 경과하여 중경 현덕부로 가서 이 중경 현덕부에서 다시 安圖를 경과하고 大蒲柴河를 통과해서 무송으로 가는 길로 신주에 이른다.[8] 서 경압록부의 신주 (지금의 연길 渾江市 臨江鎭)에서 배를 타고 계속해 내려와 桓州(지금의 연길집안)를 거쳐 泊汋口(大蒲石河口)에 당도하고 다시 배를 타고 해안을 따라 동쪽으로 烏骨江(지금의 瑗河)을 지나고 石人江 지금의(遼寧石城島)·杏花浦·桃花浦·靑泥浦(지금의 遼東大連)를 지나지 都里鎭(지금의 遼寧旅順)에 다다른다. 계속하여 배를 타고 발해해협을 가로질러 烏湖島, 末島, 龜島, 大謝島(지금의 산동廟島 열도의 여러 섬)를 뚫고 지나서 登州(지금의 산동萊萊)에 이르게 되며 그 이후에 당왕조의 도성인 장안에 도착하게 되는 것이다. 당에서 攝鴻臚卿, 宣勞靺鞨使로 발해에 파견한 崔忻이 대조영을 책봉하고 개원 2년 (714년)에 구국에서 장안으로 돌아오는 도중에 요동반도의 남단인 旅順 황금산기슭을 지나면서 2개의 우물을 파서 기념으로 했는데 이는 조공도의 실제적인 증거인 것이다. 이렇듯 조공도는 중앙과 지방을 연결하고, 발해와 당왕조를 연결하는 주요한 교통간선이었다.

---

8) 李健才·陳相偉：《渤海的中京和朝貢道》,《北方論叢》, 1982년 1기.

남해－신라도

발해의 남경남해부와 신라가 접하고 있으며 泥河(龍興江：함경남도에 위치함)으로써 경계를 이루고 있었다.《삼국사기》를 인용한 당나라 賈耽의《古今郡國志》는 다음과 같이 기록하고 있다.

"발해국의 남해, 압록, 부여, 책성의 4부는 역시 고구려의 옛 지역이다. 신라 정천군에서 책정부에 이르는데 대개 39개의 역 (驛)이 있다. (渤海國南海鴨綠扶餘柵四府, 並是高句麗舊地也. 自新羅井泉郡至柵城府, 凡三十九驛)"(卷 37地理四)9)

여기서 말하는 책성부는 동경용원부(지금의 吉林 琿春八達城)이고, 신라 정천군은 현재 함경남도의 德源으로 발해에서 신라에 가는 데는 반드시 남해부를 경유해야 하는데 동경용원부에서 정천군에 이르는데 39개 역을 경과하였다(唐制는 30리에 하나의 역을 둠으로 전체거리는 1170리로 볼 수 있다). 남해－신라도는 산의 기복이 심하고 길이 험한 하나의 험준한 교통로이다.

장령－영주도

영주(지금의 遼寧朝陽)는 당의 平盧節度使의 주둔지로 당조정을 대표하여 발해를 관리하였다. 이 길은 발해의 사신이 상경용천부에서 구국을 경과하여 장령부로 가는 길로써 현재의 沈陽－黑山－北鎭－義縣(燕郡城)을 지나 영주에 도달하고10), 다시 영주에서 古北口를 넘어서

---

9)《新唐書》卷43下《地理志七下》：「登州東北海行, 過大謝島·龜歆島·末島·烏湖島：三百. 里北渡烏湖海, 至馬石山之都里鎭二百里, 東傍海壖, 過靑泥浦·桃花浦·杏花浦·石人江·橐駝灣·烏骨江八百里.」「自鴨綠江口舟行百餘里, 乃小舫泝北：十里至泊汋口, 得勃海之境. 又泝流五百里, 至丸都縣城, 故高麗王都, 又東北泝二百里, 至神州. 又陸行四百里, 至顯州, 天寶中王所都. 又正北如東六百里, 至渤海王城」(1147頁) 이것은 朝貢道의 水路부분으로 賈耽은 登州에서 渤海로 가는 도로라고 기술하고 있다. 吳承志의《唐賈耽記邊州入四夷道里考實》卷2(求恕齋版) 참고.

10)《新唐書》卷43下《地理志七下》：「營州西北百里曰松陘嶺, 其西奚, 其東契丹, 距營州北四百里至湟水. 營州東百八十里至燕郡城, 又經汝羅守捉, 渡遼水至安東都護府五百里. 府, 故漢襄平城也」「自都護府東北經古蓋牟·新城, 又經渤海長嶺府, 千五百里至渤海王城, 城臨忽汗海, 其西南三十里有古肅慎城, 其北經德里鎭, 至南黑水靺鞨千里」吳承

당의 도읍 장안에 나가게 된다. 이것은 당의 도성인 장안에 직통으로 연결되는 육로 교통로이다. 다만 거란, 돌궐과 안사의 난으로 말미암아 수차례 차단되었으므로 발해와 당조의 사신이 압록강의 세찬 파도를 넘는 압록－조공도를 이용하지 않을 수 없었다.

부여－거란도

발해는 서쪽으로 거란과 부여부와 접하여 경계를 이루고 있는데 이러한 까닭으로 발해에서 거란으로 갈 때는 반드시 부여부를 지나야 했다. 부여부가 다스리는 지역은 農安지역이었다. 발해의 거란도는 대체로 상경용천부를 출발하여 장광재령을 서쪽으로 넘어 부여부에 이르고 다시 현재의 長嶺, 通遼, 開魯, 天山을 경과해 거란의 도성인 臨潢에 다다른다.

용원－일본도

이 길은 발해에서 일본에 가는 교통로로서 육로, 해로의 두 갈래로 나눌 수 있다. 육로는 또 전후의 두 시기로 나눌 수 있는데 전기(698~755년)는 구국(敖東城)에서 출발하여 和龍延吉을 경과하여 琿春에 도달하였고 그 후에 바다로 나간다. 후기(755~926년)는 대흠무가 755년 상경으로 천도하였고, 785~794년에 동경으로 도읍을 옮긴 후 794년 大華嶼가 상경으로 다시 천도하였는데 상경용천부에서 출발하여 현재의 汪淸을 경과하여 두만강을 지나고 훈춘에 들어가서 동경용원부에 도착하게 된다.11) 용원부는 발해의 사자가 일본에 나아가는 기지였다. 용원부에서 출발하여 동남으로 장령자산을 지나 포시에트灣의 毛口崴(지금의 소련 Kraskino)에 도달하는데12) 발해 시기의 鹽州가 있던 곳이다. 이곳에서 배를 타 바다로 나가 동남으로 동해를 가로지르면 일본의 本州인 越前, 能登, 加賀(지금의 일본 福井, 石川)에 도달

志의 《唐賈耽記邊州入四夷道里考實》卷一(求恕齋版) 참조.
11) 김육불 : 《渤海國志長編》권14 《地理考》326頁.
　　王　俠 : 《唐代渤海人出訪日本的港口和航線》, 《海交史硏究》1981년 제3기
12) 사푸크누프 : 《渤海國及其在濱海地區的文化遺存》第四章 濱海邊區的渤海文化遺存, 크라스키노古城條. 레닌그라드 1968년(러시아語)

하게 된다. 이것이 일본과 발해의 왕래가 비교적 가까운 항로이고 그 다음은 모구위에서 출발하여 한반도를 따라 동남해안을 남행하면 일본 築紫 (지금의 일본 北九州)에 이르게 된다.13) 당시 양국의 사자들은 배를 타고 바다를 건너고 산을 넘는 매우 어려운 고난을 겪었다. 용원-일본도는 발해와 일본을 연결하고 당왕조와 일본을 연결시키는 중요 작용을 하였다.

3) 발해의 행정구획과 지방제도의 설치

발해가 중앙에서 지방에 이르기까지 실시한 京府州縣제도는 진한 이래의 계속된 군현제도의 구체적인 실시였다. 당 고종 顯慶 2년(657년)에 수도인 장안과 상대인 낙양을 東都라 불렀고, 현종 開元 8년(720년)에는 또 河中府를 中都라 칭했고 天寶 원년(742년)에 이르러서는 장안을 西京, 洛陽을 東京, 太原을 北京이라 불렀으며 至德 2년(757년)에는 鳳翔을 西京으로 정하고 당숙종 寶應 원년(762년)에는 京兆府를 上都, 河南府를 東都, 鳳翔府를 西都, 江陵府를 東都, 太原府를 北都로 하였는데14) 이것이 5경제도의 기원이다. 발해는 중원의 법을 그 통치에 필요한 근거로 삼았고 점차 당의 5경제도를 발해에 받아들여 통치질서의 제정을 이루게 되었다. 발해의 5경의 제도는 문왕 대흠무의 시기에 건립되었고 천보년간에 대흠무는 한번 顯州를 도성으로 하였고 후에는 중경으로 고쳤으며 천보말에는 대흠무가 구국에서 상경으로 옮겨갔고 貞元 시기에는 또 상경에서 동경으로 도읍을 옮겼다. 大興 41년(771년)에 대흠무는 史都蒙을 파견하여 남해부에서 일본으로 건너 갔으며, 이미 이때에 상경, 동경, 남경, 중경이 있었고 또한 서경도 있었다. 단지 이것이 문헌에 기록되어 있지 않으나 5경제가 대흠무의 때에 만들어진 것임을 추측할 수 있다. 발해의 大씨들은 속말-백산말갈

13) 同注 11).
14) 《新唐書》권6 《肅宗記》 : 寶應元年 2월條.

이 살던 곳과 원래는 고구려 통치의 중심이 되는 지역을 건국의 기지로 삼았으며, 5경의 확정과 구분은 대흠무가 적극적으로 당왕조의 封建典章제도를 수입하여 실제로 시행하였데 이는 발해의 통치를 더욱 강화하는 전략정책으로서, 한편으로는 그 정권의 중심기지를 확고히 정했고 다른 한편으로는 동·서·남·북 각 지역을 통제에 편리하도록 하였던 것이다. 발해는 5경 이외에 10부를 두었는데, 이 10부는 다시 3개의 유형으로 나눌 수 있다. 하나는 건국 초기에 일찍이 이른 발해의 영토로서 예를 들면 부여의 옛 지역에 부여부, 막힐부, 고구려의 옛 지역에 장령부를 설치하고 현을 둠으로써 발해의 서쪽 국경이 이루어졌다. 두 번째는 대무예 시기의 "斥大土宇"함으로써 이룩된 것으로 이로서 대흠무는 상경으로 천도하여 더욱 적극적으로 그 영역을 넓히게 되어 불열말갈, 철리말갈, 월희말갈을 통일하였고 그곳에 동평부, 철리부, 회원부, 안변부를 설치하였다. 우루부의 옛 지역엔 정리부, 안변부의 2부를 설치하였고, 率賓河 지역에 솔빈부를 설치하였다. 선왕 대인수에 이르러서는 또 홍개호 북쪽의 여러 부족을 병합하여 5경 15부 62주가 형성되었다. 대흠무와 대인수는 병합 후 신설한 7부에 대해서 대체로 엄한 통치체제를 실행하였는데 한편으로는 都督, 刺史를 발해왕정을 대표하여 파견함으로써 통치를 진행했고 동시에 또한 각 부락의 수령을 의지하고 임용하였는데 때로는 조정에서 특별히 관리를 파견하지 않고 지방의 수령 즉 부락의 대표로써 왕정을 대표하기로 하였다. 이런 종류의 정치지역의 구분과 지방의 통치제도의 이중체계는 이미 형성된 정치역사의 사실을 존중하는 것이고 또 각 부락의 풍속을 그대로 받아들여 다스렸던 것이라 할 수 있다. 세 번째의 정황은 3개의 獨秦州의 설립이다. 독진주에 관해《滿洲源流考》에 기록된 것을 보면

　　독진의 뜻은 추장에 직접 속하는 주로써 부의 관할을 받지 않고 직접
　　중앙에 일을 전달한다. (獨秦之義, 當猶今直隸州, 不轄于府事得傳達)15)

라고 되어 있다. 발해가 이러한 독진주를 설립한 것은 모순이 비교적 집중된 지방에 발해왕조가 직접적인 장악의 완충지대로 삼고 그곳의 통치와 유지에 편리하도록 하고자함이었다. 그러한 까닭으로 상경의 남쪽, 중경의 북쪽, 동경의 서쪽에 銅州를 설치하였는데 3경간의 모순을 조성하고 완화시키는데 편리하였으며 또 상경의 통치에도 유리하였다. 상경의 북쪽으로 철리부, 회원부, 안원부의 요충을 통하는 현재의 林口일대에 郢州를 설치하였데 왕실에서 북쪽 각부를 조정하고 통제에 이용하였다. 거란—영주도의 관문인 부여부, 장령부의 後衛, 상경의 前衛에 해당하는 지역에 涑州를 설치하여 상경의 관문을 이루게 하였다. 이렇게 보면 발해의 행정구획은 전적으로 발해왕정이 더욱 강력한 통치를 위한 정치적 필요에서 출발했고 발해의 역사적・민족적・경제적・자연적 조건을 결합하여 확정한 것이었다.

《신당서 발해전》에 기록하기를

　　이진이 죽자 아우 대건황이 뒤를 이었고 그가 죽자 대현석이 왕이 되었다. 咸通시에 세번 당에 조공하였다. 처음에 왕이 여러 차례 생도들을 당에 파견하여 장안의 대학에 나가 고금의 지도를 학습토록 하였다. 이에 점차 '해동성국'을 이루었다. 5경 15부 62주가 이루어졌다 (彝震死, 弟虔晃立, 死, 玄錫立, 咸通時三朝貢. 初其王數遣諸生, 詣京師大學, 習識古今制度, 至是遂爲海東盛國. 地有 5京 15府 62州)

라고 되어 있다. 이 기록을 보면 실제상의 발해의 행정제도는 점차 완비되어 대조영, 대무예에서 기초가 잡혔고 대흠무 때에는 기본적인 규모가 구비되었으며 대인수에 이르러서 완비되었음을 알 수 있다. 김육불의 《발해국지장편》권14 《지리지》는 다음과 같이 간략하게 기술하고 있다. "발해건국의 초에는 아직 주현을 둘 여유가 없었고 점차 정비되고 안정되어 若忽, 木底의 여러 주의 이름이 있었다. 그 후 영토를 넓

---

15) 《滿洲源流考》권10 《疆域 渤海條》.

혀 여러 부락이 복속되어 더욱 경·부·주·현이 정리되었다.《신당서 발해전》에 이르기를 대현석 시기에는 지역이 5경 15부 62주인데 이는 가장 극성한 시대임을 말하는 것이다. 만약 경부주현의 이름이 단지 약간 정비되었다면 처음에 이때처럼 시작될 수 없을 것이다. 일본역사에 기록된 발해사신 史都蒙이 남해부 吐號浦에서 대마도에 갈 때는 문왕대흥 41년으로 이미 남해부의 이름이 있었고 그러므로 대현석에서 시작된 것이라 말할 수 있다. 정확히 고찰해보면 명칭이 완비된 것은 선왕이 海北의 여러 부속을 토벌하여 크게 영역을 넓힌 시기가 아니겠는가"라고 말하고 있다.

《신당서 발해전》은 당 張建章의《渤海記》를 근거로 발해의 행정구분과 경부주현 설립에 대해 개괄적인 서술을 하고 있다.

전국은 5경 15부 62주이다. 숙신의 옛 땅으로서 상경을 삼았는데 용천부라 이름한다. 관장하는 지역은 龍, 湖, 勃의 3주이다. 그 남쪽이 중경인데 顯德府라 하였고 관장하는 지역은 盧, 顯, 鐵, 湯, 樂, 興의 6주이다. 예맥의 옛 땅으로 동경을 삼고 용원부라 불렀으며 역시 柵城府라고도 하였고 관장하는 지역은 慶, 鹽, 穆, 賀의 4주이다. 옥저의 옛 땅을 남경으로 삼아 남해부라 하였고 관장하는 지역은 沃, 晴, 椒의 3주이다. 고구려의 옛 땅을 시경으로 삼고 압록부라 하였는데 神, 桓, 豊, 正의 4주이다. 長嶺府는 관장하는 지역이 瑕, 河 2주이다. 부여의 옛 땅은 부여부로서 항상 거란을 막기 위한 병사가 주둔해 있으며 扶, 仙 2주를 관장한다. 읍루의 옛 땅을 정리부로서 영역은 定, 潘 2주이다. 安遠府는 安, 瓊 2주를 관장한다. 솔빈의 옛 땅을 솔빈부인데 華, 益, 建의 3주이다. 拂涅의 옛 땅은 東平府인데 그 영역은, 伊, 蒙, 沱, 黑, 比의 5주이다. 鐵利의 옛 땅은 鐵利府인데 廣, 汾, 蒲, 海, 義, 歸의 6주이다. 越喜의 옛 땅은 壞遠府인데 達, 越, 壞, 紀, 富, 美, 福, 邪, 芝의 9주를 관상한다. 安遠府는 寧, 郿, 慕, 常의 4주의 지역이다. 또 郿, 銅, 涑의 3주를 독진주라 하였다. 涑州는 涑沫江에 가깝기 때문에 붙여진 이름으로 이른바 粟沫水이다. 용원은 동남쪽으로 바다에 접하고 있는데 바로 일본도이다. 남해부는 신라로 가는 길이다. 압록부는 조공길이다. 장령부는 영주로 가는 길이다. 부여부는 거란으로 가

는 길이다. (地有5京15府62州, 以肅愼故地爲上京, 口龍泉府, 領龍湖渤三州,
其南爲中京, 口顯德府, 領盧顯鐵鐵湯榮興6州, 獩貊故地爲東京, 口龍原府,
亦曰柵城府, 領慶鹽穆賀四州. 沃沮故地爲南京, 口南海府, 領沃晴椒三州. 高
麗故地爲西京, 口鴨綠府, 領神桓豊正四州, 口長嶺府, 領瑕河二州. 扶餘故地
爲扶餘府, 常屯勁兵打契丹, 領扶仙二州, 鄭頡府領鄚高二州, 挹婁故地爲定理
府, 領定潘二州, 安邊府領安瓊二州 率賓故地爲率賓府, 領華益建三州. 拂涅
故地爲東平府, 領伊蒙沱黑比五州, 鐵利故地爲鐵利府, 領廣汾蒲海義歸六州,
越喜故地爲懷遠府, 領達越壞紀富美福邪芝九州, 安達府領寧郿慕常四州, 又
郢銅涑三州爲獨奏州. 涑州以其近涑沫江, 蓋所謂粟末水也. 龍原東南瀕海, 日
本道也, 南海, 新羅道也. 鴨綠朝貢道也. 長嶺, 營州道也. 扶餘, 契丹道也)

청 말기부터 현재에 이르기까지 국내외의 다수의 역사가들이 발해
의 영역, 지리, 경부주현의 소재에 대하여 대량의 고고학적 조사와 비
교연구를 하여 다수의 논문과 저서를 발표하였고[16], 상당히 흡족할 만
한 수확을 얻었다. 다만 여러 갈래로 의견이 나누어져 있으나 현재 국
내외 학자의 성과를 참고하고 작자의 연구를 종합하면 발해의 경부주
현의 표는 다음과 같다.

16) 渤海歷史地理에 관한 대표적인 글·저서를 소개하며 다음과 같다.
김육불 : 《渤海國長編》 권14 《地理考》1982년, 社會科學戰線雜志社翻印本
黃維翰 : 《渤海國記》, 遼海叢書本, 1935년.
김육불 : 《東北通史》, 東北大學研究室叢書, 1940년
鳥山喜一 : 《渤海史考》, 奉公會, 1915년, 東京.
津田左右古 : 《渤海考》, 《滿鮮地理歷史研究報告》1, 1915년, 東京.
松井等 : 《渤海國の疆域》, 《滿洲歷史地理》1, 1913년.
和田淸 : 《渤海國地理考》, 《南洋學報》36−4, 1954년.
鳥山喜一 : 《渤海史上の諸問題》第四章, 《渤海王國の疆域》, 風間書房, 1968년, 東京.
徐相雨 : 《渤海疆域考》, 1929.
東亞考古學會 : 《東京城》, 1939년, 東京.
孫進己 : 《渤海疆域考》, 《北方論叢》, 1982년 4기.

渤海京府州縣一覽表

京	府	州	縣	現在의 位置	적 요
上京	龍泉府	龍州	永寧	黑龍江省 寧安縣 渤海鎭 上京龍泉府의 유적이다. 龍州가 首州이고 永寧縣이 首縣으로 또한 渤海鎭이 있다. 기타 2縣이 서로 멀지 않게 상응하고 있다.	上京龍泉府는 肅愼의 故地이다. 그 西南 30리에 古肅愼城이 있다. 洪皓의 《松漠紀聞》의 기록을 보면 : " 古肅愼城은 四面이 약 5리여이고 곳곳에 자취가 남아있다. 渤海의 國都는 30리이고 역시 돌로서 성곽을 쌓았다. "　上京龍泉府의 유적에 대해서는 수차례의 考古調査와 발굴이 행해졌는데 그 중 1934~34, 1940, 1942, 1963~1964년이 가장 중요한 것으로 자세하게 각 시기가 조사 보고되었다.　龍州 3縣은 《遼史》 卷37 《地理志》의 保和縣와 卷38 《地理志二》의 龍州, 黃龍府條를 근거로 하고 《渤海國志長編》 卷14 《地理志》를 참고로 한다. 다만 長平・永平縣은 扶餘府에 속하고 豊水, 佐慕, 扶羅는 湖州에 들어가 있다.
			富利		
			肅愼		
		湖州	豊水	湖州의 故地는 鏡泊湖부근이고 3縣址 또한 鏡泊湖부근에 위치하고 있다.	
			佐慕		
			扶羅		
		渤州	貢珍		《遼史・地理志二》 渤州條에 貢珍縣은 渤海가 설치하였다.

京	府	州	縣	現在의 위치	적 요
中 京	顯 德 府	顯州	金德 常樂 永豊 鷄山 長寧	吉林省과 龍縣의 西古城子渤海城址는 中京顯德府의 故址이고, 五縣을 영토로 하는데 金德縣이 郭縣으로 되어 있고 各縣이 서로 멀지 않다.	天寶中期의 王都이다. 1937, 1944~44년, 1963년에 西古城에 대한 대규모 考古調査와 발굴로서 西古城이 王都의 規制를 갖추고 있음을 확실히 증명했다.
		盧州	山陽 杉盧 漢陽 白岩 霜岩	吉林省 延吉縣 龍井	盧州는 수도에서 동쪽 130리에 위치하고 있다.
		鐵州	位城 河端 蒼山 龍珍		鐵州는 수도에서 서남쪽 60리에 있다.
		榮州	崇山 潙水 綠城		東京의 북쪽 150리에 있다. 榮州는 《遼史·地理志二》에 崇州되 되어있다.
		湯州	靈峰 常豊 白石 均谷 嘉利		수도 서북쪽 100리에 있다.
		興州	盛吉 蒜山 鐵山		수도 서남쪽 300리에 있다.
東 京	龍 原 府	慶州	龍原 永安 烏山 壁谷 熊山 白楊	東京龍原府의 지역은 吉林省 琿春縣琿春鎭 동쪽 15리의 八連城이다. 慶州가 首州이고 龍原이 郭縣이다.	東京龍原府는 넓게는 獩貊의 故地를 말하고 실제로는 북옥저의 옛 지역이다. 고구려 때는 柵城이라 하였다.

京	府	州	縣	現在의 위치	적　요
東京	龍原南	鹽州	龍河 海陽 拉海 格川	鹽州는 즉 포시에트의 毛口歲이다. 또한 소련연해주의 크라스키노다.	
		穆州	會農 水歧 順化 美縣		東北으로 東京까지　120리에 이른다.
		賀州	吉理 洪賀 送城 石山		
南京	南海府	沃州	沃祖 鷲岩 龍山 濱海 升平 靈泉	南京南海府는 朝鮮 함경남도의 德源에 해당한다.	南京南海府는 沃沮의 故地이고　실제에　있어서는 南沃沮이다.
		晴州	天晴 神陽 蓮池 狼山 仙岩		東南으로 南海府까지　120리에 이른다.
		椒州	椒山 貂嶺 澌泉 尖山 岩淵		東南으로 南海府까지　200리에 이른다.
西京	鴨綠府	神州	神鹿 神化 劍門	西京鴨綠府는　吉林省 渾江市 臨江鎭지역이다.	
		桓州	桓都 神郷 淇水	吉林省　集安縣　集安鎭 國內城址이다.	西京西南쪽 200리에　위치한다.

京	府	州	縣	現在의 위치	적 요
西 京	鴨 綠 府	豊州	安豊 渤恪 隰壤 硤石	吉林省 長白縣 長白鎭	西京 동북쪽 210리의 거리에 위치한다.
		正州		吉林省 通化市	西京에서 서북으로 380리의 거리에 위치한다.
	長 嶺 府	瑕州		吉林省 海龍縣 山城鎭	長嶺府는 高句麗의 故地이고 輝發江流域에 있다.
		河州		吉林省 樺甸縣 蘇密城	
	扶 餘 府	扶州	扶餘 布多 顯義 鵲川 長平 永平	吉林省 農安縣	扶餘故地로 항상 契丹을 막기 위한 병사가 주둔하고 있다. 契丹道에 해당한다.
		仙州	強師 新安 漁谷		
	鄚 頡 府	鄚州	奧喜 萬安	鄚頡府는 黑龍江省 阿城을 다스린다.	鄚頡府는 扶餘의 故地에 해당한다. 후에 勿吉을 합하여 鄚頡府라 불렀다. 鄚頡과 勿吉은 동음(同音)이다.
		高州			《遼史·地理志》에는 頡州로 되어 있다.
	定 理 府	定州	定理 平邱 岩城 慕美 安夷	蘇聯 연해주지역의 蘇城	挹婁의 故地이다.
		潘州	潘水 安定 保山 能利		潘州,《遼史·地理志二》는 沈州라 적고 있으며 九縣을 모두 폐지했다.

京	府	州	縣	現在의 위치	적 요
	安邊府	安州		蘇聯연해주의 올 리가	挹婁의 故地로 정확히는 盧婁의 故地를 말한다.
		琼州			
	率賓府	華州		蘇聯 연해주의 烏蘇里斯克 (雙城子)	綏芬河流域, 率賓, 恤品, 速頻, 蘇濱, 綏芬 모두 하나의 音이 바뀐 것으로 河로써 地名을 名命한 것이다.
		益州			
		建州		黑龍江省 東寧縣 大城子	
	東平府	伊州		黑龍江省 興凱湖西岸	挾涅의 故地이다. 穆棱河, 密山, 興凱湖일대이다. 5주가 18현을 다스린다.
		蒙州 蒙州 黑州 比州	紫蒙		
	鐵利府	廣州 汾州 浦州 海州 義州 歸州		黑龍江省 依蘭縣	鐵利의 故地로 德里鎭의 中心에 있고 德里鎭은 依蘭縣에 있다.
	懷遠府	達州	懷福 豹山 汝水		越喜의 故地이다.
		越州 懷州 紀州		黑龍江省 同江縣	
		富州	富壽 優富		
		美州	山河 黑川 麓川		
		福州 邪州 芝州			

京	府	州	縣	現在의 위치	적 요
	安遠府	寧州 郿州		興凱湖東岸	越喜의 故地, 우수리강, 興凱湖의 東, 소련 연해주 伊曼河流域, 동해까지 이른다.
		慕州 常州	慕化 崇平		
	獨奏	郢州			上京龍泉府의 북에 있으며 鐵利와 越喜를 통제하는 요충지이다.
		銅州			上京龍泉府의 남쪽에 해당하며 中京 북쪽, 東京 서쪽의 요충지이다.
		涷州		吉林省 吉林市 烏拉街	
五京	十五府	六十州 (缺2州)	一〇七縣		

3. 渤海國과 渤州考 *

《신당서 발해전》에 발해에 관해 "숙신의 옛 지역을 상경으로 하여 용천부라 부르고 용주·호주·발주를 관장하였다. (以肅愼故地爲上京, 日龍泉府, 領龍·湖·渤三州)"라고 기록한 것을 보면 龍州는 상경용천부에 속해 있었다. 그리고 湖州는 김육불씨가 말하길 "忽汗海부근에 위치하며 蓋州가 물(水) 때문에 그런 이름을 얻게 되었다"[1]라고 하였다. 이 말로써 미루어 짐작할 수 있는 것은 흘한해로 인하여 발해시기에 역시 湄沱湖라고도 칭하였다는 것이다.[2] 그런데 오직 渤州에 대해서만 깊이 있는 연구가 되어있지 않다. 근래에 우리가 목단강 일대에서 고고학적 조사와 발굴을 행하면서 발해 渤州에 대한 진일보 된 연구가 필요함을 느끼게 되었다.

상경지역은 대조영이 건국할 당시의 발해영역은 아니었고 대무예가 "斥大土宇"[3]하여 새롭게 얻은 지역이다. 《신당서 발해전》에 "천보말(대)조영이 상경으로 천도하니 구국에서 3백 리 떨어진 흘한하의 동쪽이다.(天寶末, 欽茂徙上京, 直舊國三百里, 忽汗河之東)"라는 기록이 있다. 이 기록에서 상경지역이 "舊國"의 범위 내에 있지 않았음을 명백히 지적하고 있다. 과거에 학계에서는 대부분이 舊國과 舊都를 같이 파악하여 돈화 오동성을 가리킨다고 인식하였다. 그러나 우리는 "구국"이 하나의 넓은 區域性개념이라고 인식하여 마음과 같은 두 가지방면으로 이해하였다. 첫째, 이 시기의 영역은 이미 新·舊로 구분되어 "구국"이라 부르는 곳은 대무예가 "斥大土宇"하여 새롭게 얻은 지역

---

* 劉曉東·羅葆森·陶剛『渤海國渤州考』北方文物 1987. 1, pp. 42~44.

1) 金毓黻:《渤海國志長編 地理考》.
2) 劉曉東:《渤海國湄沱湖考》,《北方文物》19854년 第 2 期.
3)《新唐書 渤海傳》.

과는 다르다. 둘째, 이 시기에 國을 칭함에 있어 이미 新·舊의 구별
이 있었다. 대흠무가 상경으로 천도하기 전에 이미 渤海國王라 하였고
"구국"은 역시 震國의 옛 지역과는 달랐다. 따라서 "구국"을 舊都로
해석하는 것은 근거가 부족한 것이다.4) 《신당서》에 상경에 대해 이르
기를 "숙신의 옛 지역(肅愼故地)"이라 하고 또한 "흑수말갈은 숙신지
역에 거주한다(黑水靺鞨居肅愼地)"5) 라고 한 것을 보면 상경지역이
흑수말갈의 거주지였거나 혹은 적어도 흑수말갈의 세력범위 내에 있
었음을 알 수 있다. 발해는 흑수·고구려의 부족이 거주하던 지역에
州·府를 두었다. 그 예를 들어보면 "철리의 옛 지역을 철리부로 한다
(鐵利故地爲鐵利府)", "부여의 옛 지역을 부여부로 한다(扶餘故地爲扶
餘府)" 등이6) 있고 발해의 막힐부에 대해 《요사 지리지》에 기록되길
"고구려는 막힐부를 설치하여 막·힐 2수를 다스렸고 발해가 이를
따랐다 (高麗置鄚頡府, 都督鄚, 頡二州, 渤海因之)"라고7) 하였다. 이를
근거로 하면 渤州 역시 흑수말갈의 옛 지역이라 할 수 있다. 《신당
서》에 "개원 10년, 그 추장 예속리계가 내조하니 현종은 발리주자사로
삼았다 (開元十年, 其酋倪屬利稽來朝, 玄宗卽拜勃利州刺史)"라는 기록
이 있고8) 《책부원귀》에도 "(개원)10년 윤 5월 계사년 흑수의 추장 예
속리계가 내조하니 발주자사로 제수하고 다시 돌려보냈다.(十年閏五月
癸己, 黑水酋長倪屬利稽來朝, 授勃州刺史, 放還蕃)."라는 기록이 있다.9)
여기서 흑수말갈에 勃州 내지는 勃利州의 명칭이 있음을 볼 때 마땅
히 黑水勃利部가 위치하고 있었다는 것을 알 수 있다. 그런데 渤과 勃
은 옛날에는 구별하지 않고 통용되었다. 예를 들어 《사기 사마상여
전》에는 "浮勃澥"라 되어 있고 《한사 사마상여전에는 "浮勃澥"라 되

---

4) 劉曉東 : 《渤海舊國訊議》,《學習與探索》1985년 第2期.
5) 《新唐書 黑水靺鞨傳》
6) 《新唐書 渤海傳》
7) 《新唐書 渤海傳》:「鄚頡府領鄚 高二州」
8) 《新州書, 黑水靺鞨傳》.
9) 《冊府元龜》卷975.

어 있다. 그리고 渤海國의 渤字도 《신 구당서》에는 "渤海"로 기록하고
있으나 《자치통감》에는 "勃海"라고 하고 있다. 근래에 새로 출토된 唐
張光祚墓志는 장광조가 大曆년간에 渤海에 출사한 일을 기록하고 있
는데 묘지 중에서 渤海를 "勃海"로 기록하고 있다.[10] 이런 것을 볼 때
渤州는 勃州라고도 할 수 있다.

발해는 1대왕인 대조영의 건국 후 주변부족에 대해 대규모적인 무
력정복을 단행하였다. 이 시기를 제1시기의 2대 대무예 시기와 제2시
기의 10대 대인수 시기로 나눌 수 있다. 반세기 상경으로 나눌 수 있
다. 발해가 상경으로 천도한 것은 3대 대흠무 시기로 이때에는 발해가
상경지역을 전면적으로 통치할 수 있었으며 이것은 제1시기 대무예의
혁혁한 무력정복의 성과에 기인한 것이었다. 당시 대무예가 병사를 동
원하여 흑수를 공격한 일을 《신 구당서 발해전》에 잘 기록하고 있다.
흑수말갈은 동북지방의 夷族들 가운데 가장 강성한 세력을 갖추고 있
었으며 김육불씨가 말한 것과 같이 발해가 흑수를 제압하고 동북지역
을 장악할 수 있기까지의[11] 사이에는 장기간의 기간이 존재하였고 그
기간에 동북지역의 패주라는 지위를 놓고 쟁탈전이 진행되었다.

개원 10년(722년) 5월 예속리계가 黑水勃利部 추장이라는 신분으로
처음 당에 내조하고 같은 해 12월 예속리계가 다시 흑수말갈의 대추
장이라는 신분으로 당에 내조하였다.[12] 이것은 勃利部가 흑수의 여러
부 가운데에서 세력이 상승하였고 또한 흑수말갈이 남쪽으로 발전하
여 당과 직접적인 관계를 맺게 되는 추세를 표명하는 것이다. 이에 따
라 대무예는 이러한 사실을 중시하고 불안해 하지 않을 수 없었다. 개
원 12년 (724년) · 13년 (725년) 계속해서 흑수말갈은 당에 빈번히 내

---

10) 歐潭生 · 王人松 : 《唐代張光祚墓志淺譯》, 《文物》 1981년 제3기.

11) 金毓黻 : 《東北通史》卷 6.

12) 《冊府元龜》卷 975 : 「(開元)十年閏 五月 癸巳, 黑水酋長倪屬利稽來朝, 授勃州刺史,
　　放還藩. ……十二月戊午, 黑水靺鞨人酋長倪屬利稽等十人來朝, 並授中郎將放還藩」이
　　기록에서 "黑水酋長"과 "黑水靺鞨人酋長"은 차이가 있어 前者는 黑水의 某部(여기
　　서는 勃利部)의 長을 말하며 後者는 여러 部聯盟長의 의미를 나타낸다.

조하여 당과의 관계를 긴밀히 하였다.[13] 대무예는 급기야 개원 14년 (726년)에 "이제 나에게 고하지 않고 당의 관리를 청하니 이것은 필시 당과 함께 우리를 공격할 뜻을 품은 것이다. (今請唐宮不吾告, 是必與 唐腹背攻我也)"나는 구실을 삼아 병사를 동원하여 흑수를 공격하였 다.[14] 개원 16년 (728년) 당은 黑水靺鞨都督에게 李獻誠이란 이름을 하사하고 雲摩將軍 겸 黑水經略使로 제수함으로써 흑수에 대한 친근 과 지지를 공개적으로 표시하였다.[15] 개원 18년 (730년) 흑수가 5월 6 월 두 차례 당에 내조하였다는[16] 것은 이 시기의 흑수는 아직 대무예 의 최후의 공격을 받지 않았고 여전히 당과 통교하고 있었음을 말해 준다. 그런데 개원 20년 (732년) 대무예가 병사를 남으로 향하여 수륙 양쪽에서 당을 공격한 것에서[17] 대무예의 흑수말갈에 대한 정복전이 일단락을 고하고 또한 지대한 성과가 있었음을 알 수 있다. 이후 대무 예가 죽기까지 흑수말갈에 내조한 것을 찾아볼 수 없는 것으로 보 아[18] 흑수말갈이 발해 대무예의 정복전에 대항하면서 크게 원기를 손 상하였음이 분명하다. 흑수의 여러 부 가운데 勃利部가 일찍부터 당 에 내조한 사실을 생각해 보면 기타의 다른 부보다 비교적 남쪽에 위 치하고 있었다고 여겨진다. 따라서 대무예가 북으로 흑수를 공격할 때 勃利部가 가장 먼저 그 중에 포함되었으며 대무예가 얻은 상경지역은 당연히 黑水勃利部지역이 상당부분 포함되었다는 것을 추측할 수 있 다. 즉 黑水勃州가 통치하던 지역이었으므르 발해는 여전히 흑수의 옛 명칭을 따라 渤州를 두었을 것이다. 이후 믄헌상에는 黑水勃州라는 문 자는 보이지 않는다.

渤海渤州의 구체적인 위치는 문헌에 기톤되지 않아 어느 곳에 속하

13) 《冊府元龜》卷 975.
14) 《新唐書 渤海傳》
15) 《舊唐書 靺鞨傳》
16) 《冊府元龜》卷 975
17) 金毓黻: 《渤海國志長編 叢考》.
18) 金毓黻: 《渤海國志長編屬部表》.

는지 정하기 어렵다. 그러나 상경이 발해 최북단의 京이고 龍·湖·渤의 3州를 관장하였다는 것에 비추어 생각해 보면 龍州는 상경의 소재지이고 湖州는 그 북쪽, 渤州는 북쪽에 위치하면서 屛藩이 되었다고 여겨진다. 당의 재상인 賈耽의 《邊州入四夷道里記》에 발해의 왕성은 북쪽에 덕리진을 두고 있으며 흑수말갈에서 남으로 천리 떨어져 있다.(渤海王城北經德里鎭, 至南黑水靺鞨千里)"라고[19] 기록되어 있고 《太平寰宇記》에 "흑수말갈"의 경계는 남으로 발해 덕리부에 이른다(黑水靺鞨界, 南至渤海德里府)"라고[20] 말하고 있다. 이 두 사료를 근거하면 "德里鎭" 또는 "德里府"는 발해 왕성 북쪽에 위치하여 흑수말갈의 屛藩이 되었으며 발해 왕성과 "덕리진" 또는 "덕리부"사이의 거리가 그다지 멀지 않은 것은 중간에 州·府가 없어 서로 떨어지지 않았기 때문이라는 것을 알 수 있다. 그런데 《신당서 발해전》에 나타난 15부 가운데 德里라는 명칭은 없고 기타의 사료 역시 발해에 鎭을 설치하였다는 것을 말하고 있지 않다. 따라서 덕리부나 덕리진 즉 덕리주는 勃利와 德里의 음이 비슷하여 잘못 전해졌거나 다른 한자를 音譯한 것이 아닌가 여겨진다. 勃利州는 渤州라 칭하면서 흑수 옛 지역의 변경에 위치하였고 방위상으로도 역시 일치하여 상경이 북쪽에 위치하고 있는 것이다.

근래에 목단강 일대를 여러 차례 발굴하여 상경성 북쪽에 있는 渤海城址를 발견하였으나 渤州에 대해서는 의견의 통일을 보지 못하였다. 《牡丹江市郊南城子調查記》에서도 당시의 조건에 국한하여 南城子古城은 발해 상경용천부가 관할하는 渤州일 것이다라는 추측만을 제시하였을 뿐이다.[21] 이제 이상에서 고찰한 것을 결합하여 다음의 3가지 논법으로 渤州는 南城子를 말한다는 것을 증명하기로 한다.

1. 산천의 옛 명칭으로 본 증거 : 南城子는 오래 전에 그 명칭이 없

---

19) 《新唐書, 地理志》轉1.
20) 《太平寰宇記》卷 175.
21) 陶剛:《牡丹江市郊南城子調查記》, 《黑龍江省文博學會成立紀念文集》, 1980년 哈爾濱.

어져 예부터 "城子"라고 불려지다가 근래 거주지역이 남쪽에 위치함에 따라 "南"字가 근래에 첨가되어 "南城子"라 부르게 되었다. 성에서 북쪽으로 數里 떨어진 板院河의 왼쪽은 원래 황량한 들판으로 옛날에는 博勒楳甸子 또는 博力甸子로 불렀다. 성의 남쪽 40km지점에 있는 山의 옛 명칭이 博力哈達로 哈達은 滿語로 "山峰"의 뜻을 가진다.[22] 城址의 동쪽으로 勒勒河가 흐르는데 勒勒河는 勒力河라고 부르기도 하였으며 또는 博力河의 訛傳이다 볼 수도 있다. 이로써 우리는 이 일대는 黑水勃利部의 옛 거주지, 즉 黑水勃州의 영역이었음을 인식할 수 있다. 대무예가 북쪽으로 흑수를 공격하여 "斥大土宇"한 후에도 여전히 黑水勃利州의 옛 명칭을 따랐으며 지금에 이르기까지 옛 명칭이 전해져 그 구역을 博力이라 부르고 山峰을 博力이라 부르며 하천에 이르기까지 그 명칭이 勃利와 비슷한 음을 가지고 있는 것이다.

2. 龍州城(上京城) 건축 초기의 形制와 규모로 본 증거 : 발해 龍州城(上京城)의 건축은 대체로 3기로 나눌 수 있다. 제1기는 대흥무대로 규모와 배치형태는 중경(현재의 和龍西古城遺址)을 모방한 즉 지금의 宮城址이나. 제2기는 성·강왕대(성왕의 자위는 1년이 되지 않고 주로 강왕대임)로 2번째의 城垣을 쌓아 지금도 왕성을 이루고 규모·배치형태는 동경 (현재의 琿春八連城遺址)을 모방하였다. 제3기는 대이진대로 3번째의 城垣을 증축하여 지금의 外郭城을 이루고 규모·배치형태는 대체로 당의 幽州城을 모방하였다.[23] 발해의 고·무·문의 3왕대는 전체적으로 발해의 역사발전에 비추어 볼 때 초기단계에 속하는 창조 시기였다. 대조영의 건국, 대무예의 武功, 대흠무의 文治를 지나면서 비로소 규모가 갖추어진 것이다. 이 시기의 도성은 완전히 고정되지 못하여 문왕대만 해도 전후하여 3차례나 그 도읍지를 옮겼다 (中京-上京-東京). 이로 인하여 대흠무 시기의 龍州城은 비록 왕도의

22) 참조《寧古塔地方鄕土志》(淸末에 책으로 만들어짐),《寧安縣與地新圖》
   (民國年間에 그려져《寧安縣志에》수록 됨)·《寧安縣全境軍警團駐防區域略圖》.
23) 劉曉東 :《關于渤海上京城營建·布局及其發展序列的初步硏究》(未刊稿).

소재지였으나 기타의 다른 州城과 큰 차이가 없었고 또한 대흠무후기
에는 동경용원부로 도성을 옮기었다.

다음으로 龍州城(上京城)의 건축초기의 형태와 규모를 南城子와 비
교하여 보면 첫째, 2성은 모두 남북으로 길고 동서도 좁은 장방형으로
전자는 남북의 길이 720m 동서의 너비 620m이며 후자는 남북의 길이
580m, 동서의 너비 450m이다. 둘째 城의 바깥 둘레에는 모두 壕溝를
만들었다.[24] 셋째, 둘레의 길이는 모두 2천~3천m 사이로 전체의 둘레
가 2690m, 후자의 둘레가 2060m이다. 이상의 것을 보면 2성의 대체적
인 형태가 비슷하고 규모가 서로 흡사하며 단지 南城子가 약간 작을
뿐이라는 것을 알 수 있다.

3. 출토유물과 유적으로 본 증거 : 이 점은 《牧丹江市郊南城子調査
記》중에서 이미 설명하고 있으나 南城子에서 채집한 직경 10. 8cm의
5瓣蓮花를 새긴 와당에 대해서만 말하고 있어 부족한 점이 있다. 《東
京城》보고서에 따르는 상경성의 와당은 7판·6판·5판·4판의 4종류
로 그 중 6판이 가장 보편적이나 5판의 와당도 적지 않아 宮城 중심
지역의 주요 殿址와 禁苑·池亭 유적지중에서 고르게 발견되며 그 크
기는 大·小의 두 종류로 큰 것은 직경 15cm정도이고 작은 것은 직경
10. 8cm 정도로 南城子 와당의 직경과 동일하다. 또한 上京宮城 및 禁
苑에서 발견되는 綠釉와당 역시 대부분 5瓣蓮花를 새긴 소형이다.[25]
그러므로 5瓣蓮花 와당은 상경성과 南城子 사이에 모종의 관계가 있
다는 것을 반영하고 있다고 볼 수 있다. 그리고 南城子의 城垣 대부분
이 흙을 쌓아 만든 것이기는 하나 부분적으로 흙에 돌을 혼합하여 쌓
은 것을 보면 이 성이 흑수 시기에 만들어져 발해가 이를 사용하면서
수리나 증축하였다고 보여진다.

---

24) 南城子를 보호하는 城壕에 대해서 陶剛씨가 이미 언급한 바 있다. 근년에 上京城宮
     城 주위를 발굴하면서도 역시 성둘레에 나 있는 壕溝를 발견하였다. 黑龍江省文物
     考古工作隊 : 《渤海上京宮城 2, 3, 4號門址發掘簡報》, 《文物》 1985년 第11期.
25) 東亞考古學會 : 《東京城》 1939년 東京(日文)

4. 唐代 발해 長嶺府考 *

《신당서 발해전》에

> 고(구)려의 옛땅을 서경으로 하고 압록부라 부른다. ……장령부는 瑕·
> 河의 2주를 관장한다. (高麗故地爲西京, 曰鴨綠府, ……曰長嶺府, 領瑕·河
> 二州)

> 장령, 영주길이다.(長嶺, 營州道也)

라고 기록되어 있고 賈耽의 《道里記》(《신당서 지리지》7하 인용)에

> 도호부에서 동북쪽으로 옛 개모·신성을 지나고 또한 발해 장령부를 지
> 나 천오백 리를 가며 발해의 왕성에 이른다.(自都護府東北經古蓋牟·新城
> ·又經渤海長嶺府, 千五百里至渤海王城)

라는 기록이 있다. 일반적으로 공인된 견해는 영주는 현재의 요녕성朝
陽현이고 안동도호부는 요녕성 遼陽시이며 蓋牟는 현재의 요녕성 沈
陽시, 新城은 현재의 요녕성 撫順시, 발해왕성은 현재의 흑룡강성 영
안현 東京城이다. 즉 장령부는 당연히 조양·요양·심양·무순의 동쪽,
동경성의 서쪽으로 1500리 지점에 위치하고 있다. 丁謙·金毓黻·松井
등도 역시 장령부는 海龍·淸原縣의 경내에 있다고 인식하였다.
    李文信은 《蘇密城踏査記》(《滿洲史學》3권 1호)에서 "蘇密城古址"는
전체적으로 당의 축조방식을 모방하였고 上京과 비교하여 단지 크기
만이 차이가 있을 뿐이다. 성은 평원지역에 축조하여 산에 있지 않고

---

* 英德『唐代渤海長嶺府考』社會科學戰線 1982. 3, p. 219

성벽에는 활을 막기 위한 돌출부를 만들지 않았다. 이점이 고구려·요·금의 성곽과 다른 점이다. 출토유물은 발해 상경유적지의 유물과 제작기법·형식에 있어서 서로 동일하며 (예를 들어 花瓦當·紋樣花磚 등) 단지 적은 수의 유물이 金의 상경에서 출토된 것과 서로 비슷하다. 이것은 전에 이 성에서 이용되던 것이 金代까지 이어졌기 때문이다"라고 말하고 있다. 《樺甸縣志》권10, 《名勝古城》에는 "화전현 서남쪽 蘇密甸子는 城의 治所에서 8리정도 떨어져 흙으로 성을 쌓아 둘레가 7리에 이르고 동서로 2개의 門이 있다. 성안에 子城이 있어 둘레가 4리가 되며 현재는 이미 무너져 황폐해져서 그 흔적만을 약간 알아볼 수 있을 뿐이다. 성에서 서쪽으로 10여 리 사이에 이전에는 작은 성이 있었으나 지금은 모두 불에 다 없어졌고 남쪽의 폐허가 된 城址만이 남아있을 뿐이다"라고 기록되어 있다. 따라서 이 성이 주변의 지역에서는 가장 큰 발해古城이며 마땅히 장령부의 治所인 것이다. 그리고 이 府는 瑕·河의 2주를 관장한다.

瑕州 : 장령부의 首州로 소밀성 남쪽 6리 떨어진 곳의 발해의 작은 土城이 瑕州의 治所이다.

河州 : 《遼史》권38 《지리지》2 《東京道》에 "河州, 德化軍의 軍器坊을 두었다 (河州, 德化軍, 置軍器坊)."라는 기록이 있다. 金毓黻씨는 明代의 坊州는 河州의 명칭이 바뀌어져 軍器坊이라는 이름을 얻은 것이라 추측하였다. 《遼東志》 권1 《開原山小地理圖》에는 "開原에서 동쪽으로 稻州까지 3백리이다 (開原東到坊州三百里)."라고 기록하고 있다. 稻葉岩吉의 고증에 의하면 현재의 길림성 海龍縣 山城鎭으로 이 鎭은 柳河畔 있으며 河州의 治所인 것이다.

第3章 渤海의 政治와 對外關係

1. 唐代 渤海國의 정치 발전 *

발해국은 高王 大祚榮의 건국에서 末王 大諲譔의 멸망까지 15대 229년 간 존속하였다.

고왕 대조영·무왕 대무예의 통치 시기는 발해정권의 건립과 초기의 발전을 이룬 시기이고 문왕 대흠무의 통치 시기에는 발해의 정치·경제·문화 등의 전체적인 발전을 이루어 이때의 발해정권은 더욱 강대해졌다. 대흠무가 죽자 발해의 정국은 동요와 쇠퇴의 기미를 보이기 시작하였다. 그러나 10대인 대인수의 통치 시기에 이르러 발해는 다시 대발전을 이루면서 선왕 대인수의 통치 및 그 이후 수십 년 동안의 번영은 발해사에 있어서 중흥기라 할 수 있다. 이후 발해는 점차 쇠퇴하여 멸망하기에 이르렀다.

2백년간의 역사 가운데 고왕 대조영의 당왕조에로의 귀속, 무왕 대무예의 실력확장, 문왕 대흠무의 文治, 선왕 대인수의 중흥이라는 역사적 사실은 모두 발해의 역사에 심각한 영향을 미친 중대한 정치사건이다. 따라서 이것은 발해국의 발전에 대한 중대한 의의를 가지고 있는 것이다.

---

* 陳顯昌 『唐代渤海國政治的發展』 黑龍江文物叢刊 1982. 3. pp. 41~46.

1) 대조영의 당왕조로의 歸屬

696년(당 측천무후 萬歲通天원년) 거란의 李盡忠이 당에 대해 반란을 일으키자 당왕조를 군사를 동원하여 이를 진압하였다. 이에 따라 營州・幽州 등지에서 격렬한 전쟁이 발생하였다. 당시 粟末靺鞨 대조영은 당과 거란의 격렬한 전쟁과 말갈의 옛 지역이 비어 있는 틈을 타 부락민을 이끌고 동쪽으로 이주하면서 당의 추격하는 군대를 무찌르고 奧婁河(현재의 목단강)상류, 東牟山 아래에 성을 쌓고 거주지를 정하였다. 698년 대조영은 스스로 震國王이라 칭하면서 진국을 세우기에 이르렀다.

그런데 광대한 말갈지역은 예부터 중원 왕조의 관할 하에 있었고 당왕조가 세워지고 內地를 통일하면서 이 지역에 대한 경영을 더욱 강화하였으며 말갈인 역시 중원지역과의 관계를 밀착시켜 차례로 당왕조에 복속하였다. 당에 대항하였던 거란은 말갈지역의 한 부분을 차지하면서 중원지역과 멀리 떨어져 있었으나 당조정은 이 지역에 대한 효과적인 경영을 행사하고자 하였다. 당시 중앙정부는 돌궐의 위협을 없애는 데 주력하는 동시에 적극적으로 전국에 포함되어 있는 말갈지역에 대한 통치를 회복하고자 하였다.

705년(당 중종 神龍원년 발해 대조영 8년) 당 중종은 侍御史 張行岌을 진국에 파견하여 위무하였다. 대조영은 이에 당제국의 관할을 받기에 이르렀고 그의 아들 대무예를 당에 보내어 당왕조, 즉 중앙정부에 대한 臣服을 표시함으로써 진국은 당왕조의 통치 하에 속하는 지방정권을 이루게 되었다.

이렇듯 대조영의 관할지역을 효과적으로 통치하고 대조영을 당왕조에 귀속시켰던 것은 당제국의 통일사업 가운데 뛰어난 업적이라 할 수 있다. 당조정은 鴻臚卿崔忻을 "敕持節宣勞靺鞨使"로[1] 임명하여 震

---

1)《唐冊封渤海井欄石刻》拓片, 北京圖書館藏.

國의 도성이던 "舊國"(길림성 돈화현 오동성)으로 보내어 진국에 忽汗
州를 세우고 대조영의 官爵을 책봉토록 하였다.

713년(당 현종 개원원년, 발해 대조영 16년) 최흔은 진국에 도착하
여 자신에게 부여된 임무를 완수하였다. 이에 따라 당조정은 대조영이
관할하던 지역에 홀한주를 설치하고 都督府를 세우기에 이르렀던 것
이다. 대조영은 당의 책봉을 받아 左驍衛大將軍, 渤海郡王, 忽汗州都督
이 되었다. 이후 靺鞨이란 칭호를 버리고 渤海라 칭하였다.

진국이 당왕조로 귀속하고 홀한주도독부(《新唐書 地理志》에서는 渤
海都督府라 칭하고 있다)를 세움으로써 당조정은 발해지역에 대한 통
치를 일층 강화하게 되었고 이로써 당왕조의 중앙정부와 발해의 지방
정권, 중원內地와 발해변경지역의 관계도 더욱 긴밀하게 되었다. 이후
발해는 "스스로 매해 사신을 보내 조공하였다(自是每歲遣使朝貢)"라
고[2] 기록하고 있다. 중원의 선진적인 봉건문화·정치제도·생산기술이
점차 발해에 유입됨으로써 민족의 단결과 변경지역의 대발전을 촉진
시켰다. 이로써 발해의 역사는 새로운 시기를 맞게 되었다.

대조영은 재위 22년 동안 粟末·白山·伯咄部 등의 말갈인과의 교
류를 끊이지 않고 말갈의 여러 부락의 통일에 힘을 기울였다. 그는 영
토를 확장하고 생산력을 증대시키기 위한 정책을 펼쳤으며 경제를 강
화하고 군사력을 길러 발해는 나날이 강대하여졌다. 이렇듯 이 기간동
안 발해국의 오랜 발전을 이룩하게 하는 견실한 기반을 다져 나갔다.

따라서 대조영의 역사적 공적 가운데 뛰어난 점은 그의 건국과 통
치가 당왕조와 분할되어 발전한 것이 아니라 당왕조(중앙정부)의 책봉
을 받음으로써 발해지역을 당제국의 일부분으로 구성하였다는 점이다.
대조영의 통치 시기는 이러한 정치방향을 확정하였던 시기로 이후의
발해 군왕·국왕들에게 영향을 미쳐 발해의 2백년 역사는 이런 방향
으로 발전하였다.

---

2) 《舊唐書 渤海靺鞨傳》.

2) 武王의 실력확장

719년(당 현종 開元 7년) 대조영이 죽자 발해는 사신을 당에 파견하여 이 사실을 고하였다. 당 현종은 吳思謙을 보내어 대조영의 적장자이던 桂婁部王 대무예를 左驍衛大將軍·渤海郡王·忽汗州都督으로 책봉하여 位를 계승토록 하였다. 이로써 발해는 2대 왕인 대무예의 통치시기가 열리게 되었다.

대무예의 시호는 武王으로 무왕은 당왕조(중앙정부)와 긴밀한 예속관계를 유지하였다. 대조영이 죽은 그 해(719년)와 그 다음해(720년)당은 2차례 관원을 발해에 파견하였고 대무예의 통치 시기에 발해 역시 매해 끊이지 않고 사신을 당에 파견하여 어떤 때에는 한번에 백수십인에 달하기도 하였으며3) 당에 豹皮. 貂鼠皮·鷹·馬· 瑪瑙杯 등 귀중한 물품을 조공하였다.

무왕 대무예의 통치 가운데 중요한 특징은 그의 아버지(대조영)를 계승하여 말갈의 여러 부락을 통일한 업적을 이루었다는 점이다. 그는 무력확장을 진행하여 인근의 부락과 여러 차례의 전쟁을 일으키니 이런 상황을 묘사하여 "大土宇를 개척하니 동북의 여러 오랑캐들이 두려워하고 이에 따랐다.(斥大土宇, 東北諸夷畏臣之.)"라고4) 기록하고 있다. 이렇듯 그는 영토를 넓히면서 역량을 증대시켜 나갔다.

(1) 北伐黑水鞨鞨

흑수말갈과 속말말갈은 말갈 7부 중의 하나로 흑룡강 하류(중류의 일부분을 포함) 兩岸의 광대한 지역(북으로 오오츠크해)에 위치하였으며 이 지역은 일찍부터 발해의 통치집단들이 차지하고자 탐내던 지역이었다. 무왕의 통치 시기에 흑수말갈과 당왕조와의 관계가 더욱 발전

---

3) 《冊府元龜》 권 971.
4) 《新唐書 渤海傳》

하여 722년(당현종 개원 10년, 발해 대무예 4년) 당왕조는 흑수말갈의
수령을 勃利(현재의 伯力)州刺史로 하였고 725년(당현종 개원 13년, 발
해 대무예 7년) 당왕조는 흑수말갈에 黑水軍을 두었다. 726년에는 흑
수말갈 중 가장 큰 부락을 黑水州都督府로 하고 그 나머지 부락을 도
독부의 屬州로 하였으며 그 수령을 도독·자사로 하여 "중국에서 長
史를 두어 그 부락을 감독케 하였다(中國置長史, 就其部落監領之)"[5]
흑수주에 도독부를 건립한 것은 무왕 대무예가 흑수말갈을 간섭하는
것을 배제하는 것으로 무왕 대무예의 강한 반발을 일으키게 되었다.
그는 말하기를

> 흑수는 나를(발해) 통하여 당과 통교할 수 있고 돌궐에 吐屯(감독관)을
> 대할 때에는 먼저 나에게 고하여 함께 가기로 하였는데 이제 나에게 고하
> 지 않고 당의 관리를 청하니 이것은 필시 당과 공모하여 나를 배반하고
> 공격하고자 하는 것이다.(黑水始假道于我與唐通, 異時請吐屯于突厥, 皆先
> 生我, 今請唐官不吾告, 是必與唐腹背功我也)[6]

라고 하면서 흑수주에 도독부를 건립한 그 해에 그의 아우인 大門藝
에게 병사를 이끌고 북벌을 단행토록 명령하여 흑수말갈을 멸하고자
하였다.

　대무예의 흑수말갈에 대한 공격은 당왕조에 대한 공개적인 반항이
었으며 동시에 발해통치집단 내부에서도 역시 모순의 첨예화한 상태
를 나타내게 되었다. 병사를 이끌고 흑수말갈을 공격하던 대문예는 대
조영의 시기에 8년이라는 오랜 기간동안 당에 머물렀으므로 漢문화의
영향을 받았고 중원의 漢族과도 깊은 우의를 맺었었다. 이 때문에
무왕이 그에게 병사를 이끌고 북벌을 단행토록 하자 대무예에게 간곡
히 이를 만류하면서 말하기를

---

5)《舊唐書 靺鞨傳》
6)《新唐書 渤海傳》.

> 흑수가 당의 관리를 요청했다 하여 우리가 이를 공격한다는 것은 당을
> 배반하는 것이다. 당은 대국으로 병사가 우리의 만 배가 되는데 당과 원
> 한을 맺는다면 우리 역시 망하는 것이다.(黑水請吏而我擊之, 是背唐也. 唐,
> 大國, 兵萬倍了我, 與之産怨, 我且亡)[7]

라고 하였다. 그러나 무왕은 계속하여 무력으로 흑수말갈을 정복코자
하였다. 대문예는 병사를 이끌고 북진하여 변경에 이르러 다시 한번
이를 만류하는 글을 올렸으나 무왕 대무예는 이를 듣지 않고 오히려
그의 형 大壹夏를 보내 대문예를 대신하여 병사를 이끌도록 하고 대
문예를 불러 살해하고자 하였다.[8] 대문예는 이 소식을 듣고 당의 장안
으로 도망가기에 이르렀다. 그는 당왕조의 비호를 받으면서 左驍衛將
軍으로 제수되었다. 이러한 형세 하에서 무왕은 부득이하게 흑수말갈
에 대한 정벌을 포기하지 않으면 안되었다.

(2) 南襲唐朝內地

732년(당현종 개원 20년, 발해 대무예 14년) 당조정이 대문예를 비
호하는 데에 불만을 품은 대무예는 당과의 전쟁을 일으켰다. 그는 張
文休로 하여금 병사를 이끌고 압록강의 입구에서 바닷길을 건너 登州
(현재의 산동 蓬萊縣)를 공격도록 하여 등주자사 韋俊을 살해하였다.
발해의 공격을 받은 당왕조는 두 갈래로 나누어 반격을 개시하였다.
하나는 대문예와 左領將軍 蓋福順으로 하여금 幽州의 병사를 이끌고
출병토록 하는 것이었고 다른 하나는 太僕卿 金思蘭을 신라에 보내어
신라의 병사로 하여금 발해의 남쪽을 공격토록 하는 것이었다. 그러나
이때는 추위가 혹심하고 눈이 쌓여 신라병사는 절반이상이 얼어 죽고
후퇴하였다. 발해 대무예는 계속해서 남쪽으로 진격하여 城邑을 함락
시키고 다시 기수를 돌려 幽州(현재의 북경)로 향하였다. 그의 병사가

---

7)《新唐書 渤海傳》.
8)《資治通鑑》권 213.

馬都山에 이르자 平盧의 선봉장이던 烏承玭가 강력하게 저지하여 발해의 남하를 막음으로써 더 이상 진격할 수 없게 되었고 대무예의 병사도 엄중한 타격을 입게 되었다. 이런 형세 하에서 무왕대무예는 당왕조(중앙정부)에 사과의 表를 올려 화친을 청함으로써 다시 內地와의 결속을 이루게 되었다. 이 시기의 대무예는 당조정과 君臣의 관계를 유지하였고 이러한 사정을 나타내는 것으로 "반드시 먼저 묻고서 행동한다(動必以聞)."[9]는 기록도 보이고 있다. 실제로 그는 735년 (당현종 개원 23년, 발해 대무예 17년), 736년, 737년의 기간동안 여러 차례 당에 사신을 파견하여 당왕조에 대한 그의 충성을 나타내기도 하였다. 전쟁은 무왕 대무예에게 강대한 당왕조에 반항하는 것은 민족의 단결과 통일을 파괴하며 마침내는 스스로 멸망하게 되리라는 것을 가르쳐 주었다고 할 수 있다. 이후 발해는 중원의 왕조와 충돌을 일으키지 않았다. 이것은 이러한 전쟁이 후대의 발해의 왕실·귀족에게 미친 영향이 심각하였음을 말해주는 것으로 따라서 중국 동북의 변경지역은 2백년 가까이 안정을 가져올 수 있었으며 중원의 문화가 널리 전파되고 발해의 정치·경제·문화의 거대한 발전을 이루는데 유리한 조건이 형성되었다.

3) 文王의 文治

무왕 대무예는 발해를 통치한 지 19년만인 737년(당현종 개원 25년) 병으로 사망하였다. 대무예의 사망 후 발해의 정사는 그의 아들 大欽茂가 맡게 되었다. 738년 당에서는 內侍 段守簡을 발해에 파견하여 대흠무를 渤海郡王·左驍衛大將軍·忽汗州都督으로 책봉하였다. 이로써 발해는 3대 왕인 대흠무의 통치 시기로 들어서게 되었다.

당현종은 대흠무를 책봉하는 가운데 그에게 요구하기를

---

9) 《張曲江集》

영원히 변경의 왕으로써 충성과 신의를 보존하고 本制에 대해 절조를 다하여 모범된 풍속을 이루도록 하라.(永爲藩屛, 長保忠信, 效節本制, 作范殊俗)[10]

라고 하였다. 그는 57년간이라는 긴 통치기간 동안 발해의 역대 군왕·국왕이 미치지 못하는 업적을 쌓았던 바 대흠무의 통치 시기는 발해의 정치·경제·문화가 전면적으로 발전된 시기라 할 수 있다.

대흠무는 한때 무력을 사용해 영토를 확장하기도 하였다. 그러나 盛唐문화의 영향으로 말미암아 內地의 봉건문명을 적극적으로 수용하여 대조영·대무예 시기의 무력에 의한 영토의 확장이라는 정책을 버리고 文治정책을 채택하였다. 그는 선진의 중원 봉건문화를 학습하고 광범위하게 전파하는 데 힘을 기울였고 오랫동안 발해 내부의 통치에 전력하였다. 대흠무의 통치 시기에 발해의 각종 제도가 완비되어졌고 정치도 점차 성숙하여 졌으며 경제·문화 역시 날로 번영하였다. 대무예가 무력에 의한 업적이 뛰어남을 상징하여 죽은 후 시호를 "武王"이라 한 것처럼 대흠무는 文治 및 정치적 업적이 탁월하여 죽은 후 시호를 "文王"이라 하였다.

대흠무는 대무예를 계승한 후 바로 사신을 당에 파견하여 《唐禮》·《三國志》·《晋書》·《36국春秋》[11] 등 정치역사 문헌을 베껴오도록 하였고 貂鼠皮 1천장과 乾文魚 1백 口를 제공하였다.[12] 다음해 즉 738년 (당현종 개원 26년, 발해 대흠무 3년) 그의 아우 大勖進을 당의 장안에 보내었고 얼마 후 또 신하 受福了를 당에 보내어 조공하였다.[13] 문왕 대흠무가 이와 같이 漢籍을 베껴오고 빈번히 당에 조공하였다는 것은 漢문화를 학습하고 전파하는데 힘을 기울였다는 것을 반영하는

---

10) 《冊府元龜》권 964.
11) 《唐會要》권 36.
12) 《冊府元龜》권 971.
13) 《冊府元龜》권 971.

것이며 동시에 당왕조(중앙정부)와의 관계를 한층 강화하였음을 의미하는 것이다.

이후 문왕은 매해 끊이지 않고 당에 사신을 보내 조공하였으며 어떤 때에는 일년에 3, 4차례에 달하기도 하였다. 이렇듯 당왕조와의 정치·경제·문화의 관계가 강화됨에 따라 선진의 중원문화 典章제도가 직접 발해에 전해지게 되었다. 대흠무 ㅅ기 발해는 점차 봉건사회로 발전하게 되었고 봉건통치기구와 각종의 제도가 완비되어졌다. 일본의 기록에서 보면 발해가 일본에 파견한 사신들은 이미 官名과 職稱을 가지고 있었다.14) 이것과 이전의 일본에 갔던 사신이 官銜을 가지지 않았던 정황과는 선명한 대조를 이룬다. 이것은 문왕 대흠무가 발해의 통치를 더욱 강화하였다는 것을 말해주는 것이다.

문헌의 기록에 의하면 발해의 통치기구는 당을 모방하여 "대체로 중국의 형태를 따른다(大抵憲象中國)."15)라고 기록하고 있다. 발해의 최고통치기구로는 3성(宣詔省·中台省·政堂省으로 당의 門下·中書尙書의 3성에 해당한다)·6부 (忠·仁·義·智·禮·信部로 당의 吏·戶·禮·兵·刑·工의 6부에 해당한다)·1台·7寺·1院·1監·1局이 있으며 발해의 영역 내에는 府·州·縣을 설치하였다. 군대는 당의 府兵制를 모방하여 10衛(左右猛賁衛·左右熊衛·南左右衛·北左右衛)를 설치하였다. 문왕 대흠무는 발해의 최고통치자인 동시에 당왕조가 관할하는 발해의 최고대표자였다. 그는 각종의 정권기구를 통하여 발해 각지의 권력을 왕족을 중심으로 편성하면서 통치집단을 그의 수중에 장악하여 발해군왕의 봉건통치를 계속하여 강화시켰다.

현재 남아있는 사료를 보면 문왕이 武를 공식하고 文을 중시함으로써 "文治"를 실행하였다는 것을 알 수 있고 또한 자주 전쟁을 일으키지 않았다는 것은 전쟁과 같은 큰 문제에 대해서 문왕의 대치는 비교

---

14) 《續日本紀》13, 18, 21
15) 《新唐書 渤海傳》.

적 신중하였음을 보여주고 있다.

문왕의 발해를 통치하는데 중대한 사무 가운데 王都의 선택·궁전의 건축은 중요한 일이었다. 발해왕실·귀족들은 이를 위해 대량의 인력과 물자를 소모하였다. 8세기 중엽 문왕은 上京龍泉府 (지금의 흑룡강성 寧安縣 渤海公社古城址)를 세우고 755년 (당현종 天寶 14년, 발해 대흠무 19년)경에 이곳으로 천도하였다. 8세기 80년대 대흠무는 다시 東京龍原府(지금의 길림성 琿春八連城)로 천도하였다. 발해의 왕도는 당의 長安城을 모방하여 축조하였고 특히 상경용천부는 이 성이 세워진 후 장기간 왕도로 존속하면서 인구가 조밀해지고 경제가 번영하였으며 문화가 발달하여 大城市를 형성하였다. 이러한 발해 상경용천부의 축조와 번영은 대흠무가 "文治"정책을 실행한 결과였다. 문왕이 행한 "文治"정책의 뛰어난 정치적 업적은 고고자료를 통해서도 분명하게 증명할 수 있다. 1949년 발굴한 貞惠公主墓와 1980년에 발굴한 貞孝公主墓는 우리에게 대흠무 시기의 진귀한 역사적 자료를 제시해 주고 있다.16)

첫째, 대흠무 시기에 있어서 당문화의 영향 하에 발해사회 특히 상층계급은 唐詩를 모방하여 시를 짓고 노래하였다. 楊泰師 같은 시인이 지은 시는 중원의 작품과 비교하여도 손색이 없는 것으로 당시 발해 문학이 발달했음을 알 수 있다. 정혜공주묘비와 정효공주묘비의 출토는 이러한 것들을 더욱 증명해 주는 것이었다. 정혜공주묘비와 정효공주묘비는 정면에 墓志를 새겼고 墓志는 楷書眞子로 되어있다. 또한 당시의 유행하던 駢體文으로 쓰여져 있으며 문체가 미려하고 단락이 분명하여 문학적 소양이 매우 높은 한 문학적 우수작인 것이다.

둘째, 墓志를 보면 발해귀족이 유가경전을 숙지하였음을 알 수 있다.

---

16) 王承禮 : 《敦化六頂山渤海墓淸理發掘記》, 社會科學戰線, 1973년 3기. 延邊朝鮮族自治州博物館 : 《渤海貞孝公主墓發掘淸理簡報》, 社會科學戰線, 1982년 1기.
    王承禮 : 《唐代渤海貞惠公主墓志和貞孝公主墓志的比較研究》, 社會科學戰線, 1982년 1기.

문장 전체가 유가사상과 봉건윤리도덕을 선양하고 있는데 이것은 대흠무 시기에 유가사상이 발해사회의 통치사상이 되었음을 의미하는 것이다.

셋째, 정혜공주묘내에서 출토한 한 개의 돌사자는 그 조형과 품격·조각방법이 당왕조의 昭陵·乾陵에서 출토한 돌사자와 매우 흡사하다. 정혜공주묘의 것이 몸체가 약간 적기는 하나 조형상에 있어서 웅휘한 힘이 있어 가히 당대 발해 예술의 진품이라 할 수 있다. 이것의 출토는 文王 시기의 발해 돌조각공에 수준이 뛰어난 성취를 보았음을 설명해 주는 것이다.

넷째, 정효공주묘 내에서 발견된 12개의 인물벽화는 발해의 화공들이 사실적인 수법으로 묘사하였다. 유창한 선과 미려한 색체 그리고 그 생동감이 뛰어나다. 이것은 대흠무 시기의 발해 회화기술이 대단히 높은 수준에 달했음을 말해주는 것이다. 또한 벽화 중에서 琵琶·箜篌·拍板 등의 악기가 보이는 것으로 보아 발해 시기의 악기예술이 매우 발달했음을 알 수 있다.

다섯째, 정효공주묘는 당의 묘와 그 形制가 서로 비슷하며 묘벽에 벽화를 그린 것이라든지 벽화의 풍격이나 인물의 복장 등도 당의 8세기 벽화와 서로 비슷하다. 이것은 대흠무 시기에 중원내지의 풍습이 이미 발해사회의 여러 방면에 깊숙이 침투하였음을 반영하는 것이다.

이상에서 말한 몇 가지 점은 문왕 대흠무 시기 발해문화가 아름답고 또한 번성하였음을 설명한다. 동시에 발해문화와 중원문화의 일치성, 동일성을 볼 수 있다. 발해의 이러한 중대한 발전과 심각한 변화는 "文治"정책을 취한 결과였다. 대흠무가 실행한 "文治"의 공적은 발해의 거대한 발전의 원동력이 되었고 발해지역과 중국내지의 정치사상이나 문화상으로 융합과 통일을 축성시키는 것이었다.

762년(당 代宗 寶應원년, 발해 대흠무 26년) 당조정은 대흠무를 渤海國王 겸 檢校太尉로 봉하였다. 766년(당 代宗 大曆 원년, 발해 대흠무 30년)에 다시 司空 겸 太尉로 봉하였다. 이래서 문왕 대흠무는 죽기까지 대조영·대무예가 이루지 못했던 지위와 번영을 누리게 되었다.

4) 宣王의 中興

대흠무 시기 발해는 매우 강대해졌으나 그 후기에 위기를 맞이하였다. 790년(당 德宗 貞元 10년) 대흠무가 죽자 국통을 계승하는 문제로 인하여 발해통치집단 내부에 격렬한 투쟁이 일어났다. 문왕 대흠무의 아우인 大元義는 대흠무의 맏아들인 大宏臨이 일찍 죽자 왕권을 탈취하였다. 몇 개월 후 문왕의 자손들은 대원의가 포악하여 군중들이 분노하는 유리한 시기를 틈타 대원의를 살해하였다. 그리고 그 결과 "나라 사람들이 (대)화서를 왕으로 추대하였다(國人共推華璵爲王)."[17] 대화서는 宏臨의 아들이며 문왕의 손자이었다. 그는 정권을 장악하고 왕도를 東京龍原府에서 上京龍泉府로 천도하였다. 대화서가 죽자 문왕의 손자 大嵩璘, 대숭린의 아들 大元瑜, 대원유의 아우 大言義, 대원의 아우 大明忠이 계속하여 당의 책봉을 받아 왕위를 계승하였다. 그런데 문왕이 죽은 후 대명충에 이르는 6대동안 시간의 경과는 25년에 불과하며 빈번히 왕이 교체되었다. 이것은 통치집단 내부의 권력투쟁이 첨예화하였을 뿐만 아니라 또한 문왕 이후 발해가 쇠퇴해지고 내부에 모순이 중첩되어 위기가 날로 증가되었음을 반영하는 것이다. 大仁秀는 대조영의 아우 大野勃의 4대孫(시호가 宣王이다)으로 재능이 뛰어나고 일을 처리하는 경험이 풍부하여 왕족의 신임을 받았다. 대인수가 정권을 잡은 후 즉시 李繼常 등 26인을 당의 장안에 파견하여 이 사실을 알렸다. 당왕조는 발해의 이러한 이례적인 왕위계승의 변화를 혼쾌히 승인하고 대인수를 銀靑光祿大夫, 檢校秘書監·忽汗州都督·渤海國王으로 책봉하였다.

대인수는 왕권을 장악한 후 중원내지와의 관계를 강화하여 당조정

---

17) 金毓黻：《渤海國志長編》권3.

의 관할을 받고 신하의 예를 취하였다. 그의 통치 시기에 819년(당 憲宗 元和 14년, 발해 대인수 2년)을 제외한 매해 당에 사신을 보내 조공하였고 어느 해에는 두 차례 조공하기드 하였다.

대인수의 통치 하에서 발해는 다시 중흥하기에 이르렀고 급속한 쇠퇴를 면하였다. 史記에 기록되기를

> (대)인수는 홍개호 북쪽의 여러 부족을 토벌하여 영토를 넓혔다(仁秀頗能討伐海北諸部, 開大境宇).[18]

고 하여 통치지역이 확대되었음을 말하고 있다. 이때에 발해의 영역 및 정치구획이 확정되어 전체영토를 나누어 5京·15府·62州·130여 縣을 설치하였다. 이 당시의 상황을 묘사하여

> 영역이 5천리이고 10여만호를 이루었으며 병사는 수만에 달하였다.(地方五千里, 戶十餘萬, 勝兵數萬)[19]

고 기록하고 있다. 이에 따라 발해의 관할지역은 북으로 흑수말갈, 동으로 동해에 이르고 서로 거란과 접하며 남으로 신라와 泥河(현재한반도의 龍興江)로써 경계를 이루는 지역으로 중국 동북지역의 대부분과 한반도의 북부, 그리고 소련 연해주를 포괄하는 광대한 지역이다.

대인수의 효과적인 통치 하에서 발해의 정치·경제·문화의 발전은 대무예·대흠무를 계승하여 다시 한번 고즈되었다. 그리고 발해정권은 다시 한번 공고해 지고 발해는 더욱 강성허졌다.

발해의 강성과 번영은 당왕조의 동북 변경지역을 안정시킴으로써 변방지역의 발전을 촉진시키고 당제국의 통치기반을 공고히 하는데 적극적인 역할을 하였다. 이에 따라 당왕조는 대인수를 金紫光祿大

---

18) 《新唐書 渤海傳》.
19) 《新唐書 渤海傳》.

夫・檢校司空으로 봉하였다. 비록 宣王의 발해 통치기간이 10여 년에
지나지 않으나 발해의 역사에 뛰어난 업적을 남겼으며 그 영향은 후
대의 大彝震・大虔晃의 통치 시기까지 미쳤다.

발해의 사료 결핍으로 말미암아 대이진 시기의 구체적인 정황은 상
세히 알 수 없다. 그러나 역사서중에 약간씩 기록되어 있는 것으로 판
단해 보면 당시 발해지역의 번영을 찾아볼 수 있다.

첫째, 문헌의 기록에 따르면 831년 즉 대이진이 정권을 잡은 후 2년
째에 발해는 당에 사신을 파견하여 조공하였고 832년에 다시 왕자인
大明俊을 당에 파견하였으며 이해에 당에서는 王宗禹를 발해에 파견
하였다.[20] 833년 대이진은 다시 당에 사신을 파견하면서 학생 3인을
동행시켜 장안에서 학습토록 하였으며 왕자 大光晟을 파견하였다. 그
해 가을 당왕조는 瀛州司馬 장건장을 발해에 파견하였고 그는 834년
상경에 도착하여 대이진의 융숭한 예우를 받고서 835년 幽州로 돌아
갔다.[21] 836년 발해왕자 대명준이 재차 당에 들어갔고 학생 16인이 수
행하였다. 그중 6인은 837년 장안에서 학습하였고 그 후 838년, 839년
발해사신이 당에 조공하였다. 이렇듯 대이진이 왕위를 계승한 후 발해
(지방)와 당(중앙)간의 왕래가 빈번하였다는 것은 대흠무・대인수 그
밖의 발해왕들과 마찬가지로 대이진도 선진의 중원문화를 학습하고
광범위하게 전파하는 것을 중시하였음을 말해준다.

둘째, 문헌의 기록에 의하면 발해는

> 대조영의 손자 대인수에 이르러 발해의 영토를 넓히고 5경・15부・62주
> 를 설치하여 "해동성국"을 이루었다.(至后孫仁秀開大境宇, 有五京・十五
> 府・六十二州, 道爲海東盛國)[22]

---

20)《舊唐書 文宗紀》.

21) 佟柱臣 : 《〈渤海記〉著者張建章〈墓志〉考》, 黑龍江文物叢刊 창간호 1981년.

22)《東國史略》2.

고 하였고 또한

> 대이진에 이르러……궁궐을 축조하고 5京·15府·62州가 세워져 遼東盛
> 國을 이루었다.(至彛震……擬建宮闕, 有五京·十五府·六十二州, 爲遼東盛
> 國)23)

라는 기록도 있다. 이 두 기록은 대인수·대이진의 통치 시기에 발해
는 비로서 "해동성국"이라 불리워지면서 가장 번성한 발전단계를 이
루었음을 설명하고 있다.

셋째, 앞서 말한 대이진의 "擬建宮闕"이라는 기록은 대이진이 발해
왕성인 상경 용천부의 궁전을 축조하였음을 표명하는 것이다. 상경용
천부의 궁성유적지와 여기서 출토된 각종의 釉瓦·花磚·鴟尾 등을
보면 당시 궁성의 누각들이 거대하고 아름다워 장관을 이루었음을 알
수 있다. 이것은 盛唐문화와 발해인의 지혜가 결합되어 나타난 것으로
이것 역시 대이진의 통치 시기에 발해가 가장 번성하였음을 보여주는
것이다.

이렇듯 발해 대이진 시기의 발전은 대이진 자신의 발해통치의 결과
이기도 하였지만 또한 선왕 대인수 시기의 통치발전의 결과이기도 하
였다. 즉 대이진 시기의 번영은 선왕의 "中興"의 산물이며 또한 선왕
의 "中興"의 계속이기도 하였다.

857년(당 宣宗 大中 13년, 발해 대이진 28년) 대이진이 죽고 그의
아우 大虔晃이 당의 책봉을 받아 왕위를 계승하여 재위 15년 만에 죽
었다. 대건황의 사후 발해의 왕위는 13代 大玄錫·14代 太瑋瑎·15대
大諲譔으로 이어졌다. 대건황 및 그 후 몇 대의 발해왕의 정황에 관한
사서의 기록은 다소 적으나 몇 대의 발전 추세로 보면 선왕의 "중흥
"으로 인한 번영이 대체로 대건황의 시기에까지 계속되었다. 이후 대
현석의 통치 시기는 발해의 번영이 점차 쇠퇴의 길로 접어들었으며

---

23)《遼史 地理志》.

대위해 시기에는 이미 쇠퇴하여 末王 대인선 시기에 발해는 멸망하였다. 당시는 강대한 거란이 발해 서부의 광대한 지역에 자리하면서 발해와 첨예한 대립을 나타내었다. 925년(后唐 莊宗 同光 3년, 발해 대인선19년) 거란 太祖 耶律阿保機는 그의 부족과 신라·回鶻·吐蕃·黨項·沙陀 등의 부족으로 이루어진 강력한 군대로 발해를 공격하여 926년 상경용천부를 점령하였다.24) 이로써 2백여 년 동안 누려왔던 찬란한 "海東文化"의 발해정권은 멸망되기에 이르렀다.

전체적으로 발해의 역사를 살펴보면 발해의 정치발전과 중원 봉건문화와는 밀접한 연관을 맺고 있다. 당왕조의 문화의 전입은 발해의 정치를 발전시켰고 수려한 "海東文化"는 중원문화를 학습한 결과였다.

---

24) 《遼史 太祖紀》.

2. 발해의 정치제도 *

　발해사회는 여러 민족이 복합되어 사회 발전이 불균등하게 이루어
졌다. 즉 말갈귀족을 주체로 하고 일부 고구려 封建主가 가세한 연합
세력이 각 부족을 다스리는 봉건제도가 시행되었다. 발해의 정치제도
는 봉건집권적 專制制度로 이것을 봉건구족이 각 부족민을 억압하는
기구로 삼았던 것이다. 발해의 정치제도·정치조직형성·職官제도는
기본적으로 당 왕조를 모방하였으나 국내 통치계급의 요구와 사회발
전의 불균형이라는 현실, 그리고 다민족국가라는 특질 때문에 약간의
수정을 가하였다. 이러한 기본 형태의 모방은 당왕조의 봉건집권적 전
제제도의 여러 형태가 발해사회의 생산력 내지는 생산관계와 서로 상
응하여 봉건귀족의 이익을 보호하는 것이었으며 한편으로는 당왕조의
발달된 봉건문화가 발해의 정치권력에 지대한 영향을 주었다는 것을
설명하는 것이다.

　발해는 7세기 大祚榮·大武藝시대에 중치권력을 확립하고 영토를
넓히면서 내부를 통일하여 통치의 기반을 공고히 하였으나 당시의 정
치제도는 완비된 것이 아니었다. 그 후 사회가 발전하고 봉건국력이
강화됨에 따라 8세기에 이르러 大欽茂가 당왕조로부터 古今의 제도를
학습하여 받아들인 이후 정치제도와 정권조직형성 및 직관제도가 완
비되었다.

1) 중앙통치기구

　국왕은 발해의 모든 권력의 주재자로서 황제라 부르지는 않았으나

---

* 王承禮 : 『渤海簡史』黑龍江人民出版社 1984 pp. 104～118

실제로 한 지역의 황제었다. 그들은 왕권을 유지하기 위하여 당왕조의
봉건예의를 모방하였다. 즉 왕을 聖王이라 존칭하고 국왕은 스스로 연
호를 세울 뿐 아니라 각자 尊號를 가져 대흠무의 존호는 大興寶曆孝
感金輪聖法大王이었다[1]. 그리고 죽은 후에는 시호가 있어 대조영은 高
王, 대무예는 武王, 대흠무는 文王이라 하였으며 국왕의 묘는 陵이라
불렀다. 왕의 딸은 공주라 칭하고 맏아들은 東宮·副王이라 하였다.
이러한 것들은 모두 국왕이 만인의 위에 군림한다는 것을 설명하는
것으로 정치·경제·군사대권·생사여탈 등의 모든 부분을 장악하는
최고의 통치자임을 잘 말해주고 있다.

발해는 당왕조를 모방하여 3省·6部·1臺·7寺·1院·1監·1局의
관료체제 속에서[2] 전국을 통치하였다.

발해의 3성은 政堂省·宣詔省·中臺省으로 당왕조의 尙書省·門下
省·中書省에 해당한다. 정당성은 당의 상서성으로 나라의 모든 政令
을 집행하는 최고의 행정서무기구이다. 당의 재상이 공무를 집행하던
곳을 政事堂이라 한데서 정당성이란 명칭의 근원을 찾아 볼 수 있다.
장관은 大內相으로 그 밑에 좌·우상이 있는데 당왕조의 尙書令에 해
당된다. 副手는 좌·우司政 각 1인으로 좌·우平章事의 아래에 위치하
며 당의 좌·우僕射에 해당된다. 그 밑에 좌·우允이 각1인이 있는데
당의 좌·우丞과 같은 것으로 좌·우 6사로 나누어져 좌6사는忠·
仁·義의 3부이고 우 6사는 智·禮·信의 3부이다. 정당성은 행정의
실무를 총괄하여 여기에 속한 충·인·의·지·예·신의 6부가 구체
적인 직능기구였다. 충부는 당의 吏部에 해당하는 것으로 내외관리의
선발·勳封·考課를 담당하는 6부중의 첫 번째를 차지하였다. 장관은
卿이라 하여 1인이 있었고 이는 당의 尙書에 해당된다. 부수는 小卿 1
인이 있었고 당의 侍郞와 비교된다. 충부는 둘로 나뉘어지는데 正司인

---

1) 王承禮 : 《禮唐書代渤海 " 貞惠公主墓志" 和 " 貞孝公主墓志 " 的比較研究》, 《社會科學
    戰線》 1982년 1期.
2) 《新唐書》卷 219 《渤海傳》, 6182~6183頁

충부는 郎中 1인과 약간의 員外郎이 있었고 支司인 爵部도 1인의 낭
중과 약간의 원외랑이 있었다. 인부는 당의 戶部에 해당하는 기관으로
토지·화폐와 식량·貢賦를 관장하는 국가 재정의 담당기구였다. 장관
은 경이다 하여 1인이었고 부수인 소경 1인 그리고 정사인 仁部와 지
사인 倉部가 있어 각기 낭중 1인과 약간의 원외랑이 있었다. 의부는
당의 禮部에 해당하는 기구로 禮儀·제사··貢擧 등을 담당하며 경 1
인, 소경 1인, 그리고 義部(정사), 膳部(지사)로 나누어져 각기 1인의
낭중과 약간의 원외랑이 있었다. 지부는 당의 兵部와 같은 것으로 무
관의 임면·군대·군수장비·산천지도 등을 관장하는 군사행정의 최
고 기구였다. 경 1인, 소경 1인, 智部(정사)·戎部(지사)의 2사로 되어
있고, 각기 낭중 1인, 약간의 원외랑으로 구성되어있다. 예부는 당의
刑部와 같은 기구로 법률·형법·감옥 등을 담당하는 최고의 법률기
구였다. 경 1인, 소경 1인, 그 밑에 禮部(정사), 計部(지사)의 2사와 이
를 담당하는 낭중이 각기 1인, 그리고 약간의 원외랑이 있었다. 신부
는 당의 工部에 해당하는 것으로 교통·ㅡ리·屯田·건축 등을 담당
하는 기구로 6부의 마지막을 차지하고 있다. 경 1인, 소경 1인, 그 밑
에 信部(정사)·水部(지사)의 2사로 나뉘어져 각기 1인의 낭중과 약간
의 원외랑이 존재하였다.

　당왕조의 6부는 이부·병부의 전행과 호부·형부의 중행, 예부·공
부의 후행으로 나누어져 있고 각 행에는 4사가 설치되어 本行을 頭司
로 하고 그 나머지를 子司로 하였는데 발해도 이를 모방하여 정사·
지사를 설치하였다고 볼 수 있다. 또한 추측해 볼 수 있는 것은 각부
관원의 승진이나 전조 역시 당왕조의 규정에 따라 후행·중행·전행
의 순서에 따랐을 것이라는 점이다[3].

　선조성은 당의 문하성과 비교되는 것으로 정당성의 대내상, 중대성
의 우상과 함께 국정을 심의하고 의결하는 기관이었다. 장관은 좌상1

---

3)《渤海國志長編》十五《職官考》,《新唐書》卷 46《百官一》·《百官二》.

인으로 하였는데 이는 당 고종이 "龍朔 2년 문하성을 東台로 고치고
侍中을 左相이라 하였다(龍朔二年改門下省曰東台侍中曰左相)"[4]라고
한데서 연유되었다. 부수는 左平章事 1인으로 당의 中書門下平章事를
줄인 것이다. 그 아래에 당의 門下侍郞에 해당하는 侍中 1인이 있다.
左常侍와 諫議는 당의 左散騎常侍, 左諫議大夫의 약칭이며 그 수는 정
확하게 알 수 없으나 국왕의 侍에서 충당하며 신하의 의견을 국왕에
알리고 국왕의 실정을 간언 하는 직책이었다.

중대성은 당의 중서성에 해당하는 기관으로 정령을 기초하며 하달
하는 임무를 가지고 있었다. 右相 1인이 있는데 당 고종이 "용삭원년
중서성을 고쳐 西台라 하고 중서령을 右相이라 하였다(龍朔元年改中書
省曰西台, 中書令曰右相)"에서[5] 유래되었다. 우평장사는 당의 중서문
하평장사의 약칭으로 1인이 있었으며 內史는 당의 中書侍郞의 약칭으
로 모두 우상의 아래에 위치하였다. 詔誥舍人은 당의 中書舍人에 해당
하며 그 수는 확실치 않고 조서를 작성하고 왕의 언행을 기록하는 직
책이었다.

발해는 당의 3성 6부제를 모방하였으나 그 나름대로의 독특한 점도
있었다. 먼저 당왕조는 중서성의 정책결정·문하성의 심의·상서성의
집행이라는 3성의 상호경제에 의해 황제가 중간에서 일괄 통제함으로
써 대권의 남용을 억제하였다. 그러나 발해의 3성은 대권이 대내상에
게 집중되고 대내상은 좌·우상의 위에 위치하며 정당성은 3성중에서
핵심적인 지위를 차지하여 권력이 정당성에 집중되었다. 다음으로 발
해는 6부를 충·인·의 ·지 ·예·신이라는 유학의 정치사상과 윤리
도덕으로 각 부의 명칭을 삼았으나 이러한 명칭과 실제의 직능과는
관계가 없었다. 단지 이것은 발해의 왕실이 유학을 존중하는 것에 지
나지 않는다. 세 번째는 당의 3성 6부는 엄밀하게 조직되고 관원의 수

---

4) 《新唐書》卷 47 《百官二》1206頁
    魏國忠·朱國忱 : 《渤海國政治制度述略》, 《求是學刊》, 1981년 第 3 期.
5) 《新唐書》卷 47 《百官志二》1211頁

가 많아 하는 일이 명확히 구분되어 있었고 6부가 24사로 나뉘어져있었으나 발해는 6부 아래에 12사가 있어 비교적 관원이 적었다. 이는 발해가 작은 나라이고 결정할 사항이 적었던 것이라 생각해 볼 수 있다.

거란이 발해를 멸망시키고 東丹國으로 개칭하면서 渤海司徒인 大素賢을 左次相으로 삼았다6). 이 "사도"라는 말에서 발해가 "3公"을 설치하였다는 것을 증명할 수 있다. 그런데 당 왕조가 3師(大師·太傅·太保), 3公(太尉·司徒·司空)을 설치하고 그 명의상으로 "천자를 보위하고 음양의 위치를 알며 나라를 다스리는 데 이르지 않는 곳이 없다(佐天子, 理陰陽, 平邦國, 無所不統)"하여7) 그 임무를 나타내고 있으나 실제로는 명예직이었음을 볼 때 발해의 3사 3공제의 자세한 정황을 알 수는 없으나 미루어 생각할 수 있다.

발해에는 3성·6부외에 1台·7寺·1院·1監·1局이 있다. 中正台는 발해의 감찰기구로 당의 御史台와 같이 내외의 감찰업무를 맡았다. 장관은 大中正 1인으로 司政의 아래에 위치하며 당의 어사대부에 해당한다. 그 아래는 少正 1인이 있어 당의 御史中丞에 해당한다. 殿中寺는 당의 殿中省과 같은 기구로 국왕의 궁중 생활(식사·음식·의복·가옥·승마·마차)에 관한 일을 관장하였다8). 장관은 大令 1인으로 당의 監에 해당한다. 그 아래에는 少令 1인이 있어 당의 少監에 해당한다. 宗屬寺는 당의 宗正寺와 같은 기구로 왕족의 사무를 담당하고 대령과 소령을 각각 1인씩 두었다. 당의 경·소경에 해당한다. 文藝院은 당의 秘書省에 해당하는 기구로 經籍·圖書·碑志·축문·제문 등의 일을 관장하고 監·少監 각 1인을 두었다. 당도 같은 이름이었다. 太常寺 역시 당도 같은 이름이었고 예의·제사를 담당하였으며 경 1인을 두었다. 司賓寺는 당의 鴻臚寺에 해당하는 것으로 외국사절을 접대하는

---

6) 《遼史》卷 2 《太祖本紀 下》 22頁.
7) 《舊唐書》卷 43 《職官 二》 1815頁.
8) 《舊唐書》卷 44 《職官 三》 殿中省條.

임무를 가지며 경 1인이 있었다9). 司藏寺는 당의 太府寺에 해당하는
것으로 재화·저장(廩藏)·무역의 일을 관장하였다. 슈·丞 각 1인을
두었는데 당에서는 경·소경이라 하였으며 당 측천무후 光宅원년에
태부시를 司府로 개명하여10) 司藏과 司府의 의미를 같게 하였다. 司膳
寺는 당의 光祿寺에 해당하는 것으로 궁정의 술의 제조(酒醴)와 음식
을 담당하였으며 당에서 경·소경이라 부르는 영·승 각 1인을 두었
다. 측천무후 광택원년에 광록시를 사선시로 개명한 것에서11) 발해 사
선시의 연원을 찾아 볼 수 있는데 이는 발해가 당조의 典章제도를 모
방하여 '官制를 설치하였을 뿐만 아니다 발해의 전장제도가 대체로
완비된 것은 문왕에 이르러서 없음을 증명할 수 있는 것이다. 大農寺
는 당의 司農寺에 해당하는 것으로 전국의 식량창고(倉儲)·농토의 관
리(營田) 등의 일을 관장하며 경 1인을 두었다. 冑子監은 당의 國子監
에 해당하는 기구로 귀족자제의 유학교육을 담당하였다. 監·長·삭 1
인을 두었는데 당의 祭酒와 司業에 해당한다. 위자감의 명칭은 《書
經·舜典》에 "왕이 말하길 기여 너는 전장이나 예의를 위자에게 가르
치거라(帝曰夔. 命汝典樂敎冑子)"다고 기록된 것에서 유래한다. 巷伯局
은 당의 內侍省에 해당한다. 이것은 왕실·후궁의 명령을 전달하고 경
호 등의 일을 관장하는 기구로 당의 감과 같이 常寺를 두고 환관이
주로 담당하였다. 항백이란 말의 기원은 《詩經巷伯篇序》에 "항백은 환
관이고 또한 시인이라고도 한다(巷伯宦官·亦稱寺人)라고 기록한데서
찾아볼 수 있다. 항백국의 설립은 발해가 이미 방대한 服寺기구와 환
관이 있었음을 말해주는 것이다. 이러한 대·시·원·간·국은 모두
하부-기구를 가지고 있었을 것이나 문헌상에 기록되지 않아 자세한
정황을 알 수 없다.

---

9) 《渤海國.志長編》 十五 《職官考》 司賓寺條에 기록된 것을 보면 「日本史에 발해의 사
　　신 司賓小令 史都蒙을 초빙하였다는 기록이 있다. 이것을 근거로 하면 司賓卿은
　　슈이라 불렀고 또한 小令은 唐의 小卿에 해당한다.」라고 되어 있다.
10) 《新唐書》卷48 《百官 三》太府寺條, 1263頁
11) 《新唐書》卷48 《百官 三》光祿寺條, 1247頁

지금까지 살펴 본 바와 같이 《신당서 발해전》에 기록된 발해의 중앙통치기구인 3성·6부·1대·7시·1원·1감·1국은 당왕조와 비교할 때[12] 비록 구체적인 점은 미진하다 할 수 있으나 하나의 지방정권으로 생각하기에는 발해의 관료정치가 이미 상당한 정도로 발달하였고 또한 봉건화의 정도가 어느 정도 심화되었다고 볼 수 있다.

2) 군사제도와 지방행정제도

발해의 군사제도는 《신당서 발해전》에 매우 간략하게 기록되어 있어 전모를 파악하기 어렵다. 이 기록에 의하면 발해는 左右猛賁衛·左右熊衛·左右羆衛·南左右衛·北左右衛의 10衛가 설치되었다[13]. 10위의 설치는 대체로 당조 16위제를[14] 모방한 것으로 당제에는 각 위에 上將軍·大將軍·將軍이 한 명씩 있었으나 발해는 이를 대장군과 장군 한 명씩으로 축조시켰다. 대현석 시기에 발해부사 李興晟을 우맹분위少將으로 삼아 일본에 파견하였고[15] 당왕조에 발해사신 大昌泰를 좌웅위郎將으로 하여 일본에 파견한 것을[16] 보면 맹분위장군 아래에 소장이 있었고 좌웅위장군 아래에는 낭장이 있었다는 것을 추측할 수 있다. 그리고 10위제는 발해가 멸망할 때까지 존속되었다고 할 수 있

---

12) 唐朝의 중앙관제는 3省(中書·門下·尙書), 6部(史·戶·禮·兵·刑·工), 9寺(太常·光祿·衡尉·宗正·太僕·大理·鴻臚·司農·太府), 5監(國子·小府·軍器·將作·都水), 1臺(御史臺)가 있고 이외에 秘書·殿中·內侍·의 3省 이 있다(《新唐書》卷46~48《百官 一~三 참조).

13) 《新唐書》卷219《渤海傳》6136頁.

14) 唐의 16衛는 左右衛·左右驍衛·左右騎衛·左右武衛·左右威衛·左右領軍衛·左右錯衛·左右監門衛·左右千牛衛가 있다《新唐書》 四十九上《百官四上》十六衛條 1279~1287頁 참고) 그런데 발해의 10衛와 唐의 16衛 사료가 한정되어 서로 비교하기는 어려우나 金毓紱의 《渤海國志長編》《職官考》가운데 左右猛賁衛는 唐의 궁궐을 수비하는 左右衛·左右驍衛·左右武衛·左右威衛·左右領軍衛에 해당하여 발해의 左右熊衛·左右羆衛는 唐의 京城을 수비하는 左右金吾衛, 左仁監門衛·左右千牛衛에 해당하며 발해의 南左右衛·北左右衛는 唐의 左右羽林·左右龍武·左右神武의 6軍에 해당한다고 각기 비교하여 설명하고 있다.

15) 《三代實錄》卷 29 淸和天皇貞觀14년(872년) 正月條.

16) 《日本逸史》卷 7 桓武天皇延曆17년(798) 12月條.

다.17)

727년 발해는 일차로 德周를 果毅都尉, 舍那樓를 列將으로 하여 일본에 파견하였다. 그런데 당왕조가 府兵制를 실시한 상황을 보면 전국에 折衝府를 두고 이를 부병제의 기본단위로 하여 각 부에 折衝都尉, 左·左果毅都尉, 別將, 兵曹, 參軍 각 1인, 그리고 校尉 5인을 두었는데18) 여기에 나타난 과의도위·별장은 모두 절충부의 속관으로 발해가 당왕조와 유사한 부병제를 실시하여19) 전국의 각지에 절충부를 설치하고 10위의 밑에 두었다는 것을 알 수 있다. 발해의 군대는 처음에 10만이었던 것이 가장 많은 때는 20만에 달하였다. 이들의 임무는 京城을 보위하고 인민을 진압하며 변경의 수비를 담당하는 것으로 봉건귀족의 통치기구였다.

발해의 지방행정기구는 점차 완비되어 8, 9세기에 이르러 5경·15부·62주와 郢·銅·湅의 獨秦州가 설치되었다. 주 밑에는 백여 개의 현이 있어 부·주·현이라는 3단계의 행정관리체제가 조성되었다. 발해의 이러한 지방행정의 관리체제 역시 당왕조의 道, 府, 州, 縣制를 모방한 것으로 부에는 都督, 주에는 刺史, 현에는 縣丞을 두었다. 당왕조의 초기 전국에 10도를 설치하고 大州에는 대도독부, 중·하주에는 중·하도독부를 두면서 도독은 각 1인으로 하여 주의 兵馬·무장한 군대, 성의 해자(隍), 鎭戌, 양곡 등의 일을 담당하도록 하였던 것을 보면20) 발해의 15부 장관도 대체로 이와 비슷한 임무를 가졌으리라 생

---

17) 《高麗史》卷1 《世家一》: 「左右衛將軍人審理等率民一百戶來投」. 여기서 알 수 있는 것은 左右衛가 발해의 멸망시까지 존재하였다는 사실이다.

18) 《新唐書》卷49 上 《百官四》 諸尉折衝都尉府條, 1287頁.

19) 唐의 府兵制에 관해서는 岑仲勉의 《隨唐史》 205~218頁과 韓國磐의 《隨唐五代史綱》(人民出版社, 1977년 123頁)을 보면 그 대강을 알 수 있다. 여기서 韓國 磐은 「唐 太宗에 이르러 府兵組織과 名號를 개정하였다. 統軍을 折衝都尉로 하고 別將을 果毅都尉로 하였다. 諸府를 통칭하여 折衝府로 하여 전국에 634부를 설치하고 關內에 621부를 두었다. 이들을 중앙의 左右衛·左右驍衛·左右武衛·左領軍衛·左右金吾衛등 12衛로 나누어 衛마다 府兵을 많으면 60부, 적으면 50~40부를 속하게 하였다. 각 衛에는 大將軍 1인, 將軍 2인을 두었다.」라고 말하고 있다.

20) 《新唐書》卷 49 下 《百官四下》 1315頁.

각된다.《요사 지리지》에

> 동경용원부는 경·염·목·하의 4주를 관장한다. 서경압록부는 신·
> 환·풍·정의 4주를 관장한다.(東京龍原府 督慶·監·穆·賀四州事. 西京
> 鴨 綠府都督神·桓 豊·正四州事)[21]

라고 기록된 것을 보면 이를 증명할 수 있다. 그리고 발해는 당이 부
주에 자사를 둔 것을 모방하여 현도주자사에 高南申, 木底州자사에 楊
丞慶, 鐵州刺史에 衛鈞 등으로 하였던 것과 같이 주에 자사를 두었다.
또한 당대 현의 장을 슈이라 하였던 것과 같이 발해는 예를 들어 王
文矩을 永寧縣丞로 하는 등 현의 장을 丞이라 하였다[22].

여기서 주목할 만한 것은 발해 지방행정 관리체제의 首領제도이다.
발해가 일본에 사절만을 보낼 때에는 그 중에 수령이 있었으며 후기
에 이르러서는 더욱 많아져 65인에 달하기도 하였다. 이 65인이란 숫
자는 62주에 거의 상당하는 숫자이고 여기에다 3개의 독진주를 더하
면 두 가지가 일치됨을 보여준다. 그런데 이는 우연하다고 볼 수 없고
이러한 수령은 각 부·주·현의 원래 부락의 유력자로 실제로 부락의
군사·행정의 책임자이며 또한 이는 그 지방의 유력자로 하여금 지역
을 다스리게 하는 발해 통치자의 정책이었으리라고 추측할 수 있다.
이런 수령제도는 여러 민족이 섞여 살고, 사회발전의 단계가 서로 같
지 않았던 발해사회에서 상당히 광범위하게 이루어졌던 사회조직이며
행정조직으로 좀더 깊이 연구해 볼 가치가 있는 것이다[23].

---

21)《遼史》卷 38《地理志 二》458, 462頁.
22)《渤海國志長編》十五《職官考》.
23) 鈴木靖民《渤海の首領に關する豫備的考察》,《朝鮮歷史論集》, 龍溪書舍 1979, 東京.
   《遼海國志長編》十五《職官考》首領條.

3) 발해의 品階勳爵制度

발해는 당을 모방한 품계훈작제도를 세워 존비·귀천을 구별하는데 이용하고 등급제도를 유지하는 등 봉건통치를 공고히 하였다.

고대의 직분은 몇 개의 등급으로 나누어져 이를 품이라 칭하였다. 발해가 일본에 파견한 사절 중 楊成規, 裵頲은 정 4품이었고 李興晟 24), 高周封은 정5품이었다. 그리고 일본서기에 기록된 발해사절단 중 錄事 이하는 모두 품관으로만 기록하고 있는데 이는 7, 8품 이하의 관원이라 생각된다.

당조의 직관은 최고 1품에서 최저 9품까지의 9품으로 나뉘어지고 9품은 다시 正·從으로 갈라지며 정 4품부터는 각 품마다 상·하의 2급으로 분류되어 모두 30급을 이루고 있는 것으로 발해는 대체로 이를 모방하여 9등급으로 나누고 각 품마다 정·종으로 분류하였으나25) 이를 다시 상·하 2급으로 하였는지는 확실치 않다.

隋朝에서는 직무의 관을 職事官이라 하여 散官이라는 명칭은 나타나지 않으나 당조에 이르러 이를 정리·보완하여 관원의 級別에 따라 품급을 새로이 규정하여 階로 부르면서 통칭하여 階官이라 하였다. 그리고 그 班位를 散官, 職守를 職官으로 정하였다. 그런데 文散階와 武散階로 나누어져 당조의 문산관은 開府儀同三司에서 將士郞에 이르는 29계, 무산관은 驃騎大將軍에서 陪戎付尉까지의 45계였다. 앞서 말한 바와 같이 발해의 문산관으로는 당의 金紫光祿大夫와 비교되는 紫綬大夫가 있으며 이는 제3계에 해당한다. 그 밑에 당의 銀靑光祿大夫에 해당하는 제4계의 靑綬大夫가 있고 품계를 정하기 어려우나 청수대부 아래에 있는 英緒大夫가 있다. 무산관으로는 당과 동명인 제2계의 輔國大將軍, 왕의 鎭軍 혹은 冠軍大將軍에 비교되는 제3, 혹은 제4계의 慰問大將軍, 당과 동명인 제7계의 雲麾將軍과 제9단계인 歸德將軍, 제

---

24) 《三人實錄》卷20, 卷21
25) 《海國國志長編》卷15 《職官考》

10계인 忠武將軍이 있다. 그리고 당의 游擊將軍에 비교되는 제19계의 寧遠將軍이 있다. 그리고 산관과 직사관의 품급이 일정하게 일치되지 않아 계관이 직사관보다 높으면 직사관 위에 "行"를 표시하였고 낮으면 "守"자를 표시하였다. 또한 산관은 자격과 차례에 의하였고 직사관은 국왕의 재량에 따라 임명하였다26). 산관의 작용은 章服(관원의 예복)에도 나타나 있는 것으로 《신당서 발해전》에

> 3질 이상은 자색의 복장과 아홀과 금어를 장식하였고, 5질 이상은 비색의 복장과 아홀·은어로 장식하였고 6, 7질은 천비색의 복장, 8, 9질은 녹색의 옷을 입고 모두 목홀을 하였다. (三秩以上服紫·牙笏·金魚, 五秩以上 服緋·牙笏·銀魚, 六秩七秩淺緋衣, 八秩九秩緣衣木笏)

라고 기록되어 있다. 한편으로 당 정관 4년에 3품 이상은 자색의복, 4, 5품은 비색의복, 6, 7품은 녹색의복, 8, 9품은 청색의복으로 규정한 것과 고종 상원 원년에 4품은 짙은 비색의복, 5품은 옅은 비색의복, 6품은 짙은 녹색, 7품은 옅은 녹색, 8품은 짙은 청색, 9품은 옅은 청색으로 규정한 것을 보면 의복의 색으로 산관의 품계를 정하였음을 알 수 있다. 또한 5품은 象笏, 6품은 竹木笏을 가졌으며, 3품 이상은 金魚袋를, 5품 이상은 銀魚袋를 하였다27). 이상에서 쉽게 알 수 있는 것은 발해는 당조의 복장제도를 모방하였고 단지 발해의 정황을 근거로 하여 당의 것을 약간 간략하게 변용하였던 것이다. 그리고 발해는 당조의 복장제도를 모방하여 실행함과 동시에 국왕에서 하급관원에 이르기까지 당의 황제로부터 관위를 수여 받았던 것이다. 예를 들면 인안 6년 당은 大昌勃價에게 左威衛大將軍의 품계를 제수하고 紫袍,金帶, 魚袋를 주었으며 개원 25년에는 多蒙固에게 左武威將軍의 품계를 수여하고 紫袍, 金帶 등을 주었다. 또한 和龍縣 和南屯의 발해 고분에서

---

26) 《舊唐書》卷 42 《職官一》, 《渤海國志長編》 卷15 《職官考》.
27) 《唐會要》卷31 《輿服上》卷32 《輿服下》.

출토된 금대를 보면[28] 공예기술이 정교하고 성당 시기의 형태를 나타
내고 있으며 규격상으로는 신분이 고귀한 사람의 것이었음을 볼 때
이는 당조에서 하사한 물건으로 당의 관복장식이 부단히 전하여졌음
을 알 수 있다.

당대에는 전대의 산관 官號에 약간의 보충을 가하여 軍功을 보상하
는 勛號로 상아 勛이라 부르고 통칭하여 勛官이라 하였다. 훈관은 자
격을 나타내는 일종의 방법에 지나지 않는 것으로 발해의 大昌泰에게
上柱將이란 관을 내렸는데 이 상주장이란 것은 발해의 훈관으로 발해
가 훈관제도를 실시하였음을 증명하는 것이다.[29] 당조의 훈관은 모두
12급으로 上柱國은 훈관의 제1급이고, 발해의 상주장이 이에 해당하며,
발해의 훈관 제1급인 것이다. 따라서 발해의 훈관제도 역시 당왕조의
것을 모방하였다고 할 수 있다. 발해 훈관제도의 상세한 정황은 사료
의 결핍으로 구체적으로 말하기가 어렵다.

발해의 고남신을 開國公으로 대창태를 開國子로 사도몽・왕신복을
開國男으로 봉한 것은 발해가 公, 侯, 伯, 子, 男의 5등 작제를 실행하
였음을 증명해 주는 것이다[30]. 봉작은 단지 榮典에 지나지 않는 것으
로 직무와는 무관하다. 이러한 봉작의 제도는 주대 公・侯・백・자・
남의 등작제가 魏, 蜀, 吳의 3국시대 이후 기본상으로 같은 성은 王으
로 봉하고 다른 성은 공・후・백・자・남으로 봉하였던 것이 晋・宋
이후 爵號에 開國이라는 2자를 가하여 존중함을 표시하였던 것에서
유래를 찾을 수 있다. 당조의 봉작은 王・郡王・國公・郡公, 縣公・縣
侯・縣伯・縣子・・縣男의 9등으로 발해의 봉작제도 역시 중원과 당조
를 모방하였음을 알 수 있는 것이다.

---

28) 郭文魁：《和龍渤海古墓出土的幾件金飾》,《文物》1973년 81기,
29)《渤海國志長編》卷15《職官考》
30)《渤海國志長編》卷15《職官考》

표

1. 3성 6부 ([   ]는 唐制, 숫자는 인원수)

政堂省(尙書省)

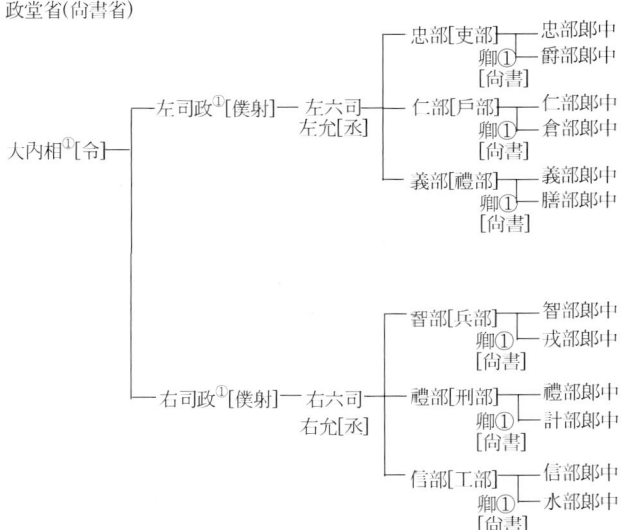

宣詔省[門下省]
　　　左相 ① [侍中]−左平章事−侍中−左常侍−諫議
中台省 [中書省]
　　　右相 ① [令]−右平章事−內史−詔誥舍人

2. 기타 官署

　　中正台[御史台]
　　　　大正 ① [御史大夫]−少正[御史中丞]
　　殿中寺 [殿中省]
　　　　大令 ① [監]−少令[少監]
　　宗屬寺 [宗正寺]
　　　　大令 ① [卿]−少令[少卿]
　　太常寺[太常寺] 卿 ① [卿]
　　司賓寺[鴻臚寺] 卿 ① [卿]
　　大農寺[司農寺] 卿 ① [卿]

司藏寺[太府寺] 令 ① [卿]－少令[少卿]
司膳寺[光祿寺] 令 ① [卿]－承[少卿]
文籍院[秘書省] 監 ① [監]－少監[少監]
胄子監[國子監] 監 ① [祭酒]－長[司業]
巷伯局[內侍省] 常侍 ① [監]

3. 군사조직 [十衛]

左猛賁衛	大將軍	將軍
右猛賁衛	大將軍	將軍
左熊衛	大將軍	將軍
右熊衛	大將軍	將軍
左罷衛	大將軍	將軍
右罷衛	大將軍	將軍
南左衛	大將軍	將軍
南右衛	大將軍	將軍
北左衛	大將軍	將軍
北右衛	大將軍	將軍

4. 지방조직

府－都督
州－刺史
縣－承

5. 官階制度

品 階	1 2 3	4 5	6 7	8	9
服 飾	紫 衣 牙 笏 金魚袋	緋 衣 牙 笏 銀魚袋	緋 衣	綠 衣	靑 衣

3. 발해와 당왕조의 관계 *

1) 발해와 당왕조의 정치관계

698년 대조영이 震國을 세운 후 705년(唐神龍元年 渤海高王 8년)당 중종이 侍御史 장행급을 보내어 위무하자 대조영은 아들 대문예로 하여금 장행급을 따라 당에 들어가 머무르게 하였다. 그 후 돌궐과 거란의 소요로 말미암아 진국과의 교통이 막히게 되어 당의 책봉이 이루어지지 못하자 대조영은 돌궐에 사절을 보내는 동시에 711년(渤海高王 14년, 唐景雲 2년)에 당에 조공하였다.

713년 당 예종은 낭장 崔忻을 진국에 보내어 대조영을 左驍衛大將軍, 渤海君王으로 책봉하고 忽汗州都督의 직책을 내려 홀한주를 통치케 하자 대조영은 당왕조의 책봉을 받아들여 스스로 말갈이란 칭호를 버리고 발해라 칭하였다. 이로써 발해는 당왕조의 일개 행정주로 되어 당왕조의 세력범위에 속하면서 당왕조의 지방정권에 예속되었고 발해 국왕은 지방정권 즉 번속국의 최고 통치자가 되었다. 또한 당왕조가 지방관리를 임명함으로써 발해와 당왕조와의 관계는 중앙과 지방의 관계 그리고 屛藩의 관계가 이루어졌고 이해에 대조영이 왕자를 당에 보내어 "시장에 나가 교역을 하고 절에 가서 예불을 드릴 수 있도록 (就市交易, 入寺禮拜)" 청하자 당현종이 이를 허락한 후 사신을 파견하여 당에 入貢하게 되었다.

719년 대조영이 죽자 발해는 사신을 보내어 당에 알리었다. 이에 당현종은 吳思謙을 보내어 아들 대무예를 좌효위대장군·발해군왕·홀한주도독으로 책봉하고 당왕조는 平盧절도사를 두어 발해의 일을 관

---

* 王承禮：『渤海簡史』黑龍江人民出版社 1984 pp. 119~139

리토록 하였다. 대무예는 돌궐·일본과 연합하여 신라를 견제하고 말 갈부족의 통합을 기도하여 흑수말갈을 정벌하였으며 돌궐의 지지하에 730년 당과 전쟁을 시작하여 張文休를 대장으로 하는 발해군은 登州 를 침공하고 馬都山까지 이르렀다. 이에 당은 烏承玭로 하여금 반격케 하고 당과 연합한 신라가 군대를 보내자 후퇴하게 되었고 돌궐의 붕 괴로 인하여 대무예는 733년 당현종에게 사죄의 表를 올렸다. 이후 발 해와 당왕조의 정치관계는 더욱 긴밀해져 대무예의 재위 18년 동안 당에 사신을 보낸 것이 23차례나 되었다. 이는 대무예가 당왕조와의 관계를 매우 중시하였음을 보여주는 것이다.

738년 대무예를 대신하여 대흠무가 발해 최고의 통치권력을 잡게 되자 당현종은 內侍 段守簡을 파견하여 대흠무를 발해군왕 左驍衛大 將軍으로 책봉하였다. 대흠무는 역사발전의 조류에 따라 당왕조와의 관계를 긴밀히 하는 것을 기본 국책으로 삼아 발해의 장기적인 정치 국면의 안정을 확립하게 되었다. 그는 중원지역의 봉건의 전장제도와 문화를 받아들여 《唐禮》《漢書》《三國志》등의 전적을 抄하고 3성 6부 의 중앙통치기구를 건립하였으며 5경을 세움으로써 경·부·주·현의 군현관리체제를 확립하였다. 또한 생산력을 발전시키고 영토를 확대하 며 당왕조와의 관계를 긴밀히 함으로써 발해사회를 더욱 발전시켰던 것이다. 대흠무의 재위 56년 동안 지방신하의 예의를 지켜 당에 49차 례의 사신을 파견하였으며 어떤 때는 일년에 4, 5차례의 入貢이 있기 도 하는 등 당왕조와의 관계를 충실히 하였다. 당왕조는 서너 차례 대 흠무를 책봉한 뒤 최후에는 발해국왕이라는 책봉뿐만 아니라 司空과 太尉를 겸하는 책봉을 내리기도 하였다.

6대 왕인 大嵩璘은 당덕종이 그를 발해국왕이라 책봉한데 대해 비 록 불만을 품기도 하였으나 당왕조와의 왕래에는 큰 영향을 끼치지는 않았다. 798년 당왕조는 대숭린을 銀靑光祿大夫·檢校司空·渤海國王 忽汗州都督으로 책봉하고 805년에는 金紫光祿大夫·檢校司徒로 봉하 였다. 대숭린은 재위 19년 동안 당에 9차례 조공하였다. 이후의 大元

瑜·大言義·大明忠의 시기에 이르러서는 전례에 따라 발해국왕이라
책봉하였으며 발해도 역시 당에 入貢·賀正·告哀하였다. 10대 왕인
대인수는 대명충이 從父의 신분으로 국가의 대권을 잡자 발해 통치계
급 내부에 격렬한 쟁투를 벌였으나 당왕조와의 관계는 충실히 하여
중원의 봉건문화를 적극 수용하였다. 이를 나타내는 것으로

　　남으로 신라, 북으로 海北의 여러 부족을 정벌하여 영역을 넓히고 경·
　　부·주·현으로 정하였다. (南定新羅, 北伐海北諸部, 開大境宇, 開匣定京
　　府州縣之名) 1)

라고 하여 각 방면에서 봉건제도를 완비하였다. 대인수와 대이진의 전
기(831~840년)의 발해와 당왕조와의 관계는 매우 긴밀하여 함화 2년
당문종은 발해사신을 조견하고 주연을 베풀고 많은 물건을 하사하였
으며 함화 6년 대이진은 아들 大明俊을 당에 파견하여 조공하였다. 당
왕조는 여러 차례 발해에 사신을 파견하였으며 그 중 張建章의 발해
방문은 중시할 만한 가치가 있다. 1956년 북경 德勝門 밖의 氷窖口의
동쪽에서 출토된《張建章墓誌》는 장건장이 발해에 사신으로 갔던 상
세한 정황을 말해주고 있다. 장건장은 자는 會主이고 中山北平(현재
河北省完縣) 사람으로 806년(唐憲宗 元和 원년)에 출생하였다. 그는 어
려서부터 총명하여 16세 때는 이미 "구름과 물은 기쁨을 노래하고 바
람과 달은 고통을 읊조린다(雲水興高, 風月吟苦)"라고 하는 등 시문에
능하였으며 후에 당 幽州지방정부의 하급관리도 일하였다. 832년(唐玄
宗 太和 6년, 太彛震 咸和 3년) 대이진이 司賓卿 賀守謙을 파견하여
유주를 방문케 하자 유주절도사는 장건장을 嬴州司, 馬로 삼아 발해에
보내었다. 이것이 발해와 당의 지방정부와 왕래한 직접적인 기록인 것
이다. 28세인 장건장이 833년 유주(현재의 北京)로 출발하여 육로로
河南의 登州에 도달하고 여기서 동쪽으로 배를 타고 압록강을 지나

---

1) 金毓黻：《渤海國志長編》卷3《世紀》.

834년 늦가을에 홀한주(渤海上京龍泉府)에 도달하여 대이진의 융숭한
예우를 받았다. 장건장은 일 년 동안 발해에 머물렀으며 떠나기에 앞
서 대이진은 성대한 연회를 베풀고 많은 재화와 文革 등을 그에게 수
여하였으며 당문종 태화 9년(835년) 8월에 유주로 돌아왔다. 그가 발
해에 머물면서 썼던 箋·啓·賦·詩 그리고《渤海記》에는 발해의 풍
속·궁전·官品 등이 상세히 기록되어 있으나 아깝게도《渤海記》는
실전되었고《신당서 발해전》에《발해기》의 흔적을 찾아 볼 수 있다.
여기에는 왕의 시호·년호·관제·品秩·지리·교통·산물 등이 수록
되어 우리는《신당서 발해전》이《발해기》의 대강을 기록한 것이라 추
측할 수 있다. 장건장은 발해와 유주사이에 발해문화를 선양하였으며
발해와 당왕조 사이의 관계에 있어서도 탁월한 공헌을 하였던 것으로
장건장은 최후로 幽州盧龍節度泗奚契丹兩蕃副使, 攝薊州刺使에 올랐다.
그리고 그는 866년 61세로 병사하였다.2)

841년에서 905년까지 즉 대이진 후기에서 14대 大瑋瑎 시기 동안
당왕조는 번진이 각 지방에 발호하고 병화전란이 계속되어 일생이 불
안정해져 마침내 黃巢, 王仙芝 등의 농민반란이 일어났으나 발해는 당
왕조에 여전히 사신을 보내 조공하였다. 그러나 그 횟수는 현저하게
감소하여 멸망한 후 마지막 왕인 대인선은 후량에 5차례 조공하였고,
후당에 6차례 조공하는 등 926년 거란에 의해 멸망되기까지 시종 중
원왕조와의 밀접한 관계를 유지하였다.

渤海와 唐王朝의 來往 일람표

기 원	唐紀年	渤海紀年	唐朝에서 파견한 渤海의 사절	渤海의 入唐 사절
705	唐中宗神龍元年	高王　大祚榮 8년	侍御史 張行岌	아들 大門藝 入侍
711	睿宗景云 2년	14년		사신을 보내 조공
713	玄宗 開元 2년	16년	郞將崔忻을　보내 大祚榮을 발해군 왕으로 책봉	당에 사신을 보내 조공 大門藝 귀국

2) 徐自强：《張建章墓志》考,《文物》1979년 2기.
    佟柱臣：《渤海記》著者張建章《墓志》고,《黑龍江文物叢刊》1981년 창간호.

기 원	唐 紀 年	渤 海 紀 年	唐朝에서 파견한 渤海의 使節	渤海의 入唐使節
716	4년	19년		大首領을 唐에 보내 조공
717	5년	20년		사신을 보내 조공
718	6년	21년		사신을 보내 조공
719	7년	22년	吳思謙을 보내 大武藝를 王으로 책봉	大祚榮의 죽음을 서신을 보내어 알림
720	8년	武王大武藝仁安元年	張越來를 보내 奚거란을 함께 토벌할 것을 약속	
721	9년	2년		大首領을 唐에 보내 조공
722	10년	3년		大臣 味勃計를 唐에 보내 조공
724	12년	5년		唐正旦을 축하하기 위해 사신을 보냄.
725	13년	6년		烏借芝蒙을 보내 唐 正旦을 축하 謁德‧大昌勃價를 보내 조공
726	14년	7년	李道邃을 보내 황제를 뜻을 알림	세자 大都利行을 唐에 보냄. 아들 大義信이 唐에 조공. 大門藝가 唐에서 도망하자 馬文軌‧葱勿雅를 보내 大門藝를 주살할 것을 청함.
727	15년	8년		李盡彦‧大寶方을 唐에 보내 조공
728	16년	9년		葵大須計를 보내 조공
729	17년	10년		아우 大胡雅를 唐에 보내 朝貢. 아우 大琳을 唐에 보내 조공
730	18년	11년		아우 大郎雅와 智蒙‧烏那達利를 唐에 보내 조공
731	19년	12년		사신을 보내 唐 正旦을 축하. 大姓取珍을 등을 唐에 보내 조공
733	21년	14년		大承慶을 唐에 보내 表를 올려 잘못을 사과함.
735	23년	16년		왕자 大蕃을 보내 조공
736	24년	17년		首領 聿棄計‧木智蒙을 보내 조공
737	25년	18년		公伯計‧多蒙固를 보내 조공
738	26년	文王大欽茂大興元年	段守簡을 보내 大欽茂를 왕으로 책봉	사신을 보내 漢書‧三國志‧唐禮 등의 책을 筆寫할 것을 청함.
739	27년	2년		아우 大勖進, 신하 受福子를 唐에 보내 조공
740	28년	3년		사신을 보내 조공
741	29년	4년		失阿利를 보내 조공
743	天寶2년	6년		아우 大蕃을 보내 조공

기 원	唐紀年	渤海紀年	唐朝에서 파견한 渤海의 使節	渤海의 入唐使節
746	5년	9년		사신을 보내 正旦을 축하
747	6년	10년		사신을 보내 조공
749	8년	12년		사신을 보내 鷹을 헌상함
750	9년	13년		사신을 보내 鷹을 헌상함
753	12년	16년		사신을 보내 조공
754	13년	17년		사신을 보내 正旦을 축하
756	肅宗至德 元 年	19년	平盧節度使가 判官 張元澗을 보내어 兵馬를 징발	
757	2년	20년	平盧節度使가 將軍 王進義를 보내어 초빙	
762	代 宗 寶應元年	25년	詔를 내려 발해를 國으로 하고 王을 國王으로 봉함	
763	廣德元年	26년	內侍韓朝彩를 보냄	
764	2년	27년		王誕을 보내 조공
767	大曆 2년	30년		여름, 가을, 겨울에 모두 사신을 보내 조공
768	3년	31년		봄, 겨울에 사신을 보내 조공
772	7년	35년		사신을 보내 조공
773	8년	36년		사신을 보내 조공
774	9년	37년		두 차례 사신을 보내 조공
775	10년	38년		네 차례 사신을 보내 조공
777	12년	40년		네 차례 사신을 보내 조공
780	德 宗 建中元年	43년		사신을 보내 조공
782	3년	45년		사신을 보내 조공
791	貞元 7년	54년		大常靖을 보내 正旦을 축하함. 大貞干을 보내 조공
792	8년	55년		大淸允을 보내 조공
795	11년	康王大嵩璘正曆元年	內侍殷志瞻을 보내어 大嵩璘을 왕으로 책봉	
798	14년	4년		大能信·茹富仇를 보내 조공
804	20년	10년		사신을 보내 조공

기 원	唐紀年	渤海紀年	唐朝에서 파견한 渤海의 使節	渤海의 入唐使節
805	順宗永貞 元 年	11년		사신을 보내 조공
807	2년	13년		楊光信을 보내 조공. 12월 사신을 보내 조공
808	3년	14년		사신을 보내 조공
809	4년	15년	사신을 보내 왕자 大元瑜를 왕으로 책봉	
810	5년	定王大元瑜 永德元年		高才南, 大延眞을 보내 조공
811	6년	2년		사신을 보내 조공
812	7년	3년		사신을 보내 조공
813	8년	僖王大言義 朱雀元年	內侍李重旻를 보내어 大言義를 왕으로 책봉	왕자 辛文 등을 唐에 보내 조공
814	9년	2년		高禮進 등을 파견하여 불상을 헌상함. 大孝眞 등을 보내 조공
815	10년	3년		卯眞壽・大昌慶・大延俊 등을 차례로 보내어 조공
816	11년	4년		高宿滿・大誠愼을 보내 조공. 세 차례 사신을 보내 조공
818	13년	簡王大明忠 太始元年	사신을 보내 大仁秀를 왕으로 책봉	사신을 보내 조공
820	15년	2년		두 차례 사신을 보내 조공
821	穆宗長慶 元 年	3년		大公則・大愼能을 보내 조공
822	2년	4년		사신을 보내 조공
823	3년	5년		大多英・大寶順을 보내 조공
824	4년	6년		大聰睿 등을 보내 조공
825	敬 宗 寶曆元年	7년		사신을 보내 조공
826	2년	8년		사신을 보내 조공
827	文宗太和 元 年	9년		사신을 보내 조공
828	2년	10년		사신을 보내 조공
829	3년	11년		사신을 보내 조공
830	4년	12년		사신을 보내 大仁秀의 죽음을 고함

기 원	唐紀 年	渤海 紀 年	唐朝에서 파견한 渤海의 使節	渤海의 入唐使節
831	5년	大彝震 咸和元年	사신을 보내 大彝震을 왕으로 책봉	사신을 보내 조공
832	6년	2년	內侍 王宗禹를 보내 左右神策軍을 설치함	
833	7년	3년		高寶英・人光晟이 차례로 唐에 朝貢 유학생 3인이 太學에 입학
835	9년	5년	幽州節度使가 司馬 張建章을 파견	
836	開成元年	6년		사신을 보내 조공. 熟銅을 가지고 가 唐과 交易함.
837	7년	6년		大明俊이 入唐하여 正旦를 축하하고 유학생 6인을 보냄.
838	3년	8년		사신을 보내 조공
839	4년	9년		人延廣을 보내 조공
846	武帝會昌 6년	16		왕자 大之萼 등을 보내 조공
858	宣宗大中 12년	大虔晃元年	사신을 보내 大虔晃을 왕으로 책봉	
872	懿宗咸通 13년	大玄錫元年		崔承佐・人陳潤을 보내 조공
893	僖 宗 景福 2년	22년		人玄錫의 죽음을 唐에 고함.
895	昭 宗 乾寧元年	大瑋瑎元年	人瑋瑎를 왕으로 책봉	
906	昭 宣 帝 天祐 3년	13년		國相 烏炤度를 보내 조공
907	梁 太 祖 開平元年	末王大諲譔 元 年		왕자 人昭順을 보내 조공
908	2년	2년		殿中少令 崔禮光을 梁에 보내 조공
909	3년	3년		人誠諤을 梁에 파견
911	乾化元年	5년		梁에 사신을 보내 조공
912	2년	6년		왕자 人光贊을 梁에 보내 조공
924	后唐莊宗 同光2년	18년		왕자 大禹謨, 조카 人元讓을 차례로 后唐에 보내 조공
925	3년	19년		政堂省 和部少卿 裵璆를 唐에 보내 조공

이상에서 개괄한 것을 다음과 같이 결론지을 수 있다.

1. 발해는 당왕조의 책봉을 받는 당왕조에 예속된 지방정권이며 즉 이것은 당왕조의 藩屬國으로 봉건신하의 조공관계를 말해 주는 것이다. 당시 이러한 점은 일본과 신라에서도 승인된 것이다.

2. 발해는 당왕조의 홀한주로 당왕조의 판도를 형성하는 한 부분이었다. 당조는 홀한주에 홀한주도독부(渤海都督府)를 설치하고 발해왕을 홀한주도독으로 임명하였다. 발해도독부와 饒樂도독부, 松漠도독부 흑수도독부를 합하여 4부라 칭하였는데 이는 당왕조의 동북지방을 담당하는 행정제도였던 것이다. 발해국왕은 당왕조가 임명한 지방관리의 성격을 가짐으로써 발해와 당왕조의 관계는 지방과 중앙의 관계를 나타내었다. 발해가 비록 독자적인 연호·군대·다른 국가와의 외교왕래가 있었다하나 이것은 당왕조가 소수민족지역의 풍속에 따라 다스린다는 정책에 기인한 것이었다. 당왕조는 또한 平盧절도사를 파견하고 후에도 平盧淄靑절도사로 하여금 발해에 대한 구체적인 관리를 하도록 하였다. 이것은 발해가 중앙정부와 밀접한 관계를 유지하였을 뿐만 아니라 유주·평로·치청 등의 지방정부와도 직접적인 관계를 가졌다는 것을 말해주는 것이다.

3. 발해국왕은 모두 당왕조의 봉작을 중시하여 발해에서 새로운 왕이 즉위하면 당왕조에서 책봉의 사절을 발해에 파견하였다. 발해의 왕들은 일본에 보내는 국서에 스스로 발해군왕·발해국왕이라 칭하였다. 발해는 신하의 예를 갖추어 항상 당왕조에 조공·賀正의 사절을 파견하였으며 왕자나 왕의 형제를 당조에 보내 숙위케 하여 당왕조에 대한 충성을 표시하였다. 그리고 당왕조는 조공의 사신이나 숙위하는 왕족에 대해 황제가 친견하고 구연을 베풀어 물건을 하사하는 등 그 관계를 밀접하게 유지하였다.

2) 발해와 당왕조의 경제왕래와 문화관계

발해는 당왕조와 정치상으로 밀접한 관계를 유지하였을 뿐만 아니라 경제상으로도 역시 빈번한 왕래가 있었던 것으로 이러한 왕래는 주로 정치와 함께 진행되었다. 713년 대조영이 왕자를 당에 보내어 시장교역을 청구하고 당현종이 이를 윤허한 것은 발해와 당왕조 사이의 경제적 교류를 말해주는 것으로 이러한 경제왕래는 주로 조공형식으로 진행된 궁정왕실 사이의 무역이었다. 발해가 당에 조공한 것은 130여 차례로 토산물, 매 등을 대량으로 조공한 사실을 역사문헌에서 찾아볼 수 있으나 그 구체적인 내용이 기록된 것은 많지 않고 현재《책부원귀》에 다음과 같이 관계된 기록을 찾아볼 수 있다.

개원 10년(722년) 11월 辛未 발해는 사신으로 대신 미발계를 파견하여 매를 헌상하였고 당은 대장군으로 제수하고 錦袍 金魚袋를 하사하였다. (開元十年, 十二月辛未, 渤海遣使其大臣味勃計來朝, 幷獻鷹, 授大將軍, 賜錦袍·金魚袋)(卷 975, 外臣部 襃異 2)

개원 17년(729년) 2월 발해말갈은 사신을 보내 매를 헌상하였고 그 달에 또 사신을 보내 鯔魚를 헌상하였다.(開元十七年 二月, 渤海靺鞨遣使獻鷹是月渤海靺鞨遣使獻鯔魚)(卷 971, 外臣部 朝貢 4)

개원 18년(730년) 2월 발해말갈은 지몽을 사신으로 보내 方物과 말 30필을 헌상하였다. 지몽을 중랑장으로 제수하고 絹 20필과 緋袍, 銀帶 등을 하사였다.(開元 十八年 二月 渤海靺鞨遣使智蒙來朝, 且獻方物 馬三十匹, 授中郞將, 賜絹 二十匹, 緋袍 銀帶(卷 975 外臣部 襃異 2)

개원 18년(730년) 5월 己酋 발해말갈은 烏那達利를 사신으로 보내어 바다표범 5張과 담비가죽 3장, 瑪瑠盃 한개, 말 30필을 헌상하였다. 果毅로 제수하고 비단을 하사하였다.(開元 十八年 五月 己酋, 渤海靺鞨遣使烏那達利來朝, 獻海豹五張, 貂鹿皮三張, 瑪瑠盃一, 馬三十匹, 授以果毅, 錦帛)(卷

975 外臣部 褒異 2)

개원 26년(738년) 윤 8월 발해말갈은 사신을 보내 담비가죽 일천장, 乾文魚 일백마리를 헌상하였다.(開元二十六年 閏八月, 渤海靺鞨遣使獻貂鼠皮一千張, 乾文魚一百口)(卷 971, 外臣部 朝貢 4)

개원 28년(740년) 10월 발해말갈은 사신을 보내 담비가죽·곤포를 헌상하였다.(開元 二十八年 十月, 渤海靺鞨遣使獻貂鼠皮·昆布)(卷 971, 外臣部 朝貢 4)

양태조 개평 3년(909년) 3월 발해왕 대인선은 여자아이와 담비가죽·곰가죽을 가지고 조공케 하였다.(渤海王大諲譔先其 相大誠諤朝貢, 進兒女口及物貂鼠皮·熊皮等)(卷 972, 外臣部·朝貢 5)

후당 장종 주광 3년(925년) 발해의 마지막 왕 대인선은 배구를 보내 인삼·잣·곤포·黃明·細布·담비가죽·머리털·신발·가죽·노비 2명 등을 조공하였다.(后唐莊宗同光三年 渤海王大諲譔遣使裵璆貢人參·松子·昆布·黃明·細布·貂鼠皮·髮·靴·革·奴子)(卷 972, 外臣部·朝貢 5)

후당 명종 천성원년(926년) 4월 발해국왕 대인선은 대진림등 116인을 조공 사신으로 파견하여 남·여 아이 각 3명·인삼·곤포·백부자 및 호랑이가죽 등을 진상하였다.(后唐明宗天成元年 四月, 渤海國王大諲譔遣使大陳林等一百十六人朝貢, 進兒口女口名三人, 人參·昆布·白附子及虎皮等.)(卷 927, 外臣部·朝貢 5)

당왕조는 발해의 조공을 받을 때에는 적당한 하사품을 내렸다.《책부원귀》에 기록된 것을 보면 다음과 같다.

개원 4년(716년) 윤 12월 말갈·불열부ㄱ 대수령을 파견하여 來朝하자 물건 30단을 하사하였다. (開元4년閏十二月, 靺鞨·佛涅部落皆遣大首領來朝, 并賜物三十段)(卷 974, 外臣部·褒異 1)

개원 7년(719년) 6월 丁卯 말갈발해군왕 대조영이 죽자 특별히 물건 5
백단을 하사하고 左監軍率上柱國 吳思謙으로 하여금 鴻臚卿持節을 겸하게
하여 조문하였다. (開元七年六月丁卯, 靺鞨渤海郡王大祚榮卒, 贈特進, 賜物
五百段, 遣左監軍率上柱國吳思謙攝鴻臚卿持節充使吊祭)(卷 974, 外臣部褒
異 1)

개원 15년(727년) 4월 庚申, 대창발가를 양평현 개국남으로 봉하고 비단
50필을 하사하였고 수령이하는 각기 차이를 두었다. 발해의 대무예는 남
리를 보내어 내조하고 담비를 헌상하자 이에 무예의 노고를 위로하여 비
단 백필을 하사하였다. (開元十五年四月庚申, 封大昌勃價裏平縣開國男, 賜
帛五十匹, 首領以下各有差. 先是渤海大武藝遣男行來朝, 幷獻貂鼠, 至是乃
降書與武慰榮之, 賜綵練一百匹)(卷975, 外臣部・褒異 2)

개원 16년(728년) 4월 계미 발해의 왕자가 당에서 유학하여 유숙하던
중 죽자 특별히 홍려경을 보내어 비단 3백필을 하사하고 조문케 하였으며
官에서 상여를 만들어 고국에 보냈다.(開元十六年四月癸末, 渤海王子留宿
衛大都利行卒, 贈特進, 兼鴻臚卿, 賜絹三百匹. 粟三百石, 命有司吊祭, 官造
靈轝, 歸蕃)(卷 975, 外臣部・褒異 2)

개원 17년(729년) 癸卯, 발해에는 사신을 보내어 鯔魚를 헌상하자 비단
20필을 하사하였다. (開元十七年癸卯, 渤海遣使獻鯔魚 賜帛二十匹)(卷975,
外臣部・褒異 2)

개원 17년(729년) 3월 甲子, 발해말갈왕 대무예가 그의 아우 대호아를
파견하여 내조하자 유격장군으로 제수하고 紫袍・金帶를 하사하고 유숙케
하였다. (開元十七年三月甲子, 渤海靺鞨王大武使其弟大胡雅來朝, 授游擊將
軍, 賜紫袍・金帶)(卷 975, 外臣部・褒異 2)

개원 19년(731년) 2월 己未, 발해말갈이 사신을 보내어 來朝하자 장군으
로 제수하고 비단 백필을 하사하였다. (開元十九年二月己未, 渤海靺鞨遣使
來朝正, 授將軍, 賜帛一百匹)(卷 975, 外臣部・褒異 2)

개원 19년(731년) 2월 발해말갈이 사신을 보내어 내조하자 비단 백필을 하사하였다. (開元十九年二月, 渤海靺鞨遣使來朝, 賜帛一百匹)(卷 975, 外臣部·襃異 2)

개원 19년(731년) 10월 발해말갈왕이 대성취진 등 20인으로 하여금 來朝케 하자 果毅에 제수하고 각기 비단 30필을 하사하여 돌려보냈다. (開元十九年十月, 渤海靺鞨王其大姓取珍 等二十人來朝幷授果毅, 各賜帛三十匹, 放還蕃)(卷 975, 外臣部·襃異 2)

개원 24년(736년) 3월 乙酉, 발해말갈왕은 그의 아우 蕃으로 하여금 來朝케하자 태자사인에 제수하고 비단 30필을 하사하여 돌려보냈다.(開元二十四年三月乙酉, 渤海靺鞨王遣其弟蕃來朝, 授大子舍人員外, 賜帛三十匹, 放還蕃)(卷 975, 外臣部·襃異 2)

개원 24년(736년) 11월 癸酉, 말갈수령 율기계가 來朝하자 절충으로 제수하고 비단 5백필을 하사하여 돌려보냈다.(開元二十四年十一月癸酉, 靺鞨首領聿棄計來朝授折冲, 賜帛五百匹, 放還蕃)(卷 975, 外臣部·襃異 2)

개원 25년(737년) 8월 戊中, 발해말갈수령 다몽고가 내조하자 좌무위장군으로 제수하고 紫袍, 金帶 및 비단 백필을 하사하여 돌려보냈다.(開元二十五年八月戊中, 貢海靺鞨大首領多蒙固來朝, 授左武衛將軍, 賜紫袍袍·金帶及帛一百匹, 放還蕃)(卷 974, 外臣部·襃異 2)

개원 27년(739년) 2월 丁未, 발해왕의 아우 대욱진이 來朝하자 내전에서 연회를 베풀고 左武衛大將軍員外置同正으로 제수하고 紫袍·金帶·비단 일백필을 하사하고 숙위케 하였다. 10월 乙亥, 발해에서 사신 優福子를 보내어 감사의 표시를 하자 果毅로 제수하고 紫袍·銀帶를 하사하여 돌려보냈다. (開元二十七年二月丁未, 貢海王弟大昴進來朝, 宴于內殿, 授左武衛大將軍員外置同正, 賜紫袍·金帶及帛一百匹, 留宿衛. 十月乙亥, 渤海遣使臣優福子來謝恩, 授果毅, 紫袍 銀帶, 放還袍) (卷 975, 外臣部·襃異 2)

원화 11년(816년) 2월 癸卯, 발해사신에게 비단 은그릇을 하사하고 庚戌에는 발해사신 高宿滿 등 20인에게 官位를 내렸다. (元和十一年二月 癸卯

賜渤海使錦綵銀器有差, 庚戌授渤海使高宿滿等二十人官) (卷 976, 外臣部·
褒異 2)

원화 12년(817년) 3월 甲戌에 발해사신 대성신 등에게 비단을 하사하였
다. (元和十二年三月甲戌以錦綿賜渤海使誠愼等)(卷 776, 外臣部·褒異 3)

발해가 조공형식으로 당왕조와 궁정왕실 간의 무역을 진행한 주요
공품은 토산품이었으며 당왕조가 상을 내리는 형식으로 발해에 준 것
은 농산품·방직품과 금·은그릇이었다. 발해는 토산품으로 당조의 궁
정과 귀족의 수요를 충족시켰으며 당왕조는 농산품·방직품·공예품
으로 발해왕실과 귀족의 욕망을 만족시켰던 것이다.

발해와 당왕조 사이에 이러한 조공형식의 무역 이외에 어느 정도의
상업무역이 등주(현재 山東蓬莱)와 청주(현재 東益都)를 중심으로 이
루어 졌다. 839년(唐文宗 開成 4年, 渤海 大彝震 咸和 9年 日本 仁明天
皇 承和 6年) 일본의 학문승인 圓仁이 文登縣 青山浦에 머무를 당시
이곳에 정박해 있던 발해선박과 교역을 하기도 하였다.3) 당왕조는 발
해사신의 왕래와 상업무역의 편의를 위해 등주에 발해관을 설립하였
다. 원인의 《入唐求法巡禮記》卷2에 등주와 발해관에 대하여 다음과 같
이 묘사하고 있다.

등주도독부의 성은 동서로 1리이고 남북으로 1리이다. 성의 서남쪽 경
계에 개원사가 있고 동북쪽에는 법막사가 있으며 또한 동남쪽에 용흥사·
무별사가 있다. 성의 바깥쪽에는 인가가 있고 아래쪽에는 봉래현이 있다.
개원사에는 숭방이 많았으나 官客이 방에 묵었기 때문에 방이 없었고 오
히려 방이 없는 승려도 있었다. 성의 북쪽에는 바다가 있어 성밖으로 1리
반을 가면 해안에 明王廟가 훌륭한 풍채를 나타내고 있고 성의 동쪽에는
시장이 있어 粟米 한말은 30문, 粳米 한말은 70문이었다. 성의 남쪽 길의

---

3) 圓仁 : 《入唐求法巡禮行記》卷2 : 「(開成 4所) 八月十三日聞相公已下九隻船, 在(文
登縣) 青山浦, 更有渤海交關船, 同泊彼浦. 從彼有人, 來報縣家去, 未詳虛實所以然
者」

동쪽에 신라관과 발해관이 있다.(登州都督府 城東一里, 南北一里, 城東南
具有開元寺, 城東北有法膜寺, 東南有龍興寺, 更無別寺, 城外側近有人家, 城
下有蓬萊縣, 開元寺僧房稍多, 盡委置官客, 無閑房, 有僧無處安置. 城北是大
海, 去城一里半, 海岸有門工廟, 臨海 孤標, 城正東是市. 粟米一斗三十文, 粳
米一斗七十文. 城南街東有新羅館·渤海館)

　원인이 840년(唐文宗 開成 5年, 渤海大彝震 咸和 10年) 3월 등주에
서 북해도(지금의 산동 濰坊)를 따라 청주로 향하던 중 장안에서 돌아
오는 발해사신을 만나 다시 등주로 돌아왔다. 그리고 다시 청주로 향
하여 청주에 머무르는 동안 그 즐거움을 말하기를 "발해왕자가 먼저
도착하여 고국으로 돌아가는 길을 함께 하였다"라고[4] 말하였다. 이
때의 발해왕자는 당 開成 4년 때의 大延廣이었으리라고 생각된다.

　당왕조의 지방정권과 관리 역시 발해와 무역을 진행하였다. 예를 들
어 평로치청철도사 겸 신라 발해 兩蕃使인 李正己가 안동에 할거할
때 "발해의 명마를 교역하는데 해마다 끊이지 않았다(貨市渤海名馬,
歲歲不絶)"라고 한 것에도 잘 나타나 있다. 836년(開成 원년, 大彝震
咸和 6년) 발해가 熟銅을 등주에 가지고 가 무역을 청구하였으나 당시
당왕조에 銅鑄錢이 없어질까 두려워 銅무역을 금하였고 이에 치청절
도사가 조정에 금지를 풀도록 요구하여 허락하기에 이르렀다. 발해와
당왕조의 경제교류는 당조는 농산품·방직품·공예품 등으로 발해사
회를 만족시켜 준 것으로 주로 발해왕실과 귀족의 수요였었다. 그리고
발해의 토산품 또한 당조궁정과 귀족의 생활을 풍부하게 해주는 것이
었다.

　발해와 당왕조의 문화관계는 더욱 긴밀하여 중원의 봉건문화가 발해
사회에 광범위한 영향을 미쳤다.

　당왕조가 발해에 파견한 사신 장행급, 최흔, 장건장 등은 모두 중앙
혹은 지방정부의 정치대표일 뿐만 아니라 문화사자로서 중원의 찬란

---

4) 圓仁 : 《入唐求法巡禮行記》卷 2.

한 문화를 발해에 전파하였던 것이다. 발해가 당에 조공할 때에 보낸 대량의 사신 역시 정치대표이며 동시에 무역과 문화의 사자였다. 그리고 대량의 유학생들이 장안의 太學에 입학하여 고금제도를 학습하는 등 봉건문화를 습득하였다. 유학생 가운데 역사상 이름이 남아 있는 사람은 선왕 시기에 입당한 李居正・朱承相・高壽海 등으로 이들은 833년 학업을 완수하고 발해로 돌아왔으며, 같은 해에 解楚鄕・趙孝明・劉寶俊 등 3인이 장안으로 유학하였다5) 837년(唐開成 2년)에는 대이진이 일차로 16인을 당조에 보내 학습케 하였다. 발해에서는 항상 당왕조에서 시행되는 과거고시에 참가하여 발해 國相이던 烏炤度가 진사에 합격하고 아들 烏光贊도 진사에 합격하였던 일이 아름다운 이야기로 전해졌다.6) 이렇듯 중원 내지의 고도로 발달된 봉건문화가 발해에 들어와 꽃을 피웠던 것이다.

발해가 당황조를 모방하여 3성 6부・12위・경부주현 및 품계제도 등의 각종의 제도를 세우고 長慶宣明曆의 전입, 도자기 제조기술의 수입, 건축기술의 학습 등은 모두 발해의 생산력과 기술의 발전에 매우 큰 영향을 미쳤다. 발해의 회화・조각・공예미술은 성당예술의 화려함과 온화함・강건한 예술 풍격을 나타내고 있으며, 그 실제의 예로 육정산발해묘・정효공주묘출토의 문물과 벽화를 들 수 있다. 유학은 발해사회의 통치사상을 이루었고 불교의 전입은 문화의 교류를 강화하였을 뿐만 아니라 발해의 통치에도 이용되었다. 한자는 통용문자가 되어 내지와 변경지역을 연계시켜 주는 구실을 하였다. 그리고 당의 문학은 발해사회에 널리 퍼져 많은 문학가를 길러냄으로써 貞惠公主墓誌・貞孝公主墓誌 등의 정교한 문장이 나타났다.

당왕조의 찬란한 문화가 발해의 귀족과 일반민에게 흡수되면서 귀

---

5) 《冊府元龜》卷999 《外臣部・請求》: 「(唐) 文宗太和 7年春己亥, 銀靑光祿大夫・簡較秘書監・忽汗都督國王大彛震泰・遣學士解楚卿・趙孝明・劉寶俊三人附謝恩使同中書右平章高賞英赴上都學問先遣學生李居正・朱承朝・高壽海等三人事業稍成, 請准例遞乘歸本國, 許之」 11724頁.

6) 金毓黻: 《渤海國志長篇》卷10 《諸臣列傳 烏炤度傳》

족들은 술자리에서 시를 읊조리고 병풍에는 모두 唐詩를 적게 되었다. 《全唐詩》에 기록된 것을 보면 발해귀족 高元固는 福建을 지나는 도중에 徐寅을 방문하여 그에게 말하길 발해인이 서인의 《斬蛇劍》과 《魚溝水》·《人生幾何》의 詩賦를 받았는데 이것을 모두 金으로 병풍에 써넣었다고 말하자 이에 서인이 감동하여 고원고에게 다음과 같은 시 한수를 지어 주었다.

> 계수나무가지 꺾어 언제 달에서 내려왔는가.
> 閩山으로 나를 찾아와 글을 묻네.
> 金翠로 병풍을 썼다고 하니
> 누가 보잘것없는 나의 시를 동방으로 가져갔나.
> 郯子가 옛적에 孔子를 만났고
> 由余는 전에 秦官을 풍자하였네.
> 아, 가엾구나 大國의 金門士여.
> 몇 사람이나 능히 소박한 꿈을 펼 수 있을 것인가.
> (折桂何年下月中, 閩山來問我雕虫,
> 肯銷金翠書屛上, 誰把芻蕘過日東,
> 郯子昔時遭孔聖, 繇余往代諷秦官,
> 嗟嗟大國舍門士, 幾個人能振素風)[7]

시인 서인이 비록 시상을 떠올린 것은 인재가 불우한 것을 한탄한 것인데 그 내용으로 보아 발해인이 福建에서 시를 물은 것, 그리고 장안에 가서 진사에 급제하는 것 또한 병풍상에 金翠로 唐詩를 쓰는 것 등은 중원문화에 대한 동경심으로 하여 상당히 사람들을 감동시키는 형상인 것이다. 당왕조의 문화는 여러 대에 걸쳐 재능 있는 文士를 길렀다. 그러나 유감스러운 것은 그들의 작품 대부분이 실전되어 버렸다는 점이다. 지금 남아있다고 하는 것은 楊泰師, 楊承慶, 王孝廉, 裴頲,

---

7) 《全唐詩》卷 709 《徐寅二》: 「渤海賓貢高元固先輩, 閩中相訪, 云本國人寫得寅斬蛇劍·御溝水·人生幾何賦, 家(家字가 없는 것도 있다) 皆以金書列爲屛障, 因而有贈」8163頁

裴璆의 십여 수에 지나지 않는다. 당의 시인 溫庭筠은 발해왕자가 귀국할 때에 감정어린 시 한편을 써 주었다.

> 영토가 비록 바다에 의해 떨어져 있지만 詩書는 본래 一家이네.
> 많은 공을 세우고 舊國으로 돌아가니
> 아름다운 이야기들이 중국에 남아있네.
> 국경에서 이별할 때 안타까움이 가득하고,
> 돛을 올리니 새벽노을이 이르네.
> 九門에 바람 잔잔하고
> 고개를 들어 바라보니 하늘 끝이구나.
> (疆里雖重海, 車書本一家, 盛勛歸舊國, 佳勿在中卒.
> 定界分秋漲, 開帆到署霞, 九門風月好, 回道卽天涯.)[8]

온정균은 발해와 바다를 사이에 두고 있다는 것에 대한 안타까움과 발해왕자를 알게 된 것을 기뻐하며 썼던 것이다.

"구국"(발해)－중화(당왕조)는 거리상으로 수천 리나 떨어져 있었으나 여러 민족이 그 운명을 함께 하였을 뿐만 아니라 찬란한 문화가 연결되어 변경지역과 내지를 하나로 묶어주었다. 당왕조 내지의 발달된 봉건문화는 발해의 문화발전을 촉진시켰고 말갈족이 건립한 발해 역시 자기 바다의 역사문화의 내용을 풍부하게 하였다. 그리고 공동으로 한족 주체의 중화민족의 찬란한 역사를 기록하게 되었다.

---

8) 《溫飛卿詩集》卷9.

4. 발해와 일본의 교류 *

발해는 당왕조와의 빈번한 왕래를 꾀함과 동시에 바다를 사이에 두고 서로 마주하는 일본과 통교하여 정치·경제·문화의 관계를 세움으로써 어느 정도 당왕조의 문화를 일본에 전파하는 교량 역할을 하였다. 따라서 중·일관계사에 있어서 중요한 위치를 차지하게 되었다.

1) 발해와 일본의 왕래

발해의 건국 후 2대왕인 대무예는 일본의 지지를 얻어 신라·흑수말갈 그리고 당왕조와 대항하고 지방정권의 실력을 갖추기 위해 727년(武王 仁安 8년, 聖武天皇 神龜 4년) 寧遠將軍 高仁, 德周, 舍那婁, 高齊德 등 24인을 일본에 파견하였다. 고인 등의 일행은 바다를 건너던 중 풍랑을 만나 표류하다 蝦夷에1) 체포되어 고인 등 16인이 피살되고 고제덕 등 8인은 죽음을 면하여 12월에 일본 京城平安京(현재 일본 奈良)에 도착하였다. 인안 9년 정월 3일 聖武천황은 大極殿에서 王臣百僚와 발해사절의 朝賀를 받고 17일에는 中宮에서 고제덕을 맞이하여 국서와 예물을 받았다. 국서의 전문은 다음과 같다.

> 대무예가 고합니다. 산하가 멀리 떨어져있고 국토가 서로 다릅니다. 그러나 일찍부터 소식을 들어서 추앙하는 바가 큽니다. 굽어살펴 보건데 하늘의 뜻을 받아 일본이 개국을 했으니 그 과업이 훌륭하고 그 뜻은 무궁하게 나아갈 것입니다. 무예가 열국에 들기 위해 여러 곳을 돌아다니다가 고구려의 옛 땅에 다시 자리를 잡았고 부여의 풍습을 갖게 되었습니다.

---

* 王承禮 『渤海和日本的往來』渤海而史, 黑龍江人民出版社 1984, pp. 140~166.
 1) 옛 일본의 관동지방 이북에서 북해도 일대에 거쳐 살던 종족. 아이이누 옛 이름.

그런데 길이 멀고 험하였으며 넓은 바다가 가로막고 있어 소식을 전하지 못하고 서로 기쁜 일이나 슬픈 일을 물을 수 없었습니다. 그러나 천황께서 친절을 베풀고 잘 대접해 주었습니다. 그래서 사절단이 초빙을 받아 비로서 일본에 당도하게 되었습니다. 이제 소인(무예)이 24인을 보내어 진상케 하고 담비가죽 300장을 보냅니다. 여러 가지 사정이 여의치 못하지만 천황께 바치는 충정으로 받아주시기 바랍니다. 가죽이 비록 진귀한 것이 아니지만 너그러이 받아주십시오. 굽어살피는 데 어려움이 있지만 어느 때라도 보살펴주시고 모든 소식을 주시면 영원히 이웃과 좋아질 것입니다. (武藝啓：山河異域, 國土不同, 延聽風猷, 只增傾仰. 伏惟大王, 天朝授命, 日本開基, 奕業重光, 本枝百世, 武藝忝當列國, 濫惣諸番, 復高麗之舊居, 有扶餘之遺俗, 但以天涯路阻, 海漢悠悠, 音耗未通, 吉凶絶問. 親仁結授, 庶葉前經, 通史聘隣, 始丁今日. 謹遣寧遠將軍郎將高仁義游將軍果毅都尉德周, 別將舍航等卄四人賚狀, 幷附貂皮三百張奉送, 土宜雖賤, 用表獻芹之誠, 皮弊非珍, 還慚掩口之誚, 主理有限, 披瞻未期, 時嗣音徽, 永敦隣好)[2]

성무천황은 고제덕 등에게 正六位上을 내리고 綵帛綾錦 등을 하사하였다. 이들이 발해로 돌아 올 때 일본은 引田虫麻呂를 파견하여 일본의 국서를 전달케 하였다. 일본의 국서 내용은 다음과 같다.

천황은 발해군왕에게 존경하여 묻는 바이다. 모든 것을 잘 굽어 살펴 알게 되었다. 다시 과거의 관계를 회복하고 전날의 사이좋던 관계를 새롭게 하니 매우 기쁘게 여기는 바이다. 의와 인으로 서로 만나면 국경이 있다고 하는 것도 별로 문제가 될 수 없을 것이다. 바다로 격해 있지만 끊임없는 왕래를 바란다. 고제덕 등이 돌아가는 길에 書와 신문과 綵帛 11 필, 綾 11필, 絁 20필, 絲 100絇, 綿 200둔을 보낸다. 그리고 送使를 같이 보낸다. 날씨가 무더우니 평안히 지내길 바란다.(天皇敬向渤海郡王：省啓其知, 恢復舊壤, 朕以嘉之, 宜佩義杯仁, 監撫有境. 滄波雖隔, 不斷往來. 使因首領高齊德等還次, 付書幷信物, 綵帛十一匹, 綾十一匹, 絁卄匹, 絲一百絇. 綿二百屯 仍差送使, 發遣歸鄕 漸熱. 想平安好)[3]

---

2)《續日本紀》卷10.

3)《續日本紀》卷10. (《渤海國志長編》卷18《文徵》에서 재인용)

730년(仁安 11년) 8월 인전충마려가 발해군왕의 신물을 가지고 회국함으로써 일차적인 우호적 왕래가 이루어진 것이다. 여기서 발해는 자주·평등의 외교를 견지하였고 일본조정 역시 평등의 우호적 관계를 유지하여 발해의 정치요구에 비록 명확한 답을 주지는 않았으나 "비록 거친 바다가 놓여 있지만 끊임없이 왕래하자(滄波雖隔, 不斷往來)"라는 우호적 왕래의 길이 열리게 되었다.

대무예 인안 8년(727년) 1차로 일본에 사절을 보낸 이래로 대인선 13년(919년) 裴璆가 마지막으로 일본으로 향하기까지 206년 간 발해에서 일본으로 사절을 파견한 것이 34차례이고 일본에서 발해에 파견한 것은 13차례로 다음의 표에 그 상황을 나타내었다.[4]

表 1. 渤海使節의 日本 訪問 一覽表

차례	年代			大使	人數	前간使격와년의수	개 요
	기원	渤海	日本	唐			
1	727	武王仁安8년	聖武天皇神龜4년	玄宗開元15	高仁·高齊德	24	武王大武藝가 寧遠將軍郎將 高仁·高齊德 등 24인을 일본에 파견함. 바다를 건너던 중 풍랑을 만나 표류하다가 아이누지역에 표류하여 高仁 등이 살해되고 高齊德 등 8인이 죽음을 면함. 9월에 일본에 도착하여 12월에 日京에 들어감. 9년 正月에 聖武天皇을 배알하고 國書와 信物을 전하자 日皇은 高齊德등 8인에게 正六位上의 品階를 내리고 주연을 베풂. 비단(帛綾絁綿) 등을 하사받고 4월에 귀국함. 일본은 引田虫麻呂를 파견하여 발해를 방문토록 함.
2	739	文王大興2년	天平11년	開元27년	胥要德·已珍蒙	不詳 12	文王大欽茂가 若忽州都督 胥要德·已珍蒙 등을 파견하여 일본을 방문토록 하고 일본에서 보낸 唐使 平群廣成의 귀국길을 함께 함. 要德은 방문 중 익사하고 珍蒙·廣成이 일본에 도착하여 12월 日京에 들어감. 國書 皮 6장, 인삼 30斤, 꿀 3斤을 헌상함. 大興와 信物, 大蟲皮·羆皮 각각 7장, 豹3년 正月

4) 金毓黻 : 《渤海國志長編》.
   黃維翰 : 《渤海國紀》.
   鳥山喜一 : 《渤海史上の諸問題》匯編.

차례	年代				大使	人數	前使와의 간격년수	개요
	기원	渤海	日本	唐				
								口모은 답례로 美濃絁 30필, 絹 30필, 絲 150구, 調錦 300둔을 주고 珍蒙 등에게 각기 官位를 수여함. 珍蒙은 渤海樂을 연주하고 활쏘기 대회를 참관함. 2월 大伴犬養이 발해사신의 회국 길을 같이함.
3	752	大興15년	孝謙天皇天平勝寶4년	天寶11년	慕施蒙	75	13	文王 대흠무가 輔國大將軍 慕施蒙 등 75인을 일본에 파견함. 大興16년 5월 入京함. 國書를 가지고 가지 않아 그 뜻을 구술하고 信物을 헌상함. 일본 조정은 慕施蒙에게 國禮를 고칠 것을 요구하며 오랫동안 다투다가 마침내 官位를 수여하고 物을 하사함. 6월에 회국함.
4	758	大興21년	天平寶字2년	乾元元年	楊承慶	23	6	가을에 輔國大將軍·行木底州刺史 楊承慶·歸德將軍 楊泰師·馮方禮 등 23인을 일본사신 小野田守의 회국길에 같이 파견하여 聖武天皇의 喪에 조문하게 함. 9월에 도착하여 12월에 入京함. 大興22년 正月 天皇에게 國書와 信物을 헌상하였고 天皇은 楊承慶에게 正三位, 그 이하는 각기 차등을 두어 수여함. 주연을 베풀고 女樂과 綿 1百屯을 하사함. 天皇은 高元度 등 99인을 발해에 보내 당에 파견하였던 사신 藤原河淸을 영접케 함. 天皇은 발해왕에게 비단(土毛絹) 30필, 美濃絁 30필, 絲 200구, 綿 300둔과 錦 4필, 천(兩面) 2필, 白羅 10필, 彩帛 30필, 白綿 100帖을 하사하면서 "물건을 비록 많지 않지만 나의 깊은 생각에 들어 있다"고 전하고 "사신을 唐에 보내니 당신의 나라를 지나게 된다"고 말함. 일본 시인들이 송별의 시를 지었고 楊泰師도 답례를 하였으며 2월에 돌아왔다.

차례	年代				大使	人數	前간使격와년의수	개요
	기원	渤海	日本	唐				
5	759	大興 22년	淳仁天皇 天平寶字 3년	乾元 2년	高南申	不詳 1		文王 大欽茂가 輔國大將軍·玄免州刺史 高南申·高興福을 일본 사신 內藏全成 등이 회국하는데 함께 파견하여 일본을 방문토록 함. 高南申은 入唐使 藤原河淸의 表文을 가지고 감. ○ 표문에는 唐亂이 아직 평정되지 않아 여정이 위험하여 회국할 수 없음이 나타나 있음. 高南申 일행은 대마도에 표류하여 12월에 入京함. 大興 23년 正月에 日皇의 접견을 받음. 高南申은 正三位를 수여받고 그 이하는 각기 차등을 두어 位를 받음. 발해국왕에게 비단(絁) 30필, 실(絲) 200絢, 비단(調錦) 300둔을 주고 大使 이하는 각기 차등을 두어 수여함. 大興 23년 2월에 회국함. 일본은 陽候玲璆를 파견하여 발해 사신의 회국길을 따르도록 함.
6	762	大興 25년	天平寶字 6년	寶應元年	王新福	23 3		文王 大欽茂가 紫綬大夫 行正堂省左允王新福 등 23인을 일본 사신 伊吉益麻呂와 함께 일본에 파견함. 10월에 加賀에 도착하여 12월에 入京함. 26년 正月에 方物을 헌상함. 日皇은 王新福에게 正三位를 수여하고 주연을 베풀며 樂을 연주함. 그 중에 林邑樂이 있음. 王新福은 日皇에게 唐玄宗·肅宗이 죽고 代宗이 섭정하고 있으며 史朝의 난이 아직 평정되지 않아 朝貢의 길은 蘇州를 택하여야 하나 이 역시 지나기 어렵다고 보고함. 2월에 日皇은 잡색의 겹옷 30궤를 수여하고 板振鎌束으로 하여금 王新福이 회국하는 길을 따르도록 함.
7	771	大興 34년	寬仁龜天2皇寶年	大曆 6년	壹萬福	325 9		文王 大欽茂가 靑綬大夫 壹萬福·慕昌祿 등 325인을 파견하여 17척의 배에 나누어 타고 일본을 방문함. 6월에 도착하여 35년 正月에 萬福등 40인이 入京하여 方物을 헌상함. 일본조정은 國書表文이 體例에 적합하지 않음을 보고 관계 司에 명을 내려 賓禮를 멈추게 하자, 壹萬福은 表文을 수정함. 萬福에게 從三位를 제수하고 주연을 베풂. 발해왕에게는 비단(美濃絁) 30필, 실(絲) 200둔, 비단(調錦) 300둔을 수여하고 大使이하는 각기 차등을 두어 상을 내림. 武生鳥

230 渤海의 起源과 文化

차례	年代				大使	人數	前使와의 간격년수	개 요
	기원	渤海	日本	唐				
								守를 파견하여 國書를 가지고 萬福일행과 함께 발해로 가도록 함. 武生은 36년 여름에 회국함.
8	773	大興36년	寶龜4년	大曆8년	烏須弗	不詳	2	여름, 大欽茂가 烏須弗 등을 일본에 파견하여 能登에 도착함. 일본은 書牒이 體例에 맞지 않고 그 언사가 오만하자 이들의 入京을 거절하고 사람을 보내어 그 까닭을 물으니 烏須弗이 회답하기를 "일본과 발해는 형제와 같은데 근래에 일본 사신 內雄이 발해를 방문하여 音聲을 배우고 돌아간 지가 이미 10년이 지나 건강여부를 알 수 없고 발해사신 壹萬福이 일본을 방문한지 3년이 지나도록 귀국하지 않으니 국왕께서 나로 하여금 물어 보도록 하였기 때문입니다"라고 함. 일본은 이에 祿位・粮食을 주어 바다해로 돌려 보냄.
9	776	大興39년	寶龜7년	大曆11년	史都蒙	167	3	文王 大欽茂가 獻可大夫 司賓少令 史都蒙・高祿思・高淑源 등 167인을 일본에 파견하여 光仁天皇의 즉위를 축하하고 王妃의 죽음에 조의를 표하게 함. 史都蒙 등은 南海府 吐號浦를 출발하여 39년 12월 풍랑을 만나 일행 중 120인이 죽고 史都蒙 등 46인이 죽음을 면하여 加賀에 도착함. 40년 4월에 入京하여 日皇을 朝覲하자 日皇은 史都蒙에게 正三位를 수여하고 그 이하는 각기 차이를 두어 位를 내림. 주연을 베푼 자리에서 史都蒙은 발해악을 연주함. 日皇은 발해왕에게 비단(絹)50필, 실(絲) 200구, 솜(綿) 200둔, 황금 100냥, 水銀 100냥, 金漆 1부, 수정염주 4관, 檳榔扇 10매를 주면서 高麗殿嗣를 答聘使로 파견하여 國書를 전달케 함.
10	778	大興41년	寶龜9년	大曆13년	張仙壽	不詳	2	獻可大夫 司賓少令 張仙壽를 일본사신 高麗殿嗣의 회국시에 같이 파견함. 9월에 越前에 도착함. 42년 正月에 方物을 헌상함. 日皇은 주연을 베풀고 官職을 내림. 2월에 日皇의 書와 信物을 가지고 회국함.

차례	年代			大使	人數	前간使격와년의수	개 요
	기원	渤海	日本	唐				

차례	기원	渤海	日本	唐	大使	人數	前간使격와년의수	개 요
11	779	大興 42년	寶龜 10년	大曆 14년	張仙壽	359		大興 42년 가을, 大欽茂가 高泮弼을 押領使로 하여 國人과 鐵利人 359인을 일본으로 파견하여 9월에 出羽에 도착함. 11월 國書의 體制가 적합하지 않고 築紫道의 길을 택하지 않았다하여 入京을 거절당함. 일본은 비단(調絁)·비단(相模庸綿)·천(陸奥稅布)·船 9척을 주어 일행은 12월에 회국함.
12	786	大興 49년	桓武天皇延曆 5년	貞元 2년	高泮弼	65	8	大興 49년 가을 李元泰 등 56이 일본을 방문 9월에 육지에 도착하여 아이누에게 살해되고 出羽에 도달한 나머지 41인은 회국하기 어려워 일본조정은 越后의 지방관에게 지시하여 내 한 척을 주고 선장 및 선원 등으로 하여금 李元泰 일행이 회국하는 것을 돕도록 함.
13	765	康王正曆	延曆 14년	貞元 11년	李元泰	60	9	匡諫大夫 工部郎中 呂定琳 등 60인이 일본을 방문하여 文王의 죽음과 康王 嵩璘의 즉위를 고함. 바다를 건너던 중 풍랑을 만나고 아이누의 습격을 받음. 11월 出羽에 도착하여 正曆 2년 4월 入京함. 康王의 書와 唐에 유학 간 일본의 학문승 永忠이 기탁한 書를 전함. 일본은 발해왕에게 비단(絹) 20필, 비단(絁) 20필, 실(絲) 100둔, 솜(綿) 200둔을 증여함. 大正官은 沙金 100냥을 定琳에게 기탁하여 永忠에게 권하게 함. 日皇은 御長廣岳을 발해에 파견함.
14	798	正曆 4년	延曆 17년	貞元 14년	大昌泰	不詳		康王 嵩璘은 慰軍大將軍·左熊衛都將大昌泰에게 國書를 가지고 일본의 사신 內藏賀茂가 회국하는 것과 함께 일본을 방문토록 함. 12월 入京하여 초빙의 간격 제한을 없애고자 하는 嵩璘의 요구를 전하자 日皇이 이를 허락함. 正曆 5년 4월 大昌泰는 滋野般白과 함께 회국함. 이전에는 일본은 北國道를 따라 일본을 방문하는 것을 금하고 반드시 築紫道를 따르도록 하였으나 이후부터 이 금지를 없애고 또한 能登에 客完을 세워 발해 사신을 접대함.

차례	年代				大使	人數	前使와의 간년수	개 요
	기원	渤海	日本	唐				
15	808	正曆 15년	平城天皇 大同 4년	元和 4년	高南容	不詳	11	10월 和部少卿 高南容·高多佛이 일본을 방문하여 康王의 죽음과 定王의 즉위를 고함. 다음 해에 日京에 들어가 4월까지 鴻臚館에서 접대를 받음. 嵯峨天皇이 定王에게 보내는 國書를 가지고 회국함. 高多佛은 일본에 남아 후에 高庭氏가 됨.
16	810	定王永德元年	嵯峨天皇弘仁元年	元和 5년	高南容	不詳		9월 高南容이 國書를 가지고 일본을 방문하려 嵯峨天皇의 즉위를 축하함. 12월에 入京하여 永德 2년 正月에 日皇이 주연을 베풀고 각기 차이를 두어 祿位를 수여함. 日皇은 大納言 坂上田村麻呂·菅野眞道를 파견하여 朝集院에서 주연을 베풂. 4월에 南容이 회국하자 日皇은 林東人을 파견하여 전송함.
17	814	朱雀 2년	弘仁 5년	元和 9년	王孝廉	不詳	4	가을, 太守 王孝廉·高景秀·釋仁貞 등이 일본을 방문하여 定王이 죽음을 고함. 9월에 도착하고 12월에 入京하여 國書를 전달함. 日皇은 주연을 베풀고 祿을 수여함. 王孝廉이 詩를 지어 일본의 公海와 서로 화답함. 朱雀 3년 6월 王孝廉이 병으로 죽자, 日皇은 正三位를 수여하고 朱雀 4년 여름 高景秀 등이 일본에서 회국함. 日皇이 書를 내려 책하기를 "舊禮에 따르지 않고 禮를 어긋나게 한 서찰은 잘못이다." 그리고 또 말하길 "지나간 것은 꾸짖지 않고 이후부터 잘해줄 것을 요구한다"고 함.
18	818	簡王太始元年	弘仁 9년	元和 13년	慕感德	不詳	4	겨울, 宣王 大仁秀가 慕感德을 일본에 보내 僖王, 簡王의 죽음을 고하려 하였으나 國書의 체제가 맞지 않는다 하여 入京을 거절당함. 다음해 일본은 배를 만들어 慕感德을 발해로 돌려보냄.

차례	年代				大使	人數	前間使格와년의수	개요
	기원	渤海	日本	唐				
19	819	宣王建興元年	弘仁10년	元和14년	李承英	不詳	1	겨울, 文籍院 述作郞 李承英 등이 일본에 감. 12월에 入京하여 建興 2년 정월에 국서와 方物을 전함. 日皇은 주연을 베풀고 位를 수여함. 李承英은 日皇의 국서를 가지고 唐越州人 周光羽·言升 등과 함께 발해로 돌아옴.
20	821	建興3년	弘仁12년	穆宗長慶元年	王文矩	不詳	2	겨울, 政堂省左允 王文矩가 國書를 가지고 일본을 방문함. 11월에 일본에 도착하여 12월에 入京함. 嵯峨天皇은 주연을 베풀고 王文矩의 격구 모습을 지켜보고 이를 詩로 묘사함. 綿 200둔을 하사하고 正三位를 수여함. 建興 3년 2월 文矩는 日皇의 국서를 가지고 회국하여 12년에 한번씩 사신을 초청한다는 天皇의 뜻을 전함.
21	823	建興5년	弘仁14년	長慶3년	高貞泰	101	2	겨울, 高貞泰 등 101인이 일본을 방문함. 11월에 加賀에 상륙하여 다음해 4월 越前지방관에게 천황에게 줄 信物을 전달하고 이외에 거란의 사냥개 2마리, 개(狗) 2마리를 전함. 일본 조정은 발해사신이 12년에 한번씩 일본을 방문하도록 함. 일본이 연이어 발해사신을 접대하기 위해 백성에게 수납토록 하는 것은 벽성을 괴롭히는 것이기에 발해사신을 접대하는 것을 꺼려함. 이에 발해사신이 서울에 들어오는 것을 허락지 않고 貞泰 일행은 발해로 돌아옴.
22	825	建興7년	淳和天皇天慶2년	敬宗寶曆元年	高承祖	103	2	겨울, 宣王 大仁秀는 正堂省 少卿 高承祖 등 103인을 일본으로 파견하여 12월 隱歧에 도착함. 建興 8년 정월 일본 右大臣 藤原緖嗣는 발해사신이 방문하는 기간이 아직 되지 않았으므로 舊典에 위배되나 靈仙의 부탁을 받았기이 이를 받아들임. 그러나 발해사신은 실지로 상인의 무리였기 때문에 소동이 발생하고 또한 일본에 부災가 계속되었으므로 이를 즉각 거절함. 日皇 역시 허락지 않음. 5월 高承祖는 入京하여 靈仙이 맡긴 表物을 日皇에게 전하고 여름에 회국함.

차례	年代				大使	人數	前간使격와년의수	개요
	기원	渤海	日本	唐				
23	827	建興9년	天長4년	文宗太和元年	王文矩	100餘人	2	겨울, 政堂省左允 王文矩 등 100여인이 일본으로 향하여 12월에 육지에 도착하여 但馬에 머무름. 建興 10년 정월 일본 조정은 林遠雄을 보내어 기간을 위반하여 일찍 방문한 원인을 물음. 王文矩는 이번에 온 것은 唐卒盧淄靑節度使 康忠睦과의 通交의 일로 왔다고 대답함. 日皇은 12년의 햇수가 지나지 않아 방문기일이 되지 않았다 하여 이들의 入京을 거절함. 비단(絹), 솜(綿), 船·粮 등을 하사하여 이들을 발해로 돌려보냄. 당시 발해사자에게는 많은 貨物이 있어 日本과 私貿易을 하고자 하였으나 정부에서 엄금하여 관리가 이를 위반하여 중죄로 다스리고 일반민이 위반하면 곤장 일백대로 다스림.
24	841	和咸11년	仁明天皇承和8년	武宗會昌元年	賀福延	105	14	겨울, 政堂省左允 賀福延·王寶璋 등 105인이 일본을 방문함. 12월에 長門에 도착하고 咸和 12년 3월, 12년 만에 방문할 것임을 밝힘. 또한 貞素가 唐에서 돌아오는 길에 바다에 익사하여 일본 조정이 기탁하여 靈仙에게 전하려 했던 황금을 분실하였음을 설명함. 入京하여 鴻臚館에서 대우를 받고 信物을 상납하고 賀福延은 가지고 갔던 토산품을 일본의 여러 대신들에게 나누어줌. 이후 賀福延은 國書·信物을 가지고 회국함.
25	848	咸和18년	仁明天皇嘉祥元年	宣宗大中2년	王文矩	100	7	겨울, 大彝震은 永寧縣丞 王文矩 등 100인을 일본에 파견함. 12월에 能登에 도착. 日皇은 비록 발해사신이 전에 와서 약속하였던 기간을 어겼으나 먼 거리를 오는 도중 사람과 화물이 훼손되었음을 보고 入京을 허락함. 咸和 19년 4월 文矩가 入京하여 鴻臚館에서 접대를 받고 日皇은 주연을 베풀어 二位를 수여함. 여름에 회국함.

차례	年 代				大使	人數	前使와의수 간격년	개 요
	기원	渤海	日本	唐				
26	858	□王 虔晃 元年	文德天皇天安2년	大中12년	烏孝愼	104	10	겨울, 政堂省左允 烏孝愼·周元伯 등 104인이 일본을 방문함. 虔晃 2년 정월 珠州에 도착하였으나 入京을 거절당하여 加賀에서 머무름. 일본은 安倍淸行苅田安雄을 領客使로 보내어 國書를 받게 하고 日皇은 烏孝愼에게 비단(東紬) 50필, 솜(綿) 400둔을 하사함. 國書와 禮物을 다시 내리고 7월에 孝愼은 加賀에서 회국함. 加賀에서 周元伯은 鳥田忠臣 등과 서로 노래를 화답하였고 이들 일행이 唐長慶宣明曆을 일본에 전함.
27	860	虔晃3년	淸和天皇貞觀2년	懿宗成通元年	李居正	105	2	겨울, 李居正 등 105인을 일본에 파견함. 虔晃 4년 조월 島根에 도착함. 居正 일행은 명의상으로 文德天皇의 죽음을 조문하는 것이었으나 日皇은 領客使와 地方官에게 발해 사신이 이번에 방문한 것은 기간을 위반한 것으로 응당 돌려보내야 마땅하다고 지시를 내림. 日皇은 居正이 公卿의 서열에 처해 있고 또한 문장이 뛰어난 것에 기뻐하여 특별히 비단(紬) 135필, 솜(綿) 1225둔을 하사하고 入京의 허락치 않음. 李居正은 불경(梵本東勝呪)을 일본에 전함. 虔晃 4년에 회국함.
28	811	虔晃14년	貞觀13년	咸通12년	楊成規	105	11	겨울, 政堂省 左允 楊成規가 왕명을 받고 일행 105인과 함께 일본을 방문함. 12월 加賀에 도착하여 다음해 考問겸 領客使인 大春日安守·美努淸名과 掌客使인 都良香·平秀長의 영접을 받고 5월에 入京하여 鴻臚館에 머뭄. 日皇을 알현하지 못하고 領客使에게 國書와 信物, 大虫皮 7장, 豹皮 6장, 熊皮 7장, 蜜 5斛을 전함. 日皇은 成規에게 從三位를 수여하고 그 이하는 각기 차이를 둠. 成規가 진기한 재화를 가지고 있기에 일본 조정은 시장고역을 하락함. 먼저 內藏寮과 교역하며 官錢 40만을 얻고 또한 日京과 여러 도시에서 교역함. 成規는 문장에 뛰어나 都良香 등과 詩賦를 논하였으며 얼마 후 회국함.

차례	年代				大使	人數	前使와의 간년격수	개 요
	기원	渤海	日本	唐				
29	876	玄錫5년	貞觀18년	僖宗乾符3년	楊中遠	105	5	겨울, 大玄錫이 政堂省孔目 楊中遠 등 105인으로 하여금 일본을 방문토록 함. 12월에 도착하여 島根에 머무름. 日皇에게 일본 조정이 楊成規로 하여금 시장교역을 허락하고 또한 풍랑을 만나 일본에 도착한 발해의 唐使 門孫宰가 무사히 회국한 것에 대해 감사의 글을 전함. 玄錫 6년 2월 일본 太政官은 방문 기간이 아직 이르지 아니하였다 하여 入京을 거절하고 國書와 信物을 받지 아니함. 楊中遠은 대모배(玳瑁盃)를 가지고 갔으나 日皇은 받지 아니함. 楊中遠 등은 出雲에서 발해로 돌아옴.
30	882	玄錫11년	陽成天皇元慶6년	中和2년	裵頲	105	6	겨울, 대현석이 文藉院少監 裵頲·高周封 등 105인을 일본에 파견하여 11월 加賀에 도착함. 玄錫 12년 정월 日皇은 裵頲을 入京하도록 허락함. 日皇은 이들을 위해 가옥과 도로 교량을 수리하도록 명함. 또한 入京하기 전 郊迎使·学客使를 파견하여 이들을 영접토록 함. 5월에 入京하여 國書와 方物을 헌납하니 日皇은 주연을 베풀고 이들에게 位를 수여하고 의복을 하사함. 鴻臚館에 있는 內藏寮와 珍貨를 교역함. 日皇은 문장에 능한 문장박사 菅原道眞·島田忠臣 등 30인을 보내어 이들과 詩賦를 논하게 함. 5월에 국서와 선물을 가지고 회국함.
31	891	玄錫21년	宇多天皇寬平3년	昭宗大順2년	王龜謀	105	9	겨울, 文藉院少監 왕귀모(王龜謀) 등 105인이 국서를 가지고 일본을 방문함. 12월 出雲에 도착하였으나 일본 조정은 12년의 기간이 되지 않았다 하여 入京을 거절함. 日皇과 太政官은 書와 牒을 하사하고 배, 식량을 주어 돌려보냄. 이 書·牒은 일본의 書法家인 藤原敏行·小野美材가 쓴 것임. 다음해 8월에 회국함.

차	年 代				大使	人數	前間使격와년의수	개 요
례	기원	渤海	日本	唐				
32	894	□王瑋瑎原年	寬平6年	乾寧元年	裵頲	105	3	겨울, 文籍監 裵頲이 명을 받고 105인이 일본을 방문함. 12월에 伯耆에 도착하여 다음해 5월 入京하여 鴻臚館에서 환대를 받음. 裵頲 등과 菅原道眞·紀谷長雄 등은 서로 주작하여 詩賦를 노래하면서 이별의 아쉬운 정을 나타냄. 5월에 회국함.
33	904	諲譔原年	醍醐天皇延喜8년	后梁開平元年	裵璆	不詳 13	겨울, 大諲譔은 裵頲의 아들 文籍원 少監·裵璆를 일본에 파견함. 일행은 伯耆에 도착. 日皇은 存問使·掌客使·領客使 등을 파견하여 서울로 맞이함. 醍醐天皇은 裵璆에게 從三位를 수여함. 6월 회국하기 전날 저녁 鴻臚館의 여러 文士들이 이들이 떠나감을 아쉬워하며 賦詩를 노래함. 裵璆는 일본 國書와 太政官牒을 가지고 회국함.
34	919	諲譔13년	延喜19년	后梁末帝貞明5년	裵璆	105	12	겨울, 和部少卿裵璆가 다시 奉使 105인과 함께 일본을 방문함. 11월 若狹에 도착하여 越前의 松原驛에 머무름. 다음해 5월 日皇의 허락을 받아 20인이 珍貨를 가지고 入京하여 鴻臚館의 환대를 받음. 國書와 信物을 헌상하니 日皇은 주연을 베풀고 裵璆에게 正三位上을 수여함. 6월 大江鮮納·紀有昌등의 文士와 裵璆가 鴻臚館에서 請賦를 노래하고 회국함. 사절단 가운데 4인이 일본이 남아 越前에 거주함.

表 2. 日本使節의 渤海 訪問 一覧表

차례	年代				大使	개 요
	기원	渤海	日本	唐		
1	728	武王仁安9년	聖武天皇神龜5년	玄宗開元6년	引田忠疏呂	2월, 日皇은 引田虫疏呂를 送渤海客使로 하여 高齊德의 방문에 대한 답으로 발해를 방문토록 함. 발해국에 國書와 信物을 헌상하고 730년(仁安 11년 天平 2년)에 회국함. 발해군왕의 信物을 天皇에게 전하자 이 信物을 山陵 6곳에 두도록 하고 故太政大臣 藤原不比 등을 무덤에 제사를 올리도록 명함.
2	740	文王대興3년	天平12년	開元28년	大伴犬養	2월, 大伴犬養이 발해사신으로 일본을 방문한 己珍蒙과 함께 발해를 방문. 10월에 귀국함.
3	758	大興21년	天平寶字2년	肅宗乾元元年	小野田守	日皇이 小野田守·高橋老疏呂 등 68인을 파견하여 발해를 방문함. 가을, 발해는 이들이 회국할 때 楊承慶을 함께 보냄. 日皇은 小野田守에게 從5位下를 수여하고 그 이하는 각기 차이를 둠. 小野田守는 日皇에게 唐은 安祿山의 亂이 발생하여 발해와 平盧에 머물은 후 귀국하는 길을 늦추겠다고 보고함. 淳仁天皇은 이 보고를 접한 후 대신들에게 이와 같은 상황을 알리고 대책을 세워 방비하도록 지시함.
4	759	大興22년	天平寶字3년	乾元2년	高元度	淳仁天皇은 高元度를 迎入唐使로 삼아 99인과 함께 발해를 방문하게 함. 高元度 등 99인은 이미 발해를 방문하고 唐 長安에 가 있던 遣唐使 藤原河淸을 맞이함. 2월, 高元度는 발해사신 楊承慶과 함께 발해에 도착하고 10월 判官 內藏全成이 회국함. 大欽茂는 楊方慶을 高元度 등 11인과 함께 唐使로 파견함. 高元度는 朝貞道를 따라 登州에 도착하여 이곳의 開元寺에 들러 西方淨土와 補陀淨土 벽화를 그리고 소원성취를 빈 후 장안으로 향함. 761년에 회국함.
5	760	大興23년	天平寶字4년	上元元年	陽候玲璆	2월, 天皇은 발해사신 高南申이 귀국하는 길에 陽候玲璆를 파견하여 발해를 방문토록 함. 11월에 회국함.

차	年 代			大	개 요
례	기원	渤海	日本	唐	使	
6	761	大興 24 년	天平寶字 5 년	上元 2 년	高麗大山	천황은 高麗大山을 大使, 伊吉益麻呂를 副使로 하여 발해를 방문토록 함. 大山은 중도에서 병사하고 伊吉益麻呂는 발해에 도착하여 762년(大興25년 天平寶字 6년) 10월 발해에서 파견한 王新福과 함께 회국함.
7	763	大興 26 년	太平寶字 7 년	代宗寶應 2 년 廣德 元年	板振鎌束	2월, 日皇은 발해사신 王新福이 귀국하는 길에 板振鎌束을 함께 보내 발해를 방문토록 함. 10월 일본의 唐 유학생 高內弓 그의 처 高氏, 아들 廣成·아이들·유모·入唐 학문승 戒融·優婆塞 1인과 함께 귀국하는 도중 풍랑을 만남. 鎌束은 풍랑을 만난 것은 배안에 異國의 부녀자가 있기 때문이라 하여 內弓의 처, 아들, 유모 優婆塞 4인(優婆塞 : 우바새, 출가하지 않고 불제자가 된 남자)을 바다 속에 빠뜨림. 鎌束은 귀국 후 이 일로 인해 옥에 갇힘.
8	772	大興 32 년	寶龜 3 년	大曆 7 년	武生烏守	2월, 武生烏守는 일본을 방문 중인 발해사신 壹萬福의 귀국길에 함께 국서를 가지고 발해를 방문, 해상에서 풍랑을 만나 能登에 도착하여 福良津에 머무른 후 다시 발해로 향함. 773년 (大興36년 寶龜 4년)에 회국함.
9	777	大興 40 년	寶龜 8 년	大曆 12 년	高麗殿嗣	日皇은 高麗殿嗣를 答聘使로 하여 발해사신 史都蒙의 귀국 길에 함께 발해를 방문하여 국서를 전하고 王后의 죽음을 조문함. 778년(大興 41년, 寶龜 8년) 가을 발해에서 파견한 張仙壽와 함께 일본으로 돌아옴.
10	798	正曆 2 년	延曆 15 년	貞元 12 년	御長廣岳	5월 日皇은 御長廣岳·柔原秋成으로 하여금 발해사신 呂定琳의 귀국길을 함께 하여 발해를 방문 국왕의 喪을 조문토록 함. 日皇은 呂定琳이 가지고 온 國書가 앞뒤가 맞지 않고 舊禮에 어긋남을 보고 방문의 길에 禮를 우선하고 그 뜻에 맞게 하지 않는다면 어찌 왕래할 수 있겠는가 라고 말함. 御長廣岳의 회국길에 康王은 桓武天皇에게 書를 보냄. 書가운데 康王은 오랫동안 좋은 관계를 유지하여 왕래를 계속한 것에 감사하고 사신의 수를 20으로 제한하고 방문의 간격을 제정한 것을 기쁘게 받아들여 다음 방문할 것을 기다린다고 말함. 日皇은 이를 보고 앞뒤가 禮에 어긋남이 없고 글이 공손하여 禮를 볼 수 있다고 함.

차례	年代				大使	개요
	기원	渤海	日本	唐		
11	798	正曆 4년	延曆 17년	貞元 14년	賀茂麻呂	桓武天皇은 賀茂麻呂로 하여금 國書와 絹·絁 각 30필, 絲 200구·솜(綿) 300屯을 가지고 5월 발해를 방문토록 함. 天皇은 國書 중에 말하길 6년을 방문의 간격으로 하는 것이 옳다고 함. 12월 賀茂麻呂가 회국하면서 발해사신 大昌泰와 함께 옴.
12	799	正曆 5년	延曆 18년	貞元 15년	滋野船白	4월, 桓武天皇은 式部小錄 滋野船白으로 하여금 國書와 信物을 가지고 大昌泰의 회국길을 같이하여 발해를 방문토록 함. 日皇은 방문의 간격을 6년으로 정하였으나 연수에 구애되지 않고 청하는 바를 받겠다고 國書에 표시함. 9월 船白은 康王의 書를 가지고 귀국함. 日皇은 延曆 23년 (804년에 敕을 내려 많은 발해사신이 대부분 能登에 도착하여 머무르므로 소홀함이 없도록 客院을 만들도록 함.)
13	811	永德 2년	弘仁 2년	元和 6년	林東人	10월, 嵯峨天皇은 林東人·上毛嗣益으로 하여 발해사신 高南申이 귀국하는 길을 같이 하여 발해를 방문토록 함. 10월에 회국함. 定王은 書를 주었으나 林東人이 이를 열어보고 舊禮에 맞지 않는다 하여 받지 않음. 上毛嗣益은 회국사에 두 번째 배를 타고 있었으나 길을 잃어 귀국하지 못함.

위에서 게재한 2개의 표를 가지고 발해와 일본의 관계를 분석해 볼 수 있다. 발해 측에서 볼 때 일본과 왕래한 206년 동안 발해왕실의 열정이 계속되어 처음에는 정치적 요구에서 시작하여 우호적 관계를 이루고 지지와 지원을 얻어 경제적 요구를 만족시키는 것이 주목적이 되었다. 발해사회의 경제가 발전함에 따라 귀족생활의 욕망이 점차 높아짐으로써 발해의 사절단은 정치상의 우호적 관계 수립이라는 사명 이외에 무역의 요구가 점차 많아졌고 궁정·관·민간의 무역이 이루어지게 되었다. 이렇듯 발해의 사절은 상당한 정도로 무역단의 역할을 수행하였다고 볼 수 있다. 또한 무역을 전개함과 동시에 발해사회의 문화조류의 내용도 점차 많아지게 되자 대사·부사를 학식이 있는 사람으로 선출하여 충당하는 등 문화교류가 사절단의 중요한 사명 중의

하나가 되었다.

  일본 측에서 볼 때 206년 동안의 왕래 중 전 13차례의 답방이 있었고 그 후에는 사절을 보내지 않았음을 알 수 있다. 이는 일본과 발해의 교류 중 전기는 비교적 적극적이었으나 후기에는 적극적이지 않을 뿐만 아니라 냉담한 반응을 보이기도 한 것으로 국서 등에서 여러 차례 논쟁한 바와 같이 일본조정은 발해가 藩屬國이 되기를 바랐으나 발해는 자주·평등의 원칙을 견지하였기 때문이라고 할 수 있다. 그리고 일본의 경제가 점차 쇠퇴하고 9~10세기에는 쇄국정책을 취하게 되자 일본 조정으로서는 증가하는 발해사절을 맞이하는 것이 부담스럽게 되고 얻는 바도 없게 되어 발해에 대한 답방을 하지 않고 또한 발해사절의 방문에도 제한을 가하여 798년에는 6년에 1차례로 정하였으며 821년에는 12년에 1차례로 정하여 이를 어기면 접대를 거절하였던 것이다.

  발해의 34차례의 사절단 중 가장 적은 인원은 22명, 가장 많을 때의 인원은 359명으로 그 중 105명으로 구성된 때가 여러 번 있었다. 배는 적을 때는 1척, 많을 때는 17척으로 1척의 평균인원은 19명이었다. 사절단원의 구성은 함화 11년(841년) 발해 중대성에서 일본 太政官에 보낸 牒에서 그 양상을 알 수 있다.[5]

  渤海國中臺省 牒上 日本國太政官 應差入覲 貴國使政堂省左允賀福延幷行
  從壹百伍□
  一人使頭 政堂省左允福延
  一人嗣使 王寶璋
  二人判官 高文宣 烏孝愼
  三人錄事 高文宣 高文信 安寬喜
  二人譯語 幸(李)憲壽 高應愼
  二人史生 王祿昇 李鮮淸

5) 鈴木靖民 : 《渤海の首領に關する豫備的考察》, 104頁
   酒寄雅志 : 《渤海王권權の一考察》, 360頁. 《朝鮮歷史論集》上卷, 龍溪書舍, 東京, 1979.

一人天文生 晋昇壹
六十五人大首領
廿八人梢工

이 첩문을 분석해 보면 사절단은 대체로 다음과 같이 4부분으로 조직되었음을 알 수 있다 : 1. 중앙관원; 大使(使頭), 副使(嗣使), 判官錄事. 이 4등의 관은 사절단의 주요 구성원으로 발해 지방정권의 정치대표였으며 무장·문관 혹은 經史에 밝은 文辭의 인물로 선임하였다. 2. 사무관원; 통역원, 기록사(史生), 천문학자, 3. 지방수령 : 이들은 발해의 지방 정치세력의 대표로 62주를 대표하는 것이며 어느 한 지방도 소홀히 하는 일은 허용되지 않았다. 4. 선원(梢工)

발해가 일본을 왕래한 육로·해로를 역사서에서는 日本道라 칭하고 있다. 발해사신이 일본도로 사용했던 길은 대체로 동경용원부를 거쳐 그 남쪽으로 30리에 있는 長嶺子山을 통과하여 해안을 따라 동쪽으로 갔다. 현재 淸津과 블라디보스톡 사이에 있는 毛口崴에 도착하면 여기서 발해사신은 배를 타고 동해를 가로질러 건넜다. 처음에는 경험의 부족과 해로에 대한 지식이 적어 발해사신은 항상 표류하여 出羽일대(현재 일본북부 山形·秋田縣)에 도착하였으나 그 후 점차 항해경험과 지식이 증가되어 발해인들은 이러한 해로의 성질을 장악하게 되었다. 그 후 발해사신은 가을부터 12월 바다가 얼기 전까지 대륙에서 불어오는 북풍·서북풍과 북에서 남으로 흐르는 한류를 따라 범선을 이용하여 能登·加賀·越前(현재 일본의 石川·新潟·福井縣) 등에 도착하게 되었다. 그리고 여름이 되면 바다 쪽에서 불어오는 남풍과 동남풍을 이용하여 돌아올 수 있었다. 단지 9번 째였던 776년 사도몽 등은 남경남해부의 吐號浦를 출발하여 대마도를 거쳐 일본에 도달한 적이 있다. "일본도"의 전 길이는 1130km로 육로(上京龍泉府에서 毛口崴까지)가 약 230km, 해로(毛口崴에서 能登·加賀까지)가 약 960km이다. 그런데 이 "일본도"는 파도가 거세어 양국의 사절은 많은 위험을 겪어 대사였던 3명이 목숨을 잃고 2백 명 이상이 질병에 걸리기도 한 것을 기록에서 찾아 볼 수 있다.

2) 발해와 일본 왕래의 영향과 의의

발해와 일본의 왕래는 우선 정치관계를 밀접하게 하였다. 2백여 년의 왕래 과정 중 발해는 일본에 대하여 자주·평등의 원칙을 견지하고 일본과의 "親仁結援"을 원하였다. 일본과의 관계를 맺음으로써 신라를 방비하고 지방정권의 독립을 유지하며 강화하고자 하였던 것이다. 경제상으로는 무역을 개시하여 귀족의 수요를 충족시킬 수 있었기 때문이기도 하였다. 당시 일본 측은 上國으로서 발해를 대하면서도 신라와 대항하기 위해 발해와의 연합을 꾀하였다. 이렇듯 양국의 동치계급 사이에는 근본적인 이해가 충돌하지 않고 어느 정도 공동의 요구를 충족시켰던 것이다.

발해와 일본의 정치관계의 주류는 역시 선린우호와 자주·평등이었다. 발해사신은 일본조정의 냉대를 받은 죠도 있었으나 대부분은 후한 접대를 받았다. 발해의 사신이 能登·加賀·越後 등에 도착하면 지방관은 즉시 조정에 통보하고 일본천황은 存問使·領客使·掌客使 등을 파견하여 위로토록 하고 발해사신을 수행하여 서울로 돌아오게 하였다. 서울에 들어오면 천황은 太極殿·豊樂殿·朝集堂 등에서 이들을 접견하고 연회를 베풀었다. 그리고 從二位에서 從六位까지의 일본의 관위를 수여하고 예물을 주었다. 또한 발해사신의 접대를 위해 가하·능등 등에 迎賓館을 설치하였고 경성에는 鴻臚館을 두어 발해사신을 정중하게 대접하였으며 일본천황은 문인학사를 보내 발해사신과 더불어 詩賦를 노래하고 술자리를 갖도록 하였다. 대현석 11년(882년) 일본조정이 발해사신 裴頲을 접대하기 위해 발해사신이 지나는 지방에 영을 내려 가옥을 짓게 하고 도로와 교량 등을 수축케 하였으며 만일 죽은 시체가 길에 있으면 매장하고 술과 고기 등을 보내어 위문케 하였다. 이처럼 발해사신 대부분은 일본조정과 귀족들의 환대를 받았던 것이다.

발해와 일본이 서로 방문하였던 시기에는 국서를 교환하고 서로의 안부를 물으며 국왕이나 천황의 등극을 축하하였다. 그리고 어려운 일이 있을 때에는 양국의 정치관계를 더욱 강화하고 발전시켰다. 대흥 21년(758년) 小野田守가 발해에서 귀국하여 淳仁천황에게 당왕조의 안녹산의 난을 보고하자 천황은 관계 대신에게

> 경비를 철저히 해서 안녹산이 海東(일본)을 침략치 못하도록 방비하고 미리 준비해서 사신이 오지 못하는 경우가 있더라도 철저히 준비하도록 하라. (掠了海東, 予設奇謀, 縱使不來, 儲備無悔)6)

라는 지시를 내려 안녹산의 난의 영향을 방비토록 하였다. 대흥 25년 발해사신 王新福이 일본천황에게 보고하기를

> 당현종·당숙종이 죽고 대종이 섭정하는데 매년 곡식이 증가되지 못해 사람이 食人을 하게 되어 史朝義가 난을 일으켜 등주·양양이 모두 史家의 수중에 들어갔고 오직 소주만이 李家(唐朝)에게 남아 있으므로 사절을 보내는 길이 쉽게 통하지 못합니다.(唐玄宗·唐肅宗已經逝世, 代宗攝政, 年谷不登, 人民相食, 史朝義起兵作亂, 鄧州·襄陽已屬史家, 李家獨有蘇州, 朝聘之路, 國未易通)7)

라고 하자 일본 조정은 이 보고를 근거로 하여 당왕조에 보내는 사신에게 조치하였다. 이러한 정치 상황의 통보는 양국의 내정외교의 강화를 유리하게 하였던 것이다.

다음으로 양국 사이에서 무역이 전개된 것을 말할 수 있다. 발해사신은 일본에 도착하여 일본 조정에 禮物(信物)과 지방특산물을 주었고

---

6) 《續日本紀》卷21.
7) 《續日本紀》卷24.

일본 조정은 이에 대한 답례로 예물(信物)을 주고 사절에 대해서는 따로이 상을 내렸다. 이는 실제로 국가의 예의 형식을 취한 특수무역 즉 궁정무역이라고 볼 수 있는 것이다. 발해의 예물은 담비가죽, 호랑이 가죽, 곰가죽, 표범가죽, 인삼, 잣, 꿀 그리고 瑇瑁杯[8] 등의 공예품이었다. 다시 말해서 수렵으로 얻은 모피와 지방의 야생특산물이 주가 되었던 것으로 이러한 특산물은 일본황실과 귀족의 환영을 받았다. 일본의 예물은 綵帛・綾・絢(美濃絁・常陸調絁)・穲(縹穲・白穲)・綿(相模庸綿)・絹・絲・錦(調錦)・布(陸奧稅布) 등이었고 이 외에도 황금・수은・金漆・漆・海石榴由・수정염주・檳榔扇이 있었다. 이 중에서 중요한 것은 궁정과 귀족의 사치의 생활용품으로 쓰이는 絲綿을 원료로 하는 手工紡織品이었다.

발해의 정권이 안정된 후 사회경제도 점차 발전하여 "海東盛國"이라 불려지고 농업・수공업・목축・수렵업 이 어느 정도의 수준에 오르게 되고 태백산의 토끼, 남해의 곤포, 책성의 메주, 부여의 사슴, 막힐의 돼지, 솔빈의 말, 현주의 布, 옥주의 綿, 용주의 紬, 노성의 쌀미 타호의 붕어(鯽), 환도의 오얏(李), 약유의 배(梨), 위성의 철 등이 유명하였고 비교적 풍부하여 발해가 대외무역을 전개하는데 있어서 경제적 기초를 이루었다. 발해는 북은 대지역에 위치하고 있었기 때문에 棉絲가 비교적 적게 생산되어 일본의 방직품으로 생활의 수요를 충족시켰다. 이러한 이유로 발해와 일본의 무역규모는 점점 커지게 되었다. 발해가 일본에 사절단을 파견할 때 그 인원이 가장 많을 매가 359명이 있고, 105명이었을 적이 대부분이었다. 이들은 발해정권의 대표인 大使・副使 등의 관원과 지방세력의 대표인 각 지역의 수령으로 이루어 졌다. 각지의 수령이 일본을 방문한 주요 목적은 특산물을 가지고 일본과 교역하기 위해서였다. 즉 발해에서 파견한 사절단은 궁정의 관방무역의 임무뿐만 아니라 민간무역의 목적이 있었던 것이다.

---

8) 瑇瑁 : 거북과에 속하는 열대지방의 바다거북.

　9세기 이후 일본이 쇄국정책을 취하고 사회경제가 점차 쇠퇴해 지자 발해사신을 접대하는데 있어 부담을 가지게 되었으며 826년 일본 右大臣인 藤原緒嗣가 천황에게 표를 올린 것을 보면

　　　　발해의 사절은 상인들이지 우호를 목적으로 하는 것이 아닙니다. 이들 상인들은 국가에 손해를 끼치고 있습니다. 경영이 어렵고 소동이 끊이지 않고 있으며 또한 질병이 닥쳐서 사람과 생산물이 모두 다하였습니다. 이런데 한번 더 使節에게 준다면 正稅가 부족하게 될 것입니다. 하물며 여기서 농사를 더 짓게 한다면 많은 폐해가 생겨나고 사람들은 부역을 감당할 수 없을 것입니다.(渤海客徒, 實是商旅, 不是隣客, 以彼商旅. 爲客損國. 經營重疊, 騷動不遑, 又頃年无疫相仍, 人物共盡, 一度賑給, 正稅欠少, 況復臨農要, 弊多逢送, 人疲差役)[9]

라고 하였다. 이것은 일본 조정의 대표적인 인식이었다. 이에 일본조정은 발해사절에 대해 제한을 가하여 처음에는 6년에 한번으로 하였으나 그 후 다시 12년에 한번으로 그 횟수를 제한하였고 일본臣民과 발해와의 교역을 허락지 않았다. 이를 관리가 위반하면 중벌에 처하고 서민이 위반하면 杖 1백으로 다스렸다. 그러나 무역을 전개한다는 것은 일본과 발해귀족·일반인의 공동의 요구였으므로 일본조정은 부득이하게 이를 허락하지 않을 수 없었던 것이다. 虔晃 14년(871년) 楊成規는 진귀한 재화를 가지고 무역을 요청하였다. 이에 일본 조정은 은 이를 허락하여 첫째 날은 內藏寮와 발해사절단간의 관방무역이 진행되어 일본은 官錢 40만을 지급하였다. 둘째 날은 平城京의 귀족과 상인들이 발해사신들과 교역을 진행하였다. 셋째 날은 각지의 상인과 발해사절들과의 私무역이 진행되어 발해사신들은 일본의 특산물을 구매하였다.[10] 玄錫 11년(882년) 배경이 이끄는 사절단이 일본을 방문하여

---

　9)《類聚國史》卷194《殊俗·渤海下》天長三年三月戊辰條.
10)《類聚國史》卷194《殊俗·渤海下》貞觀 14년 5월조 : 「卄日乙丑, 內藏寮與渤海客廻易貨物. 卄一日庚寅, 聽京師人與渤海客交關. 卄二日 辛卯, 聽諸市人, 與客徒私相交易. 是日, 官錢卌萬賜渤海國使等. 乃喚集市廛人賣與客徒此間上物.」

한편으로는 빈번한 외교활동을 진행하고 이와 동시에 홍려관에서 內藏寮와의 무역을 진행하였다.11)

세 번째로는 문화교류를 말할 수 있다. 8, 9세기의 중국의 유학과 성당 시기의 문학이 일본과 발해에 침투하여 일본과 발해의 귀족들 중 많은 사람이 유학과 한문학에 정통하였다. 발해가 일본에 사신으로 파견한 사람들은 모두 문장이나 문학에 능하였고 한문학의 조예가 매우 깊었던 까닭으로 발해사신과 일본의 문학가들은 詩賦를 읊조리는 등 중·일간의 문화교류가 이루어졌다.

발해가 17번째 일본에 파견한 대사 王孝廉·高景秀·釋仁貞과 일본의 문사 坂上今雄·滋野貞主 등은 홍려관에 모여 노래를 하고 많은 시를 지었다. 그리고 왕효렴과 空海는 매우 깊은 우의를 지녀 공해가 왕효렴의 회국시에 익사하였다는 불행한 소식을 듣고 "얼굴을 보고 새로운 친구를 사귀게 되었는데 참을 수 없는 말을 듣게 되었구나. 하물며 고국의 따뜻한 정은 어떠하겠는가"("一面新交不忍聽, 況乎鄕國故園情")12)이라는 시구를 지어 애도의 뜻을 표시하기도 하였다. 28번째 발해사신 양성규 등과 일본의 大江音人·巨勢文雄·藤原佐臣 등은 시구를 노래하였고 都良香은 부채 20매를 20명에게 각기 나누어주었는데 여기에 각각 시 한 수씩이 적혀 있었다. 또한 30번째, 32번째 발해사신 배정은 일본 조정의 열렬한 환영을 받았다. 배정은 용모가 뛰어나고 박학다문하여 고도의 문화적 소양을 나타내었다. 陽成天皇은 문장박사 菅原道負과 시의 대가인 鳥田忠臣·紀谷長雄·坂上茂樹 등 30인으로 하여금 배정과 시부를 논하도록 하여 59수의 시를 지었고 배경은 간원도진의 시를 白居易에 비유하기도 하였다. 간원도진은 홍려관 배정을 수행하면서 깊은 우의를 나타내어

---

11) 《類聚國史》卷194 《殊俗·渤海下》元慶七年五月條:「七日壬申, 內藏頭和 氣朝臣彝范 率僚下, 向鴻臚館交關. 八日癸酉, 內藏察交關如昨.」
12) 《高野大師廣傳》下(《渤海國志長編》卷 18 《文徵》재인용).

우정은 시들지 않고 북쪽바다는 깊기만 한데, 육지가 깊이 빠져있는 것
도 조금도 두려워하지 않는구나. 깊은 밤에 누가 얼굴에 그리움이 있음을
감출 수 있을까, 스스로 巾金과 결합하는 것을 중단하는구나, 올려다보니
학이 구름 속에서 나오는데, 멀리 있는 翰林에 꽃이 피는 것을 시기하는
구나. 다시 한번 고국을 생각해보니, 한편의 긴 詩句로 丹心을 나타내네.
(交情不謝北溟深, 別恨還如在陸沉, 夜半誰欺顔上玉, 句餘自斷契巾金, 高看
鶴出新云路, 遠妬花開舊翰林, 珍重歸鄕相憶處, 一篇長句總丹心)13)

라는 시를 지어 고도의 한문학적인 수양을 나타내었고 "오로지 깊은
교우관계를 맺으면서 일생을 보냈다(唯契深交送一生)"14)라고 우의를
표시하기도 하였다. 13년 후 배정의 아들 裴璆가 발해사신으로 일본을
방문하자 일본의 천황은 간원도진의 아들 菅原淳茂를 파견하여 접대
케 하였다. 간원순무는 강변에 나아가 이를 맞이하였고 이들 두 사람
은 부모들의 우의를 상기하고 곧 친숙해졌으며 간원순무는 옛일을 생
각하면서 《初逢裴大使有感吟》이라는 다음과 같은 시를 지었다.

옛일을 생각하면서 새로이 친우를 맞이하게 되니 홍려관에 옛 흔적이
남아 있구나. 裴氏의 글 속에는 당신의 이름이 오랫동안 기록되어 있었고
禮部侍郎 菅原道眞께서 유일하게 나를 만나게 되었구나. 연륜이 흐름에
따라 같이 나이를 들게 하는구나. 바람이 잔잔하고 감회가 깊으니 옛날의
좋은 일들이 생각나게 하고 두 집의 교류가 깊어 모든 사람이 경하할 만
한 일인데 부끄러운 일은 나의 재능이 약하여 따르지 못함이 유감이구
나.(思古感今友道親, 鴻臚館裏. 餘塵, 裴文藉 後聞君久, 菅禮部孤見我新, 年
齒再推同甲子, 風情三賞舊佳辰, 兩家交態人皆智, 自愧才名甚不論)15)

간원순무는 배구와 함께 서울로 와 大江朝綱과 함께 홍려관에 머물
면서 접대하고 배구가 임무를 완수하고 일본을 떠나려 하자 다음과

---

13) 菅原首眞 : 《酬裴人使留別之什》, 《菅家文草》(《渤海國志長編》卷 18《文徵》재인용).
14) 烏田忠臣 : 《酬裴人使答詩》, 《田氏文集》(《渤海國志長編》卷 18《文徵》 재인용).
15) 《扶桑集》七《渤海國志長編》卷 18, 《文徵》재인용).

같은 시구를 지어 두터운 우정을 표시하였다.

> 앞길이 대단히 멀구나. 기러기가 산을 넘어 가는 것은 해가 지는 것을
> 말하고 다시 만날 기약은 아득하니, 홍려관의 여명을 흐리게 하는구나.(前
> 途程遠, 馳思于雁山之暮云, 後會期望, 霑纓于鴻臚之曉汨)16)

이러한 시는 일본과 발해의 문학가가 남긴 우의의 시로써 한문화의
깊은 영향을 보여주며 또한 발해의 문학수준을 알 수 있는 것이다.

740년(大興 3년, 開元 28년) 발해사신 己珍蒙은 일본에서 渤海樂을
연주함으로써 발해악을 일본에 전입하였다. 그리고 일본은 內雄을 보
내어 10년 동안 발해의 음악을 배우게 하였다. 794년(渤海大興 12년,
唐天寶 8년, 日本天平勝寶元年)에는 일본의 孝謙天皇, 聖武천황, 皇太
后가 東大寺에 나가 5천의 승려와 함께 계불을 올리고 大唐樂·渤海
樂·吳樂·五節田舞·久米舞를 연주하였다. 이렇듯 발해악은 일본 궁
정음악의 하나로 속하게 되었다. 일본의 문헌상으로 平安시대 후기에
발해악이 연주된 기록이 있고 이후에는 조접적으로 기록된 바는 없다.
그러나 大鞈鞨·新鞈鞨·新鳥蘇·古鳥蘇·退走禿·進走禿·貴德·崑
崙八仙 등의 料曲에 전해지고 있는데 이러한 것들은 모두 발해에서
전래된 것이라 할 수 있다.17) 발해악이 일본에 전입됨으로써 일본의
음악과 무용이 풍부해지게 되었다.

859년(渤海虔晃 2년, 日本貞觀 元年) 발해사 烏孝愼은 일본에 長慶
宣明曆을 전하였다. 선명력은 당의 司天官인 徐昻이 長慶 2년(82년)에
제정한 것으로 이해에 당왕조는 이를 시행하고 892년에 폐지하기까지
70년간 사용하였다. 서양의 선명력은 일식을 계산하는데 있어 時差·
氣差·刻差의 3가지 항목을 개정하였다. 그것은 달이 태양을 도는 시
차로 인하여 착오를 바로 잡기 위한 것이었으며 상당히 진일보한 것

---

16)《本朝文粹》九(《渤海國志長編》卷 18,《文徵》재인용).
17) 辻善之助:《日本文化史》, 230頁, 春秋社, 1955년.

이었다. 동시에 역법의 계산방법을 간단히 하였다.18) 일본은 당시 당
조에서 전래된 太衍曆(唐玄宗開元 16년, 728년 제정)과 당에 사신으로
파견하였던 羽栗翼이 전래한 唐五紀曆 (唐代宗寶應元年, 762년 郭獻이
제정)을 함께 사용하고 있었다. 861년(虔晃 4년, 일본貞觀 3년) 陰陽頭
曆博士 眞野麻呂가 장경선명력의 시행을 주청하여 862년(일본貞觀 4
년, 唐懿宗咸通 3년) 일본천황이 이를 시행하였다. 이후 822년 간 사용
되어 德川시대 元授時曆이 전래되고 이를 기초로 새로운 역법이 제정
되고 1684년(淸康熙 23년 일본 靈元天皇貞享 元年) 장경선명력의 시행
이 폐지되었다.19) 이것은 선명력이 일본에 전해져서 일본 역법에 대단
히 큰 영향을 미쳤음을 보여준다.

지금까지 살펴본 바와 같이 발해는 일본과 당왕조의 왕대의 교량역
할을 담당하였다. 당시의 항해기술이 비교적 조잡하였음으로 말미암아
일본에서 당에 이르는 해로는 길이도 길뿐만 아니라 험난하여 매우
위험하였다. 따라서 발해는 일본의 교통로가 되었으며 점차 항해기술
을 알게 됨에 따라 비교적 안전하게 되었다. 733년 일본에서 당에 사
신으로 파견한 平群廣成이 남쪽 길을 택해 일본으로 돌아올 때 풍랑
을 만나 곤륜에 도착하여 다시 장안으로 돌아갔다. 이후 당왕조와 阿
倍仲麻呂(朝衡)의 지지하에 발해로 와 문왕 대흠무가 胥要德, 已珍蒙
등을 일본에 파견할 때 같이 회국하기도 하였다. 758년 일본은 遣唐使
인 藤原河淸을 맞이하기 위하여 高元度를 迎入唐使로 파견하였다. 고
원도는 발해도를 따라 당으로 향하였고 이때 대흠무는 楊方慶을 파견
하여 함께 가도록 하였다. 고원도 일행이 조공도를 따라 바다를 건너
등주에 도착하여 장안으로 왔다. 그런데 759년 발해에서 파견한 高南
申이 당의 난이 평정되지 않아 길이 위험하여 회국할 수 없다는 표문
을 가지고 일본을 방문하자 이에 761년 고원도 일행은 남쪽 길을 따
라 일본으로 회국하였다. 795년 발해가 呂定琳을 일본에 파견할 때 당

---

18) 《中國天文學》, 567頁, 《中國大百科全書·天文卷》, 1980年版.
19) 津田左右吉著·陳淸泉譯: 《渤海史考》100～103頁, 商務印書館, 1940년.

에 유학하고 있던 일본의 학문승 永忠이 일본천황에게 보낸 서책을
전하였고 이에 일본 태정관은 사금 일백냥을 여정림에게 맡겨 영충에
게 주도록 하였다. 영충이 일본천황에게 올린 이 서책은 발해사연구의
중요한 문헌이라 할 수 있다. 그리고 일본에서 당으로 간 학문승·유
학생 역시 발해를 통해 회국하였으며 (예를 들면, 高內弓戒融 등) 당
왕조에 갔던 일본의 사신들도 발해를 통하 회국하였다(예를 들어 周光
翰, 言升 등). 또한 발해승려 貞素와 일본승려 靈仙의 교류는 발해가
일본과 당왕조의 통교에 있어서 중요한 역할을 하였음을 실례로 보여
주는 것이며 발해와 일본 사이의 우의를 말해 준다고 할 수 있다. 일
본의 학문승 영선은 804년 법을 구하기 위해 당으로 가서 810년 당
장안의 醴泉寺에서 般若三藏 등과 함께 《大乘心地觀經》梵本을 번역하
였다. 이는 당조의 역경사업에 참가한 유일한 일본승이었던 것이다.[20]
정소는 발해 僖王. 대언의 시대에 법을 구하기 위해 입당하여 應公을
스승으로 삼았다. 이때 영선은 응공의 스승이었는데 정소는 영선을 장
안에서 우연히 만나 서로 뜻이 통하여 막격한 사이가 되었다. 영선이
五台山으로 불법을 구하기 위해 떠난 후 825년(宣王建興 7년) 정소는
일본에서 보낸 황금 백 냥과 서신을 가지그 오대산에 있는 영선을 찾
아 전하였다. 영선은 일본천황에게 감사의 표시로 萬顆舍利·새로운
경전 2권·造敕 5통과 표문을 정소로 하여금 전하게 하였다. 정소는
825년 高承祖 일행과 함께 일본을 방문하여 이를 전달하고 일본 조정
이 다시 황금 백 냥을 정소에게 맡겨 영선에게 전할 것을 부탁하자
827년 겨울 재차 입당하여 828년 4월 오대산에 도착하였으나 유감스
럽게도 영선은 이미 세상을 떠난 후였다. 정소는 비통한 마음으로 목
판에 다음과 같은 시를 새겨 애도의 뜻을 나타내었다.

　　그러한 흔적은 나의 마음속에 있는 눈물을 어찌 흘리지 않게 하겠는가
　　스님이 이미 유성을 달리하였다니 슬프기 그지없다. 明朝儻이 滄波客에게

---

20) 本宮泰彦 : 《日中文化交流史》, 140頁, 商務版, 1980년.

물으니, 신발을 벗어 놓고 맨발로 돌아갔다고 대답하네.(不那塵心淚自消,
情因法眼奄幽泉, 明朝儻問滄波客, 的說遺鞋自足還)[21]

정소는 당에서 돌아오는 중 해상에서 풍랑을 만나 익사하였으며 그에
게 부탁한 황금 덩어리도 바다에 빠져버렸다. 賀福延을 파견하여 정소
의 죽음을 일본에 알리었다. 이러한 사실 등은 발해가 일본과 당의 왕
래에 있어 교량적 역할을 하였다는 실례가 되는 것이다.

이렇듯 발해는 일본과의 206년간의 교류를 통하여 발해와 일본의
정치·경제·문화관계를 강화하였고 당왕조의 봉건문화를 전파하는
일본과 당왕조 사이의 교량적 역할을 담당하였다. 그리고 발해와 일본
의 문화적 내용을 풍부하게 하는 등 사회전반에 걸쳐 발전을 이룩하
였다. 따라서 발해와 일본의 왕래는 양국 간의 관계사에 중요한 위치
를 점하고 있으며 중·일관계사의 중요 부분을 이루고 있다.

---

21) 圓仁 : 《入唐求法巡禮行記》卷 3 開成五年七月一日條.
　　　 《渤海國志長編》卷11, 《釋貞素傳》

第4章　渤海의 文化

1. 渤海城址의 發見과 時期區分 *

발해는 당 5대 기간에 이르러 말갈족의 속말부가 중국 동북의 광대한 지역을 기반으로 하여 건립한 지방민족정권으로 강성의 시기에는 말갈의 여러 부족과 고구려의 유민, 부여, 옥저 등의 종족이 이에 속하였다. 발해의 정치·경제·문화의 중심지역은 목단강 유역으로 목단강을 중심으로 하는 넓은 지역은 城址·建築址·墓葬 등등의 발해의 역사유적이 풍부하게 남아 있다. 이것은 모두 발해의 사회·역사를 연구하는데 귀중한 실물자료가 되고 있다. 더욱이 역사문헌이 비교적 결핍된 상황하에서 이러한 자료들은 더욱 귀중한 가치를 지니는 것이다.

이 논문은 지금까지 발견된 발해 城址에 대한 검토를 통해서 발해 지방정권의 발전 및 발해와 중원과의 관계를 연구하고자 함이다.

지금까지 발견된 발해의 城유적지는 목단강유역의 敦化放東城·城山子山城·石湖古城·黑石古城·通溝嶺山城·馬圈子古城·寧安上京龍泉府城 등이 있으며 기타 琿春八連城·和龍西古城·東寧大城子와 소련 연해주지역의 克臘斯基諾古城·帖提尤賀古城 등이 있다. 그런데 이것들은 단지 발해의 古城址 중의 일부에 지나지 않는다. 문헌에 강성시에 5경 5부 62주가 있었다고 기록되어 있는 것을 보아 그 城址는 지금까지 발견된 것보다 훨씬 많았다. 그러나 발해의 도성을 대표하

  * 魏在成：『渤侮城址的發現與分期』╓北考古與歷史 1982年 第1輯 pp. 89~94.

는 주요 城志들은 이미 발견되었고 이것들은 발해의 城志를 분석하는 데 필요한 조건을 제시해 주고 있다. 앞서 말한 발해의 城志는 그 분포와 배치상태를 볼 때 대체로 당 玄宗 天寶말년 발해가 오동성에서 상경성으로 천도하던 때를 경계로 두 시기로 나눌 수 있다. 즉 오동성·성산자산성·석호고성·흑석고성·통구령산성과 마권자고성 등은 발해초기의 城址이며1) 상경성·팔련성·서고성·대성자 등은 발해 중·후기의 城址에 속한다고 볼 수 있다. 그러면 이들 城을 나누어 분석해 보기로 한다.

오동성은 敦化縣城 부근의 목단강 左案의 돈화분지 중앙에 자리하고 있다. 城은 內外의 2개로 나누어지는데 외성은 장방형으로 동서의 길이가 400m, 남북의 너비가 200m이다. 내성은 장방형으로 길이가 80m에 달하며 외성의 중앙에서 서쪽으로 치우쳐 있고 외성 서쪽의 담과는 100여m 떨어져 있다. 외성 벽은 흙을 쌓아 만들었는데 이미 허물어졌고 단지 서·북·남 3면에 1.5~2.5m의 높이로 남아 있을 뿐이다. 그리고 南門이 하나 있어 내성의 南門과 서로 대치되어 있다. 내성의 벽 역시 흙을 쌓아 만들고 주위에 해자 (垓子)를 팠으며 이 내성은 왕실의 거주 지역이었다. 그리고 성내에서 炕竈와 建築地가 발견되었는데 그 지표면에서 발해의 모래 섞인 검은 토기片과 당의 白瓷片을 채집하였다.2) (그림4-1)

성산자산성은 오동성의 서남쪽으로 10여 리 떨어진 3개의 봉우리를 가진 孤山 위에 위치하고 있다. 성벽은 산허리에 반월형으로 토축을 둘렀으며 북쪽은 절벽에 임해 있어 그 아래로 大付河가 흘러 단지 동·남·서의 3면만이 있을 뿐이다. 성벽 위에는 반원형의 밖으로 돌출한 壁壘(馬面)가 설치되어 있으며 성벽에는 길을 만들었다. 그리고 東門·南門이 있는데 東門이 산허리에 위치하여 이곳을 통해야 산 아래로 갈 수 있었다. 南門의 바깥에는 직경 20m의 타원형의 瓮城이 있

---

1) 王承禮 : 《吉林敦化牧丹江上游渤海遺址調査記》,《考古》, 1962年 第11期.
2) 單慶麟 : 《渤海舊京城調査》,《文物》, 1960年 第6期.

다. 성내에서 돌계단의 圓形基址와 半地穴式의 사각형의 건축지가 발견되었다.

석호고성은 돈화현성의 북쪽·宮地에서 서남쪽으로 10리 떨어진 곳에 위치하며 성의 남쪽으로 멀지 않은 곳에 목단강의 지류인 沙河가 서북쪽으로 흐

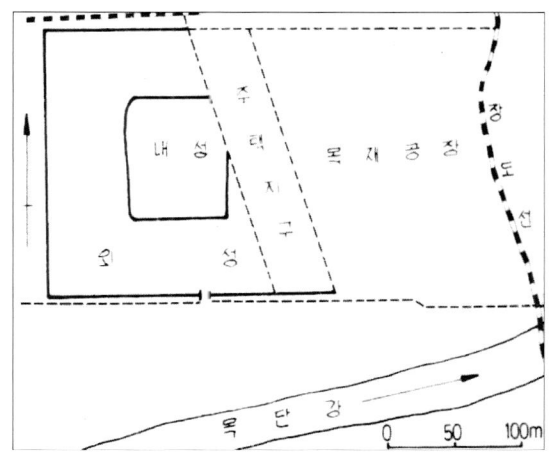

그림 4-1. 오동성 평면 실측도

른다. 성은 방형으로 남북의 길이가 470m이다. 성 바깥에는 해자가 있다. 성의 남쪽 150m 지점에 작은 城이 하나 자리하고 있는데 방형에 가까우며 길이가 40여m에 달한다. 이 작은 성은 지세가 비교적 높은 것으로 보아 석호고성의 방어를 강화하기 위해 설치된 것이라 여겨진다.

흑석고성은 돈화현 黑石屯 북쪽의 河套평원에 위치하여 동쪽으로는 험준한 산이 있고 나머지 3면은 강에 임해 있어 형세가 험난하였다. 古城은 동서의 길이가 약 350m, 남북의 너비가 약 300m이다. 성벽에 역시 흙으로 쌓은 壁壘가 설치되어 있다.

통구령산성은 석호고성의 서남쪽·흑석고성의 동남쪽에 있는 沙河의 건너편 언덕에 위치하고 있다. 성의 북쪽은 통구령의 주봉에 의지하며 남쪽은 절벽에 임해 있다. 沙河는 절벽의 아래쪽을 흐른다. 성에는 동·북·서쪽의 3개의 벽이 있으며 그 총 길이는 1428m로 모두 산등성이를 두르고 있는 土壁이다. 성벽 의에는 壁壘 8기가 설치되었고 성벽의 동북의 모서리와 서남쪽의 모서리에 각기 하나씩의 멸台가 있다. 성문은 北門·東門·西門의 3개가 발견되었다. 북문과 동문 밖에는 甕城이 있다. 성내에서 磨制의 三棱形·버드나무잎 모양(柳葉形)의

돌 화살촉 등이 발견되었다.

마권자고성은 돈화현성 남쪽 180리 떨어진 馬圈子屯 부근의 富尒河의 충적평원 위에 자리하고 있다. 古城의 3면은 강이 돌아 흐르고 있고 북쪽의 벽은 직선으로 되어 있다. 동·서·남의 3벽은 강이 타원형으로 흐름에 따다 반월형을 이룬다. 성벽의 서북·동북·동남의 3모서리에는 角堡가 설치되어 있다.

이상에서 말한 城址를 종합해 보면 다음과 같은 2개의 특징을 찾아볼 수 있다.

첫째 : 분포지역이 집중되어 있고 규모가 비교적 작으며 배치형태가 통일되어 있지 않다.

이미 말한바와 같이 발해는 粟末部가 건립한 나라이다. 속말부는 말갈 7부 중의 하나로 "가장 남쪽에 거주하면서 太白山(혹은 徒太山이라고도 함)에 다다르며 고구려와 접해 있고 粟末水(현재의 송화강)에 의지하고 있고(居最南, 抵太白山, 亦曰徒太山, 與高兩接, 依粟末水以居)"[3] 고구려에 부속되어 있었다. 당이 고구려를 멸하고 속말부를 營州(현재의 朝陽)로 이주시켰다. 측천무후 萬歲通天원년(696년)거란이 당에 반기를 들어 영주도독을 살해하자 말갈인들은 동쪽으로 쫓겨가 奧婁河에 다다랐다. 이곳은 읍루의 옛 땅으로 이곳의 東牟山에 성을 쌓고 거주하였다. 측천무후 聖歷원년(698년) 대조영은 여기에 震國을 세우고 震國王이 되었다. 曹廷杰과 金毓黻의 고증에 따르면 奧婁河(현재의 목단강)의 奧婁는 鄂多里·鄂克敦과 敖東의 音이 바뀐 것이라 볼 수 있다. 현재의 돈화오동성 즉 당시의 발해의 도성은 또한 이후의 구국의 소재지라 불렀다.[4] 당 玄宗 天寶말년 발해의 3대왕인 대흠무가 상경으로 천도하기 전까지 이곳은 발해정권의 중심이 되었다. 그러나 이 시기에 발해의 정치세력의 발전과 영토의 확장이 매우 빠르게 이루어졌

---

3) 《新唐書·黑水靺鞨傳》.
4) 曹廷杰 : 《東三省輿地圖說》.
   金毓黻 : 《渤海國地長編》 卷十四·十九.

다고는 하나 확대된 지역 내에 완전한 통제를 이루는 단계에는 이르
지 못하였고 소위 발해초기의 城址 대부분이 목단강 상류유역에 집중
되어 있었다.

이밖에 발해 초기의 城址 규모 역시 모두 비교적 작아 당시의 도성
이었던 오동성이나 그 외의 성들은 불과 400×200m에 지나지 않았다.
이와 동시에 각각의 城址의 배치형태도 서로 통일되지 않은 상태였다.
平原城에 대해서 말하자면 오동성은 장방형, 석호고성은 정방형, 흑석
고성은 정방형에 가깝고 마권자고성은 탄월형이었다. 성문의 설치와
성내의 건축 역시 통일된 양식을 이루지 못하였다. 이러한 상황은 발
해가 건립된 지 얼마 되지 않아 각종의 제도가 제정되거나 완비되지
않았던 역사적 상황을 반영하고 있다.

둘째 : 山城과 平原城의 결합

발해 초기의 城址는 평원성뿐만 아니라 산성도 존재하였다. 구체적
인 분포상황을 보면 이들을 몇 개의 지역으로 나눌 수 있다. 즉 오동
성과 성산자산성으로 이루어진 지역, 흑석고성·석호고성과 통구령 산
성으로 이루어진 지역, 남부마권자고성 단독으로 이루어진 지역 등이
다. 평원성은 대부분 목단강 유역의 충적분지 가운데 자리하고 있는데
산을 뒤로 하고 물에 임해 있는 지세가 높은 지역을 선택하여 여기에
방위를 목적으로 하는 시설물을 축조한 것으로 면적이 비교적 넓어
각 지역의 활동 중심지가 되었다. 산성은 평원성 부근의 강을 끼고 있
는 산봉우리에 만든 것으로 견고하고 험난하여 공격하기에 어렵고 수
비하기는 쉬웠던 것으로 각 지역의 방위를 강화하기 위해 설치한 것
이라 할 수 있다.

이러한 산성과 평원성의 상호결합은 발해 초기사회의 기본적인 형
세 및 발해가 받았던 영향을 반영하고 있다. 먼저 말갈은 원래 7부가
있어 장백산 이북·목단강 유역을 포괄하는 광대한 지역에서 활동하
면서 서로 통일되지 않고 있었다. 그러나 당이 고구려를 멸망시킨 후
이들은 徙民되거나 분산되었다. 이때 속말부 역시 간신히 營州에서 동

쪽으로 도망하여 스스로 자립하고자 하였으나 그 역량이 부족하였다. 따라서 스스로의 능력을 갖추어 정권을 유지하고 대외적인 확장을 꾀하며 신속하게 각지에 분산된 세력과 부족의 통일을 꾀하기 위해서는 먼저 필수적으로 그 중심지역의 통치와 방위가 요구되었다. 따라서 발해는 목단강 상류에 평원성을 수축함과 동시에 평원성 부근에 산성을 쌓아 하나의 산성과 평원성이 결합된 지역을 형성하게 되었다. 이외에 목단강의 연안에는 강을 지키고 관문역할을 하는 古城堡가 적지 않게 수축되어졌다. 목단강 유역이 발해의 활동 중심지역과 교통의 요충지가 됨으로 인하여 소위 이러한 산성·평원성과 古城堡는 발해 중·후기에 이르기까지 대단히 중요한 작용을 하였다. 다음으로 산성과 평원성의 결합은 대체로 고구려 城址의 영향을 받았다고 볼 수 있다. 문헌기록에 의하면 고구려는 도성 부근에 따라 산성을 쌓고 "성내에는 오직 곡식과 그릇들을 쌓아두고 노략질을 방비하여 외적이 쳐들어오면 그 성안에 들어가 수비하고 왕은 따로 거처할 곳을 만들어 두고 항상 그곳에 거주하지는 않았다.(城內唯積倉儲器, 備寇, 賊至日, 方入固守, 別爲室于其側, 不常居之)"5) 集安 고구려의 도성인 丸都山城과 國內城은 이러한 것의 전형적인 예라 할 수 있다. 속말말갈은 원래 고구려와 서로 접하면서 고구려에 부속되어 있었기 때문에 고구려 도성의 형태나 그 안의 제도와 문화에 대해 어느 정도의 영향을 받지 않을 수 없었다.

"天寶末 대흠무가 상경으로 천도하니 구국에서 3백 리 떨어진 忽汗河의 동쪽이다. (天寶末 欽茂徙上京, 直舊國三百里忽汗河之東)6) 이것은 발해정권이 발전과 견고해진 시기에 진입하는 것을 나타낸다. 忽汗河는 그 명칭이 원래 奧婁河이었으나 713년 당이 발해지역을 홀한주라고 한 것에서 忽汗河라는 명칭이 유래되었으며 오늘날의 목단강을 말한다.7) 상경은 돈화 오동성에서 3백 리 떨어진 지금의 흑룡강 寧安縣

5)《周書·卷四十九域上·高句麗》.
6)《新唐書·渤海傳》.

城에서 서남쪽 60여 리 떨어진 곳이며 이곳에서 동으로 6리쯤 떨어진 곳에 東京城鎭(오늘날의 세환진) 있다. 믁단강이 鏡泊湖에서 나와 성의 서쪽으로 흐른 후 성의 북쪽에서 동으로 흘러 나간다. 성의 주위는 평탄한 분지로 토양이 비교적 비옥하다.

上京城址는 外郭城・皇城・宮城의 3부분으로 나누어진다. 외곽성은 장방형으로 성벽은 흙과 돌을 섞어 수축하였다. 북쪽 벽은 길이가 11리로 중간부분이 밖으로 돌출한 부분이 있고 동・서 양벽은 각각 7리 정도이고 남벽은 10리에 달하며 둘레의 길이는 35리이다. 그리고 이외성에는 10개의 문이 있는데 남북에 각 3개, 동서에 각각 2개이며 남벽의 가운데 문이 정문이다. 황성과 궁성은 외성 북부의 정 중앙에서 약간 서쪽으로 치우쳐 있다. 황성의 둘레의 길이는 9리 정도로 장방형이며 동벽, 서벽, 남벽에 각각 1개의 문이 설치되어 모두 3개이며 그 중 남문이 정문이다. 궁성은 황성북부의 중간에 위치하며 그 앞에 황성 동・서 두개의 문 사이의 동서의 큰 길이 나 있다. 궁성 역시 장방형으로 남북의 두 벽에 각각 1개의 문이 있으며 남문이 정문이며 이곳에 현재의 "五鳳樓"가 자리하고 있다. 궁성의 남문과 황성의 남문사이에는 넓은 남북의 大街가 있는데 이 길이 황성을 동서 두 구역으로 나눈다. 이 두개의 지역에서 건축유적이 발견되었는데 이곳은 발해의 衙署의 소재지이다. 궁성 남문에서 남북의 축선상에 5기의 궁전터가 자리하고 있는데 모두 보존상태가 양호하며 그중 제2궁전 터는 가장 커 동서 82m, 남북 28m로 발해왕의 "金鑾殿" 즉 永興殿殿址라 할 수 있다.

황성내의 남북의 大街는 황성 남문으로 나와 이 大街 외성의 남문과 서로 통하고 있다. 이 大街는 속칭 "朱雀大街"라 불리는 것으로 외성내의 남북의 축선상에 있는 큰 길이며 너비가 110m에 달한다. 이외에도 사면의 성문과 서로 통하는 동서방향, 남북방향의 큰 길이 4개

---

7) 同注 4).

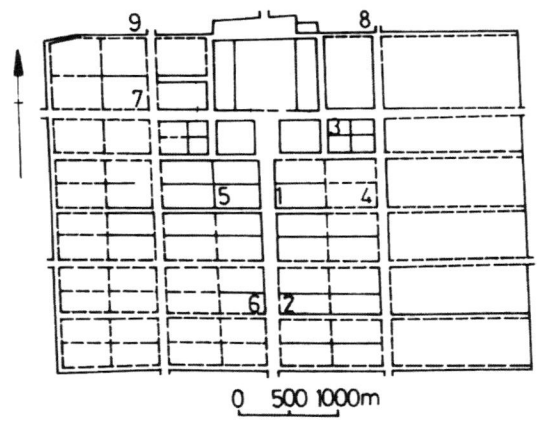

그림 4-2. 발해 상경 용천부 城址
평면도(1~9. 佛寺址)

있으며 너비는 각각 50m 정도가 된다. 이 5개의 주요 大街들 사이에는 종횡으로 교차하는 街道와 담장이 있으며 이것들이 외성을 나누어 일반민의 거주지역인 里坊을 이루고 있다. 里坊내에서 佛寺의 유적도 발견되었다(그림 4-2).

상경유적지에서는 覆盆式의 돌기둥받침돌, 布紋灰瓦, 文字瓦, 釉瓦蓮花瓦當, 蓮花紋·忍冬紋의 磚 등의 많은 건축유물이 발견되었다(그림 4-3 : 7~11) 또한 각종의 토기·철기의 생활용기와 생산공구·병기 등도 발견되었다. 그리고 당시의 건축양식을 모방하여 조각된 발해 石燈은 현재에도 상경성 유적지내의 한 사원에 의연하게 그 자태를 나타내고 있다.[8]

동경용원부는 일명 柵城府라고도 한다. 이 城址는 琿春縣 경내에 위치하며 그 배치상태는 상경성과 흡사하여 궁성·황성과 외곽성으로 구분된다. 황성은 內城이라고도 부르며 즉, 팔련성(혹은 牛拉城)으로 동서 700m, 남북 730m의 방향에 가까운 형태를 나타낸다. 4벽에 土壘를 두었고 그 너비가 6m쯤 되며 남아 있는 성벽의 높이는 약 1m이다. 벽 바깥 6m 지점에 해자(垓子) 유적이 남아 있다. 그리고 성의 4벽에 각기 하나씩 4개의 문을 설치하였다.

궁성은 황성 중앙에서 약간 북으로 치우쳐 있는데 장방형으로 동서

---

8) 原田淑人等 : 《東京城》.
丹化沙 : 《略談渤海上京龍家府》, 《黑龍江大學學報》, 1979年 第2期.

220m, 남북 310m이며 둘레의 4면에 벽을 쌓았다. 그 벽의 너비는 약 6m에 이른다. 성에는 동·서·남벽에 하나씩 3개의 문을 설치하였다. 성내에서 대형의 궁전터 두 곳과 소형의 궁전터 6곳이 발견되었다. 외곽성유적은 불분명하다. 이것은 수축 당시 간략하게 하였거나 혹은 후대에 파괴가 심하였기 때문이라 할 수 있다. 그러나 궁성·황성의 남북중심 축선상과 대칭 되는 몇 개의

그림 4-3　隋唐 장안성과 발해 상경성의 유물
1~6. 唐, 7~11. 발해

지역에서 발해의 佛寺와 古井유적의 발견된 것으로 추측해 보면 이 외곽성의 윤곽이 상경성과 흡사함을 알 수 있다.

東寧大城子는 흑룡강성 東寧縣 경내에 위치하며 서쪽으로 縣城이 8리 떨어져 있고 북으로 綏芬河가 3~4리 정도 떨어져있으며 주위는 수분하의 충적분지로 되어 있다. 이 성은 장방형으로 동서 약 2리, 남북 약 1리, 둘레가 약 7리에 달한다. 성벽은 황색의 모래 섞인 흙으로 쌓았으며 현존하는 성벽 밑 부분의 너비는 10여m, 높이는 3~4m이다. 성 바깥에는 성을 빙 둘러서 해자(垓子)를 팠다. 성의 북벽 중간부문

은 외부로 돌출되어 있는데 이것은 상경성과 흡사하다. 북벽 중단의
남쪽 부근 즉 성내 북부의 중간부분은 지세가 약간 높아 官署地라 볼
수 있고 여기서 발해 문물이 상당히 출토되었다. 수분화 유역은 당시
발해 率賓府의 경계지역에 속해 있던 것으로 보아 대성자고성은 마땅
히 솔빈부내의 중요한 城址라 할 수 있다9).

서고성은 화룡현 경내에 위치하며 서남쪽으로 약 8리 떨어진 곳에

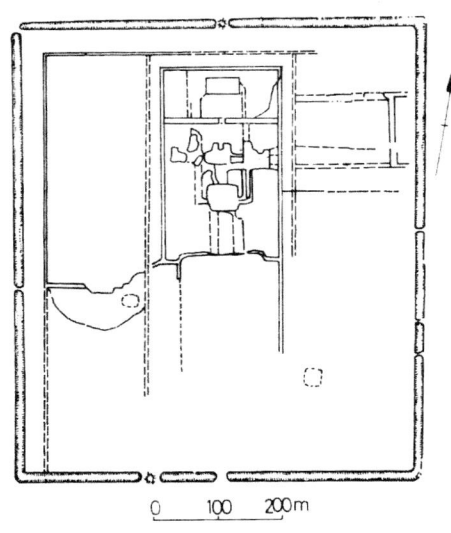

海蘭江이 있다. 서고성의
배치형태는 상경성과 역시
서로 흡사하다10).(그림 4-4)

목단강 중·하류 양안의
몇 곳에선 소형의 발해城址
가 발견되었고 이 중 牛場
古城이 대체로 동경성 시기
(즉 상경성 시기)에 상당한
다.11) 각 城址내에서는 군
사적 성격을 가진 시설물이
매우 많이 나타났다. 이런
종류의 소형의 城址는 발해
초기의 산성과 같은 양상으
로 목단강 이외의 지역, 더

그림 4-4   和龍西古城 평면도

욱이 교통상 중요한 도로상에서 많이 찾아 볼 수 있다. 이것들은 대부
분 방어적 성격을 가진 城址에 속하며 발해지방행정 기구의 소재지는
아닌 것이다. 또한 발해 중·후기 城址의 배치형태를 대표한다고 볼
수 없으므로 여기서 더 이상 언급하지 않겠다. 이제 상경용천부·동경
용원부·동녕대성자·화룡서고성 등 몇 개의 대표적 성격을 지닌 城

---

9) 黑地江考古工作隊 : 《東寧大城子古城調査記》(未刊)
10) 郭文魁 : 《和龍渤海古墓出土的幾件金飾》, 《文物》, 1973年 第 8 期.
11) 黑龍江省博物館 : 《牡丹江下游考古調査簡報》, 《考古》 1960年 第 4 期.

址와 발해초기의 城址를 비교하여 보면 다음과 같은 그들 자신의 발전의 변화와 그들에게 미쳤던 영향을 알 수 있다.

첫째, 분포지역이 확대되고 규모가 커졌다.

문왕 대흠무는 상경으로 천도한 후 8세기 말경 약 10년의 시간동안 동경용원부를 수도로 하였던 경우를 제외하고는 그 나머지 기간을 상경을 수도로 하여 발해 중·후기의 활동의 중심지역은 목단강유역이었다. 그런데 앞서 발견된 발해 중·후기의 城址들은 이 지역에서 멀리 떨어져 있다. 예를 들어 동경용원부는 동해근처에 있고. 동녕대성자는 綏芬河 유역에 위치하고 있다. 앞서 말한바와 같이 발해정권의 건립 후 발전이 매우 빨라 高王 대조영·武王 대무예 그리고 文王 대흠무·宣王 대인수와 □왕 대현석의 몇 대왕을 거치는 동안 海北의 諸部를 토벌하여 영역을 넓히었고 여러 차례 유생들을 京師의 太學에 보내어 고금의 제도를 학습토록 하여 海東盛國이 되었으며 5경 15부 62주를 두었다. (討伐海北諸國, 開大境宇 數遣諸生詣京師大學, 習識古今制度, 至是遂爲海東盛國, 地有五京十五府六十二州)"12) 이것은 이 시기의 발해가 그 영토를 확대하였을 뿐만 아니다 확대된 영역 내에서 府州의 지방행정기구를 세워 효과적인 통치를 실행하였음을 설명하는 것이다.

이와 동시에 발해 중·후기의 중요한 城址들의 규모 역시 초기의 城址들 보다 대단히 커졌다. 먼저 도성에 대해 말해 보면 상경성의 면적은 오동성의 2백여 배에 달하였다. 또한 지방의 城址를 보면 솔빈부의 東寧大城子의 면적 역시 오동성의 7배에 달하고 있다. 이것은 발해가 중기에 들어온 후 세력이 확대되고 통치역량이 강화되었음을 설명하는 것이다.

둘째, 배치형태가 통일되어 隋·唐의 장안성을 모방하였다. 주지하다시피 隋·唐의 장안성(隋에서 大興城이라 불렀고 唐에 들어와 長安

---

12)《新唐書·渤海傳》.

城이라 고침)은 중국 역사상 유명한 都城 중의 하나이다. 그 배치형태
의 연원은 曹魏의 鄴城에서 찾을 수 있으며 西晋·北魏의 洛陽城을
거치면서 점차 규격화되었다. 장안성의 규모는 대단히 크고 규획도 정
비되어 있다. 전체의 城은 외곽성·황성·궁성의 3부분으로 이루어져
있다. 황성과 궁성은 성내의 북부 정중앙에 자리하는데 북쪽에 궁성이
있고 남쪽에 황성이 있다. 궁성 내부는 다시 3부분으로 나누어지는데
중앙부가 궁전지역이며 주요 궁전이 모두 남북의 중심축선상에 자리
한다. 황성은 궁성의 남쪽에 있는데 성내에는 中央衙署 및 그 부속기
구가 자리하고 있다. 외곽성 내에는 일반민의 거주지가 있고 남북을
향한 도로가 11개, 동서로 향한 도로가 14개나 있다. 그 중 중앙의 큰
길 朱雀大街는 너비가 150~155m에 달한다. 이러한 동서향, 남북향의
도로가 외곽성을 나누어 108방을 형성하는데 朱雀大街를 경계로 하여
동서 양 縣으로 갈라져 각각 54坊씩 자리한다. 이외에 각 縣에는 2개
의 坊 자리에 市場인 東市와 西市가 있다. 坊市는 고르게 대칭으로 되
어 있고 도로가 직선으로 정비되어 唐代의 시인인 白居易는 이러한
모양을 "百千家가 흡사 바둑판과 같고 12街가 밭의 경계와 같다(百千
家似圍棋局, 十二街如種菜畦)[13]"라고 말하였다. 성내의 거주민에 대한
통치와 감시를 강화하기 위해 隋·唐의 통치자들은 외곽성내의 여러
곳에 王宅·官府·佛寺와 道觀을 세웠고 외곽성 북쪽에는 황제의 수
렵 금지구역이었으며 동·서·남의 3방면은 양 縣의 郊外지역이었다.
唐의 太宗·高宗과 玄宗 시기에 大明宮과 興慶宮의 2개의 새로운 궁
성을 수축하였다. 1949년 이후 수년 동안 밀도 깊은 연구가 보편화되
고 중요 유적의 발굴이 행해져 장안성의 배치형태가 기본적으로 명백
하게 밝혀졌으며 또한 대량의 시대적 특징을 갖춘 유물이 발견되었다.
예를 들어 隋·唐 시기에 불교가 유행 되었으므로 말미암아 조각과
회화 중에 매우 많은 연꽃무늬 혹은 연꽃무늬가 변형된 형태의 문양

---

13) 白居易 : 《登觀音臺望城》,《金唐詩 卷 四百四十八·白居易二十五》.

과 도안이 발견되었다. 또한 唐代의 釉陶工藝의 발전으로 말미암아 殿堂寺院 등의 고급건축물에 녹색·황색·남색의 각종 유약을 바른 磚瓦를 사용하였음을 발견하였다(그림 4-3 : 1~6)[14]

隋·唐의 장안성은 隋·唐 왕조의 정치·경제·문화의 중심지일 뿐만 아니라 외국과의 工商貿易과 문화예술 교류의 집중지역이었다. 그리고 장안성의 배치형태는 중국 내의 城市에 영향을 주었을 뿐만 아니라 동시에 변경지역과 외국의 城市에도 깊은·영향을 미쳤다. 그리고 예로서 서북지역의 唐 西州城과 일본의 平城京 (710년에 도시를 이룸)·平安京(794년에 도시를 이룸)을 들 수 있다. 그런데 서로 비교하여 볼 때 발해 상경성 역시 그 영향을 받았음이 명백하다. 첫째, 성 외부의 윤곽이 모두 장방형을 이루고 있고 기본적으로 남북방향을 향하고 있다는 점이다. 그리고 궁성·황성이 각기의 한 지역을 차지하는데 성내의 북쪽 중간지역에 집중되어 앞쪽은 황성, 뒤쪽은 궁성이 위치하면서 성내의 거주인과 서로 섞여 살지 않았다는 점은 "隋文帝의 새로운 의사(隋文新意)"[15]와 흡사하다. 다만 서로 다른 것은 상경성 북쪽의 中段 즉 궁성 북쪽의 바깥성벽이 외부를 향해 돌출해 있다는 점이다. 이것은 대체로 상경성의 북쪽에는 장안성과 같은 방어를 위한 禁苑이 설치되어 있지 않아 궁성의 북쪽 바깥성벽을 외부로 돌출 시킴으로써 궁성과 외성벽 바깥성벽 사이에 어느 정도의 공간지대를 만들어 궁성의 방어를 강화하기 위해서였다. 둘째, 외곽성내에 몇 개의 동서향·남북향의 직선 도로를 만들어 외곽성은 약간의 里坊으로 분

---

14) 中國科學院考古所：《唐長安大明宮》, 科學出版社 1959年.
　　中國科學院考古所西安唐城發掘隊：《店代長安城考古紀略》, 《考古》 1963年 11期.
　　馬得志·揚鴻勛 ：《關于店長安宮范圍問題的研討》, 《考古》,1978年 第1期.
　　宿白：《隨唐長安城和洛陽城》, 《考古》, 1978年 第6期.
15) 《長安志》卷七에 "兩漢이래로 晋·齊·梁·陳에 이르기까지 人家가 궁궐속에 있었는데 隋文帝는 이것이 民(《唐兩京坊考》卷 1에서는 民을 事로 고침)에게 불편하다 하여 황성 내에는 그러한 府寺만을 두어 일반인의 거주기와 섞이지 않게 하였다, 이에 公私가 모두 편리하고 풍속이 정비되는 이것이 隋 文帝의 새로운 의사이다" [自兩漢以後至于晋齊梁陳, 并有人家在宮闕之問, 隋文帝人爲不便于民, 于是皇城之內, 惟列府寺 不使雜人居址, 公私有便, 風俗齊肅, 實文新意也.]라고 기록되어 있다.

할하여 거주지역을 형성하였다는 점이다. 이러한 里坊 역시 황성 남벽 정문과 외곽성 남벽 정문 사이의 넓은 도로를 중심축으로 하여 균등하게 대칭 되어 있다. 서로 다른 점은 장안성에는 東市와 西市의 2개의 시장이 있으나 상경성내에는 시장을 발견할 수 없다는 것이다. 셋째, 장안성과 같이 상경성내에 상당히 많은 寺院이 있는데 이러한 것은 발해에도 역시 불교가 상당히 유행하였다는 것을 설명하는 것이다. 물론 이 불교는 중국에서 전래된 것이었다. 넷째, 상경성내에서 발견 궁전·佛寺 건축은 그 평면형태에서 각 건축물의 설계와 건축 기와의 굽는 기술·장식문양 등에 이르기까지 모두 장안성의 건축과 매우 흡사하다. 다섯째, 앞서 말한 몇 가지의 점들은 비단 상경성 뿐만 아니라 동경용원부·동녕대성자·화룡서고성 등의 지방 城址와도 기본적으로 비슷하다. 이러한 것은 발해 중·후기의 제도와 문화가 통일되었고 또한 중국의 선진제도와 문화가 발해에 넓고 깊이 있게 영향을 끼쳤음을 반영하는 것이다.

그러므로 중 후기의 城址가 隋·唐의 도성인 장안성의 배치형태의 깊은 영향을 받았다는 것은 隋·唐 시기의 중국제도와 문화가 발해에 대해 영향을 미친 것 중 중요한 위치를 구성하고 있다는 것을 의심할 바 없다.

2. 발해의 고분연구 *

발해의 고분은 발해유적을 구성하는 한 부분으로 발해문화를 연구하는데 중요한 자료가 된다. 1949년 敦化六頂山에서 貞惠公主墓를 발견한 이래 길림성·흑룡강성의 고고학자들은 30여 년에 걸쳐 매우 많은 발해 시기의 묘장을 조사·발굴하였다. 지금까지 조사 발굴된 주요 묘장은 길림성의 돈화육정산墓群[1] 和龍縣八家子北大墓群[2] 龍頭山墓群, 龍海墓群[3], 河南屯墓群[4], 흑룡강성 寧安縣大朱屯·三靈屯墓群[5], 海林縣哈達屯·山咀子墓群[6], 林口縣沙河子·頭道河子墓群[7], 東寧縣大城子墓群[8] 등이며 牡丹江·海蘭江·綏分河 유역에 분포하고 있다.

1980년에는 연변박물관에서 화룡현 龍水公社 龍海大隊 龍頭山에 위치한 발해 貞孝公主墓를 발굴하였다[9]. 이것은 발해고분의 깊이 있는 연구에 믿을 만한 자료들을 제공하는 것이었다. 그리고 지금까지 발해 고분에 대해 연구가 진행되어 이미 연구결과를 발표하기도 하였다.[10] 본문은 이상의 연구성과를 기초로 하여 발해묘장의 유형·分期·매장

---

  * 鄭永振『渤海墓葬研究』黑龍江文物叢刊 1984.2, pp.4~14,
1) 王承禮·曹正榕：《吉林敦化六頂山渤海古墓》,《考古》1961年 第 6 期.
   王承禮：《敦化六頂山渤海墓葬淸埋發掘記》,《社會科學戰線》1973年 第 3期.
   朱榮憲：《渤海文化》, 朝鮮社會科學出版社 1971年
2) 延邊博物館：《和龍縣北大渤海墓葬淸埋簡報》,《東北考古與歷史》叢刊 1982年 창간호
3) 鄭永振：《和龍縣龍海古迹調査簡記》(未刊)
4) 郭文魁：《和龍縣渤海古墓出土的幾件金飾》,《文物》1973年 第 8 期.
5) 黑龍江省博物館：《牡丹江中下游考古調査簡報》,《考古》1960年 第4期.
6) 孫秀仁：《略論海林山咀子渤海墓葬的刑制·傳統和文物特行》《中國考古學會第一次年會論文集》, 1979 文物出版社.
7) 呂遵綠：《黑龍江寧安·林口發現的古墓葬群》,《考古》1962年 第11期.
8) 黑龍江省文物考古工作隊·吉林大學歷史系考古專業：《東寧大城子渤海墓葬發掘簡報》,《考古》, 1982年 第 3 期.
9) 延邊博物館：《渤海貞孝公主墓發掘淸埋面報》,《社會料學戰線》1982年 第 1期.
10) 魏存戊：《渤海王室貴族墓葬》(未刊)

풍속 특징과 전통 등 몇 가지 문제를 종합적으로 살펴보고자 한다.

1) 발해 고분의 유형

지금까지 발견된 발해고분의 수량은 비교적 많고 분포범위도 광대하다. 그러나 그 중의 대부분은 다양한 형태로 파괴되었고 더욱이 많은 묘장에 대해 조사만 하였을 뿐 아직 발굴하지 않아 전체적인 체계를 과학적으로 분석하기는 곤란하다.

발해고분의 절대다수는 單室封土墓로 墓室의 결구상태로 보아 轉室·石室·土壙으로 구분되며 하나의 墓群내에 磚室과 石室이 병존하거나 혹은 石室과 土壙이 병존하고 있다. 墓頂이 있는 묘는 모두 石板으로 천정을 봉하였으며 그 결구상태는 고임과 평천정으로 되어 있다.

묘 중에는 甬道와 墓道를 설치한 것도 있고 단지 墓道 또는 墓門만을 설치한 것도 있다. 그리고 墓地面의 위에 규모가 비교적 큰 塔을 수축하기도 하였고 陵園을 건축하기도 하였으며 어떤 것은 墓地面의 위에서 磚瓦가 발견되기도 하였다. 발해의 고분은 墓壁의 특징에 따라 대체로 磚室·石室·土壙의 3종류로 구분할 수 있다. 이것을 다시 각자의 결구상태의 특징에 따라 9식으로 구분할 수 있다(磚室 2式, 石室 4式, 土壙 3式)

(1) 磚 室 墓
Ⅰ. 墓·塔결합식 磚壁石頂의 單室墓

정효공주묘가 대표적이다. 이 묘는 墓室·甬道·墓道·地面塔의 4부분으로 이루어졌다. 묘실은 지하에 만들고 靑磚을 쌓아 묘벽을 만들었으며 천정부는 평행고임의 방법으로 쌓았다. 甬道의 양쪽 벽은 잘 다듬은 벽돌을 이용해 밑에서 위로 향할수록 안쪽으로 좁아지게 쌓은 후에 석판으로 천정을 덮어 봉하였다. 묘실 내에는 棺床을 두었고 묘실과 甬道의 바닥은 方磚으로 포장하였다. 甬道내에 석판으로 문을 설치하였고 磚을 이용해 묘의 입구를 봉하였다. 墓道는 남쪽에서 북쪽으로 갈수록 점차 수축하여 나팔형태를 이루고 있고 남쪽이 높고 북쪽이 낮은 계단식으로 만들어져 있다. 묘실천정의 지면위에는 靑磚을 이용해 方形塔 형태로 축조하였으나 현재는 파괴된 상태이다. 묘실은 길이 3.10m, 너비 2.10m, 높이 1.90m이고 甬道는 길이 1.90m, 너비 1.60m, 높이 1.80m이며 墓道는 길이 7.10m, 지면탑의 기단의 길이는 5.60m이다. 그런데 정효공주묘의 내부에서는 墓碑와 벽화가 발견되었다. 이 墓碑의 文으로 보아 정효공주는 발해 3대 왕인 大欽茂의 4女이고 大興 56년(792년) 6월에 죽어 그 해 11월에 染谷의 西原에 陪葬하였음을 알 수 있었다. 그리고 정효공주묘의 예로 보아 이런 종류의 묘는 왕실묘장에 속한다고 할 수 있다. (그림 4-5)

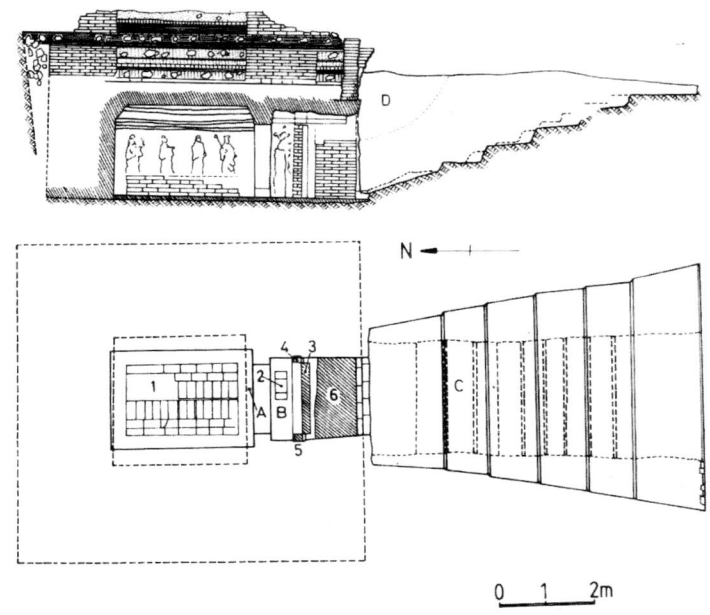

1. 관상(棺床). 2. 석비. 3. 석문. 4. 塾(빠질점)木. 5. 봉문담(封門墻)
A. 묘실   B. 용도(甬道)   C. 연도   D. 도굴구멍

그림 4-5. 和龍龍海 貞孝公主墓

馬滴達塔基 역시 이 형식에 속하는 묘이다. 1973년 길림성박물관·
연변박물관·훈춘현문화관 등에서 琿春縣, 馬滴達公社에 위치한 발해
시기의 塔基를 발굴하였다11). 그런데 당시는 정효공주묘가 아직 발견
되지 않았던 시기였고 또한 마적달 塔基의 "基壇" 내에서 碑文 등 아
무런 문자자료가 발견되지 않았기 때문에 이 유적을 단순히 塔基라고
이해하였고 "基壇" 내에서 발견된 사람뼈 역시 이 古塔에 매장한 승
려의 뼈라고 인식하였다.12) 그러나 정효공주묘를 발굴함으로써 필자는
마적달 塔基의 성질에 대해서 새로운 인식이 필요함을 느끼게 되었
다.(그림 4-5)

마적달 塔基의 결구와 정효공주묘의 形制는 기본적으로 서로 같으
며 두 지역은 모두 산 위에 답을 세우고 산 아래에 寺廟를 건축하고
있다. 차이점은 마적달 塔基의 墓道 양쪽 벽은 磚을 쌓아 만들었고 정
효공주묘의 墓道 양쪽 벽은 磚을 쌓아 만든 것이 아니라 단지 진흙에
잡초를 섞어 발랐다는 것이다. 필자는 마적달 塔基와 정효공주묘를 비
교하여 마적달 塔基는 묘장 위의 건축물이고 정효공주묘는 묘와 탑이
결합한 형태를 가지고 있다고 인식하였다. 정효공주묘는 발굴하기 전
에는 하나의 塔基라고 인식하였으나 묘비를 발굴함으로써 우리의 인
식에 약간의 변화를 가져오게 되었다.

史書에는 대흥 48년(785년) 발해 3대 왕인 대흠무는 국도를 上京龍
泉府(寧安縣東京城)에서 東京龍原府(琿春八連城)로 천도하였고 大興
57년(793년)에 다시 상경용천부로 옮겼다고 기록되어 있다.《渤海國志
長編》권 3《世紀》에

대흥 57년 봄, 문왕이 죽고 세자인 굉임 역시 일찍 죽자 원의가 왕위를
계승하였다. ……원의는 왕이 된지 수개월만에 시기를 받아 나라사람들에
게 살해되었다. 성왕은 이름은 화서이고 문왕의 손자이며 굉임의 아들이

---

11) 吉林省 文物工作隊·吉林省博物館 :《琿春馬滴達渤海塔基淸理簡報》(未刊)
12) 吉林省 文物工作隊·吉林省博物館 :《琿春馬滴達渤海塔基淸理簡報》(未刊)

다. 원의가 살해된 후 나라사람들이 화서를 왕으로 추대하여 연호를 중흥
이라 고치니 이때가 대흥 57년이다. 다시 상경 용천부를 국도로 정하였
다.(大興五十七年春, 文王薨, 世子宏臨早卒, 元義嗣位. ……元義立數月, 遇
下猜虐, 國人殺之. 元義遇弑, 國人共推華璵爲王, 改元中興, 卽大興五十七年
也. 還都上京龍泉府, 自是遂定都焉)

라고 기록되어 있다. 이 기록은 宏臨이 일찍 죽었다는 사실만을 표명
하고 있을 뿐이고 東京에서 죽었는지 아니면 동경으로 천도하기 이전
에 죽었는지는 분명하지 않다. 그러나 대흠무와 大元義는 동경에서 죽
었다는 것은 확실하다. 훈춘 팔련성은 발히 5경 중의 하나인 동경이며
10여 년 동안 국도였으므로 훈춘 내에는 당연히 왕실귀족의 묘장이
있었다. 마적달묘에서 출토한 사람 뼈를 연변의학원 解部敎硏室의 兪
東郁은 24~35세의 장년기의 남자골격으로 판단하였다.13) 그런데 정효
공주묘와 같은 결구상태를 이룬 마적달묘라는 사실로 보면 매장된 묘
주인은 당연히 발해왕실의 인물인 것이다.

그러면 이런 종류의 묘는 왜 墓塔의 결합형태를 이루었는가. 이것은
발해에서 불교가 성행하였다는 것과 매우 밀접한 관계가 있다고 여겨
진다. 정효공주의 墓碑에서 알 수 있듯이 대흠무는 "孝感", "聖法"과
같은 유교와 불교용어를 자신의 尊號로 하고 있으며 발해의 고고조사
와 발굴을 통해서 사원건축과 불교와 관련된 유물이 각지에 분포하고
있음을 발견할 수 있었다. 이것은 불교가 왕실귀족 중에 전파되기 시
작하여 각 계층으로 퍼져 나갔음을 설명하고 있다. 묘와 탑이 결합한
묘는 唐代 및 그 후의 묘장 중에도 고르게 나타나고 있으며 묘의 주
인은 역시 불교 신도에 속하였다.

Ⅱ. 陵圓 건축식 磚壁石頂의 單室封土墓

화룡현 河南屯에서 2기가 발견되었다. 2묘는 동서로 배열되어 있고

---

13) 兪東郁 : 《馬滴達出土人骨鑑定書》, 延邊博物館資料.

하나의 封土로 되어 있는 것으로 보아 부부의 異穴合葬墓로 판단된다. 묘실의 4벽은 장방형의 靑磚을 쌓아 만들었고 벽돌의 사이에는 白灰를 발랐으며 묘의 바닥은 방형의 磚을 깔아 포장하였다. 2묘의 크기는 거의 비슷하여 길이 2.40m, 너비 1.40m, 높이 0.47m에 이른다. 이 묘는 발굴하기 전에 이미 파괴되어 있었다. 이 지역에 남아있던 것들로 미루어 판단하여 보면 원래 墓頂은 8塊의 큰 석판을 2층으로 나누어 봉하였고 묘의 위에는 동서 약 28m, 남북 약 20m, 높이 약 2m의 흙더미가 있었다. 그리고 이 흙더미 위에는 30여 개의 큰 초석이 동서방향으로 질서 있게 배열되어 있었다. 발굴시에 묘 앞의 동남쪽 약 2m 지점에도 역시 하나의 초석이 남아 있었다. 묘 주위에는 둘레의 길이 약 5백m의 圍墻 흔적이 있다. 지금까지 말한 상황은 묘의 지면 위에는 원래 능원건축이 있었음을 설명하고 있다. 묘 중에서는 金帶飾·金飾件·金銀髮飾件 등의 귀중한 유물이 출토되었다. 묘의 규모와 출토 문물로 보면 묘주인의 신분은 매우 높아 왕실귀족의 묘로 보인다.

(2) 石室墓
Ⅰ. 고임천정 封土墓

정혜공주묘·三靈屯墓가 이 형태의 전형적인 형태를 이루고 있다. 墓壁은 여러 차례 가공한 석판이나 석괴를 교대로 쌓아 만들었고 백회를 발라 평평하게 한 면에 벽화를 그린 묘가 있다. 南壁의 중간에 甬道와 비교적 긴 墓道를 설치하였다. 묘의 천정은 석판으로 말각고임한 것도 있고 또한 석판으로 동서의 양쪽 벽을 세운 다음 평행고임한 것도 있다.

묘실의 평면은 방형이 많고 장방형도 있으며 묘 내에는 배수구 등 습기를 막는 시설이 되어있다. 묘 내에서 棺釘이 발견되는 것으로 보아 木棺을 사용했음을 알 수 있다. 삼령둔묘의 지면 위에서는 柱礎石이 발견되었고 묘의 주위에는 묘구역을 나타내는 圍墻의 흔적이 있었다. 이외에 묘 부근의 지면에서 磚瓦 등의 건축유물도 발견되었다. 그리고 이 묘에서는 일반적으로 石刻·도금장식품·은그릇·옥그릇·토기 등이 출토되었다. 그런데 묘장의 형태와 부장품을 가지고 다른 석실묘와 비교해 보면 명백한 등급의 차이를 나타내고 있다. 또한 정혜공주 묘비의 발견으로 말미암아 이러한 형식의 묘는 왕실귀족의 묘장에 속한다고 판단할 수 있다.(그림 4-6)

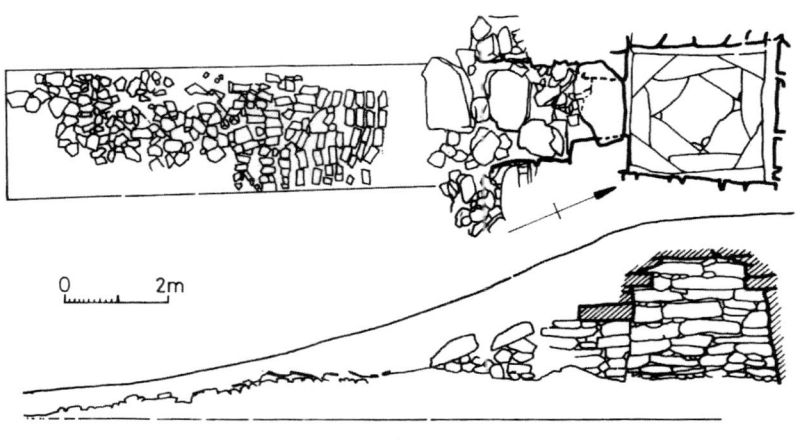

그림 4-6. 돈화육정산 貞惠公主墓

이 형식에 속하는 묘로 육정산 IM_5, 용두산 M_2, 北大 M_1·M_{35} 등이 있으며 육정산 IM_1·IM_4·IM_6·IM_{10}·IM_{11}, 山咀子 M_{16} 등의 墓는 墓頂이 파괴되어 결구상태를 명확하게 알 수는 없으나 이들의 묘실이 비교적 크고 또한 甬道·墓道가 설치되어 있으며 묘장의 결구가 정혜공주묘·삼령둔묘와 비슷하고 그 규모로 미루어 판단해 보면 이 형식에 속한다고 할 수 있다.

Ⅱ. 평행천정 封土墓

묘실은 일반적으로 장방형이나 방형도 있다. 묘벽은 석괴를 쌓아올리거나 혹은 긴 석판을 세워 만들었고 위에 큰 석판으로 천정을 덮은

다음 흙으로 봉하였다. 묘실
은 대부분 單室이며 대주둔
에서 발견된 1基는 묘실의
중간에 하나의 石墻을 사이
에 두고 좌우로 雙室을 만든
것도 있다. 그리고 南壁의 중
간에 2m가 채 되지 않는 墓
道를 설치한 묘가 있으며(그
림 4-7) 단지 墓門만을 설치
한 묘도 있다. (그림 4-8) 묘
의 입구는 석괴를 쌓거나 긴
석판을 세워 봉하였다. 墓道
가 있는 묘는 일반적으로 묘
문만 있는 묘보다 규모가 크
다. 그러나 묘문을 설치한 묘
역시 규모가 비교적 커서 墓
道가 있는 묘실의 크기와 비
슷하다. 묘 내에서는 일반적
으로 모두 棺釘이 발견되는
것으로 보아 木棺을 이용했
음을 알 수 있다. 묘 내에는

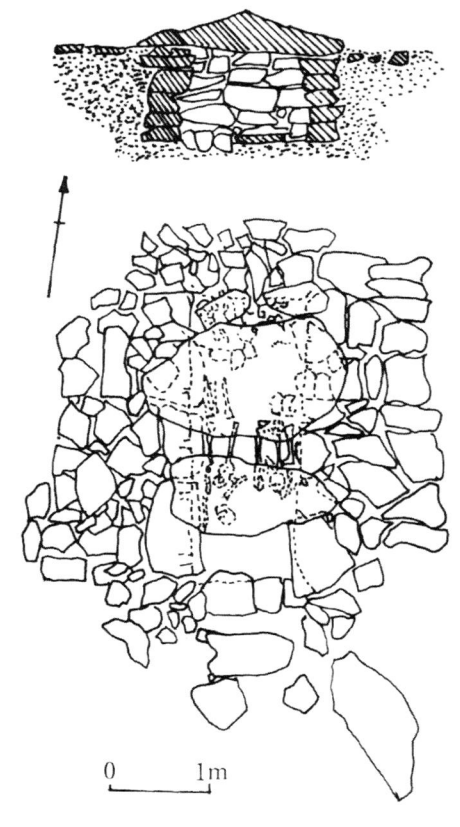

그림 4-7. 和龍北大 M₃₄

여러 명을 합장하거나 2인을 합장하였다. 부장품으로 도금한 銅장식품,
銅帶銙, 銅捐, 銅鉈尾, 銅竿, 銅帶捐, 토기 등이 있다. 묘의 조성형태나
규모로 볼 때 등급은 I식보다 낮음이 명백하다. 그러나 모두 평민의
묘는 아니고 상당부분은 관리·일반귀족·부유층의 가족 墓일 가능성
이 있다.

이 형태에 속하는 묘로 육정산 M₁₀₅·M₂₁₅, 대주둔 M₁·雙室墓, 두도
하자 M₁·M₂, 北大 M₁~M₄·M₁₀~M₁₂·M₁₆·M₁₈~M₂₂·M₂₅~M₂₈·

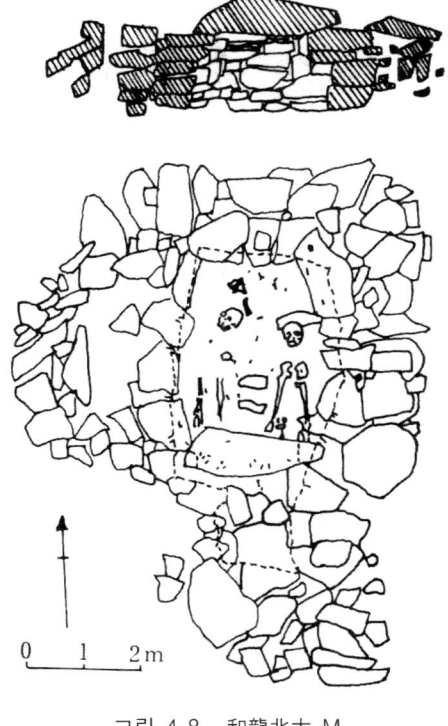

그림 4-8. 和龍北大 M_1

$M_{30} \cdot M_{34} \cdot M_{36} \cdot M_{40} \cdot M_{41}$ 등이 있다. 그리고 보고된 정황의 분석에 의하면 산저자의 대형적석묘 역시 이 형태에 속한다.

Ⅲ. 石棺封土墓

묘는 간단하게 만들어졌고 묘실은 깊지 않으며 길이는 2m정도(1.5m에 불과한 것도 있다.) 너비는 0.5~0.8m 사이이다. 4벽은 석괴를 쌓아 올렸고 큰 석 판이 나 작은 석괴로 천정을 덮은 후에 흙으로 봉하였다. 묘 내에서 아직까지 木棺의 흔적이 발견되지 않았고 墓門 등의 시설도 없으며 그 모양이 石棺처럼 생겼기 때문에 石棺封土墓라고 부른다. 이런 종류의 묘는 單人葬을 주로 하였고 산저자에서 발견된 5墓의 묘는 모두 어린아이를 매장하였다. 묘 내에서는 일반적으로 부장품이 출토되지 않아 묘주인은 평민과 어린아이라고 판단된다. 육정산 IM_{12}, 대주둔 小型墓, 북대 M_{13}, 산저자 5기의 小型墓가 이 형태에 속한다.(그림 4-9)

Ⅳ. 石壙封土墓

묘벽은 작은 강자갈이나 석괴를 쌓아 만들고 안에 木棺을 놓은 후에 석판으로 천정을 덮지 않고 바로 흙으로 봉하였다. 묘실은 대부분 방형에 가까우며 장방형도 약간 있다. 대처로 南壁의 중앙에 비교적

짧은 墓道나 墓門을 설
치하였고 묘의 입구는
석괴를 쌓아 봉하였다.
이 형식의 묘는 대부분
화장을 하였다. 大城子
·M₁·육정산 제2구역
에서 발굴한 석실묘의
대다수가 여기에 속한
다.(그림 4-10)

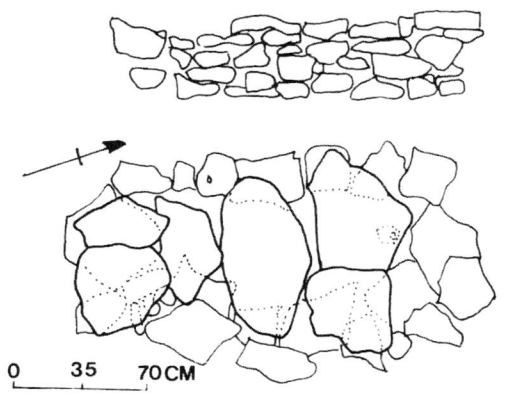

그림 4-9.　돈화 육정산 IM₁₂

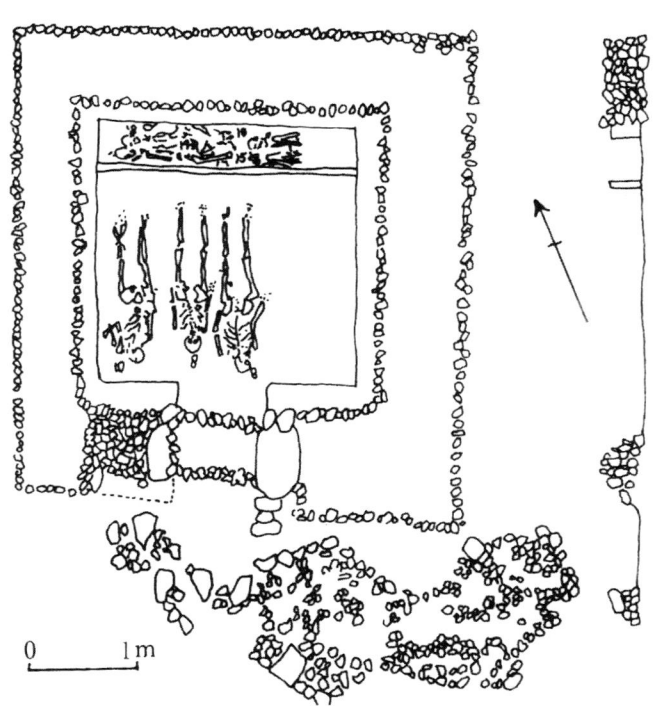

그림 4-10.　東寧大城子 M₁

⑶ 土 壙 墓

Ⅰ. 土石壁封土墓

육정산에서 발굴한 2기(M₂₀₉·M₂₁₀)가 여기에 속한다. 2기의 형태는 기본적으로 서로 동일하며 묘실은 장방형에 가까워 길이 약 3m, 너비 약 2m에 달한다. 동·서북의 3벽은 흙으로 남쪽의 벽은 석괴를 쌓아 만들었다. M₂₀₉ 南壁 중간에 길이 0.94m, 너비 0.9m의 墓道가 설치되어 있다. M₂₀₉에서는 7구의 사람뼈가 출토되었다. 이 중에서 2구는 1차 장을 하였고 1차장을 한 것 중 1구는 화장을 하였으며 나머지 5구는 2차장을 하였다. M₂₁₀에서 출토된 3구의 사람뼈는 모두 1차장으로 화장 하였다. 묘에서 출토된 부장품은 비교적 풍부하여 토기·청동그릇·철 그릇·瑪瑙珠 등이 있으며 묘주인의 신분은 낮지 않아 관리나 일본귀 족에 속한다고 할 수 있다.

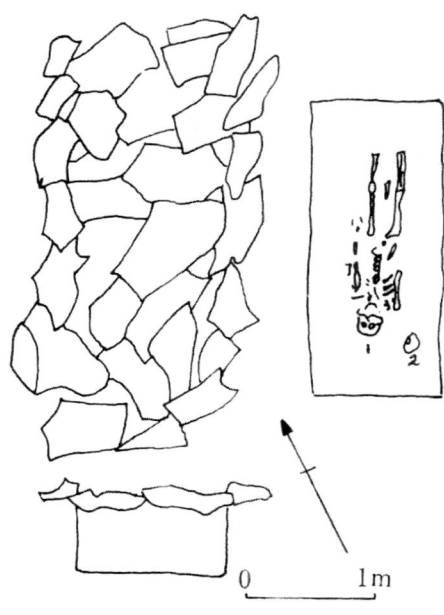

그림 4-11. 東寧大城子 M₄

Ⅱ. 土壙蓋石頂封土墓

東寧대성자에서 발굴한 1 기(M₄)가 이에 속한다.[14] 이 교는 먼저 길이 2.4m, 너비 1.05m, 깊이 0.6m의 土壙을 만든 후에 시체를 매장한 다음 흙으로 메우고 묘의 입구 위에 석괴를 한 층으 로 덮은 후에 흙으로 봉하 였다. 묘에서 출토한 1구의 사람뼈는 신전장 형태를 하 고 있었으며 머리는 남쪽을 향하였다. 묘 내에서 3개의

---

14) 이 墓는 1973년에 발굴한 M₁과는 다른 것으로 《渤海文化》에 기재되어 있다.

棺못이 발견되었고 부장품으로는 陶罐 1점, 鐵器 1점(殘片)이 출토되었다. 이 형식의 묘는 일반평민의 墓에 속한다고 할 수 있다.(그림 4-11)

Ⅲ. 土壙竪穴封土墓

육정산에서 발굴한 2기(M₂₀₈ · M₂₁₄)가 이에 속한다. M₂₀₈은 이미 파손되어 묘실의 크기는 알 수 없고 흙으로 봉한 안쪽에서 기와조각이 많이 발견되었다. M₂₁₄는 土壙竪穴墓로 묘실은 길이 2.5m, 너비 1.64m, 깊이 0.35m이다. 사람뼈는 화장한 흔적을 나타내고 있으며 약간의 뼈조각과 목탄조각을 제외하고는 부장품이 없어 평민묘에 속한다고 할 수 있다.

이밖에 길림시박물관이 길림 楊屯大海猛에서 발굴한 90기의 묘 중 2기의 石壙墓를 제외하고는 모두 土壙竪穴墓이다. 발굴보고를 분석해보면 이 중에서 상당부분의 묘가 발해건국의 이전인 속말말갈의 문화유적에 해당한다고 판단된다.

지금까지 살펴 본 3類 9式의 묘장형제를 표 1에 종합하였다.

表 1. 발해 고분 形制表

종류	式	명 칭	墓 葬 形 制	신분	규모	시간	비 고
磚室墓	Ⅰ	墓·塔결합식 磚壁室頂單室墓	墓는 墓室·甬道·地面塔 등의 부분으로 만들어졌다. 墓壁은 靑磚을 쌓아 만들고 大石板으로 천정을 덮어 봉하였다. 墓道는 계단식이며 墓室의 천정부의 지면위에 方形의 탑을 만들었다.	왕실 귀족	人	후기	
	Ⅱ	陵園건축식磚 壁石頂單室封 土墓	4壁은 靑磚을 쌓아 만들고 그 위에 8개의 石板을 2層으로 나누어 천정을 봉하였다. 封土한 위에는 원래 30여개의 礎石을 동서로 배열하였다. 墓주위에는 둘레의 길이가 5백m에 이르는 圍墻의 흔적이 있다.	왕실 귀족	人	후기	

石 室 墓	I	고임천정石室 封土墓	墓벽을 가공한 석판 혹은 석괴를 엇갈 리어 쌓았고 남쪽벽의 중간에 甬道와 비교적 긴 墓道를 설치하였다. 墓의 천 정은 석판을 이용해 고임의 방법으로 만들었다. 지면 위에서는 柱礎石이나 磚·瓦 등의 지면건축물이 발견되었다.	왕실 귀족	大	전기 후기	
石 室 墓	II	平頂石室封土 墓	墓壁은 石塊를 쌓아 만들거나 긴 石板 을 수직으로 세워서 만들었다. 壁의 위 쪽에는 大石板으로 평평하게 덮어 천정 을 봉하였다. 南壁의 중간에 비교적 짧 은 墓道나 墓門을 설치하였다.	관리 일반 귀족	中	전기 후기	墓의 규 모가 비 교적 작 은 것은 평민의 墓라고 추정됨.
	III	石棺封土墓	4壁은 石塊를 쌓아 만들고 웃면은 石塊 또는 작은 石板으로 덮었다. 그 형태가 石棺처럼 생겼다.	평민 아이	小	전기 후기	
	IV	石壙封土墓	4壁은 石塊를 쌓아 만들고 천정은 石板 으로 봉한것이 아니라 직접 흙으로 봉 하였다. 南壁의 중간에 墓道 또는 墓門 을 설치하였다.	관리 일반 귀족	中	전기 후기	墓의 규 모가 비 교적 작 은 것은 평민의 墓라고 추정됨.
土 壙 墓	I	土石壁封土墓	東·西·北의 3壁은 흙으로 만들고 南 壁은 石塊를 쌓아 만들었다. 천정은 돌 로 봉하지 않았다.	관리 일반 귀족	中	전기	
	II	土壙蓋石頂封 土墓	4壁을 흙으로 만든 후 사람을 매장하고 흙을 메웠다. 墓의 입구는 石塊를 깔아 포장한 후 흙으로 봉하였다.	평민	小	전기	
	III	土壙豎穴墓	4壁을 흙으로 만들고 사람을 매장한 후 흙으로 봉하였다.				

2) 발해 고분의 시대구분

발해고분에서 출토한 부장품은 많지 않그 더욱이 토기의 수량도 적어 유물의 형태와 유물군의 조합에 나타난 변화로 시대를 구분하기가 어려우며 또한 대부분 발해고분의 결구가 석실묘를 주로 하고 있기 때문에 형태의 변화에 따라 시기를 구분한다는 것도 어렵다. 따라서 필자는 현재까지 나타난 자료를 가지고 발해고분의 시기 구분에 관해 간략하게 검토하기로 한다.

길림 양둔에서 발굴한 土壙墓는 C-14 측정의 결과(1505±70년, 교정 년대는 510년이 된다)와 M$_{17}$에서 출토한 "開元通寶"로 추정해 보면 연대의 상한은 수 말기에서 당 초기에 이르는 기간이며 하한은 당 중엽으로 잡을 수 있다[15]. 길림 양둔고분의 부장품 중에서 톱니무늬를 새긴 모래 섞인 2중구연罐(靺鞨陶器라고도 부른다)이 가장 풍부한 특징을 나타내고 있다. 이런 종류의 罐은 흑룡강성 綏濱縣 同仁유적지에서 비교적 많이 발견되는 것으로 이 유적지의 특징적인 유물이기도 하다. 동인유적지는 C-14 측정 년대가 1400년 전으로 초기말갈 유적이라 할 수 있다. 길림 양둔묘장은 土壙墓를 주요형식으로 하여 대다수의 묘장이 이러한 형태를 나타내고 있으나 육정산 묘군은 석실묘를 주요형식으로 하고 단지 적은 수(4기)의 土壙墓가 있을 뿐이다. 이런 현상은 시간의 전·후기 혹은 지역성의 차이를 반영하는 것이라 할 수 있다.

양둔고분의 주요형식 및 문화의 특징을 동인유적의 문화특징 및 발해건국의 시기에 형성된 육정산 묘군과 서로 비교하여 필자는 양둔의 90기의 묘장 중 일부분은 발해건국 전의 속말말갈유적이라 인식하였다. 土壙墓 같은 형식의 묘는 육정산 제2구역에서 발견된 4기, 대성자에서 발견된 1기 외에 다른 발해 고분 중에서는 발견되지 않았다. 그런데 육정산묘군 중에서 발견된 2중구연罐이 발해초기의 유물임을 볼 때 土壙墓는 발해고분 중 비교적 이른 시기의 형식이며 이런 형식이 계속된 시간이 짧았다는 것을 알 수 있다.

석실묘 가운데 고임천정·평천정 石室封土墓의 분포범위가 넓고 수량도 많으며 연속된 시간도 길어 발해의 주요 고분형식의 하나로 볼

---

15) 陳家槐 : 《吉林省永吉人海猛古遺址三次考古發掘槪況》, 《吉林省考古學會通訊》1982年 第2期

수 있다. 혹자는 石壙封土墓가 분포지역이 넓고 수량도 많아 발해의 주요고분형식의 하나로 말하고 있다. 또한 이것은 연속된 시간 역시 가장 길다.16) 현재까지 발견된 발해고분의 대다수가 파괴상태가 심하여 分期문제에 대해서 어떤 확정을 짓기가 곤란하다. 지금까지 발견된 고분만을 가지고 보면 화룡 북대고분의 54基 중 24基의 묘가 석판으로 천정을 봉한 것이라 할 수 있고 기타의 묘는 묘의 천정부가 파괴되어 쉽게 판별할 수 없다. 화룡 북대묘지는 점차 농경지로 개간되었거나 거주민들이 집을 지었기 때문에 심하게 파괴되었다. 그러나 북대묘지 내에서 매우 많은 큰 석판을 찾아 볼 수 있었다. 따라서 심하게 파괴되었다는 점을 고려한다면 북대묘지의 고분은 평천정石室墓가 주가 되었다고 할 수 있다.(부분적으로 石壙封土墓가 있었다는 것도 배제할 수 없다) 1982년 5월 연변박물관이 龍海묘군에서 발굴한 7기의 묘는 모두 平頂石室封土墓였다.17) 산저자 고분의 형식은

> 大型封土墓가 대다수이다. 표층인 封土를 걷어내면 큰 석판으로. 덮은 石槨이 나온다. ……墓門은 남쪽 벽의 중간에 설치하였고 양쪽 옆과 천정부에 평평하게 다듬은 石板을 덮어 문틀과 門楣를 만들었다. 그리고 다시 평평하며 두텁고 무거운 큰 석판을 묘실의 천정에 가로로 덮었다.

라고 발굴보고한 상황을 보면 평천정石室封土墓에 속하는 것이다. 대주둔 두도하자의 다수의 묘는 단지 조사만 하였을 뿐이고 발굴한 것은 몇基에 지나지 않으나 이것들은 모두 석판으로 천정을 봉한 즉 평천정石室封土墓이다. 1964년 육정산에서 발굴한 고분 중에서 2기가 평천정石室封土墓이고 14기가 石壙封土墓이며 이것들의 대다수는 화장을 하였음을 확인할 수 있었다. 이런 상황은 육정산묘군가운데 石壙封土墓가 많은 비율을 차지하고 있는데 발해 상경·중경(화룡 서고성)

---

16) 李殿福：《從考古學上看唐代渤海六化》,《學習與探索》1981年 第4期
17) 延邊博物館：《和龍縣龍海渤海墓葬》(未刊)

부근의 고분은 고임천정·평천정石室墓를 주요형식으로 하고 있는 것을 설명해준다. 그러나 육정산묘군 중에도 역시 일정수의 평천정石室墓가 존재하였고 그 연속된 시간도 가장 길다.

石壙封土墓는 초기에는 가장 많은 비율을 차지하였으나 중·후기에 이르러 두 번째의 지위를 차지하였다. 石棺封土墓는 육정산묘군 중에서 뿐만 아니라 대주둔·산저자·북대등의 묘군 중에서도 존재하고 있다. 그러나 각 묘군에서 이 형식의 묘장은 그 수가 적다. 石棺封土墓는 주로 평민이나 어린아이의 고분으로 여기서 신분이나 연령 차별의 문제를 반영하고 있다. 磚室墓는 중·후기에 이르러 왕실 귀족들간에 새롭게 나타난 고분형식이었다.

지금까지 살펴본 바를 종합해 보면 발해고분의 종류와 형식은 두 가지의 문제를 반영하고 있다. 즉 첫째는 시간의 전후에 따르는 변화를 반영하고 있으며, 둘째는 묘주인의 신분의 높낮이를 반영하고 있다.

육정산묘군에 대해서 말해 보면 이전의 인식은 발해전기의 왕실귀족의 묘지이다 제2구역은 가장 중요한 발해왕실의 묘지로 고왕 대조영·무왕 대무예·문왕 대흠무의 묘를 포함하고 있다고 보았다.[18] 1964년 두 지역의 묘장을 발굴한 후 이런 견해는 믿을만한 것이라고 인정되었다. 그런데 필자는 육정산묘군의 두 지역 중에 왕실귀족의 고분과 평민묘를 포함하는 다른 등급의 고분이 함께 존재하였다고 보고 있다. 육정산묘군 중에서 土壙墓·石壙封土墓는 제2구역에 비교적 많이 분포하고 있고 제1구역에서는 아직까지 土壙墓는 발견되지 않았으며 石壙封土墓의 수도 적다는 사실을 보면 제2구역의 묘장이 제1구역의 묘장보다 시간상으로 약간 빠르거나 혹은 제1구역이 왕실귀족묘를 주로 하고 제2구역이 관리 및 평민묘를 주로 하였다고 할 수 있다.

화룡북대묘지는 화룡서고성에서 서남쪽으로 약 10華里 정도 떨어져 있다. 賈耽의 《道里記》에 보면 현주는 天寶 중에 왕도가 되었다. (顯州

---

18) 王承禮 : 《吉林敦化牡丹江上渤海遺址調査記》, 《考古》 1962年 11期.

天寶中王所都)라고 기록하고 있다. 이것은 중경이 "舊國" 이후의 都城
이 되었음을 설명하는 것이다. 따라서 발해의 건립 후 오래지 않아 서
고성부근은 이미 발해의 영역에 포함되었을 것이다. 그리고 화룡북대
묘지의 면적이 넓고 고분이 밀집되어 있으며 그 수량도 많은 것으로
보아 초기의 고분일 가능성이 있다. 그런데 현재의 자료로 볼 때 북대
묘지의 고분형식은 모두 石室墓에 속하여 어느 것이 초기에 속하고
어느 것이 후기에 속하는지는 판별하기가 쉽지 않다. 그러나 전체묘지
를 놓고 보면 여러 기의 고분형식 가운데 중요한 것은 연속된 시간이
가장 길었던 平頂石室墓이다. 출토한 부장품 중에서 2중구연罐(톱니무
늬가 없음)의 수량은 매우 적으나 双耳釉陶罐·高頸折唇罐·盤口瓶·
長頸瓶·長頸寬肩壺·短頸鼓腹壺 등은 많다. 북대 M_{10}에서 출토한 1개
의 보상화문鏡과 鄭州上街區의 唐墓에서 출토한 銅鏡은 동일한 것으
로 盛唐 시기(당현종 天寶연간)에 유행하였던 銅鏡이다.[19] 따라서 고
분의 형태와 부장품으로 보아 북대묘지의 대부분의 고분은 발해 중·
후기에·형성되어 나타났다고 여겨진다.

　산저자고분은 상경에 포함시켜 대표적인 발해후기의 유적이라 보고
있다.[20]

　대성자고분의 연대는 원래의 보고에 따르면 5경의 설립이후라고 하
여 대성자古城과 함께 형성된 후기의 고분이라 보고 있다.[21] 그런데
대성자묘군 중에는 초기의 특징인 土壙墓 등의 형태도 존재하고 있다.
이것은 綏芬河 유역이 원래 발해의 활동중심지가 아니었고 따라서 옛
형태를 유지할 수 있었던 점이 상경이나 중경부근에 비하여 길었던
까닭으로 여겨진다.

　육정산묘군 중에는 초기의 특징을 가진 고분형식이 다수를 차지하
고 있다. 그러나 상경·중경부근의 고분 중에는 초기의 특징을 나타내

---

19) 河南省文化局文物工作隊 : 《鄭州上街區唐墓發掘簡報》, 《考古》 1960年 第1期.
20) 同註 6.
21) 同註 8.

는 형식(土壙墓)은 보이지 않고 石壙封土墓 형식이 다음의 중요한 위
치를 차지하였으며 육정산묘군 중에서는 찾아볼 수 없었던 새로운 형
식(磚室墓)이 나타났다. 고분형식의 이러한 변화를 영역의 확대와 서
로 결합시켜 발해고분을 대체로 전후의 두 시기로 구분할 수 있다. 즉
"구국"시기의 돈화육정산을 전기, 775년 도읍지를 상경으로 천도하
고 5경을 설립한 이후를 후기로 구분하는 것이다.

3) 발해 고분의 매장 풍속

　현재까지 발굴된 발해의 고분중에서 비교적 체계적으로 骨骼에 대
해 감정을 실시하였던 것은 北大墓群·大城子墓群·龍海墓群으로 이
것들은 우리가 발해의 매장풍속을 연구하는데 귀중한 자료가 되었다.
3곳의 묘군에서 출토한 人骨의 감정결과는 표 2, 3, 4와 같다.

　표에 나타난 통계를 근거로 하면 單人葬은 18기, 그리고 單人葬 가
운데 北大 M_{48}을 제외하고는 모두 1차장이다. 2人葬은 21기로 이 중에
서 2인 1차 合葬墓는 9기이며 모두 남녀합장이다. 1인 1차장, 1인 2차
장은 9기로 그 중 북대 M_{21}·용해 M_2·M_7을 제외하고는 모두 남자는
1차장 여자는 2차장을 하였다. 그리고 나머지 3기는 성별이 불분명하
다. 多人合葬墓는 16基로 그 중 남녀 1차 합장묘는 8基이고 나머지의
대부분은 남자를 1차장 하였다. 6基의 묘는 이미 골격이 훼손되어 그
숫자와 성별을 구별 할 수 없고 4基의 묘에는 人骨이 없다.

　돈화육정산 제1구역에서 발굴한 12기의 고분가운데 IM_1에서 2구의
두개골이 출토되었고 IM_3에서 4구의 두개골이 출토되었으며 IM_3에서
2具의 두개골이 출토되었다. 1964년 육정산에서 발굴한 20기의 묘 중
서 單人葬은 3기, 2人合葬은 1기, 多人合葬은 9기이며 7기의 묘는 숫자
가 확실하지 않다. 그리고 화장한 묘는 11기로 모두 제2구역에 자리하
고 있다. 山咀子에서 사람의 뼈가 나온 21기의 묘 가운데 單人葬은 6
기, 2人合葬은 3기, 多人合葬은 12기이다.

表 2 北大 고분人骨表

墓號	人骨總數	1次葬			2次葬			비 고
		남	여	不詳	남	여	不詳	
M1	9	1	1		3	2	2	
2	2	1	1					
3	1	1						
4	1	1						
5	?							人骨이이미훼손되어구분할수없음
6	?							人骨이이미훼손되어구분할수없음
7	1	1						
8	2	1				1		
9	?							人骨이이미훼손되어구분할수없음
10	2	1	1					
11	1	1						
12	無							
13	無							
14	1	1						
15	2		1				1	
16	1		1					
17	1	1						
18	?							人骨이이미훼손되어구분할수없음
19	7	1	1		5			
20	2	1	1					
21	1	1						
22	2			2				
23	2	1				1		
24	無							
25	1			1				
26	3	1			2			
27	?							人骨이이미훼손되어구분할수없음

墓號	人骨總數	1次葬			2次葬			비 고
		남	여	不詳	남	여	不詳	
M28	3	1	1		1			
29	3	1	1		1			
30	1		1					
31	2	1			1			
32	1	1	1					
33	1	1						
34	2	1						
35	4						2	
36	1	1	1					
37	6	1	1		1	3		
38	12	1	1		6	4		
39	2		1				1	
40	1		1					
41	1		1					
42	2	-				1		
43	無							
44	1							
45	5	1	1		2	1		
46	2			2				
47	4			1	1	2		
48	1		1				1	
49	2	1						
50	2	1						
51	2	1	1					
52	3				1	1		
53	?							人骨이이미훼손되어구분할수없음
54	6	1			2	2	1	

表 3. 大成子고분人骨表

墓號	人 骨 總 數	1次葬			2次葬			비고
		남	여	不 詳	남	여	不 詳	
M₁	16		3		5	4	4	
M₂	6	1		1		2	2	
M₃	7		1	2	4			
M₄	1			1				

表 4. 龍海고분人骨表

墓號	人骨總數	1 次 葬			2 次 葬			비 고
		남	여	不 詳	남	여	不 詳	
M₁	4	1			2	1		
M₂	2		1			1		
M₃	2							人骨이이미毁損되
M₄	2	1	1					어구분할수없음
M₅	2		1		1			
M₆	2	1	1					
M₇	2		1		1			

　　발해고분의 매장풍속은 비교적 복잡하다. 머리의 방향은 남쪽을 향하기도 하고 북쪽을 향하는 것도 있으나 남쪽으로 향하고 있는 것이 대부분이다. 그리고 單人葬·2人合葬·多人合葬 및 火葬이 있다. 單人葬 중에서 대다수는 1차장으로 신전장이며 俯身葬·屈肢葬과 2차장도 약간 있다. 2인 1차 합장 가운데 머리의 방향이 일치하는 것은 일반적으로 남녀합장이다. 1인 1차장·1인 2차장 중에서 다수는 남자는 1차장, 여자는 2차장을 하였다. 이것을 보면 발해의 가족조직은 1夫 1妻制를 위주로 하여 남자는 가정에서 여자보다 지위가 높았다는 것을 알 수 있다. 그러나 多人合葬 중에서 여자를 1차장 하였던 것이 나타나는 것으로 보아 남녀간의 지위 차별은 그다지 현격한 것은 아니었다고 여겨진다.

　　多人合葬은 발해의 고분 중에서 비교적 많은 비율을 차지한다. 이것은 발해의 매장풍속에 있어서 중요한 특징이다. 묘주인은 일반적으로 남녀 2인이나 1인 혹은 3인도 있으며 모두 1차장을 하였고 기타 陪葬은 2차장이다. 陪葬은 적은 것은 1인, 많은 것은 14인에 달한다. 2차장한 사람뼈는 묘주인의 머리 위나 다리의 밑에 쌓아 놓기도 하였고 墓室의 북쪽에 하나의 副室을 만들어 안쪽부터 순서적으로 안치하였다. (大城子 M₁ 北大 M₁) 그리고 陪葬한 사람 중에 남녀노소가 모두 나타나고 있다. 이러한 상황은 2차장 한 사람뼈는 순장한 것이 아니라 동일한 가족성원의 합장묘라는 것을 말해준다. 그런데 2차장은 일종의 원시사회에서 나타나는 오래된 매장풍속이다. 따라서 발해는 하나의 가정을 사회의 기본단위로 하였던 것과 동시에 원시사회의 씨족혈연 관계가 매우 견고하였음을 알 수 있다. 2차장制에 대해서 孫秀仁 魏存成이 이미 논술한바 있으므로[22] 여기서는 다시 언급하지 않기로 한다.

火葬은 육정산 제2구역 墓群에서 비교적 많이 존재하고 다른 묘군에서는 매우 적게 나타나고 있다. 화장풍속은 발해초기에 보편적으로 유행하였고 중·후기에 이르러서는 점차 사라졌다. 이것은 육정산묘군 중에서 제2구역이 제1구역보다 약간 먼저 조성되었다는 사실을 방증하는 것이기도 하다.

합장 및 2차장은 발해의 주요 매장풍습이다. 북대묘지의 17기의 單人葬 중에서 13기의 묘에는 사람의 뼈가 묘실의 좌측이나 우측에 치우쳐 있고 다른 곳은 공터로 남겨 놓았다. 이것은 죽은 사람을 합장하기 위해 준비한 것이라 생각된다. 그리고 발해전기의 고분은 물론이고 후기의 고분도 이러한 풍속을 나타내고 있다. 합장의 풍속은 일반인의 묘 가운데에서만 존재하는 것이 아니라 왕실귀족의 묘 중에서도 역시 존재하고 있다. 따라서 합장은 발해 전체사회의 보편적인 풍속이라 할 수 있다. 그러나 일반 묘 가운데 多人가족합장묘는 흔히 보이나 왕실귀속의 묘에서는 아직까지 발견되지 않고 있다. 이것은 왕실귀족 등 계급이 비교적 높았던 사람들은 원시적인 풍습에서 벗어났기 때문이

---

22) 同註 6, 8.

라 여겨진다.

발해고분의 전기와 후기는 매장풍속에 있어서도 변화를 나타내고 있다. 이러한 변화는 전기의 육정산묘장 중에서 사람뼈와 짐승의 뼈가 하나의 묘내에 섞여있었던 현상이 기타의 다른 묘장에서는 보이지 않는 점을 들 수 있다. 그리고 화장 역시 육정산묘군에서 비교적 보편적으로 나타나고 기타의 다른 묘장에서는 매우 적게 보이고 있다. 화장의 풍습은 원시사회 많은 민족들간에 공통적으로 나타나는 매장풍습으로 계급사회에 들어선 이후 이러한 풍습 역시 여러 민족들 사이에서 점차 사라졌다. 발해매장풍습의 이런 종류의 변화는 발해와 당의 빈번한 왕래를 통하여 직접 선진의 당 문화를 받아들였고 이에 따라 봉건화가 가속되면서 원시적인 풍습을 타파하였음을 보여준다.

4) 발해 고분의 특징과 전통

발해고분은 모두 남북향의 封土墓로 墓道나 墓門이 남쪽으로 나 있다. 墓室은 절대다수가 單室이고(단지 1기만이 雙室이다) 그 結構는 磚室·石室·土壙의 형태를 이루고 있다. 이 가운데 石室墓가 발해고분의 대부분을 차지하고 있는 점이 중요한 특징이라 할 수 있다. 이런 종류의 석실묘는 길림·연변·通化 등의 지역에 있는 고대고분 중에서 모두 발견된다. 발해의 석실묘와 앞서 말한 지역의 고대 고분의 형태는 서로 관계를 가지며 더욱이 고구려후기의 封土石室墓와는 더욱 밀접한 관계를 가지고 있다. 발해전기의 고분으로 대표적인 육정산묘군 중에서 정혜공주묘를 포함하는 왕실귀족묘는 集安고구려 후기의 石室封土墓와 그 결구상에 있어서 서로 비슷하여 고구려의 고분형식의 영향을 깊게 받았음을 알 수 있다. 또한 중·후기에는 당의 중원문화를 적극적으로 수용하여 왕실귀족의 고분도 당의 磚室墓의 축조방식을 모방함으로써 磚壁石頂의 결구형태가 나타났다. 그러나 中·小型墓는 여전히 石室墓로 하고 있다는 것은 당의 중원문화를 흡수하는데 있어서 왕실귀족 등 상층계급에서 신속하게 이루어졌음을 의미한다고 볼 수 있다.

발해고분의 지면 위에서 능 위에 집을 세운 유적이 발견된다. 정효공주묘와 馬滴達墓의 지면 위에는 탑이 세워져 있고 河南屯墓와 三靈屯墓의 지면 위에서 柱礎右과 圍墻의 흔적이 발견되며 육정산묘군·용두산묘군 중의 일부분의 묘의 지표 위에서는 磚瓦가 발견되었다. 그리고 용두산묘 중 하나의 묘(M$_{10}$)의 앞쪽에 동서 양쪽으로 돌기둥이 세워져 있다. 육정산묘군 가운데 大型墓뿐만 아니라 中·小型墓의 封土위에서도 역시 기와를 덮었던 현상을 찾아볼 수 있다. 그리고 상경·중경부근의 고분에서는 단지 大型墓의 지면에서 건축유물이 발견되었고 많은 中·小型墓의 지면 위에서 발견된 것은 매우 적다. 이러한 능 위에 집을 세우는 풍속은 발해전기에 계급의 구별이 없이 보편적으로 존재하여 주로 封土위에 기와를 덮었으나 중·후기에 이르러서는 왕실귀족의 大型墓에서만 나타나며 또한 기와로 덮는 기술이 발달함에 따라서 웅장한 건축물을 축조하기에 이르렀다. 이러한 현상은 중·후기에 이르러 발해의 왕실귀족이 자신의 지위를 표시하기 위해 나타난 것이었다.

발해고분의 구체적인 결구형태는 약간의 차이가 있기는 하나 돌로써 고분을 축조하는 재료로 사용했다는 공통점을 갖고 있다. 石室墓뿐만 아니라 磚室土壙墓의 墓頂은 역시 석판을 이용해 덮어서 봉하였거나 墓壁위로 부분적으로 쌓아서 봉하였다. 발해인은 길림·연변 등의 동북·동부지역의 초기 石棺墓 전통과 집안고구려 積石墓 축조방식을 계승하여 발해고분의 형식을 이루었다고 인식하는 사람이 있다23). 필자는 이런 견해에 덧붙여 발해의 묘장형식은 동북·동부지역의 초기 石棺墓의 전통적인 특징과 집안고구려 石室封土墓의 형식을 계승하면서 여기에 당의 중원지역에서 행해지던 磚室墓의 축조방법을 받아들여 융합함으로써 발해고분의 특징과 풍격을 이루었다고 생각한다.

---

23) 同註 6.

3. 唐代 渤海 〈貞惠公主墓志〉와 〈貞孝公主墓志〉의
비교연구 *

唐代 발해의 貞惠公主墓碑와 貞孝公主墓碑는 발해 고고학상의 중요한 발견이었다. 지금까지 발견된 이 두개의 발해 石刻文字는 발해의 역사문화를 연구하는 데 가장 직접적으로 정확한 자료를 제공하여 국내외의 사학계에 큰 관심을 끌게 되었다.

1949년 貞惠公主墓碑의 발견 이래로 閻萬章·金琉黻·王健群과 필자가 전후하여 연구 논문을 발표하면서 이에 대한 해석과 연구를 진행하였다. 그러나 碑文 중의 많은 글자가 탈락되었고 현재 남아 있는 글자 역시 모호하여 全文을 해독한다는 것이 어려웠다. 이로 인해서 진일보 된 연구를 기대한다는 것이 더욱 어려웠다. 그런데 1980년 10월 延邊朝鮮族自治州 和龍縣 龍水公社 龍海大隊 西山 龍頭山에서 발견된 貞孝公主墓에서 보존상태가 훌륭하여 全文을 알 수 있는 가치 높은 貞孝公主墓碑가 출토되었다. 이 두개의 碑文을 대조하여 연구를 진행한 결과 두개의 墓志의 문구가 대부분이 완전히 서로 같음을 발견하였다. 즉 貞孝公主墓碑의 墓志를 근거로 하여 貞惠公主墓碑의 墓志 全文을 보충할 수 있었고 또한 貞惠公主墓志를 근거로 하여 貞孝公主墓志의 문자를 인식하는데 더욱 진일보 할 수 있었다. 그러면 그 비교연구의 결과를 아래에 제시하여 함께 살펴보기로 하자.

貞惠公主墓碑는 1949년 敦化六頂山 貞惠公主墓의 甬道 내에서 발견되었는데 출토된 당시에는 7조각으로 파열되어 있었다. 碑는 圭形이며 화강암으로 만들어졌고 전체 높이 90cm, 너비 49cm, 두께 29cm이다.

---

* 王承嶷 『唐代渤海《貞惠公主墓志》和《貞孝公主墓志》的比較硏究』社會科學 戰線 1982年 第1期, pp. 181~186.

정면은 墓志가 楷書眞字로 陰刻되어 있다. 碑文은 21행으로 序 13행, 銘 6행이며 마지막 行은 碑를 세운 年月이 기록되어 있다. 文字 수는 모두 725자로 그 중 491자만이 판독이 가능하고 나머지 234자는 이미 그 형체를 알아볼 수 없다. 碑文의 가장자리에는 蔓草紋을 陰刻하였고 碑首에는 卷雲紋이 陰刻되어 있다.

貞孝公主墓碑는 1980년 10월 和龍縣 龍水公社 龍海大隊 西山 龍頭山에 있는 貞孝公主墓의 甬道 내에서 출토되었다. 碑는 圭形이며 화강암으로 만들어졌고 전체 높이 105cm, 너비 58cm, 두께 26cm로 보존상태가 양호하였다. 정면에는 墓志가 새겨져 있는데 陰刻의 楷書眞字로 18행이었다. 그 중 序 12행, 銘 5행이며 碑를 세운 年月이 새겨져 있지 않다. 전체 글자는 728자로 그 형태가 명료하여 別字를 제외하고는 모두 판독이 가능하다.

貞惠公主墓碑와 貞孝公主墓碑를 서로 비교하여 보면 두개의 碑가 같은 양상으로 甬道 내에서 출토되었고 그 형태와 石質이 圭形의 화강암이라는 것을 발견할 수 있다. 두개의 碑의 차이점은 貞孝公主墓碑가 貞孝公主墓碑보다 약간 크고 두꺼우며 무겁다는 점이며 또한 貞惠公主墓碑文의 가장자리와 碑首에 陰刻의 꽃무늬가 있으나 貞孝公主墓碑에는 이러한 것이 없다. 글을 쓴 격식을 보면 貞惠公主墓碑는 墓志에 따르는 엄격한 격식에 맞춰 그 격식에 따라 글을 조각하였고 行의 거리도 규칙적으로 정해졌으며 글을 새기는 데에도 매 글자마다 신중을 기하였다. 그런데 貞孝公主墓志는 行의 거리가 비교적 편리함을 따랐고 銘文도 行을 새로이 시작하여 구분하지 않았으며 심지어는 銘文의 分段을 파악하는데 石工이 조각할 때에 行을 나누는 "其一" "其二" 등의 글자도 모두 碑에 새겨 넣었다.

碑文으로 비교하여 보면 貞惠公主墓碑는 貞孝公主墓碑보다 3자가 적고 글자는 절대다수가 서로 같아 같은 字가 455자, 의문이 있는 字가 14자, 그리고 완전히 같지 않은 字가 22자이다.

表 1

貞惠公主墓志	貞孝公主墓志
貞惠公主墓□□序	貞孝公主墓志幷序
公主者我大興寶曆孝感□□□法大王之第二女也	公主者我大興寶曆孝感金輪經法大王之第四女也.
稚子□□, 未經請郎之日	稚女又夭, 未延卉瓦之日
粵以寶曆4年夏4月14日乙未□□外第, 春秋四十, 溢口貞惠公主.	粵以大興56年夏6月9日壬辰終于外第, 春秋三十六, 溢曰貞孝公主
寶曆7年冬11月24日甲申陪葬于珍陵之西原, 禮也.	其年冬11月28日己卯陪葬于染谷之西原, 禮也.
寶曆7年11□□□□	

　두개의 墓志에서 실제의 내용으로 같지 않은 句가 6곳이 있다(表 1). 의문의 字에 대해서 대조를 통해 판독한 결과 曾・律・柔・慈・惠・冊・介・崑・器・悲・告・蚍・修・君의 14자가 원래의 판독이 잘못되었음을 알게 되었다. 그리고 瑞・容의 字는 추정할 수 있으며 여전히 의문으로 남는 字가 2개 있다(碑文 第5행 "好仉"의 2자는 두개의 碑文에서 같이 판독하기 어려우며 두 번째 字는 원래 "人"으로 판독하였으나 이것은 잘못된 것으로 의문으로 남는다).

　이밖에 두개의 碑文은 字句가 거의 서로 같다. 우리들은 貞孝公工墓志를 이용하여 貞惠公主墓志의 모호하여 판독이 어려운 字나 탈락한 字를 보충할 수 있었다. 이 결과 貞惠公主墓志에 235개의 字를 보충함으로써 한편의 완전한 貞惠公主墓志의 全文을 우리 앞에 내놓게 되었다. 이것은 진실로 만족할 만한 일인 것이다.

　이제 몇 가지의 문제점에 대해 살펴보기로 한다.

　먼저 貞惠公主와 貞孝公主의 지위에 관한 문제이다.

　墓志에서 알 수 있듯이 貞惠公主는 大欽茂의 2女이고 貞孝公主는 大欽茂의 4女이다. 貞惠公主와 貞孝公主는 출가 후 차례로 남편과 사별하였으나 두 공주 모두 그 뜻을 바꾸지 않고 수절하였다.

貞惠公主墓志에는 "寶曆四年四月十四日乙未終于外第, 春秋四十" "寶曆七年冬十一月 女四日陪葬于珍陵之西原"이라 기록되어 있고 貞孝公主墓志에는 "大興五十六夏六月十九日壬辰終于外第, 春秋三十六", "其年冬十一月卅八己卯陪葬于染谷之西原"으로 기록되어 있다. 寶曆 4년은 唐 代宗 大曆 12년으로 777년이며 大興 56년은 唐 德宗貞元 8년으로 792년이다. 이러한 것을 종합하여 보면 貞惠公主는 貞孝公主보다 12년 일찍 세상을 떠났으며 3년 동안 棺에 넣어 놓아둔 후 780년에 매장하였다. 그리고 貞孝公主는 죽은 후 5개월 동안 棺에 넣어 둔 뒤 그 해에 매장하였다. 이 두 공주의 매장의 시기는 12년의 거리를 두고 있는 것이다.

貞惠公主를 珍陵의 西原에 陪葬하였다는 것은 墓의 동쪽에 珍陵이 있다는 것을 설명해 주며 필자는 珍陵이 敦化六頂山墓群 제 1 墓區의 6號墓(IM6)라고 인식하였다. 墓의 주인은 발해 제 2 代王인 武王 大武藝이다. 이러한 형태는 唐 永泰公主 李仙惠를 祖父인 唐 高宗 李治의 乾陵에 陪葬한 것과 마찬가지로 貞惠公主 역시 祖父의 墓에 손녀를 陪葬한 것이라 볼 수 있다. 貞孝公主를 染谷의 西原에 陪葬하였다는 것은 그 동쪽에 染谷에 있다는 것을 설명하고 있다. 즉 墓地가 龍頭山 아래의 河川谷地에 있는 것이다. 染谷에 매장된 것은 貞孝公主와 같은 신분이 비교적 높은 무리들이었으며 단지 染谷이라 하여 陵이라 부르지 않은 것은 王墳이 아니었기 때문으로 貞孝公主를 陪葬한것은 大欽茂의 형이나 아우의 墓였다고 추측된다. 그런데《渤海國志長編》卷3《世紀第一》을 근거로 하면 大欽茂는 武王 大武藝의 둘째 아들로 大欽茂에게 큰형이었다는 것을 설명해 주며 大興 57년 大欽茂가 죽고 세자인 宏臨도 역시 일찍 세상을 떠나자 族弟인 元義가 왕위를 계승한 것을 보면 大欽茂에게는 동생이 없었음을 추측할 수 있다. 이를 근거로 하면 貞孝公主를 陪葬한 것은 그녀의 백부라 생각되며 이것의 사실여부는 앞으로의 출토문물의 실증이 기대된다.

지금까지 말한 것을 종합하면 첫째, 貞惠公主墓碑는 문자를 조각한 격식이 매우 엄격하고 꽃무늬 장식이 있어 貞孝公主墓碑에 비하여 중후하며 둘째, 貞惠公主를 陪葬한 것은 王陵 즉 珍陵의 西原이며 貞孝公主를 陪葬한 것은 染谷의 西原으로 王陵이 아니었다. 결론적으로 貞惠公主의 지위는 貞孝公主보다 높았음을 알 수 있다.

다음으로, 이 두개의 墓志는 역사적 내용과 문학수준을 반영하고 있다.

貞惠公主墓志와 貞孝公主墓志는 6귀절(엄밀히 말하면 4귀절)의 서로 같지 않은 곳이 있으며 貞惠公主墓志에는 비석을 세운 연월이 기록되어 있으나 貞孝公主墓志에는 이것이 없다는 것을 제외하고는 다른 부분은 字句가 서로 같다. 이것은 발해의 文籍院에 墓志의 고정양식이 보존되어 이에 따라 계속되어 왔기 때문이며 단지 필요에 따라 약간의 가감의 변화를 주었을 뿐이다. 따라서 貞惠公主墓志와 貞孝公主墓志는 비록 두개의 墓志이나 한편의 문장으로 볼 수 있다.

墓志는 墓志文에 쓰여지던 양식대로 序와 銘이 있고 序文은 전형적인 駢體文으로 되어 있다. 序文은 貞惠公主 혹은 貞孝公主의 일생의 形狀이 기록되어 있고 銘文에는 두 공주에 대한 찬송과 애도가 표시되었다.

序文은 4段으로 나누어지는데 신분이 높은 여자나 王姬의 부덕·여자의 예의를 말하는 全文이 1단을 구성하며 2단은 고귀한 출신임을 말하고 있다. 3단은 공주의 기질·외모·교양·출가·부부의 금실·남편의 죽음·남자 혹은 여자아이의 출생·수절과 죽음을 말하고 4단은 매장을 기록하고 있다. 銘文은 6단으로 나누어지는데 1단은 출신, 2단은 지혜와 아름다움, 3단은 출가, 4단은 수절, 5단은 殯葬, 6단은 애도를 말하고 있다. 그 結構가 엄격하고 段사이가 분명하게 되어 있다.

墓志는 전체적으로 유교사상과 봉건의 윤리도덕을 선양하고 있다. 이점은 먼저 大欽茂의 尊號와 두 공주의 諡號에서 쉽게 찾아 볼 수 있다. 大興寶曆孝感金輪聖法大王은 발해 제3대 왕인 大欽茂의 尊號이다. 《貞惠公主墓志》는 문자가 깎여나가 "大興寶曆孝感□□□□大王이

라고 남아 있었으나《貞孝公主墓志》를 이용하여 大欽茂의 尊號 전체
를 알 수 있었다.

新·舊唐書 渤海傳과 金毓黻의《渤海國志長編·世紀》를 근거로 하
면 大欽茂는 발해의 제3대 왕이고 在位는 57년간(737년~793년)으로
謚號는 文王이다. 大欽茂의 재위기간이 가장 길며 3차례의 천도를 하
였고 적극적으로 唐의 봉건문화를 학습하여 발해사회의 정치·경제와
문화의 발전을 이루었다.

大興·寶曆은 大欽茂의 재위시에 사용하던 2개의 年號이다. 737년
왕위를 계승한 뒤 연호를 大興이라 하였고 774년(唐 代宗 大曆 9년,
발해 大欽茂 大興 38년) 寶曆으로 개칭하였다. 이것으로 貞惠公主墓碑
가 세워진 寶曆 7년(780년, 唐 德宗建中元年)을 산출해 낼 수 있다.
《續日本紀》卷34에 일본 光仁天皇 寶龜 8년(777년, 唐 代宗 大曆 12년
발해 국왕에게 보낸 國書가 기록되어 있다. 이 國書 가운데 "修朝政于
典故, 慶寶曆于維新"이라는 문구가 있는 바 이것 역시 大欽茂가 寶曆
으로 연호를 개칭하였음을 설명해 준다. 寶曆이란 연호를 언제 폐지하
였는가는 잘 알 수 없으나 貞孝公主墓志에 공주의 죽음을 大興 56년
(792년, 唐 德宗 貞元 8년)이라 기록하고 있는 것을 보면 大欽茂는 말
년에 다시 大興으로 연호를 개칭하였음을 알 수 있고, 그는 大興57년
에 세상을 떠났다.

年號를 尊號로 만들어 사용하는 것을 唐의 황제 중에 빈번히 보이
고 있다. 예를 들어 玄宗은 開元天寶聖文神武應道皇帝(《新唐書 玄宗
本紀》, 天宵 7년條)라 하였고 唐 肅宗은 乾元大聖光天文武孝感皇帝
(《新唐書 聽宗本紀》, 乾元 2년條)라 하였다.

孝感은 儒家의 봉건윤리로써 大欽茂의 존귀함과 아름다움을 나타낸
것이었다.

金輪聖法

《俱舍倫十二》설에 의하면 金輪 轉輪聖王은 7보의 하나인 金輪에서
유래하였다고 한다. 이 輪寶는 金·銀·銅·鐵의 4종류가 있는데 金輪

의 轉輪聖王을 金輪王이라 칭하였다. 이 轉輪이 향하는 곳은 歸佛하였던 것이다. 그런데 佛教를 숭배하였던 측천무후의 尊號가 金輪聖神皇帝・慈氏越古金輪聖神皇帝・天冊金輪大聖皇帝(《新唐書則天皇後本紀》長壽 2년條, 天冊萬歲元年條)였던 것을 보면 尊號 앞에 "金輪聖法"을 더한 것은 大欽茂가 佛教를 숭배하여 측천무후를 모방한 것이라 여겨진다. 이로써 우리가 알 수 있는 것은 大欽茂는 유교를 立國의 근본으로 하면서 또한 불교를 선양하고 숭배하는 것으로써 확고한 통치기술을 삼았던 것이다.

貞惠公主, 貞孝公主의 두 공주의 諡號는 모두 유교의 봉건도덕의 기준으로서 행동의 규범을 나타내기 위해 봉해진 것이었다.

그리고 墓志는 국왕이 仁을 온 누리에 펼치고 현명하게 천하를 다스리며 상벌을 이치에 맞게 따르는 聖主로 노래하면서 虞舜・夏禹・殷湯・周文王의 뒤를 이어 받았음을 말하고 있다. 여기서 발해가 국왕에 대해 요구한 도덕의 기준과 행동의 규범이 유교의 仁孝임을 볼 수 있고 이것이 봉건의 윤리도덕인 것이다. 그리고 국왕의 학습모범을 만든 것으로 즉 3황 5제, 夏의 禹王 周의 文・武・成・康王이었다. 따라서 이 墓志 전체에 봉건사상과 봉건도덕이 스며들어 있음을 쉽게 찾아 볼 수 있는 것이다. 유교사상은 발해사회에서 통치의 근간을 이루는 사상으로 중국고대 역사상의 聖君・賢人이 발해인들의 학습의 모범이 되었던 것이다. 그리고 유교에서 선양하던 3황 5제의 시기는 발해정권・발해귀족들이 추구하던 정치이상이었다.

다음으로 주의해야 할 만한 가치가 있는 것은 이 두개의 墓志로서 발해의 紀年를 보충하고 수정할 수 있다는 점이다. 貞惠公主墓志를 보면 "寶曆四年夏四月十四日乙未終于外第, 春秋四十", "寶曆七年十一月十四日陪葬于珍陵之西原"이라고 되어 있다. 이것과 薛仲三・歐陽頤이 合編한 《兩千年中西曆對照表》와 陳垣의 《二十史朔閏表》를 대조해 보면 寶曆 4년 夏 4월 14일 乙未는 丁巳년으로 唐 代宗 人曆 12년, 777년에 해당한다. 이와 마찬가지로 貞孝公主墓志의 "大興五十六年夏六月

九日壬辰終于外第, 春秋二十六", "其年冬十一月廿八日己卯, 陪葬于染谷之西原"이라 기록된 것을 앞서 말한 2개의 《表》와 대조해 보면 大興 56년은 壬申년, 唐德宗 貞元 8년, 792년에 해당함을 알 수 있다. 그런데 金毓黻이 쓴 《渤海國志長編》을 보면 大興 56년을 癸酉년, 唐德宗 貞元 9년을 793년으로 말하고 있으며 《辭海》의 부록 《中國歷史紀年表》에서는 壬申년을 寶曆 19년(大興 55년)이라고 정하고 있다. 이러한 것을 근거한다면 貞孝公主墓志는 마땅히 바르게 고쳐져야 한다. 《日本逸史》卷5, 《康王致日本桓武天皇告國喪書》에서는 대흠무가 죽은 해를 大興 57년(793년)이라고 적고 있으며 대흠무 말년에는 寶曆의 연호를 사용하지 않고 大興을 연호로 사용했음을 말하고 있다. 따라서 貞孝公主墓志에서 보이는 것은 정확하게 대흠무 말년의 大興 연호를 가르키는 것이라 할 수 있다.

다음으로 文字의 예술성에 대해서 분석해 보면 全文은 騈儷體로 구성되었으며 對偶的 표현이 세밀하고 그 韻이 고르며 문장이 화려하다.

全篇의 대부분이 4·6구 형식을 이루며 4·4 혹은 6·6구의 변화를 주었다. 예를 들어 "婦德昭昭, 譽名期于有後, 母儀穆穆, 餘慶集于無疆" "挽郞嗚咽, 遵阡陌而盤桓, 轜馬悲鳴, 顧郊野而低昂"의 4·6구와 "喩以鄂長, 榮越崇陵, 方之平陽, 恩加立曆", "漢上之靈, 高唐之精, 婉變之態, 閨訓茲成, 嬪于君子, 柔順顯名, 鴛鴦成對, 鳳凰和鳴"의 4·4구 그리고 "稟靈氣于巫岳, 感神仙于洛川"의 6·6구가 있다. 전체적으로 句의 형식이 활발하고 行文이 다양하며 언어의 수식이 미려하였다.

작자는 어휘를 사용하는데 능하여 古典에서 인용하면서 對偶的 표현에 익숙하였다. 예를 들어보면 "標同車之容儀, 協家人之永貞"의 句에서 標의 對偶는 協, 同車의 對偶는 家人, 容儀의 對偶는 永貞으로 표시하였다. 또한 작자는 《詩經》의 "有女同車, 顔如蕣華"와 《古詩 日出東南隅》의 "窈窕多容儀"를 인용하여 공주를 비유하여 미화하였다. 그리고 易經의 《家人》·《賁》2의 象辭·爻辭를 가지고 공주의 新婚을 묘사하였으며 공주의 시호를 "貞惠" "貞孝"로 하여 칭송의 의미를 내포하였다. 이러한 것들은 작자가 《詩經》·《易經》에 능통하였음을 설명해 주는 것이다. 이외에도 "長途未半, 隙駒疾馳, 逝水成川, 藏舟易動"의 句는 《漢書》·《莊子》·《論語》등의 典籍에서 인용한 것이다. 이렇듯 작자는 典籍을 인용함으로써 文彩를 화려하게 하고 여기에 哲理를 부여하였으며 깊은 사색을 하였다. 이상의 예에서 작자가 騈驪文에 능숙하였으며 여기에 자못 문체를 꾸밀 자질도 있었음을 보기는 어렵지 않다.

전체적으로 볼 때 발해의 귀족들이 懦家經典을 숙지하고 있었음을 墓志를 통해서 발견할 수 있다. 예를 들어 "媛汭降帝女"는 尙書堯典에서 인용하였고 "魯館王姬"는 《春秋》·《左傳》·《詩經》에서 근거를 찾을 수 있으며 "自天祐之", "威如之吉"은 《易經 系辭》와 《大有》에서 찾아 볼 수 있다. 婦德에 관해서는 《禮記》에서 인용하였고 이외에도 《詩經》에서 인용한 句를 여러 곳에서 발견할 수 있다. 작가의 漢文學에 대한 조예는 매우 깊어 《莊子》·《孟子》·《史記》·《漢書》·《三國志》·《晉書》·《文選》등의 典籍을 숙지하였고 屈原·宋玉·劉向·曹植·潘岳·張華·謝靈運·阮籍·鮑照·庾信·徐陵·左貴嬪 등의 작품 역시 암송하고 있었던 것으로 보여진다. 盧藏用의 작품도 작자에게 영향을 미쳐 墓志중의 "簫樓之上, 韻調双鳳之聲"의 句는 盧藏用의 《奉和安樂公主山莊應制》詩 가운데 "簫樓韻逐鳳凰吟"을 인용한 것이다. 墓志에서 볼 수 있듯이 이렇듯 발해 문학가들은 중원문학에 대해 숙지하고 심취하였으며 발해와 중원 사이의 문화상의 연계가 깊고 광대하였던 것이다. 그리고 많은 騈體文들은 화려한 문장으로 장식되어 사람들로 하여금 넓은 공간을 떠다니는 듯한 느낌을 갖게 하는 바 貞惠公主墓志·貞孝公主墓志도 역시 이러한 느낌을 갖게 하고 있다. 그러나 발해의 문학가들은 완전히 동화되지는 않았다.

다시 말해서 발해의 문화는 唐文化라 할 수 있는 것으로 발해문학 역시 唐代 각 민족문화의 한 부분을 이룬 것이다. 貞惠公主墓志와 貞孝公主墓志는 唐王朝의 騈體文 중 역시 한편의 秀作이라 할 수 있다.

다음으로 貞惠公主墓와 貞孝公主墓가 반영하는 문제를 살펴보자. 이 두 墓의 墓室과 그 장식을 분석해 보면 약간의 차이점을 발견할 수 있다. 貞惠公主墓는 墓室을 지하에 方形으로 돌을 쌓아 만들고 墓頂을 抹角으로 쌓았다. 南壁중앙에 甬道를 설치하고 그 앞에는 墓道가 있다. 墓室의 짜임새로 보아 고구려 石造單室封土墓의 墓葬형태의 영향을 받은 것으로 보인다. 貞孝公主墓는 墓室을 지하에 푸른색의 벽돌로 쌓아 만든 것으로 前室·甬道·主室로 조성되었으며 장방형의·형태를 이루고 있다. 墓위에 靑磚을 이용하여 塔형식으로 지붕을 만들었으나 지금은 무너져 남아있지 않다. 이러한 墓室형태는 唐代 중원의 中·小型墓와 매우 흡사하다.

貞惠公主墓의 墓室 내부는 白灰를 바르고 벽화는 그리지 않아 장식이 소박하고 간단하다. 貞孝公主墓의 墓室 내부에는 白灰를 바르고 동·서·북의 벽면에 12人物 벽화가 있다. 이 형상은 생동감이 넘치고 5색으로 채색되어 있어 장식이 곱고 아름답다. 衛士·侍者는 얼굴에 분을 바르고 입술을 붉게 칠하였으며 얼굴은 살이 쪄 풍만하고 長袍를 걸치고 허리띠로 묶었다. 이마에 실을 바른 사람, 幞頭를 맨 사람, 손에 부채를 쥔 사람, 보자기를 들고 있는 사람, 어깨에 錦囊을 맨 사람, 華蓋를 들고 있는 사람 등 모두 온화한 얼굴에 공손한 자태를 나타내고 있어 흡사 唐代 永泰公主墓·懿德太子墓의 벽화 人物을 재현한 것 같이 보인다. 장식이나 화풍도 모두 唐代 8세기의 풍격을 나타낸다.

貞惠公主墓는 일찍이 파괴되었고 다만 墓志 1개, 石獅子 2개, 도금한 圓帽銅釘 등이 출토되었을 뿐이다. 貞孝公主墓 역시 일찍이 도굴 당하여 墓志 1개, 도금한 金銅장식품, 銅帽釘·鐵釘·토기 조각 등이 나왔고 石獅子는 출토되지 않았다.

貞惠公主와 貞孝公主를 비교하여 보면 연령상의 차이는 19세이고 貞孝公主가 貞惠公主보다 15년 늦게 세상을 떠났으며 安葬한 시간상의 거리는 12년이다. 이십여 년의 기간 동안 두 공주의 墓葬形制와 墓

室 장식에서 큰 차이를 보여준다. 貞惠公主墓가 돌을 쌓아 墓室을 만들고 장식을 간단히 한 것은 당시의 사회 문화의 수준이 그렇게 높지 않았음을 말해주는 것이며 말갈과 고구려의 과거의 지리적·역사적 연계성으로 인하여 고구려문화가 그들에게 약간의 영향을 미쳤을 볼 수 있다. 貞孝公主墓는 墓室이 벽돌을 쌓아 만든 장방형으로 중원의 唐墓形制와 비슷하고 墓의 벽에 그림을 그렸으며 그 風格과 服飾이 唐 중원의 8세기의 服飾·風格과 서로 같은 것을 보면 사회문화의 수준이 상당히 높았으며 唐代 중원의 習俗이 발해 사회생활의 여러 방면에 이미 침투하였음을 나타낸다. 그런데 貞惠公主의 사회적 지위가 貞孝公主보다 높았으나 貞孝公主墓가 반영하고 있는 사회문화의 수준이 貞惠公主墓의 것보다 높았음을 보여준다. 어떤 이유에서 이런 현상이 나타났는가? 이 원인은 단지 발해의 사회역사가 오래되지 않았다는 점에 지나지 않는다. 발해는 698년 대조영의 건국이래 唐王朝의 책봉을 받고 唐王朝에 朝貢하면서 唐에 유학생을 보내 古今制度를 배우게 하였다. 대흠무가 왕위에 오른 후 唐王朝와의 관계가 더욱 밀접해져 唐에 사신을 보내《漢書》·《三國志》·《晋書》·《三十六國春秋》·《唐禮》등의 책을 청하자 唐 玄宗이 이를 허락하였다는 기록도 보인다. 대흠무의 재위 57연간(737~793) 唐王朝는 발해에 5차례의 사신을 보냈고 대흠무는 36차례의 사신을 唐에 파견하였고 어떤 때에는 1년에 4·5차례의 사신을 파견한 적도 있었다. 777년에서 792년까지의 15년 동안에 10여 차례 唐에 사신을 파견한 것을 보아도 그 왕래가 빈번하고 관계가 밀접하였음을 알 수 있다. 발해가 오래 동안 唐代 중원의 봉건문화를 배움으로써 발해문화의 발전을 높은 수준에까지 이르게 하였고 貞惠公主와 貞孝公主의 墓志는 이러한 고도로 발달된 중원의 봉건문화의 교육하에 나타난 산물이며 또한 발해 문학가가 창작한 걸작품이라 할 수 있다. 이 두 공주의 墓志를 발견한 것은 발해문학에 새로운 국면을 연 것이며 唐代 각 민족문학에 새로운 내용을 증가시키는 것이다.

4. 渤海의 民俗 *

　중국의 오랜 역사 중에서 발해말갈은 중국의 동쪽지역을 개발하는 데 뛰어난 공헌을 하였다. 주지하다시피 발해왕국은 대조영이 세운 나라로 건국당시 군사가 수만이었고 그 영역은 2천리에 달하여 沃沮·朝鮮 海北의 여러 지역을 차지하였다. 남으로는 신라와 泥河로써 경계를 이루고 동으로 바다와 접하며 서쪽은 거란, 북은 흑수말갈에 이르는 영역이 개국 당시의 규모였다. 근래에 이르러 발해에 대한 연구는 이미 점점 더 국내외 학술계의 중시를 받게 되었다. 그러면 발해의 社會風情·風俗習慣은 어떠하였는가? 본문은 민족학적 시각으로 이 문제에 대한 검토를 시도하려고 한다.

　《신당서 발해전》 가운데

> "중종 때에 侍御使 張行岌을 파견하여 대조영을 위무하고 그의 아들을 入侍토록 하였다. 예종 先天중에 사신을 파견하여 대조영을 左驍衛大將軍·渤海郡王으로 책봉하고 忽汗州를 통치토록 하여 忽汗州都督으로 임명하였다. 이때부터 말갈의 칭호를 버리고 발해라 불렀다. (中宗時·使侍御使張行岌招慰祚榮遣子入侍. 睿宗先天中, 遣使拜祚榮爲左驍衛大將軍·渤海郡王, 以所統爲忽汗州, 領忽汗州都督, 自是始去靺鞨號, 專稱渤海)"

라는 기록이 있다. 이것이 바로 발해라는 명칭의 유래이다. 말갈족은 원래 숙신의 후예로 周代에 중국의 북방에 거주하던 숙신족은 이미 중화민족의 중요한 구성원이었던 것이다. 周武王시대에는 楛矢(싸리나무로 만든 화살)·石砮(돌화살촉)을 헌상하였고, 漢代에는 읍루라 칭하였다. 南北朝代에는 부여·물길, 隋代에는 말갈, 唐代에 이르러 발해라

---

* 宋德胤 『渤海民俗論』 社會科學戰線 1985年 第1期, pp. 165~171.

칭하게 되었다. 《武經總要》 중에

　　"발해는 부여의 다른 종족이다. (渤海, 扶餘之別種)"

라는 기록이 있고 《金史本紀》에

　　"女眞은 원래 발해와 같은 一家이다. 모두 처음에는 물길의 7부에 속하
　　였다.(女眞渤海本同一家, 蓋其初皆勿吉之七部也)"

라는 기록이 있다. 이와 같다면 우리가 발해의 풍속과 습관을 연구하
기 위해서는 마땅히 역사지리를 고찰하여야 한다.
　古書典籍 가운데 발해의 풍습을 전적으로 기술한 것은 없고 여러
서적들 중에 약간씩 기록된 것 역시 대부분이 零星하고 단편적이어서
자료가 결핍되어 있다. 이 때문에 연구에 많은 어려움이 있으나 이런
여러 곳에 흩어져 있는 자료들은 우리들로 하여금 발해의 풍습을 규
명하는데 단서를 제공해 주고 있다. 그럼 몇 가지 부분으로 나누어 살
펴보기로 하자.

1) 혼인풍속

　발해의 혼인풍습을 고찰하는데 매우 특징적인 것으로 《金史本紀》중
에 다음과 같이 기록되어 있다.

　　"世宗 大定 17년 12월 戊辰 金國은 발해의 남녀가 결혼하는 옛풍속이
　　禮가 없이 먼저 탈취하여 도망하는 것이므로 詔를 내려 이를 금하고 어기
　　면 간음한 자로 말하였다. (世宗大定17年12月戊辰, 金以渤海舊俗男女婚娶
　　多不以禮, 必先攘窃以奔, 詔禁絶之, 犯者以奸論)"

이것은 발해의 혼인풍속이 당시에 유행하던 搶婚을 의미하는 것으

로 세계적으로 적지 않은 민족들 간에 이런 搶婚의 풍속을 찾아볼 수
있다. 搶婚에는 眞搶이 있으며 여기서 발전·진보하여 변화된 假搶이
있는데 이러한 풍속은 모두 오락성을 갖추고 있었다.

搶婚의 풍속은 발해의 혼인형태가 어느 단계에 속하는가를 시사하
고 있다. 인류의 발전과정 중 주로 3개의 혼인형태가 나타났다.

群婚制는 蒙昧 시대에 상응하며, 對偶婚制는 野蠻 시대, 1부 1처제는
文明시대에 상응한다. 野蠻시대의 고급 단계는 對偶婚制와 1부 1처제
의 중간단계로 남자에 의한 여자노예의 통치와 多妻制가 행해졌다"라
고 말하고 있다. 발해의 婚制는 이미 1부 1처제에 진입하여 蒙昧시대
에서 文明시대로 들어갔음을 알 수 있다. 搶婚의 풍속은 사실 인간이
모계씨족사회에서 부계씨족사회로 향하던 과도기에 남아있던 풍속으
로 이런 혼인형태 속에는 단순히 성욕의 배출이나 종족보전의 의미뿐
만 아니라 개개인의 사랑이란 요소가 싹트고 있었음을 나타낸다. 따라
서 "必先攘窃以奔"이라는 의미를 나타내게 되었고 이것은 주로 양자
사이의 오락적 즐거움을 기초로 한 것이었다.

인류의 혼인형태는 부단히 발전과 변화를 꾀하였고 각 민족들의 혼
인풍속 역시 하나의 형태를 이루지 않고 나름대로의 독특한 형태로
남게 되었다. 그러한 독특성은 그들 자신의 특징이 되었고 발해도 역
시 이러한 양상을 나타내었다. 일찍이 숙신·읍루 시기의 혼인풍속은
《晋害 列傳 第67》에

> "혼인을 하려면 먼저 남자가 여자의 머리에 毛羽를 꽂고 여자의 대답을
> 기다렸다가 돌아가 그 후 禮를 다하여 장가를 든다. 婦人은 정숙하나 처
> 녀들은 음란하고……(將嫁娶, 男以毛羽揷女頭, 女和則持歸, 然後致禮娉之,
> 婦貞而女淫……)"

라고 기록되어 있고 물길 시기의 혼인풍속에 대해서 《魏書·列傳 第8
8》에

> "신혼 첫날밤에는 남자는 여자집에 가서 여자의 젖가슴을 잡아보고 돌
> 아와 곧바로 정하여 이에 부부가 되었다. (初婚之夕, 男就女家執女乳而罷,
> 便以爲定, 仍爲夫婦)"

라고 기록하고 있다. 이런 "揷毛羿", "執女乳"같은 풍습은 모두 이미
상호간에 사모하는 감정이 있음을 말하고 있다. 이러한 것들을 볼 때
발해 시기의 搶婚의 풍습은 응당 그 내면에 同意이라는 것이 내재하
고 있음을 말하고 있다. 金世宗이 "詔를 내려 이를 금한다"고 한 것은
특수한 혼인풍습을 이해하지 못한 처사였다.

우리가 발해의 혼인풍습을 연구할 때 마땅히 특별한 주의를 기울여
야 할 것은 "不容則室"의 풍속이다. 이 풍속에 관해서《大金國志》,
《松漠紀聞》중에 고르게 기록되어 있다.《松漠紀聞》에

> "婦人은 모두 사납게 투기하였다. 大氏와 다른 姓이 혼인하여 10자매가
> 되었는데 그 남편을 살피고 측실을 허용하지 않았다. 남편이 외출하면 음
> 모를 꾸며 독으로 총애하는 부인을 죽이려 하였다. 남편이 잘못을 범하였
> 으나 이를 발견하지 못한 妻를 나머지 9인이 함께 꾸짖었다. 질투와 시기
> 로 서로 다툼이 심하였다. 거란·여진 등 여러 나라는 女倡을 두었고 良
> 人을 모두 小婦, 侍·婢를 거느렸으나 오직 발해만이 이와 같은 것이 없
> 었다. (婦人皆悍妬. 大氏與他姓相結爲十姉妹, 迭幾察其夫, 不容則室。及他
> 游, 聞則必謀寘毒死其所愛. 一夫有所犯, 而妻不之覺者, 九人則群聚而詬之,
> 爭以忌嫉相夸. 故契丹, 女眞諸國皆有女倡, 而其良人皆有小婦, 侍婢, 唯渤海
> 無之)"

라고 기록되어 있다. 이것을 보면 발해의 혼인풍속은 변화하여 점차
문명 시기로 향함을 알 수 있다.

2) 養植과 采集風俗

민속의 지역성은 민속의 기본적인 특징이라 할 수 있다. 소위 "千里不同風, 萬里不同俗"이라는 것은 민속의 지역성을 말하는 것이다. 서로 다른 민족이 서로 다른 지역에 거주하면서 지리적 환경의 차이로 인하여 다른 풍속을 형성하게 되는 것이다. 발해는 지리적으로 중국의 동북지역 변방에 위치함으로 지리적 환경이 漢族이 거주하는 중원지역과는 전혀 달라 발해의 특수한 풍속을 형성한 것이 되었다. 따라서 발해의 養植과 采集의 풍속은 발해의 특수한 경제적 풍속을 구성하였던 것이다.

예를 들어 발해에서 鷹(매)을 기르는 풍속은 민족적 특색을 잘 나타내고 있다. 발해는 騎射와 수렵을 숭상하여 활을 쏘아 사냥하는데 필요한 매를 기르고 훈련시키는 풍속이 이루어 졌다. 또한 매는 인간생활에 있어서 귀중한 새로 부각되어 당에 조공할 때에는 진귀한 조공품에 속하였다. 開元 10년 11월 발해는 대신 味勃計를 당에 보내면서 매를 헌상케 하였다. 이후부터 매를 헌상한 기록이 여러 차례 보인다. 어떤 때에는 사신을 당에 보내어 조공하는데 전적으로 매만을 헌상하였다는 기록도 보인다. 또한 특이할 만한 것은 天寶 12년 발해가 당에 사신을 보내어 조공할 때 일본의 舞女 11인을 헌상하면서 동시에 매를 헌상하였다는 점인데 이로써 매가 얼마나 진귀하게 여겨졌는지를 알 수 있다. 이러한 양상을 보면 발해에서 매를 기르고 훈련시키는 것이 풍속으로 형성되어졌다는 것은 매우 자연적인 현상이었다.

또한 馬를 기르는 풍속이 있었다. 발해는 말을 매우 중시하여 대단히 많은 말을 길렀던 것이다. 이것은 이 민족이 옛부터 騎射를 숭상하였던 까닭이었다. 《신당서·발해전》에

"귀중한 특산품으로 태백산의 토끼, 남해의 곤포, 책성의 메주, 부여의 사슴, 막힐의 돼지, 솔빈의 말……(俗所貴者 曰太白山之兔, 南海之昆布, 柵

城之鼓, 扶餘之鹿, 鄚頡之豕, 率賓之馬……)"

이라는 기록이 있다. 여기서 솔빈의 말이 귀중한 특산물이었음을 알수 있다. 당 시기에는 淄·靑·齊·海·登·萊·沂·密·德·林·曹·濮·徐·兗·鄆 등 15주가 있었는데 市마다 발해의 名馬가 매해 끊이지 않았다고 한다. 이러한 상황으로 볼 때 발해에는 명마를 기르는 것을 좋아하는 풍속이 있었으며 말에 대한 숭배를 나타내고 있다. 민속은 예부터 대대로 내려온 전승문화로 滿族의 제사 중에 祖馬에 대한 제사 역시 이런 전승적 요소를 가지고 있다고 할 수 있다. 또한 말이나타내는 신비한 색채에 대한 숭배는 실제로 馬를 사육하기를 좋아하는 풍속이 대대로 전승되어진 소치라 할 수 있다.

다음으로 牡丹을 재배하는 풍습이 있었다. 발해에서 목단을 재배하는 풍습은 특별한 정취를 보여주는 것으로 《松漠紀聞》중에 말하길 발해는

"부유함속에 편안하게 지낸지가 2백 년이 넘어 간혹 園池에 목단을 심어 많을 때에는 2·3백 그루에 이르렀고 수십 줄기가 생겨났다. 이것들은 燕나라에는 없는 것으로 십수 혹은 5千錢으로 이를 팔았다. (富室安居逾二百年, 往往爲園池植牡丹, 多至三·二百本, 有數十千叢生者, 皆燕地所無綫以十數千或五千賤賀而去)"

라 하였다. 이것은 발해민족의 아름다움에 대한 관념을 어느 정도 반영하는 민속인 것이다.

采集의 풍습 역시 발해민속의 지역적 특성을 보이고 있다. 장백산일대는 유명한 인삼의 산지였으며 울창한 숲에서다 많은 잣을 거둘수 있었다. 발해 시기에 이 속에서 생활하던 사람들은 이미 인삼과 잣의 경제적 가치를 인식하여 당에 조공할 때에는 인삼과 잣으로 조공품을 삼았던 것이다. 《책부원귀》에 이와 같은 양상을 다음과 같이 묘사하고 있다. 後唐 莊宗 同光 3년 2월

"발해국왕 대인선은 사신 裴璆를 파견하여 인삼·잣……을 조공하였다.
(渤海國王大諲譔遣使裴璆貢人參·松子……)"

이렇듯 인삼과 잣을 채집하였다는 것에서 채집이 풍습으로 이루어졌
음을 알 수 있다. 오늘날 白山黑水滿族 가운데 채집의 풍습이 전해졌
다는 것은 실제로 발해의 채집의 풍습이 역사적 전승물임을 보여주는
것이다.

3) 禮俗

인간의 상호 교류 속에서 禮俗이 형성되었다. 그런데 서로 다른 민
족들 간의 교류禮俗은 각기 특이한 점을 보이고 있다. 예를 들어 칭호
에 대한 것을 보면 발해와 기타의 형제 민족들은 서로 다른 양상을
나타내어 돌궐은 추장을 可汗, 回紇은 君長, 吐蕃은 贊普, 발해는 可毒
夫라 칭하였다. 《五代會要》중에

"일반적으로 그 왕을 可毒夫라 불렀고, 대면할 때는 聖王이라 불렀다.
문서에는 基下라는 칭호로 표시하였다. 왕의 아버지를 老王, 어머니를 太
妃, 처를 貴妃, 長子를 副王, 나머지 여러 아들을 王子라 불렀다. (其俗呼
其王爲可毒夫, 對面呼聖王, 箋表稱基下, 父曰老王, 母曰太妃, 妻曰貴妃, 長
子曰副王, 諸子曰王子)"

라는 기록이 있다. 이렇듯 칭호의 禮俗은 당시의 소수민족들 간에도
서로 다를 뿐만 아니라 중원의 漢族과 비교하여 보아도 매우 큰 차이
를 나타내고 있다.

발해는 拜禮를 행할 때 그 예법이 매우 엄격하였다. 《東國通鑑》중에
다음과 같은 기사가 있다.

"敬順王 2년 高麗太祖 11년 8월, 발해인 隱繼宗 등이 고려에 투항하였다.

고려왕은 天德殿에 이들을 불러 접견하였다. 繼宗 등은 3배를 올리자 사람들이 실례라 하였다. 大相 舍弘이 말하길 먼저 上人이 3배하는 것이 옛날의 禮라 하였다.(敬順王2年, 高麗太祖11年8月, 渤海人隱繼宗等投高麗, 麗王引見于天德殿, 繼宗等3拜, 人謂失禮, 大相舍弘口, 先上人3拜, 古之禮也)"

　나라가 망하여 국외로 도망갈 때 禮法이 앞서 말한 것과 같음을 볼 때 발해 禮俗의 일단을 알 수 있는 것이다.

　발해의 마지막 郡王인 대인선이 遼 太祖에게 항복을 청할 때의 禮俗으로《요사 : 태조본기》중에

　　"天顯 元年 春 정월 庚申, 扶餘城을 공격하며 그 守將을 주살하였다. 丙寅, 惕隱安端과 前北府宰相蕭阿古只 등으로 하여금 병사 萬騎를 이끌고 선봉에 서도록 명을 내려 譚譔의 老相이 이끄는 군사와 만나 이를 격파하였다. 皇太子, 大元師 堯骨, 南府宰相 蘇, 北院夷離菫 斜涅赤·南院夷離菫 迭里는 밤에 忽汗城을 포위하였다. 己巳, 譚譔이 항복을 청하였다. 庚午 군대를 忽汗城 남쪽에 주둔시켰다. 辛未, 譚譔이 흰옷을 입고 羊을 끌면서 屬官 3백여 명과 함께 성을 나와 항복하였다. 이렇듯 禮를 갖추니 이를 놓아주었다. (天顯元年春月庚申, 拔扶餘城, 誅其守將, 丙寅, 命惕隱安端·前北府宰相蕭阿古只等將萬騎爲先鋒, 遇譚譔老相兵, 破之. 皇太子·大元師堯骨·南府宰相蘇·北院夷離菫斜涅赤·南院夷離菫迭里, 是夜圍忽汗城. 己巳, 譚譔請降. 庚午, 駐軍于忽汗城南. 辛未, 譚譔素服稿索牽羊, 率僚屬三百餘人出降. 上優禮而釋之)"

　라고 기록되어 있다. 요 태조가 대인선의 항복을 받고 康末怛 등 30인을 성안에 들여보내 병기를 몰수하도록 하였으나 이들이 발해의 병사들에게 피살되고 대인선이 반기를 들었다. 요 태조는 다시 군사를 동원하여 성을 공격하고 파괴하자 대인선은 요 태조 앞에 나아가 죄를 청하였다. 요 태조는 대인선을 皇都의 서쪽지역으로 압송하여 이 곳에 성을 쌓아 거주토록 하였고 대인선에게는 烏魯古, 그의 처에게는 阿里只이라는 이름을 하사하였다. 阿里只·烏魯古는 요 태조와 述律后가

대인선의 항복을 받을 때 타고 있던 두 가리 馬의 이름으로 이 이름을 대인선 부부에게 하사하였던 것이다. 이러한 투항 시기의 儀式과 禮俗은 확실히 일정한 격식을 갖추고 있었다. 그러면 투항시에 白衣를 입은 이유는 무엇인가. 白衣는 喪服으로 그 색조가 명확하여 실패하였음을 승인하는 뜻이며 羊은 온순한 동물로 羊을 끈다는 것은 복종함을 뜻하는 것이다. 이러한 것은 오늘날까지 전해져 투항시에 白旗를 드는 것은 실제로 옛 풍습이 전승되어졌음을 나타내고 있다.

4) 수렵과 競技

발해는 옛부터 말을 타며 활 쏘는 것을 좋아하여 수렵은 그들이 즐겨하는 활동으로 풍습을 형성하게 되었다. 《渤海國志長編 遺裔列傳》에 이러한 것을 나타내는 기사로

"大鸞河는 왕의 후예이다. 東丹 54년 6월 宋大宗이 이미 北漢을 멸하고 병사를 이동하여 遼를 정벌하였다. 鸞河가 발해병사와 小校 李勛 등 16인을 통솔하여 부족 3백騎를 이끌고 宋으로 돌아왔다. 太宗은 鸞河를 渤海都指揮使로 삼았다. 5년 후 봄, 太宗이 大明殿에서 연회를 베풀어 鸞河의 오랜 노고를 치하하고 御前都校 劉延翰에게 이르길 날씨가 좋은 날을 택하여 駿馬 수십 匹을 내려 교외에 나가 수렵하도록 하고 발해인의 습성을 따르게 하면서 緡錢 10만과 술을 하사토록 하라 하였다.(大鸞河, 王裔也. 東丹54年6月, 宋太祖旣滅北漢, 移兵伐遼. 鸞河統渤海兵與小校李勛等16人, 部族二百騎歸宋, 太宗以鸞河爲渤海都指揮使, 後5年春太宗宴于大明殿, 召鸞河慰撫久之, 謂御前都校劉延翰曰, 侯高秋戒候, 當與駿馬數十匹令出郊游獵, 以遂其性. 因以緡錢十萬幷酒賜之)"

가 있다. 宋太宗이 이렇듯 발해의 민속을 증시한 것은 발해민족의 마음을 기쁘게 하여 발해 유민의 환심을 얻고자 함이었다. 定安國王 烏玄明은 宋太宗에게 올린 表 중에

"聖主(宋太宗)의 천하에 미치는 은혜를 입어 夷貊의 풍속이 존속케 되니 臣 玄明은 진심으로 기뻐하여 거듭 머리를 조아립니다. 臣은 본래 고구려의 옛 터전에 자리한 발해의 유민으로 영토를 보전하고 여러 해를 지나는 동안 세상이 태평한 덕을 입어 외부의 침략을 받지 않아 각기 얻은 바 대로 본래의 習俗을 따르게 되었습니다. (優遇聖主治天地之恩, 撫夷貊之俗, 臣玄明誠喜誠忭, 頓首頓首. 臣本以高麗舊壤, 渤海遺黎, 保据方隅, 涉曆星紀, 仰覆露鴻鈞之德, 被侵潰無外之澤, 各得共所, 以遂本性)"

라고 말하고 있다. 이로써 발해인이 본래 민족의 민속을 중시하였음을 알 수 있다.

다음으로 발해에는 擊球의 習俗이 있었다. 《本朝通鑑》에 기록된 것을 보면

"13년 정월, 발해국의 사신 王文矩 등이 打球하였다. 天皇이 이 打球의 모습을 보고 지은 詩가 있다.(13年 正月, 渤海國使王文矩等打球, 天皇有觀打球詩)"

라고 되어 있다. 천황이 打球하는 모습을 보고 시흥이 일어났다는 것으로 보아 공을 치던 모습이 매우 활발한 모양이었음을 알 수 있다. 《日本紀略》에도 다음과 같이 기록하고 있다.

"황제가 豊樂殿에서 5위 이상 사람과 蕃客을 맞이하여 연회를 베풀고 踏歌를 연주하였다. 발해국 사신 王文矩 등이 打球를 하자 상금으로 綿 2백屯을 하사하였다. 樂을 연주하고 蕃客이 춤을 추자 祿을 하사하였다. (御豊樂殿宴王位以上及蕃客, 秦踏歌, 渤海國使王文矩等打球, 賜綿二百屯爲賭, 所司秦樂, 蕃客 舞, 賜祿)"

이로써 이러한 종류의 공놀이가 도박적 성격을 가지고 있음을 알 수 있다. 《요사 蕭孝忠傳》 중에도 다음과 같은 기록이 있다.

"簫孝忠은 重熙 7년 東京留守가 되었다. 이때는 발해인의 擊球를 금지하던 때로 孝忠은 東京이 가장 중요한 지역이나 이곳에는 동물이 살지 않아 馬를 타고 球를 치는 놀이를 금한다면 어떻게 武를 연마할 수 있겠는가. 또한 四海는 모두 천자의 것인데 어떻게 서로를 구분하겠는가. 마땅히 그 금지를 해제하여야 한다고 말하고 이에 따랐다.(簫孝忠, 重熙7年爲東京留守. 時禁渤海人擊球, 孝忠言東京最爲重鎭, 無從禽之地, 苦非球馬, 何以習武. 且天子以四海之家, 何分彼此宜弛其禁. 從之)"

이것으로 발해의 擊球는 馬를 타고 하는 것으로 무예를 연마하는 일환으로 삼았다는 것을 알 수 있다. 이것은 발해 擊球의 민속적 특징을 잘 나타내는 것이다.

발해에 말을 타며 활을 쏘는 풍속이 있다는 것은 《東國通鑑》 중에

"천황이 重閣門에 나아가 射騎하는 모습을 보았다. 발해사신 사도몽 등을 불러 역시 활터로 나갔다. 5위 이상의 사람에게 馬를 타도록 명을 내려 馬를 달려 舞台에서 田舞를 하도록 하였다. 蕃客은 역시 本國의 樂을 연주하였다. 이 일이 끝나자 大使 사도몽 이하 여러 사람에게 彩帛을 각기 차등을 두어 수여하였다.(天皇御重閣門, 觀射騎, 召渤海使史都蒙等亦會射場, 令五位以進裝馬, 及走馬作田舞于舞台. 蕃客亦奏本國之樂. 事畢賜大使都蒙以彩帛各有差)"

라는 기록에서 찾아볼 수 있다. 사도몽이 일본에 사신으로 가 말을 타며 활을 쏠 때 "亦會射場"이라 한 것에서 평소에 騎射의 풍습이 형성되었음을 알 수 있고 이것이 끝나면 또한 상을 받았던 것이다.

발해의 歌舞풍습 역시 매우 독특한 것으로 사도몽이 일본에 사신으로 갔을 때 本國樂을 연주함으로써 渤海樂이 일본에 전래되었다. 그리고 연회장과 朝會시에 발해인은 踏歌를 연주하길 좋아하였는데 이 踏歌의 소리에 따라 모두 날아갈 듯이 춤을 추었던 것이다. 이렇듯 歌舞를 좋아하는 풍습이 滿族에 이르기까지 그대로 전래되었다.

5) 주거 형태

발해 시기의 건축은 현재까지 보존되어 있는 것이 매우 적어 上京
龍泉府址에서는 깨어진 벽돌과 기와조각만이 남아있을 뿐이다. 이 때
문에 우리는 古書典籍과 매우 적은 실물가운데서 발해건축의 단서를
찾을 수밖에 없다.

《渤海國志 屬部列傳》에서는 다음과 같이 말하고 있다.

> "흑수말갈은 그 사람들이 강건하였고 編髮(머리를 땋아 늘어뜨리는 것)
> 의 풍속을 가졌다. 그 성품이 사나워 두려워하는 것이 없었고 건강한 사
> 람을 귀히 여기고 노인을 천히 여겼으며 집이 없이 자연에 의지하여 땅에
> 움(穴)을 파서 그 위에 나무를 걸치고 흙으로 덮은 마치 무덤과 같은 곳
> 에서 모여 살았다. 여름에는 물과 풀을 따라 움직였고 겨울에는 움속에
> 들어가 거주하였다.(其人勁健, 俗皆編髮, 性凶悍, 無優戚. 貴壯而賤老. 無室
> 宇, 幷依山水掘地爲穴, 架木于上, 以土覆之, 狀如塚墓, 相聚而居, 夏則出隨
> 水草, 冬則入處穴中)"

이것은 靺鞨族이 이루었던 원시건축의 대체적인 면모를 보여주는 것
으로 이러한 건축형태가 형성된 것은 그들이 거주하던 지역과 서로
관계를 이루어 겨울의 혹한 때문에 발해인들은 추위를 피하여 땅을
파서 움을 만들고 그곳에 거주하는 풍습을 형성하였던 것이다.

그런데 주지하다시피 풍습은 비록 역사적 傳承性을 가지고 있기는
하나 또한 變異性의 특징도 가지고 있어 인간의 사회생활에 따라 발
해인들은 집을 짓는 것을 배우게 되었으며 또한 돌을 이용하여 건축
을 행하는 풍습을 이루게 되었다. 《契丹國志》 중에

> "발해국은 燕京에서 동북쪽 천오백 리 떨어져 있는데 돌로써 성을 쌓고
> 동쪽으로 바다와 접해 있다.(渤海國, 去燕京東北千五百里, 以石累城脚, 東
> 幷海)"

라는 기록은 발해의 건축풍습이 진보되었음을 말해준다.

움막을 지어 거주하였다는 것은 성을 쌓을 수 있다는 것을 증명하고 있다. 그런데 지하에서의 穴居생활이 지상생활로 바뀌었다는 것에는 추위를 피하는 문제에 직면하여 거주지를 따뜻하게 유지할 수 있게 되었다는 것을 의미하는 것이다. 즉 발해인들은 온돌장치를 발명하였던 것으로 上京龍泉府 유적지의 발굴작업 중 온돌장치(炕)가 발견된 것은 발해건축이 진일보하였음을 보여주는 것이다.

발해의 도성인 상경 용천부를 보면 건축이 당의 장안을 모방한 것으로 중원의 漢族의 영향을 받았음을 알 수 있다. 그런데 당시 건축의 전반적인 양태는 어떠했는지는 확실하게 고찰할 수 없으나 현재까지 잔존하는 발해 시기의 石燈, 八寶琉璃井, 大石佛 등을 보면 당시의 건축수준과 풍습을 파악할 수 있다. 石燈은 石燈塔·石燈籠·石浮屠라고도 부르는데 9개의 가공한 현무암을 차례로 쌓아 높이가 약 5m에 달한다. 윗 부분 疊輪形의 尖塔으로 그 아래에 지붕형태의 옥개석이 자리한다. 옥개석 아래에는 속이 빈 8창 16孔塔室이 있으며 탑실 아래에는 中托蓮花石, 그 下面은 大圓柱形의 中柱石, 다시 그 아래에 蓮花塔座와 기초석이 있다. 八寶璃琉井은 궁성의 中部, 제2殿址의 동쪽 부근에 있는데 당시 국왕과 왕족들의 식수에 사용하던 우물이라 전해진다. 《白雲記》 중에

"따로이 작은 성을 두어 宮禁으로 하고 좌우에 石井 2개를 만들어 흰색의 벽돌로 8각형으로 쌓았다.(別有小城, 似宮禁, 右左石井二, 白石甃砌八角形)"

라고 말한 것을 보면 당시에는 두개의 우물이 있었음을 알 수 있다. 《盛京志》에도 역시

"宮의 동북쪽에 8각형의 벽돌로 쌓은 우물이 있어 그 안에서 빛이 나오는 것을 보고 우물을 파보니 사람뼈 2구, 鐵砧(쇠다듬이) 2매, 占鏡 2개가

나왔다, 雍正4년 우물 안에서 나온 銀牌에는 人名과 공적이 새겨져 있었
다.(由宮東北, 石甃八角, 井欄猶存, 常有光自井出, 掘之得枯骨二具, 鐵砧二
枚, 占鏡二圓. 雍正四年, 井中掏出銀牌一面, 鐫人名功績)"

라고 기록되어 있는 것을 보면 이 우물의 몸체는 현무암을 8각형으로
쌓았던 것이며 여기에서 그 이름이 유래한다고 볼 수 있다. 大石佛의
높이는 1장 가까이 되고 몸에는 袈裟를 입고 있으며 蓮花石座 위에
앉아 있다. 淸代 張賁寫의 《白雲記》에

"성의 남쪽에 오래된 절이 있는데 단단한 돌로 큰 불상을 만들어 그 높
이가 1장 6척이다. 비바람에 침식당하고 이끼가 끼여 얼룩져 있다……앞
에는 8각형의 石浮屠가 놓여있다.(城南有古寺, 鏤石爲大佛, 高丈有六尺, 風
雨侵蝕, 苔蘇斑然……前有石浮屠, 八角形)"

라고 기록하고 있다. 이런 기록을 보면 발해인들은 당시에 이미 寺廟
를 축조하고 우물을 만든 풍습을 가지고 있었음을 알 수 있고 또한
돌을 건축재료로 하였던 것은 이미 그것이 풍습으로 형성되었음을 말
하는 것이다.

6) 喪葬

발해의 喪葬풍습은 매우 특수한 형태를 나타내고 있으나 古書典籍
중의 기록이 많지 않아 우리들이 그 喪葬의 풍습을 고찰하는 데에는
古書 중의 기록뿐만 아니라 고고학적 발굴 유물과 실물을 중시하여야
한다.
《渤海國志 屬部列傳》에 다음과 같이 기록되어 있다.

"발해 무왕시대에 영토를 넓히니 동북의 여러 오랑캐들이 두려워하고
신하됨을 자처하였다. 10대 선왕에 이르러 海北의 여러 부족을 토벌하여

그 영토를 넓혔다. 동북의 여러 오랑캐들은 신하가 되기 시작하였고 계속
해서 오랑캐 부족들을 멸망시켰다. 그 屬部는 흑수부, 불열부, 우루부, 월
희부, 철리부의 5부이다.(渤海武王之世, 斥大上宇, 東北諸夷畏而臣之. 九傳
至宣王, 對伐海北諸部, 開大境宇. 盖東北諸夷, 始則臣事, 繼則半就夷滅也.
玆考共屬部有五, 曰黑水府, 曰拂涅部, 曰虞婁部, 曰越喜部, 曰鐵利部)"

그런데 이 屬部와 발해는 모두 같은 물길에 속하여 하나의 族屬이라
할 수 있다. 따라서 이러한 屬部의 喪俗에서 발해의 喪俗을 고찰할 수
있다.《屬部列傳》가운데 흑수말갈의 喪俗에 대한 것이 다음과 같이 기
록되어 있다.

> "죽은 사람을 땅에 파서 매장하는데 그 사람의 속옷으로 감싸고 관은
> 없었다. 그 사람이 타던 말을 죽여 시체 앞에서 제사를 지냈다. 그 추장은
> 大莫拂瞞咄이라 말하였다. (死者穿地理之, 以身襯上, 無棺斂之具, 殺其乘馬
> 于]'前設祭, 其酋大莫拂瞞咄)"

이 "莫拂瞞咄"은 "滿州"라는 말의 기원이라 할 수 있다. 그 喪葬은 土
葬을 행하는데 그 사람이 타던 말을 죽여 시신에 제사를 지낸다는 것
을 보면 말이 발해인들의 생활의 일부분이었음을 알 수 있고 관을 사
용하지 않았다는 것은 漢族의 喪葬풍습과 매우 큰 차이를 나타내고
있다.

앞서 말한 喪葬의 풍습은 일반 평민의 것으로 王公貴族의 葬俗과는
매우 큰 차이가 있다. 이것은 발해의 古墓의 발굴로서 충분히 알 수
있다. 상경용천부의 外城의 北門에서 북으로 약 6km 지점에 三靈墳이
있다. 이 墓의 주변에 많은 발해 시기의 磚瓦 조각과 와당조각이 있는
것과 구멍이 뚫린 4개의 원형 礎石이 있는 것을 보면 國王墓이거나
王后 혹은 公主墓라 판단된다. 이 墓는 남·북 길이 20m, 동·서 너비
14m의 범위를 점유하는데 墓內의 결구형태는 墓室과 墓道의 2부분으
로 나누어진다. 墓室은 남·북 길이 4m, 동·서 너비 2.19m 높이 약

1m이다. 墓의 4벽은 현무암을 쌓아 만들고 墓頂은 거대한 石板을 덮었다. 이렇게 돌을 사용하여 위를 누름으로써 매우 견고하고 풍격이 특이하였다. 앞서 말한 "땅을 파서 매장한다(穿地埋之)에서 돌을 이용해 墓室을 조성하기에 이르기까지 발해 喪葬풍습의 역사적 계승성을 찾아볼 수 있고 또한 그 變異性도 볼 수 있다.

7) 服飾

각 민족의 옷을 입어 장식하는 것은 그 민족의 특징을 가장 잘 나타내는 것으로 발해의 服飾풍습 역시 매우 특수하였다. 숙신 시기에 있어서 그들은 의복이라 할 수 없는 것을 사용하였다. 《晋書 列傳第67》中에 이런 양상을 기록한 것으로

> "숙신씨는 일명 읍루라고 한다……모두 編髮의 습속을 가지며 布로 짧은 치마를 만들었는데 그 길이가 짧아 겨우 앞뒤를 가릴 뿐이었다.(肅愼氏一名抱婁……俗皆編髮, 以布做襜, 徑尺餘, 以蔽前後)"

라고 되어 있다. "襜"이라는 것은 앞과 뒷부분을 가리는 옷을 가르키는 것으로 엄격히 말하자면 의복이라 할 수 없다. 발해 시기에 이르러 변화가 있어 흑수말갈은

> "돼지를 길러 부유한 집은 수백여 마리에 달하였다. 그리고 그 고기는 먹고 가죽으로 옷을 만들었다.(其畜宜猪, 富室至畜數百口, 食其肉而衣其皮)"
> (《渤海國志 屬部列傳》)

이를 볼 때 猪皮를 의복을 만드는데 사용하였으며 나아가 사냥을 하여 얻은 짐승가죽으로 가죽옷을 만들었다는 것을 알 수 있다. 발해가 일본에 파견한 사신 裵璆는 貂가죽옷을 입고 그 진귀함을 스스로 과시하기도 하였다.

시대의 추이에 따라서 발해 상층사회의 服飾에도 많은 변화를 가져와 《신당서·발해전》에서 발해의 服飾에 관해

> "品으로써 秩을 삼는데 3질 이상의 옷을 紫색, 牙笏과 金魚를 장식하였다. 5秩 이상은 緋색 옷으로 牙笏과 銀魚를 장식하였고, 6·7질은 淺緋색, 8질은 緣색 옷으로 모두 木笏을 하였다. (以品爲秩, 三秩以上服紫, 牙笏·金魚. 五秩以上服緋牙笏, 銀魚. 六秩·七秩淺緋衣, 八秩緣衣, 皆木笏)"

라고 기록하고 있다. 이것을 볼 때 당시의 발해는 紫색을 숭상하였고 옷을 장식하는 것으로 등급을 나누었으며 서로 바꾸어 입는 것을 허락하지 않았음을 알 수 있다.

8) 飮食

서로 다른 민족의 飮食풍습은 각기 다른 양상을 나타내고 있다. 예를 들어 漢族은 만두를 좋아하는 반면 朝鮮族은 떡을 좋아하며 蒙古族은 둘 다 좋아하고 赫哲族은 물고기를 좋아한다. 그러면 발해의 飮食풍습은 어떠한가? 古書典籍 중에서 보면 발해의 王公들이 연회를 베푸는 자리에서 어떤 법도에 따라서 어떤 음식을 먹었는지는 알 수 없으나 다만 확실히 알 수 있는 것은 발해인들은 猪肉을 좋아했다는 점이다. 일찍이 숙신 시기에 猪를 사육하여 그 고기를 먹고 그 기름을 몸에 바름으로써 추위를 막았다는 것이 기록되어 있다.

발해 시기에 이르러 음식은 이미 매우 중시되어 《요사》 중에는 다음과 같은 것이 기록되어 있다.

> "5월 5일 君臣이 연회를 여니 발해인들은 艾糕(쑥떡)을 빚었다.(五月重五口, 君臣宴樂, 渤海膳夫進艾糕)"

이것을 보면 발해 역시 단오절을 지냈다는 것을 알 수 있다. 그러나

이 艾糕(쑥떡)과 漢族이 먹었던 송편과는 서로 다른 것으로 송편은 찹쌀을 대나무껍질로 싸서 찐 음식으로 3각형을 이루며 또한 角黍(찹쌀가루를 식물 잎에 싸서 찐 떡)라 부르기도 하였고 艾糕는 쑥잎을 넣어서 만든 떡으로 이것은 발해의 풍미를 잘 나타내고 있다.

발해는 지리상으로 동쪽에 바다를 접하고 있어 海物을 매우 좋아하였다. 《松漠紀開》중에 이에 관해서

> "발해 게는 홍색으로 큰 주발과 비슷하며 집게발은 크고 두꺼웠으며 그 발은 중국의 게와 같았다. 石舉・鮀魚에 속하는 것들은 모두 이것을 가지고 있다.(渤海螃蟹, 紅色, 大如碗, 螯巨而厚, 其跪如叶城蟹螯, 石舉・鮀魚之屬皆有之)"

라는 기록이 있다. 발해가 당에 조공한 조공품 중의 鯨鯉魚睛・乾文魚, 鯔魚 등은 진귀한 해산물로써 발해인들이 이러한 해산물을 식용으로 한 것이 일찍부터 형성된 풍습이라 할 수 있다.

9) 姓氏

姓氏는 씨족사회에서 내려오던 표기로 시대가 변함에 따라 원래 내포하고 있던 의미도 변하여 동일민족 중에 서로 다른 姓氏가 생겨나게 되고 혈연관계가 있음을 표명하여 동일한 계통의 민족이란 것은 실제로 다수의 씨족이 서로 결합한 것을 의미한다. 漢族은 백여 가지의 姓이 있으나 발해는 이와는 달리 《松漠紀聞》중에서 말하는 것을 보면 발해국은

> "왕은 大를 姓으로 하고 右姓으로는 高・張・楊・竇・烏・李 등 불과 몇 가지에 지나지 않는다. 부곡노비는 姓이 없고 모두 그 주인을 따랐다. (其王舊以大爲姓, 右姓口高・張・楊・竇・烏・李, 不過數種, 部曲奴婢無姓者, 皆從其主)"

라고 되어 있다. 이것은 발해 姓氏의 특별함을 보여주는 것이다.

발해의 姓氏가운데에는 순수한 말갈의 것이 아닌 것이 있다. 예를 들어 右姓 가운데 高姓은 그 선조가 고구려로 《渤海國志 諸臣列傳》중에

> "金 尙書令 張誥의 선조는 발해인으로 본래의 姓은 高氏이며 고구려 東明王의 후예이고 증조부인 霸에 이르러 姓을 張이라 하였다. 高氏가 고구려의 右姓되었고 나라가 망한 후에는 발해에 籍을 두었다. 발해의 諸臣 및 후예 가운데 뛰어난 자로 高氏가 50여인에 당하여 다른 姓에 비하여 번창하였고 이것은 또한 世族이 고려에서 나왔다는 것을 증명하는 것이다. (金尙書令張誥之先, 渤海人也, 本姓高氏, 爲高句麗東明王之裔, 至曾祖霸 始姓張高氏爲高麗右姓, 國亡後籍于渤海. 渤海諸臣及遺裔之見著錄者, 高氏 凡得五十餘人, 較他姓爲繁, 此又世族出于高麗之證也)"

라고 말하고 있다. 이로써 발해의 姓氏와 기타 민족 간에 서로 영향을 미쳤음을 알 수 있다. 시간이 지남에 따라 姓氏가 비록 상대적인 穩定性을 가지고 있지만 또한 變異性도 가지고 있어 大氏 가족의 직계 자손들은 오늘날 大姓을 쓰지 않고 太姓으로 되었다.

10) 설화와 전설

민간에 流傳하는 설화와 전설은 민속을 형성하는 중요한 요인이 된다. 이것은 대대로 전해오는 口頭創作品들이 민족의 심리나 민족의 특수한 풍속과 습관을 반영하기 때문이라 할 수 있다. 이 때문에 발해의 민속을 고찰하기 위해서는 발해의 설화와 전설에 마땅히 특별한 중시를 해야만 한다. 민간설화와 전설은 일반민이 창작하고 구두로 전해진 것으로 이것들은 한줄기 바람처럼 홀연히 눈앞에 나타났다가 또한 홀연히 사라지기 때문에 발해의 설화와 전설 역시 기록으로 전해지는 것이 없이 많은 가치 있는 우수한 작품들이 이미 대부분이 없어지고

현재 찾아볼 수 있는 것은 여러 典籍 중에서 나타나는 단편적인 기록뿐이다.

《大金國志》 중에 발해인들에 대한 것으로

> "남자는 智謨가 뛰어나고 다른 나라 사람들보다 용맹스러워 발해인 3명
> 이면 호랑이 한 마리를 물리친다고 전해진다. (男子多智謨, 驍勇出他國右,
> 至有三人渤海當一虎之語)"

라고 말하고 있다. 이 "三人渤海當一虎"는 발해인의 가장 진귀한 설화로 발해 남자들의 용감성과 지략이 비상함을 나타내고 있다.

薩多羅의 전설은 발해에도 전설이 있었음을 말하고 있다. 김육불은 《士庶列傳》 중에서 말하길

> "薩多羅는 소설속에서 괴이하고 이상한 일로써 빈번하게 나타나는데 이
> 것을 전설로 취급하기에는 발해의 역사에서 그 흔적을 찾아볼 수 없으나
> 매우 드물게 보이는 진귀한 것으로 이를 검토해본 결과 이러한 것이 존재
> 하였다. (至若薩多羅者出于小說家言, 頻涉怪誕, 而餘猶取以入傳者, 渤海史
> 迹十九無考, 以罕見珍, 故過而存之)"

라고 하였다. 그는 역사가의 안목을 가지고 파악함으로써 薩多羅가 烏獸와 대화를 나누었다는 고사를 한 편의 민간전설로 취급하고 단지 文人의 윤색을 거친데 불과하다고 하였다.

발해는 당 武后 聖曆 元年 高王 대조영의 건국부터 後唐明宗 天成원년 末王 대인선이 遼에 항복하기까지 15대 229년 간 존속하면서 당과 始終을 같이 하였다. 그동안 중원과의 관계를 밀접하게 유지함으로써 그 풍습 또한 자연히 漢族의 영향을 받게 되었다. 그 예로써 발해에서 여러 차례 파견한 "諸生"들은 당의 京師 太學에 들어가 古今制度로 학습하여 海東盛國을 이룩한 것을 들 수 있다. 또한 唐朝는 6대의 유풍을 계승하여 그 門第로서의 풍습을 중히 여겼던바 발해는 당

의 영향을 받음으로써 당의 그러한 풍습이 발해에 영향을 미쳐 발해
는 高·張·楊·竇·烏·李의 6성을 존구하게 여겼다. 그리고 발해는
漢唐文化를 학습함으로써 그 문화 풍습 역시 발해에 영향을 미쳤다.

그런데 민족 간의 민속은 서로 영향을 미쳐 變異性을 나타내기도
하지만 민속의 가장 기본적인 특징은 그것의 역사적 傳承性에 있으며
발해의 풍습 역시 지금에 이르기까지 滿族에 보존되어 있다.

발해 민속의 연구에 대한 것은 자못 의의 있는 새로운 과제로 지금
까지 고찰한 이 글이 조그마한 기초가 되길 바라며 부족한 점에 대해
서는 여러 사람의 가르침을 바라는 바이다.

5. 渤海의 文化 *

발해의 문화는 말갈의 문화전통을 계승하였고 여기에 고구려문화의
영향을 받았다. 그리고 중원 한족의 고도로 발달된 봉건문화의 영향
하에 역사의 발전에 따라 당왕조의 문화에 융합되어 나갔다. 따라서
발해문화는 실질상으로 어느 정도의 민족 특징과 당문화를 조성하는
지방적 색채를 나타내었다.

1) 儒學

발해의 통치계급은 문화적으로 중원內地 즉 漢族보다 낙후되어 있
어 봉건통치를 유지하고 왕권을 강화하기 위해 당왕조와의 정치·경
제·문화관계를 강화하여 중원내지의 봉건문화를 적극적으로 수용하
였다. 그 중에서도 중원내지에서 성행하던 봉건윤리와 도덕을 선전하
는 유학을 받아들여 적극적으로 학습하였다.

738년 대흠무는 당왕조에 사신을 파견하여《唐禮》·《漢書》·《晉書》·
《十六國春秋》등의 서적을 베껴오도록 하였고 이들 사신이나 유학생
들로 하여금 당왕조의 유가경전을 읽고 봉건문화나 고급제도를 학습
토록 하였으며 귀국시에는 많은 한문화에 관계된 典籍을 가지고 오도
록 하는 등 유가사상의 적극적인 전파자였다. 그리고 胄子監의 胄子가
《尙書》에서 나온 것이고 巷伯局의 巷伯이《詩經》에서 유래한 것이며
貞惠公主墓志와 貞孝公主墓志에 인용된 전적을 볼 때 유가의 경전인
《상서》·《예기》·《역경》·《시경》·《춘추》·《좌전》·《맹자》·《논어》
등의 전적이 발해에 전해졌을 뿐만 아니라 귀족들 중 많은 수가 이에

---

* 王承禮『渤海的 文化』渤海簡史, 黑龍江人民出版社 1984, pp. 188~212

능통하였음을 알 수 있다. 정효공주 묘지에 虞舜·夏禹王·商湯王·周
文王·周成王·周康王 등의 聖主를 추모하여 기록한 것을 보면 국왕
이 유가의 仁孝를 도덕의 기준과 행동의 규범으로 삼았으리라고 이해
된다. 바로 3황 5제 夏禹·商 탕왕·周 문·무·성·강왕을 거치면서
수립된 유가를 국왕 학습의 본보기로 삼았던 것이다. 발해의 국왕이나
공주, 귀족들의 이름은 주로 유학에서 지침하는 사상의 영향을 받아
대흠무의 존호를 孝感金輪聖法大王이라 하였고 이외에도 元義·明忠
·仁秀 등의 이름도 있다. 또한 이미 말한 바와 같이 두 명의 공주를
貞惠·貞孝라 불렀고 귀족들 중에도 義信·誠慶·誠愼·昭順·禹謨·
謁德·高仁·文德·文信·孝愼·居正·成規 등의 이름을 사용하였다.
이러한 것들은 유가사상이 이미 발해사회의 동치계급사이에 만연되었
음을 보여주는 것이다. 따라서 유가의 충·효·인·의·예·지·신은
인간 행동의 지침이 되어 유가를 수립한 고대 역사상의 성군·현인을
발해인의 학습규범으로 삼았다. 그리고 유가에서 말하는 3황 5제의 시
기는 발해의 통치계급이 추구하는 정치 이상이었던 것이다.

발해는 유학으로 귀족자제를 교육시킴으로써 통치인재를 배양하였
다. 당왕조에 유학하여 학문을 이루고 귀국하였던 李居正은 公卿의 반
열에 올랐으며 高元固·鳥炤隻·鳥光贊 등은 당의 賓貢試에 응시하여
진사가 되었고 그 중에서도 특히 대현석대의 오소도는 신라의 李同과
같이 진사에 급제하였다. 그러나 그 서열은 이동보다 앞서 있었고 귀
국 후 國相이 되었다. 그리고 왕도인 상경에 文籍院을 두어 裵頲·裵
璆·王龜蒙 등으로 하여금 경제적 도서를 관장토록 하였다. 위자감은
당의 국자감과 같은 기관으로 유학을 관장하면서 왕족이나 귀족의 자
제들을 입학시켜 유학과 봉건문화를 교육하였다. 淸 張賁의 《白雲集》
에 상경에서 발견된 비문을 기록하고 있는데 그 비문은

   "台城을 내려다보니 유생들이 東觀에 모여들었다. (下瞰台城, 惁生盛于
   東觀)"[1]

라고 기록되어 있다. 이 10자가 모두 한문으로 글자의 모양이 미려한 해서체인 國學碑라고 볼 수 있는 것이다. 따라서 건국 당시의 황막했던 사정을 상상해 볼 때 유학을 숭상했음을 알 수 있는 것이다. 그리고 이 비가 출토된 지점은 위자감의 소재지였을 가능성이 있다. 그리고 이 뿐만 아니라 발해가 유학을 숭상하였음을 보여주는 것은 행정을 담당하던 최고 기구인 정당성의 6부가 충·인·의·지·예·신으로 이름지어졌던 것을 보면 유학이 발해통치계급의 사상 속에 깊숙이 뿌리박고 있음을 알 수 있다. 그러나 유학사상의 구체적인 정황을 알 수 있는 문헌이 실전되었음으로 말미암아 자세한 것은 알 수 없다.

2) 宗敎

고구려의 옛 지역인 발해 압록부 일대에 372년 前秦으로부터 불교가 들어와 신속하게 전파되었다. 그리고 속말말갈족인 대조영 등은 불교가 흥성하였던 營州와 遼西일대에 거주하였음으로 인하여 불교는 발해의 경제가 발전하는데 어느 정도의 기초를 형성하였다. 대조영은 건국 후 714년(開元 2년) 왕자를 장안에 보내어 절에서 예배를 올리도록 청하였으며 3대왕인 대흠무는 존호를 孝感金輪聖法大王이라 하였다. 이는 당의 측천무후의 존호가 金輪聖神皇帝·慈氏越古金輪聖神皇帝·天冊金輪大聖皇帝 등이었음을 볼 때 대흠무가 측천무후를 모방하여 자신을 최대의 권위자로 하면서 유교를 전국의 근본으로 삼고 불교를 통치의 방법으로 사용하였음을 보여주는 것이다.[2] 이로써 불교는 발해에 신속하게 전파되었다.

발해는 불교를 선양하기 위해 수많은 사원을 건립하여 현재는 상경

---

1) 《渤海國志長編》 卷20 《餘錄》.
   吳漢槎의 《秋笳集》과 楊賓의 《柳邊紀略》에도 기록되어 있는데 서로 비슷한 점이 많다. 吳漢槎는 碑에서 天會年號를 지적하였다.
2) 王承禮：《唐代渤海 '貞惠公主墓志' 和 '貞孝公主墓志' 的比較研究》, 《社會科學戰線》, 1982년 제1기.

에 10여 곳의 佛寺가 남아있다. 이외에도 和龍·琿春에서 소련 연해주
지역에 이르는 곳까지 불사의 유적이 보인다. 불사 외에도 佛塔이건축
되어 현재에 이르기까지도 渤海塔들이 길림성 長白縣에 세워져 있다.
그리고 흑룡강성 연안현의 渤海鎭 남쪽에 있는 大廟에 완전한 상태로
보존된 石燈이 남아있다. 불사가 흥건되고 불교활동이 증가함에 따라
승려는 사회내의 중요한 계층으로 성장하여 불교활동뿐만 아니라 예
를 들어 釋仁·貞釋·貞素 등은 일본과 당왕조에 파견하는 중요 성원
이 되어 정치에 참여하기도 하였다. 발해가 멸망할 당시 일차로 승려
60여 명이 고려로 도망한 것을 보면 발해에 승려가 많았음을 알 수
있다. 발해 사신이 당과 일본에 왕래할 때에 불교활동을 하였음을 알
려주는 것으로 일본 平安시대에 편집원《經國集》이라는 시집 중에 安
倍吉人과 島田渚田이 발해인의 예불에 관히서 쓴 두 수의 시가 있다.

    발해객이 禮佛하였다는 소식을 듣고 감탄하는 시

                                    安倍吉人

    당신이 오늘 성에 놀러 온다는 소문을 들었는데 적막한 佛迹은 적막하
고 고요함 속에 眞意가 있을 것인데
    대나무로 둘러친 마당에는 禮佛室이 있고 소나무 덮인 사이로 둥글게
보이는 것은 大寶績經을 담은 구슬이네.
    玄門은 있기도 하고 또 없기도 한데 頂禮는 죄를 사하기도 하고 또 두
려움을 없애주는구나.
    六念의 새가 조용하게 우는 곳에 三歸人은 얼마나 머물리라 생각하는
가.

忽聞渤海客禮佛, 感而賦之

                    安倍吉人
聞君今日化城游, 眞趣寥寥禪迹幽.

方丈竹庭維摩室, 圓月松蓋寶積珠.
玄門非無又非有, 頂禮消罪更消憂.
六念鳥鳴蕭然處, 三歸人思幾淹留.

領客使가 渤海客의 예불에 붙인 시에 화답함.

島田渚田

禪堂이 적막하게 바닷가에 있는데 멀리서 客이 道의 참됨을 묻는구나.
합장 분향하여 잘못을 잊게 하고 廻心頌은 迷界에서 편안함을 느끼게 하
네.
부처님의 소리는 냉랭하게 새벽을 맞이하는 것 같은데 하늘 꽃의 빛남은
봄이 오는 것을 예시해 준다.
 기쁘게 당신을 따라 미소를 짓게 되면 조용하게 崛山人을 만날 수 있겠
구나.

和安領客感賦渤海客禮佛之作

島田渚田
禪堂寂寂架海濱, 遠客時來訪道眞,
合掌焚香忘有漏, 廻心頌偈覺迷津.
法風冷冷疑迎曉, 天蕚輝輝似入春,
隨喜君之微妙意, 猶是同見崛山人.3)

　　발해가 일본에 파견한 사신 가운데 王孝廉은 불사에 예배하였을 뿐
만 아니라 그 당시 일본의 명승이던 弘法大師空海와도 두터운 우의를
맺었다. 또한 일본과 당의 승려들은 발해를 통해 왕래하였으며 일본
승려인 영선과 발해승려인 貞素가 우의를 맺었던 사실이 후대에까지
전해지고 있다. 일본 大正년간에 발견된 大乘本生心地觀經의 끝부분에
영선이 당왕조의 역경사업에 참가했던 학문승임이 기록되어 있다.

_____
3)《渤海國志長編》卷18《文徵》재인용.

元和5年7月3日內出梵來其月27日奉詔于長安醴泉寺至6年3月8日翻譯進上

(罽)賓國三藏賜紫沙門		般若	宣梵文
醴泉寺日本國沙門		靈仙	筆受幷飜譯
經行寺	沙門	令暮	潤文
醴泉寺	沙門	少湮	廻文
濟法寺	沙門	藏英	潤文
福壽寺	沙門	恒齊	廻文
惣持寺	沙門	大介	證義
右街都勾當大德圧			
麗 寺	沙門	一微	譯定

발해승 정소는 불법을 선양하고 깊은 우의를 위해 발해와 당·일본을 왕래하다가 최후를 바다에서 맞이하였다.

발해의 불교경전은 비록 지금까지 전해지지는 않지만 상경용천부유적·훈춘팔련성유적·화룡 등에서 출토된 상당수의 불교문물 특히 금동불상·청동불상·벽돌불상·흙불상 등이 있으며 이 중에서도 석가모니불상·보살상·2佛幷座像이 뛰어나다. 2불병좌상이 있다는 것은 발해에 天台宗이 전파되었음을 말하는 것이다. 천태종의 교의는《法華經》에 의거하고 있는데[4] 이 법화경에 기술하기를 多寶佛은 多寶塔 중에 앉아서 웃고 있는 석가모니불을 말함으로써 석가모니불과 다보불을 함께 하였던 것이다.[5] 和龍寺廟유적에서 출토된 불상은 얼굴이 풍만하고 장엄한 法像을 지녀 생명력이 있어 보인다. 이를 볼 때 盛唐시대의 불교예술이 발해불교예술에 깊은 영향을 끼쳤음을 알 수 있다.

발해의 대다수 인민들은 잔혹한 수탈과 정치적 억압으로 인하여 내세를 기원하여 불교를 믿음으로써 정신적 위안을 삼고자 하였다. 이것이 불교가 발해에 신속하게 전파된 사회적 원인이며 또한 당왕조의 불

---

4) 中國佛敎學會編:《中國佛敎》《天台宗》1980년 4월.
5) 鳥山喜一:《渤海史上의 諸問題》第三章 第二節 佛敎, 風間書房 1968, 東京.
  三上次男:《牛拉城出土의 二佛幷座像과 그 歷史的 意義》,《朝鮮學報》49집, 1968년.

교가 흥성하였다는 것이 발해에 전파된 중요한 원인이라 할 수 있다.

불교 이외에 변방지역의 인민에게 유행했던 것으로 샤만교(薩滿은 퉁구스어의 音譯으로 巫의 뜻을 가지고 있다)를 볼 수 있다. 사람들은 샤만(巫)을 통하여 각종의 신에게 보호를 구하고 재앙과 부정함을 쫓고자 하였다. 이런 샤만교는 생산력이 낮고 사회문화의 수준이 떨어지는 부족이나 민족 중에 유행하던 일종의 원시종교인 것이다.

3) 文學

발해는 중원지역 즉 중국의 봉건문화에 대해 열정적인 관심을 표명하여 수많은 발해인들이 이를 수용함으로써 漢文化의 발달을 이룩하였다. 고도로 발달된 중원의 봉건문화를 섭취한 발해인들은 점차 많은 인재를 배출하면서 깊은 조예를 나타내었던 것이다. 봉건문화 가운데 문학 특히 당왕조의 문학은 발해에 거대한 영향을 미쳐 허다한 문학가를 배출하였다. 그러나 유감스럽게도 이들이 남긴 작품은 현재까지 전해지는 것이 적고 다만 南宋의 洪皓가 쓴 《松漠紀聞》에 살린 國書와 《日本逸使》·《日本後記》·《續日本紀》·《三代實錄》등에 실린 武王이 일본 聖武천황에게 보내는 것, 文王이 일본 성무천황에게 보내는 것, 문왕이 일본 淳仁천황에게 보내는 것, 康王이 일본 桓武천황에게 國喪을 알리는 것, 강왕이 일본 환무천황에게 왕위를 이어받았음을 알리는 것. 강왕이 일본 환무천황에게 알리는 것(正曆 2년), 강왕이 일본 환무천황에게 보내는 것(정력 4년), 강왕이 일본 환무천황에게 다시 보내는 것, 定王이 일본 嵯峨천황에게 보내는 것, 宣王이 일본 차아천황에게 보내는 것(建興원년), 선왕이 일본 차아천황에게 보내는 것(건흥 3년), 왕 彝震이 일본 仁明천황에게 보내는 것, 왕 이진이 일본 인명천황에게 別狀으로 보내는 것, 왕 이진이 일본 인명천황에게 보내는 것, 왕 虔晃이 일본 淸和천황에게 보내는 것(건황 3년), 왕 玄錫이 일본 청화천왕에게 보내는 것, 왕 현석이 일본 陽成천황에게 보내는 것

등의 국서가 있다.

또한 牒과 箋으로 중대성이 일본에 보내는 첩(大興 22년), 사도몽이 光仁천황에게 올리는 전, 중대성이 일본 太政官에게 보내는 첩(咸和 11년), 중대성이 일본 태정관에 보내는 첩(함화 18년), 중대성이 일본 태정관에 보내는 첩(虔晃 원년), 중대성이 일본 태정관에 보내는 첩(건황 14년), 중대성이 일본 태정관에 보내는 첩(玄錫 5년), 중대성이 일본 태정관에 보내는 첩(현석 20년) 등이 있다. 일본의 《經國集》·《文集秀麗集》·《入唐求法巡禮行記》중에는 발해인이 쓴 시로 楊泰詩의 《夜聽擣衣詩》·《奉和紀朝臣公咏雪詩》, 王孝廉의 《奉敕陪內宴》·《春日對雨得晴字》·《在邊亭賦得山花戲寄兩領客使幷滋三》·《和坡領客對月思鄕之作》·《出雲州書情寄兩救使》, 정소의 《哭日本國內供奉大德靈仙和尙詩幷序》6) 등이 보존되어 전해지고 있다. 그리고 1949년과 1980년에 출토된 貞惠公主墓志와 貞孝公主墓志에서 발해의 石刻문자를 발견할 수 있었다. 이것은 발해고고학적인 면에서 중요한 발견이며 발해문자를 연구하는데 새로운 자료를 제시해 주었다.

발해의 귀족들이 쓴 書·表·牒·狀은 일반적으로 모두 당 초기에 유행하던 騈體文으로 기록되어 있다. 또한 비교적 정리되어 있고 묘사가 명료하게 되어 있어 비록 문장을 응용하기는 하였지만 당왕조와 비교하여 큰 차이가 나타나지 않는다.

다음의 建興원년 宣王 대인수가 일본의 嵯峨천황에게 보낸 글을 보면 그 일단을 잘 알 수 있다.

　　仁秀가 고합니다. 가을이 깊어졌습니다. 천왕의 기거에 만복이 깃들기를 바랍니다. 인수는 황제의 깊은 보살핌을 받아 무사히 도착하여 감사한 마음으로 다시 감사를 드립니다. 본인이 일본에 사신을 보낼 때 풍랑을 만나 배가 전복되어 여러 번 표류하였습니다. 천왕의 너그러우신 보살핌으로 인해 바람이 조용해졌고 여러 번 기쁨을 맛보아 다시 여기에 정중히

---

6) 金毓黻：《渤海國志長編》卷18《文徵》.

감사를 드리고 배가 무사히 귀국할 수 있었던 것도 베풀어 주신 은덕이라 생각하여 감사한 마음을 전합니다. 엎드려 비옵건데 두 나라가 계속 우의를 가지기를 바랍니다. 먼 곳에서 수교를 위해 찾아가는 것은 시종 아무 것과도 대치할 수 없을 것입니다. 문적원 술작랑 李承英을 보게 한 것에 감사를 드립니다. 약소한 특산물을 바치오니 거절하지 마시고 황제의 따뜻한 마음으로 받아주시기 바랍니다. 바다길이 멀어 다시 뵈올 날을 기약할 수 없습니다. 삼가 이 글을 올리는 바입니다.(仁秀啓 : 仲秋已凉, 伏惟天皇起居萬福, 卽此. 仁秀蒙免, 崇感德等廻到, 伏奉書問, 慰沃寸誠, 欣幸之情, 言無以喩 此使去日, 海路遭風, 船舶摧殘, 幾漂波浪. 天皇時垂恵領, 風義攸敦, 嘉貺頻繁, 供億繁重, 實賴船舶歸國, 下情每蒙感荷, 厚幸厚幸, 伏以兩邦繼好, 今占是常, 萬里尋修, 始終不替. 謹遣文籍院述作郎李承英賚啓入覲, 兼令申謝, 有小上物, 謹錄別狀, 伏垂昭亮, 幸甚. 雲海路遙, 未期拜展, 謹奉啓)7)

1949년 돈화 육정산 渤海墓群 제1墓區 정혜공주묘에서 정혜공주묘비가 출토되었다. 묘비는 圭形으로 석재는 화강암이다. 전체 높이는 90cm, 너비 94cm, 두께 20cm이다. 정면에는 비문을 새겼고 楷書眞字로 음각되어 있다. 모두 21행으로 序는 13행, 銘은 6행이고 마지막 행은 비를 세운 연월이 새겨져 있다. 모두 합하여 725자인데 그중 491자만이 판독이 가능하고 나머지 234자는 알 수가 없다. 비문의 둘레에 蔓草紋을 음각하고 碑首에는 卷雲紋을 음각하였다. 정효공주묘비는 1980년 和龍縣 龍海公社 龍海大隊 西山 貞孝公主墓에서 출토되었다. 비는 圭形으로 석재는 화강암이다. 전체 높이는 105cm, 너비 58cm, 두께 26cm로 정면에 비문이 음각 楷書眞字로 새겨져 있다. 모두 18행으로 序는 12행, 銘은 5행이며 비를 세운 연월이 새겨져 있지 않다. 모두 합하여 728자로 전체가 판독이 가능하다. 이 두개의 墓志를 비교하여 보면 실제의 내용이 서로 다른 구가 6군데 있음을 발견할 수 있다. 이것을 다음의 표로 기록하였다.

---

7)《日本逸史》卷24 (《渤海國志長編》卷18《文徵》재인용)

貞惠公主墓志	貞孝公主墓志
貞惠公主墓□□序	貞孝公主墓志幷序
公主者我大興寶曆孝感□□□法大王之 第二女也	公主者我大興寶曆孝感金輪經法大王之第四女也.
稚子□□, 未經請郞之日	稚女又夭, 未延弄瓦之日
粤以寶曆4年夏4月14日乙未□□外第, 春秋四十, 溢曰貞惠公主.	粤以大興56年夏6月9日壬辰終于外第, 春秋36, 溢曰貞孝公主
寶曆7年冬11月24日甲申陪葬于珍陵之西原, 禮也.	其年冬12月28日己卯陪葬于染谷之西原, 禮也.
寶曆7年11□□□日	

이 표에 기록한 것 외에는 서로 같은 내용을 기록하고 있는데 이로써 정효공주묘지를 근거로 하여 정혜공주묘지에서 읽기 어려운 235개의 문자를 보충할 수 있다. 이 두개의 묘지에서 알 수 있는 것은 정혜공주는 대흠무의 2년이고 정효공주는 대흠무의 4녀라는 사실이다. 두 공주는 출가한 후 모두 남편을 잃었으나 수절하였고 정혜공주는 寶曆 4년 夏 4월 14일 乙未에 죽었고 그 해 나이가 40세였으며 寶曆 7년 冬 11월 24일에 珍陵의 西原에 陪葬되었다. 정효공주는 大興 56년 夏 6월 19일 壬辰에 36세로 죽었고 그 해 冬 11월 28일 乙卯에 染谷의 西原에 陪葬되었다. 寶曆 4년은 777년(당 代宗 大曆 12년)이고 대흥 56년은 792년(당 德宗 貞元 8년)으로 두 공주를 매장한 시기는 12년의 시차(780년~792년)가 난다.

이 두 墓志는 발해문학을 연구하는데 중요한 작품으로 《貞孝公主墓志》의 全文은 다음과 같다.

貞孝公主墓志幷序

大紐覽唐書嫄汭降帝女之濱博詳丘傳魯館開土姬之筳豈非婦德昭昭譽名期于有后母儀穆穆餘慶集于無疆襲祉之稱其斯之謂也公主者我 大興寶曆孝感金輪聖法大王之第四女也惟祖惟父王化所興盛烈戎功可得而論焉若乃乘時御辨明齊

日月之照臨立極握機仁均乾坤之覆載配重華而旁夏禹陶殷湯而韜周文自天祐之
威如之吉公主稟靈氣于巫岳感神仙于洛川生于深宮幼聞婉嫕瓖姿稀遇睟似瓊樹
之叢花瑞質絶倫溫如崑峰之片玉早受女師之敎克比思齊每慕曹家之風敦詩悅禮
辨慧獨步雅性自然□□好仇嫁于君子標同車之容義恊家人之永貞柔恭旦都履愼
謙謙簫樓之上韻調雙鳳之聲鏡台之中舞狀兩鸞之影動□環珮留情組紃黼藻至言
琢磨潔節繼敬武于勝里擬魯元于豪門琴瑟之和葤蕙之馥誰謂大智先化無終助政
之謨稚女又天未延弄瓦之日公主出織室而灑淚望空閨而結愁六行孔備三從是亮
學恭姜之信矢衛杞婦之哀凄惠于聖人聿懷闡德而長途未半隙駒疾馳逝水成川藏
舟易動粤以大興五十六年 夏 六月九日 壬辰終于二外第春秋三六諡曰貞孝公
主其年冬十一月廿八日己卯陪葬于染谷之西原禮也 皇上罷朝興慟避寢弛懸喪
事之儀命官備矣挽郎鳴咽遵阡陌而盤桓轅馬悲鳴顧郊野而低昂喩以鄂長榮越崇
陵方之平陽恩加立厝荒山之曲松檟森以成行古河之隈泉邃而永翳惜千金于 一
別留尺石于萬齡乃勒銘曰不顯烈祖功等一匡明賞愼罰奄有四方爰乃君 父壽考
無疆對越三五襄括成康其一 惟主之生幼而洵美聰慧非常搏聞視北禁羽儀東宮
之姊如玉之顏蕣華可比其二 漢上之靈高唐之精婉(？)之態聞訓茲成嬪于君子
柔順顯名鴛鴦成對鳳凰和鳴其三 所天早化幽明殊途雙鸞 忽背兩劍永孤篤于潔
信載史應圖惟德之行居貞旦都其四 愧桑中咏愛柏舟詩玄仁匪悅白駒疾辭奠殯
已畢卽還靈輀魂歸人逝角咽笳悲其五 河水之畔斷山之邊夜台何曉荒隴幾年森
蒼占樹蒼森野烟泉扃俄閟空積凄然其六.

　정혜공주묘지와 정효공주 묘지는 전형적인 騈體文으로 墓志文은 序
와 銘으로 구분되어 있다. 序文은 공주의 일생을 기록하였고 銘文은
공주에 대한 찬송과 애도의 뜻을 표시하고 있다. 序文은 4단으로 나눌
수 있는데 1단은 堯女와 王姬의 婦德과 여자가 갖추어야 할 儀禮를
말하고 있고 2단은 신분이 고귀함을 말하고 있다. 3단은 공주의 자질
과 출가 그리고 부부의 금실이 두터움을 논하고 또한 남편의 죽음에
대한 수절을 말하고 있다. 4단은 공주의 죽음과 매장을 말한다. 銘文
은 6단으로 1단은 출신, 2단은 아름다운 자질, 3단은 출가, 4단은 수절
5단은 매장, 6단은 애모의 뜻을 말하고 있다.

　이 두개의 비문의 주제는 두 공주에 대한 찬미와 애도로 유가의 봉
윤리와 부덕을 선양하고 있으며 3~6행은 유가의 봉건사상·봉건도덕

적 관념이 깊게 침투하고 있다.

전체적으로 보면 4・6구의 형태가 많이 있으나 4・4구 혹은 6・6구의 형태로 변화를 나타내기도 한다. 예를 들어 "婦德昭昭, 譽名期于有後. 母儀穆穆, 餘慶集于無彊.", "挽郎嗚咽, 遵阡陌而盤桓. 轅馬悲鳴, 顧郊野而低昂."와 같은 4・6구가 있고 또한 "嬪于君子, 柔順顯名鴛鴦成對, 鳳凰和鳴." "稟靈氣于巫岳, 感神仙于洛川"과 같은 4・4구 6・6구가 있다. 비문에 나타난 "標同車之容儀, 協家人之永貞."구와 "標對協, 同車對家人, 容儀對永貞"의 구를 분석해 보면 여기에 작자가 《詩經》의 "有女同年, 顔如舜華"와 《古詩 日出東京南隅》의 "窈窕多容儀"의 구로써 공구의 아름다움을 표시하였고 《易經》・《家人》・《賁》의 象辭와 爻辭로써 공주의 신혼을 묘사함으로써 "貞惠"・"貞孝"라는 공주의 시호의 의미를 은연중에 찬양하고 있음을 알 수 있다. 이러한 사실은 작자가 《시경》・《역경》에 능통하였음을 말해주는 것이고 또한 작자가 《長途未牛, 隙駒疾辭, 逝水成川, 藏舟易動"이란 구를 《漢書》・《莊子》・《論語》에서 채록한 것을 보면 철학적 이치에 매우 밝았음을 알 수 있다.

따라서 이 墓志는 발해 문학가들이 유가경전에 대해 완전히 이해하고 있다는 것을 보여준다고 할 수 있다. 예를 들어 "嬌汭降帝女"는 《尙書 堯典》에서 채록하였고 "魯館王姬"는 《春秋》・《左傳》・《시경》에서 그리고 "自天祐之"와 "威如之吉"의 구는 《역경・系辭》《大有》에서 그 원류를 찾아볼 수 있으며 부덕에 관한 기록은 《禮記》에서 찾을 수 있다. 작자는 《장자》・《孟子》・《史記》・《한서》・《三國志》・《文選》에 능통하였으며 屈原・宋玉・劉向・曹植・潘安・張華・謝靈運・阮籍・鮑照・徐陵・左貴嬪 등의 작품들도 모두 읽었을 것이라 생각된다. 그리고 당 초기의 4대 문학자인 盧照鄰・王勃・楊炯・駱賓王과 盧藏用의 작품도 섭취하였다. 예를 들어 墓志중의 "簫樓之上, 韻調双風之聖"의 구는 노장용의 《奉和安樂公主山藏制》의 簫樓韻逐風凰吟에서 인용하였다. 이로써 우리는 발해 문학자들이 중원의 한문학에 대해 심취하여 깊은 조예를 나타내었고 중원내지와 발해와의 문화관계가 매

우 긴밀하였음을 추측할 수 있다. 다시 말해서 정혜공주묘지와 정효공
주묘지는 당왕조의 騈體文으로 보여진 뛰어난 작품으로 발해 문학자
의 조예는 중원내지의 한족과 비교하여 손색이 없다고 할 수 있다.[8]

발해의 詩歌 중 현재까지 전해지는 것은 모두 9수이다. 9수는 絶句
律詩・古風으로 나눌 수 있는데 고국을 떠나 멀리 있는 사람의 향수
를 노래하기도 하고 일본조정의 환대를 받고 기쁜 마음을 묘사하기도
하였다. 예를 들어 王孝廉의《春日對雨得晴字》에서

> 주인이 연회장에서 주연을 베푸니 上京에서 처럼 취하는 구나. 아마도
> 雨神이 임금의 뜻을 안듯이 감미로운 비를 내려 나그네의 마음을 달래는
> 구나. (主人開宴在邊廳. 客醉如泥等上京, 疑是雨師知聖意, 甘滋芳潤灑羇情)

라고 읊은 것은 작자가 일본조정의 환대를 받고 고국에 대한 향수를
없앴음을 나타내는 것으로 작자의 고향생각, 감격한 심정, 그리고 이
국땅에서 생긴 많은 고향생각을 지워버리는 상황을 말하고 있다.

楊泰詩의《夜聽擣衣詩》는 작자가 이국의 객지에서 쓴 것으로 깊은
밤에 이웃집에서 들리는 다듬이질 소리의 아름다움에 고향을 떠올리
면서 일하는 여자의 모습을 빌어서 그 심정을 나타내고 있다. 그 내용
은 다음과 같다.

夜聽擣衣詩

楊 泰 詩

서리 내리는 천공의 달이 강의 어두움을 밝히고 客은 고향 떠나온 정을
생각하네. 긴 가을밤에 쓸쓸함만이 더하는데 갑자기 옆집의 다듬이 소리
가 들리는 구나. 그 다듬이 소리는 멈추었다 계속되니 바람 탓인가 보다

---

8) 王承禮：《唐代渤海'貞惠公主墓志'和'貞孝公主墓志'的 比較研究》,《社會科學戰
線》1982년 1기.

밤이 깊은데 별들은 끝없이 떨어지는 구나. 나라를 떠나서부터 아무런 소
식을 듣지 못하다가 이제 고향소식을 듣는 것 같다. 방망이가 얼마나 무
거운지 알 수 없고 다듬이판이 얼마나 평평한지 알 수 없어 그 다듬이 소
리는 내 마음을 연약하게 하여 땀을 흘리게 하고 그 다듬이를 움직이는
옥과 같은 팔이 얼마나 힘이 드는지 이해할 수 있구나. 客의 하나뿐인 옷
을 준비하려고 주인 여자가 먼저 춥게 되는 구나. 비록 客의 禮를 묻기는
어렵지만 흔들리는 이 마음이 어디에서 시작되는지 알 수 없구나. 이국에
와서 머물러 있으나 새로운 것을 알 수 없어 같은 마음으로 장탄식할 뿐
이네. 이때 주인집의 규방에서 소리가 들리니 이 밤을 누가 밝히고 있는
것인지 알 수 없구나. 답답한 마음 가득한데 이제 다듬이 소리는 들리지
않는구나. 꿈속에서나마 소리나는 곳을 찾아가야지. 우수에 젖어 잠조차
청할 수 없네(霜天月照夜河明, 客子思歸別有情, 厭坐長宵愁欲死, 忽聞鄰女
擣衣聲. 聲來斷續因風至, 夜久星低無暫止. 自從別國不相聞, 今在他鄉聽相
似. 不知綵杵重將輕, 不悉靑砧平不平. 遙憐體弱多香汗, 預識更深勞玉腕. 爲
當欲救客單衣, 爲復先愁閨閣寒. 雖忘容儀難可問, 不知遙意怨無端. 寄異土兮
無新識, 想同心兮長嘆息. 此時獨自閨中聞, 此夜誰知明眸縮. 憶憶兮心已懸,
重聞兮不可穿. 卽將因夢尋聲去, 只爲愁多不得眠)9)

이렇듯 발해귀족들이 창작하여 전파한 詩·書·傳·牒 이외에 발해
의 민간문학 역시 활발하여 발해승 薩多羅가 짐승과 대화를 하였다는
고사가 있으며10) 민간문학작품으로 "三人渤海當一虎"는 발해인들의
용맹스러운 기백을 나타내고 있다.

정혜공주묘지와 정효공주묘지의 출토는 발해사회가 한자를 사용했
으며 독자적인 문자가 없었다는 것을 말해 준다. 한자는 발해민족을
결속시키고 변방지역과 내지를 연결하여 발해인과 한족 내지는 일
본·신라와의 관계를 맺는데 중요한 역할을 하였던 것이다.

---

9) 《經國集》卷13 (《渤海國志長編》卷18 《文徵》재인용)
10) 金毓黻 : 《渤海國志長編》卷11 《士庶列傳·薩多羅傳》.

4) 藝術

발해의 예술은 초기에는 고구려 예술의 영향을 받았으나 盛唐 시기 예술의 교화와 영향아래 점차 당예술을 받아들여 은화하고 화려하며 풍요롭고 충만감이 넘치며 또한 세련되고 강건한 예술형태를 나타내었다.

繪畵

발해의 회화는 문헌상에는 기록되어 있으나 현재까지 전해지는 작품이 없어 구체적인 정황을 잘 알 수는 없다. 그러나 고고발굴의 발달에 따라 상경유적지에서 벽화잔편과 幞頭를 한 인물상이 세련된 선으로 새겨진 토기의 대접 1점을 발견할 수 있었다. 和龍 河南屯의 발해묘와 돈화 육정산의 발해묘에서도 벽화잔편이 출토되었으나 완전한 형태를 갖추지는 못하였다. 1980년 정효공주묘에서 발견된 벽화는 처음으로 완전한 형태를 가진 발해벽화로 이는 중대한 발견이었으며 발해의 역사와 예술을 연구하는데 매우 큰 의의를 가지는 것이었다.

정효공주묘의 甬道·東壁·西壁·北壁에 12인의 인물상이 그려져 있다. 용도에는 문을 지키는 무사 2명이 동서로 마주 대치하여 있는데 머리에 투구를 쓰고 황색바탕에 붉은 선을 띤 禮甲을 입고 있었고 검을 들고 鐵撾(북을 치는 채)를 어깨에 매고 서서 경계를 하고 있었다.

동벽에는 4인이 그려져 있는데 높이는 113cm이다. 첫 번째 사람은 머리를 높이 따서 이마에 묶었으며 얼굴에는 분을 바르고 입술도 붉게 칠하였다. 붉은색이며 둥근 깃이 달린 도포를 입고 있었고 혁대를 차고 철과를 매고 있었다. 두 번째 사람은 두건을 엇갈리게 쓰고 있었으며 얼굴에 분을 바르고 백색 바탕에 꽃무늬가 있는 둥근 깃의 도포를 입고 있었고 혁대를 두르고 붉은 주머니를 들고 있다. 세 번째 사람은 두건을 엇갈리게 쓰고 있으며 얼굴에 분을 바르고 입술이 붉고 청색 꽃무늬가 있는 둥근 깃의 도포를 입고 있으며 손에는 백색 주머니를 들고 있다. 네 번째 사람은 두건을 엇갈리게 쓰고 얼굴에 분을 발랐으며 홍색 띠에 꽃무늬 장식을 한 둥근 깃의 도포를 입었고 銅鏡을 들고 있다. 이 사람들은 공주를 보호하는 內侍들이라 볼 수 있다. 서벽에는 4인이 그려져 있다. 몸의 높이는 113~117cm이다. 첫 번째 사람은 머리를 땋아서 이마에 잡아매었고 작은 입술에 붉은 칠을 하고 혁대를 둘렀으며 그 혁대는 옷섶을 겨드랑이 밑까지 치켜올렸다. 좌측 허리에 弓囊을 차고 있고 칼과 칼집을 차고 있다. 오른손에는 칼을 들고 있고 왼손으로 鐵撾를 들고 어깨에 올려놓고 있다. 두 번째 사람은 두건을 엇갈리게 쓰고 얼굴에 분을 바르고 입술을 붉게 칠하였으며 광대뼈가 돌출 되었고 백색바탕에 꽃무늬를 수놓은 도포를 입었고 허리에는 혁대를 둘렀으며 양손에 갈색의 금낭을 들고 다리에는 麻로 된 신발을 신었다. 세 번째 사람은 머리에 두건을 쓰고 얼굴에 분을 발랐으며 붉은 입술에 미간이 좁고 깊은 청색바탕에 꽃무늬가 있는 둥근 깃의 도포를 입었고 한 개의 금낭을 안고 있다. 네 번째 사람은 두건을 쓰고 작은 입에 붉은 입술을 가지고 있고 이마가 청수하며 백색 바탕에 꽃무늬를 한 도포를 입었고 갈색 금낭을 들고 있는데 금낭의 머리부분이 아래를 향해 있다. 이들은 공주를 보살피는 樂人들이었다.

북벽에는 두 사람이 있는데 옆으로 나란히 서 있고 높이는 약 117cm이다. 서쪽에 한사람은 두건을 엇갈리게 쓰고 황색바탕에 꽃무늬를 한 둥근 깃의 도포를 입었으며 혁대를 두르고 왼쪽 어깨에는 화살통을 매고 뒤에는 활을 매고 두 손으로 머리가 둘로 갈라진 창을 가슴에 대고 있고 발에는 마로 된 신발을 신었다. 동쪽에 있는 사람은 두건을 엇갈리게 쓰고 얼굴에 분을 바르고 붉은 입술을 가졌으며 자색바탕에 꽃무늬를 한 둥근 깃의 도포를 입고 좌측 허리에 활통을 메고 좌측 어깨에 활을 메었으며 두 손으로 우산 같은 것을 들고 있는데 그것은 마치 꽃무늬를 수놓은 양산과 같았다. 이 두 사람은 공주의 몸종이다.

정효공주묘에 그려진 12명은 공주생활의 한 단면을 보여준다. 웅장한 집에 마당은 넓고 무사들이 문을 지키며 시위들이 집을 보호하며 노비들이 줄을 이어서 다니며 악인들이 연주하고 노비들이 꽃무늬가 있는 양산을 들고 따르고 있다.

벽화는 최초로 발해인의 형상을 보여 주고 있다. 둥근 얼굴에 붉은 입술, 얼굴은 살이 찌고 기름기가 흐르며 머리에는 두건을 쓰거나 이마를 잡아매었고 옷은 붉은 색, 청색, 황색, 자색, 백색, 검붉은 색의 둥근 깃의 長布를 입었으며 허리에는 혁대를 두르고 발에는 가죽 또는 麻로 된 신발을 신었다. 이러한 인물형상과 陝西乾縣에 있는 당고종·측천무후의 乾陵 암의 배장릉인 永泰公主墓, 懿德太子墓, 章懷太子墓의 많은 인물형상과 복식이 같은 모양이며 물건도 기본상으로 형태가 비슷하며 광대뼈가 돌출한 인물형상은 당에서 유행하던 인물상의 특징이다.

이 12명은 상당수가 여자가 남자 옷을 입고 있을 가능성이 있다. 왜냐하면 그 이목구비가 청수하고 작은 입이 붉은 색이며 의복이 화려하고 그 태도가 대단히 우아하기 때문이다. 이것은 섬서의 측천무후 묘에서 항상 여자가 남자 옷을 입고 있는데 이것은 그 사회의 유행이었으며 이 유행이 발해에까지 영향을 주었다고 볼 수 있다. 화가들이 사실을 묘사한 수법은 단순한 기교로써 각종 인물을 묘사하였는데 이것은 또한 각종 인물의 일정한 성격을 나타내고 있다. 예를 들면 무사의 용맹함, 內侍·樂人의 겸손한 태도 그리고 시종들의 조심스러운 태도를 엿볼 수 있다. 그림의 좌우대칭, 그리고 전후의 배치 등은 충분히 화가의 마음을 엿볼 수 있다.

정효공주묘 벽화는 중원 벽화예술의 전통을 그대로 계승하였다.

발해樂

말갈에는 가무의 전통이 있었고 발해인은 더욱 노래와 춤에 능숙하였다. 발해인이 창작한 발해악은 그 나라의 음악의 세계를 풍부하게 한 동시에 일본의 음악에도 깊은 영향을 주었다. 기원 740년 발해가 珍蒙을 일본에 파견했을 때 최초로 일본에서 발해악을 연주하여 일본

조정의 중시를 받았다. 일본에서는 內雄遠涉을 파견하여 발해악을 배우도록 하였다. 이후에 발해악은 일본 궁중음악의 하나가 되었다. 후에 일본에는 大靺鞨·新靺鞨 등의 악곡이 전해졌는데 이것은 모두 발해인이 전해준 것이다. 정혜공주묘벽화에서 악기를 안고 있는 그림이 있는데 악기를 금낭 속에 넣고 있는 악인의 형상은 발해악에 대한 하나의 자료를 추가하여 준다. 발해악이 또한 금나라에 직접 전해졌다. 《金史》에 기록된 바에 의하면 "발해에는 악이 있다(有渤海樂)"고 되어 있으며 음악을 가르치는 곳이 따로 있었다.11)

무용

宋王이 일찍이 《王沂公行程錄》이라는 책에서 묘사하기를 柳河館부근에서 발해인들이 춤을 추면서 발을 구르는 것을 보았다고 기록하였다.

> 발해의 습관은 매 歲時 때마다 사람들을 모아서 악을 연주하였다. 먼저 노래를 하게 하고 또 춤을 추게 하였으며 여러 무리들이 줄을 서서 뒤를 따르고 노래로 화답하였다. 또한 선회하면서 발을 굴렀다.(渤海俗, 每歲時 聚會作樂, 先命善歌善舞者, 數輩前行, 土兵相隨, 更相唱和, 口旋宛轉, 號口 踏鎚).12)

이것은 일종의 노래하고 춤추는 집단 춤인 것이다.

조각

석등은 현존하는 상경유적으로 淸대에 건립한 홍륭사 南大廟내에 발해 시기에 남겨 놓은 석조물이었다. 전체 높이 6m, 현무암으로 쌓아졌고 8각의 뾰족한 寶洙를 가졌고 그 밑에 7층의 疊輪, 그리고 그 아래에 8개의 16공을 가진 燈室이 있으며 그 아래에 仰花가 있고 다시 그 아래에 원추형의 기둥이 있고 복련식의 幢座와 礎石이 있다. 소박

---

11) 《金史》卷39 《樂上》:「有渤海樂」,「泰和初, 有司又奏太常工人數人, 卽以渤海漢人敎坊及大興府樂人兼習以備用」. 881頁, 889頁.
12) 葉隆禮 : 《契丹國志》卷24 《王沂公行程錄》掃葉山房版.

하고 굳건하게 만들어진 것으로 발해 석조예술의 걸작인 것이다.13) 돈
화육정산 정혜공주묘에서 돌사자 2개가 출토되었다. 그 중의 하나는
높이가 64cm이고 머리를 쳐들고 눈을 부릅뜨고 있으며, 입을 크게 벌
리고 혀를 내밀고 앞발을 세우고 뒷발은 굽힌 형태로 그 石座 위에
앉아 있다. 그 목의 갈기가 파도를 치고 있다. 이것은 민간예술의 소
박하고 세련된 방법이다. 또한 주인의 묘를 지키는 돌사자의 제작기술
은 훌륭한 예술형상을 나타내주고 있다. 그 조형과 제작기술은 당 건
릉(唐 高宗武則天墓, 陝西乾縣에 위치함)의 돌사자와 거의 비슷한데
다만 크기가 다를 뿐이다. 그 표현한 농도는 당의 품격을 나타내고 있
다. 이외에 각종 불상, 돌사자머리 등은 모두 훌륭한 작품들이다.

　도자기

　발해의 도자기제작은 소박한 이중구연에 직통 罐과 두꺼우면서 배
가 부른 罐으로부터 우아하고 세련된 원형구연의 배가 부른 瓶으로
발전하였다. 이것은 말갈전통・고구려영향과 당대 도자기 조형예술이
발해의 도자기 조형예술에 영향을 준 것이다. 雲紋黑陶盆은 길이가
86cm로서 조형이 세련되고 우아하다. 발해 三彩器는 唐三彩를 학습한
직접적인 결과이다. 이것은 동북지역의 도자기공예의 새로운 품종으로
만들어졌다. 白瓷・絞釉瓷・靑瓷는 동북지구 도자기공예의 새로운 국
면을 이룩하였다. 瓦중의 寶相花紋磚은 우아하고 화려하며 다양한 와
당을 만들었다. 더욱이 연꽃무늬와당은 고구려와당의 영향을 받은 것
이다. 또한 거기에는 당왕조의 우아한 풍모도 영향을 주었고 발해수공
업인들의 창조재능이 깃들여 있었다. 유리에 유약은 鬼面瓦는 입을 크
게 벌리고 혀를 내놓았으며 무서운 이빨을 보이고 두 눈을 크게 부릅
뜨고 있는데 이것은 사람에게 무서운 감을 주고 있다. 녹색 유약을 바
른 치미는 용마루 맨 끝 양단에 붙이는 것으로서 올빼미의 날개를 펴
고 주둥이를 돌출시켰으며 장식으로 아름다운 꽃무늬를 놓고 있다. 조

---

13) 孫秀仁：《唐代渤海上京龍泉府城址》,《黑龍江古代文物》, 黑龍江出版社, 1979년

형이 대단히 세련되었는데 그것은 사람들에게 위협을 주거나 또는 안정감을 준다.

金銀銅器

근래에 상당수의 정교한 금은기가 출토되었다. 和龍河南屯의 金帶가 가장 정교하다. 상경유적에서 발견된 금사리함에는 函·甲·瓶·舍利珠·鐵函·銅函·漆匣·銀函이 점점 축소되어 있었고 이것이 모두 한 조를 이루고 있었다. 銀函의 조형이 대단히 정교한데 정상부에 구름을 조각하고 4벽에는 천왕이 두 마리의 괴수를 발로 밟고 있는 조각은 가장 정교한 은그릇이다.14)

5) 건축

발해의 건축규모는 광대하였고 그 기세는 넓고 시원스러웠으며 건축기술은 상당히 높은 수준에 도달한 것이었다.

발해 초기에는 구국(敦化)을 중심으로 城址의 대부분이 목단강 상류 일대에 집중되었다. 그런데 건국한 지 얼마 되지 않아 성읍의 규모가 비교적 작고 그 형태 역시 일정치 않았다. 구국을 방어하기 위해 平原城을 건축함과 동시에 산성을 쌓아 이 두 성을 연결하였고 군사요새와 城堡를 건축하였다. 비교적 대표적인 것으로 평원성인 오동성은 목단강의 좌안 즉 돈화분지의 중앙에 자리잡고 있다. 내외의 두성으로 나누어져 있는데 외성은 장방형으로 동서의 길이가 400m 남북의 너비가 200m이다. 내성은 정방형으로 변의 길이가 80m이고 외성의 중앙에서 서쪽으로 치우쳐 있다. 외성은 흙을 다져 쌓았는데 이미 무너져 버렸고 남문이 하나 있는데 내성의 남문과 상대를 이루고 있다. 내성 역시 흙을 쌓아 만들었는데 성 밖의 주위에 도랑을 만들었고 그 지세가 약간 높다. 이 성은 대조영의 건국 당시 구국의 도성이었다.

---

14) 孫秀仁 : 《唐代渤海的佛像和舍利函》, 《黑龍江古代文物》, 黑龍江出版社, 1979년

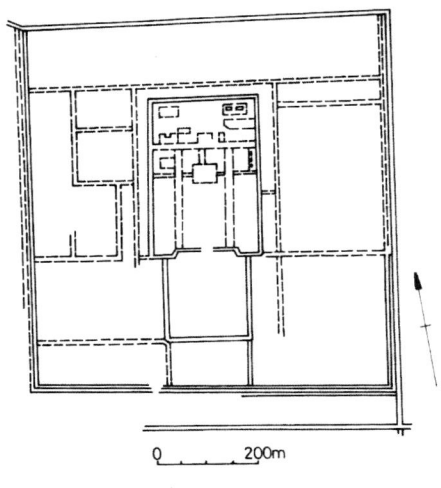

그림 4-12 발해 東京龍原府址

城山子山城은 오동성의 서쪽 10여 리에 있는 산위에 있다. 산성의 성벽은 산허리에 土壘를 쌓았고 동·남·서쪽은 반월형의 성벽, 북쪽은 절벽으로 그 아래에 大什河가 흐르고 있고 성벽에는 馬面이 있다. 동남문과 동문이 산허리에 위치하여 이곳을 지나야 산 아래로 내려갈 수 있다. 남문 밖에는 瓮城이 있는데 성내에서 원형의 房基地(주거지와 반수혈식의 矩形 건축 건물지가 발견되었다. 성산자산성은 형세가 험준하여 길림에서 돈화로 가는 통로를 차단할 수 있을 정도로 요긴한 장소로 구국 오동성의 군사적 성보일 가능성이 많다. 이외에도 돈화지역에는 石湖古城·黑石古城·馬圈子古城·通溝嶺山城과 南台子·大旬子·孫家般口 등의 방위요새적 성격의 성보가 있다.15)

755년 대흠무는 상경으로 도읍지를 옮기면서 적극적으로 당왕조의 문물을 수용하여 발해사회는 점차 발전되었고 국력 또한 강대해져 그 영역을 넓히면서 5경과 경부주현의 제도가 확립되었다. 따라서 성읍 또한 규모가 확대되고 분포지역이 넓어졌다. 특히 상경·중경은 당의 장안성을 모방하였다. 건축의 형태와 공예의 수준이 당왕조를 기준 삼았다는 것은 발해사회발전을 의미하는 것이었고 동시에 발해가 적극적으로 중원내지의 문화를 수용한 결과임을 보여주는 것이다.

상경성지는 외곽성과 황성 그리고 중성으로 나누어지는데 성 둘레

15) 王承禮 : 《吉林敦化牡丹江上游渤海遺址調査記》, 《考古》, 1962년 제11기.

는 37리로 규모로 말하자면 당시 아시아에서 두번째 가는 성시였다고
할 수 있다.

중경현덕부유적인 화룡서고성과 동경용원부유적(琿春八連城)은 규모
와 분포에 있어서 상경용천부와 기본적으로 흡사하며 역시 외곽성과
황성·궁성으로 나누어져 있다(그림 4-12). 황성은 내성이라고도 하며
그곳 사람들은 八連城 혹은 半拉城이라고 불렀다. 성의 형태는 방형으
로 동서는 700m, 남북은 730m이며, 성의 4벽에는 토축을 하였다. 담의
바깥쪽에는 도랑을 판 흔적이 있다. 동서남북에 각기 문을 두었다. 궁
성은 황성의 중앙에서 북으로 치우쳐있고 장방형으로 동서는 220m,
남북은 310m이다. 역시 사면에 성벽을 둘렀고 남·동·서의 3개의 문
이 있다. 성내에서 대형의 궁전터 두 곳과 소형의 궁전터 여섯 곳이
발견되었다. 외곽성은 심하게 파괴되어 유적의 형태를 명백하게 알아
볼 수는 없다.[16]

발해의 성읍 건설은 발해의 사회생산력이 상당한 수준에 이르렀음
을 나타내고 있다. 그런데 이런 성읍의 본래 목적은 주로 밖으로는 침
입에 대한 방비와 안으로는 통치의 중심과 거점을 강화하고자 하는
것이었기 때문에 이러한 성읍은 정치·군사의 수요에 따른 산물이었
다고 할 수 있다.

발해의 건물지로 역시 房屋址(주거지)·宮殿址·官署址·寺廟址가
있다. 上京東半城의 제1, 제2 주거지의 발굴상황을 근거로 하면 다음과
같은 결론을 얻을 수 있다. 이러한 불상을 안치한 일련의 절은 主殿(佛
殿)·左鐘·右藏의 몇 개의 부분으로 이루어 졌다. 殿 위에는 불단이
있고 주위에 회랑이 있으며 회랑의 좌측에다 鐘, 우측에다 藏이 있다.
불단 내에는 9존을 설치한 台座가 있어 1불·2승·3보살·2동자·2力
士가 안치되었다고 볼 수 있다. 그리고 불상의 장식이 당왕조의 奉先
寺에 있는 洛陽龍門석굴과 흡사하다.[17] 또한 고고학적 발굴을 근거로

16) 魏存成 : 《渤海城址的發現與分期》,《東北考古與歷史》제1집, 1982년
17) 李殿福 : 《從考古學上看唐代渤海文化》,《學習與探索》, 1981년 제4기.

하면 발해의 일반 평민의 주택은 일반적으로 비교적 소규모였다.

6) 社會習俗

가정과 혼인 : 발해는 엄격한 일부일처제를 실행하였다.《松漠紀聞》
에 기록된 것을 보면

> 부인은 모두 투기가 심하였다. 대씨가 다른 성의 10자매와 결합하여 번
> 갈아 가며 그 지아비를 살피는데 측실을 허용하지 않았다. 또한 그가 밖
> 에 나가면 독살할 속도를 꾸며 그가 특별히 좋아하는 여자를 죽이기도 하
> 였다. 지아비가 잘못을 범하였는데 그 처가 이를 깨닫지 못하면 나머지 9
> 인이 모여 이를 욕하고 시기와 질투로 서로 다투었다. 그런 까닭으로 거
> 란·여진의 여러 나라에 모두 女娼이 있고 귀족이 모두 小婦·寺婢가 있
> 었으나 오직 발해만이 이와 같은 것이 없다.(婦人皆悍妬, 大氏與他姓相結
> 爲十姉妹, 迭幾察其夫, 不容側室, 及他游, 聞則必謀置毒, 死期所愛, 一夫有
> 所犯, 而妻不知覺, 九人則群聚而詬之, 爭以忌嫉相夸. 故契丹·女眞諸國皆有
> 女娼, 而其良人皆有小婦·侍婢, 唯渤海無之)[18]

라고 기록되어 있다.

喪葬習俗

고고학적 발굴 유물로 볼 때 발해의 묘장은 대체로 5가지 형태로
나타난다. 土壙封土墓는 墓室이 장방형 토갱으로 이루어졌고 墓道가
있으며 묘의 밑부분은 生土로 되어 있다. 이 생토 위에 소량의 黃沙土
를 덮었고 화장을 하였으며 목관을 사용하였다. 石壙封土墓는 槨室을
石塊 혹은 石板으로 쌓았고 장방형 혹은 방형이다. 4면의 벽은 석괴를
쌓았고 그 안에 목관을 두고 봉토 하였다. 六頂山墓區에서는 화장한
흔적을 보이고 있으나 다른 곳에서는 나타나지 않는다. 石棺封土墓는
지면에서 돌출한 장방형의 墓穴로 석괴를 쌓아 4면의 벽을 만들고 큰

---

18) 李殿福 :《從考古學上看唐代渤海文化》,《學習探索》, 1981年 4期.

돌로 천정을 덮어 그 위에 봉토 하였다. 石室封土墓는 봉토가 높고 크게 솟아있고 묘실은 지상 혹은 지하에 만들었으며 묘실평면은 장방형 혹은 방형이다. 석괴로 4면의 멱을 쌓고 큰 돌을 덮었으며 甬道와 墓道가 있다. 정혜공주묘가 대표적인 것이다.[19] 磚室石頂封土墓는 묘실이 장방형으로 지하에 두었고 4벽은 푸른색의 벽돌로 쌓았다. 석판으로 천정을 덮고 묘의 천정은 塔의 형태르 만든 것으로 정효공주묘가 대표적이다.[20] 매장의 풍속은 木棺葬·화장·합장·2차장이었는바 이러한 것들은 말갈족의 특징일 뿐만 아니라 발해민족의 구성이 복잡했음을 반영하며 계급지위의 차별이 매장의 형태를 변하게 하였다. 이러한 매장의 풍속은 이미 고구려문화의 영향을 받은 데다가 점차 漢民族의 영향을 받았던 것으로 貞孝公主墓와 같은 형태가 나타나게 된 것이다.

당대의 발해왕국은 중국의 동북 변방지역의 광대한 지역에서 높은 문화수준을 형성하면서 중원과의 관계를 강화하고 민족적 융합을 꾀하면서 역사적 발전을 이루었다. 또한 일본·신라·고려 등의 일본열도와 한반도상의 고대국가와 왕래하면서 경제적·문화적 교류를 이룸으로써 중국의 동북지역에서 동북아시아의 역사문화를 발전시키는데 지대한 공헌을 하였다. 이러한 발해의 역사문화를 연구한다는 것은 다민족 중국과 동북아시아를 정확하게 인식하는데 필요할 뿐만 아니라 중요한 의의를 가지는 것이다.

---

19) 王承禮 : 《敦化六頂山渤海墓淸理發掘記》,《社會科學戰線》 1979年 3期.
20) 延邊博物館 : 《渤海貞孝公主墓發掘淸理簡報》,《社會科學戰線》, 1982年 1 期.

6. 渤海上京宮城 第1宮殿東一西廊蕪 유적
發掘報告 *

渤海 上京宮城 제 1 궁전 東·西廊晦유적 은 제 1 궁전 지 의 동·서 양쪽에 서로 대칭하여 각각으로 굽은 상태(참조 《渤海上京宮城 第 2·3·4號 Ｐ刊：發掘報告》그림 4-13 文物 1985年 11期)로 되어있다. 이 유적지는 1930년대 일본학자에 의해 발굴되었으나[1] 발굴 성과로 보면 노출된 대부분의 礎石을 제외하고 立柱·墻·地面·基礎結構 등의 정황은 알 수 없었다. 따라서 이 정황을 상세하게 알고 발해건축 및 그에 상관된 문제들을 더욱 깊게 연구하기 위해 1981년 제1궁전 西쪽 廊廚유적을 다시 발굴하였다(이하 西廊라 칭함). 고리고 1982년 제1궁전 동쪽 廊廚유적을 발굴하였다(이하 東廊이다 칭함). 그런데 東廊의 발굴작업이 아직 마무리지어지지 않았기 때문에 체계적인 정리작업이 전면적으로 이루어지지 않았다. 여기서는 그 주요 수확을 소개하는데 그치기로 하고 소홀한 것은 이후 다시 보고하기로 한다.

1) 地層堆積

제1궁전 동·서 廊晦유적의 지층퇴적은 비교적 얕아 발굴당시 이곳

---

* 黑龍江省文物考古工作隊『渤海上京宮城第一宮殿東西廊應遺址, 發掘淸理簡報』文物 1985 年 11期 pp.48~51

1) 原田淑人·駒井和愛等：《東京城渤海國上京龍泉府址の發掘調查》, 東京 1939年.
이 보고서에서는 이 궁전지를 제2궁전지라 하고 이 궁전 앞에 있는 宮成南墻昻正毫基 위에 있는 殿址를 제1궁전지라 하였다. 우리는 "宮城"중의 궁전지는 宮城城門壹基 위의 殿址는 포괄하지 않는다고 인식하여 제 1궁전지로 하였다. 또한 이 궁전지 양쪽의 廊應遺址는 이 보고서에서 回廊이라 하였는데 이에 대해 시금까지 국내 학계에 다른 견해가 있으나 우리는 깊은 연구를 하지 않아 寫說을 따르기로 하였다.

에서 농사를 짓고 있었음으로 말미암아 발해 시기의 地面상대를 유지
하지 못할 정도로 파괴되어 있었다. 대다수의 礎石은 이미 地面위로
노출된 상태였다. 東廊부분 地段의 지층 퇴적 상황은 20㎝의 表土層을
제거하면 廊房이 무너져 어지럽게 쌓인 퇴적층이 두께 약 15~24㎝로
있고 그 중에 많은 碎瓦白灰墻파편·草泥土塊와 소량의 殘廊이 있으
며 보편적으로 불에 탄 흔적을 나타낸다. 廊撫基址는 이 層 밑에 있다.

2) 유적

(1) 礎石排列

西廊의 발굴은 이미 완료되었고 東廊은 비록 완전히 끝나지 않았으
나 이미 발굴을 끝낸 부분의 정황을 보면 그 초석배열이 西廊의 대칭
되는 부분의 것과 완전하게 일치하고 있는 것으로 보아 東·西廊의
形制가 기본적으로 동일함을 알 수 있다. 따라서 우선 西廊의 초석배
열 형태를 발표하는 것이다(그림 4-13).

西廊은 제1궁전 西쪽의 慢道에서 시작하여 西쪽으로 약 50m지점까
지(초석의 중심점으로 계산) 다다르고 이곳에서 南으로 꺾여 남으로
꺾인 부분의 길이는 약 136m이다. 우리는 이 西廊을 東西向段과 南北
向段으로 구분하였다. 東西向段의 초석은 동서향으로 3列이 배열되어
있고 남북향으로 13列이며 초석사이의 종·횡의 거리는 대체로 균등
하여 대부분 4.5m정도이다. 단지 동쪽의 제1궁전 서쪽 慢道에서 약 1
5~30m에 이르는 段中의 4列 礎石 배열에 다른 점이 보인다. 즉 동서
향 중간列의 4개 초석의 위치에는 변화가 없으나 남북 양쪽의 초석은
밖으로 1.5m 정도 돌출되어 있다. 이 4列의 초석 중에서 그 동쪽列礎
石의 남북 兩端에 가까이 있는 2개의 초석은 조금 크며 중앙礎石의
양쪽에 있는 礎石은 약간 작다. 그 서쪽 列礎石의 배열형태도 동쪽 列
과 같으나 단지 남북 兩端에 있는 작은 초석이 후세에 옮겨 조성할
때 없어졌을 것이라고 여겨진다. 이 4列礎石은 동서길이 15m, 남북너비

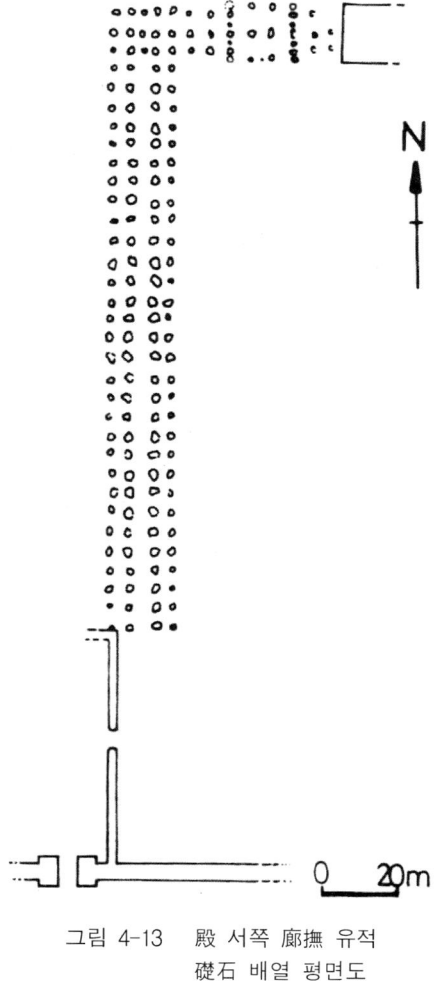

그림 4-13　殿 서쪽 廊撫 유적
礎石 배열 평면도

12m의 장방형으로 그 地面이 다른 地面보다 0.5m 정도 높은 것으로 보아 이 列礎石은 西廊가운데 모종의 특수한 의미를 가진 건축물이 있었을 것이라고 추측된다. 이러한 흔적은 東廊의 상응하는 지점에서도 발견된다. 西廊의 南北向段은 남북향으로 4列, 東西向으로 30列이 있다. 東에서 西로 향하는 동서향의 제1列 제2列 礎石 사이의 거리와 서로 같아 4m정도이다. 남북향의 제2列과 제3列, 즉 중간의 兩列礎石 사이의 거리는 약 6m 정도이다. 東西向列 사이의 礎石 간격은 대체로 균등하여 대부분 4.5m정도이다. 礎石 형태는 규칙적이지 않고 玄武岩의 石塊로 표면이 평탄하다. 남북향의 동·서 양쪽 列은 직경이 대체로 1m정도이고 두께는 약 30~40cm이며 중간 列의 초석은 약간 커 직경이 1.5m정도이다.

(2) 墻과 기둥

墻의 흔적은 西廊에 비록 남아 있기는 하나 東廊의 것만큼 명료하지 않다. 따라서 東廊의 南北向段을 예로써 들어 보면 두께 약 25cm의

墻砌가 동쪽列 礎石 중간에 있고 직경 약 20cm의 작은 기둥이 중간에 있다. 墻안쪽에 2cm 정도의 두께로 白灰를 바라 그 위에 紅色으로 그림을 그렸다. 墻바깥쪽에 두께가 일정치 않게 草를 섞은 진흙이 발라져 있다. 그 무너진 상황을 보면 白灰를 발랐던 墻조각의 面은 墻基 안쪽에 있었고 草를 섞은 진흙을 발랐던 面은 墻基 바깥쪽에 있었다, 이러한 정황 등을 볼 때 이 墻 내부에 일정한 거리 안쪽에 작은 기둥을 세웠을 뿐만 아니라 木板같은 종류의 칸막이가 있었으리라고 추측된다.

廊의 안쪽에서는 墻의 흔적을 발견할 수 없었으나 兩廊 안쪽列礎石의 바깥쪽 약 0.5m지점에 너비 약 30~40cm, 깊이 약 25~40cm의 작은 溝가 廊을 따라 균일하게 있는 것이 발견되었다. 溝 내부는 이미 퇴적물들이 어지럽게 쌓여 있었으나 溝 내부를 나누는 地段에 남아있는 몇 개의 돌을 근거로 하면 廊의 基礎를 보호하는 것으로 생각된다. 溝 내부와 양측 면에서 장방형의 靑磚이 출토되는 것으로 보아 廊 안쪽에 낮고 작은 난간종류의 건축물이 있었을 것이다. 廊柱는 비교적 굵어 東廊 바깥쪽 列의 따로 되어 있는 초석 위에 廊柱 밑 부분의 殘段이 남아 있는 것으로 판단하면 廊柱는 직경 35cm의 圓柱로 현재 초석 위에 직접 놓여져 있으며 부근에서 覆盆類를 설치한 흔적은 발견되지 않았다.

(3) 廊 내부의 地面

지금까지 발견된 廊 내부의 地面은 黃色粘土로 깔았으나 불에 타 黃色粘土의 표면은 두께 약 3cm의 紅燒面을 이루어 평탄하고 단단하게 되었다. 그 위에 磚이나 板을 깔았던 흔적은 보이지 않는다. 부분적인 지역에서 두께 약 2~3cm로 고운 모래를 깔았던 곳도~ 발견되었다.

⑷ 基礎結構

우리는 동・서 兩廊의 南北向段을 부분적으로 나누어 살펴보았다. 4
列礎石의 밑으로 고르게 구멍을 파서 만든 남북향의 基槽를 발견하였
다. 이 基槽는 남북을 관통하는 것이라고 여겨진다. 基槽의 底部는 礎
石平面에서 약 1.5m 깊이로 떨어져 있고 내부는 黃土로 層을 나누어
다지고 각 層 사이에는 고운 모래를 깔았다. 이렇게 다진 層의 두께는
약 10cm로 이곳과 基槽 양측면의 지표는 대체로 같은 높이이다. 즉 礎
石部位의 밑에 두께 약 30cm로 碎石을 깔고 그 위에 초석을 놓은 다
음에 둘레에 黃粘土를 채워 넣어 廊 내부로 하였다(그 표면은 廊 내부
의 地面이 된다). 두께는 약 50cm로. 그 표면은 대체로 초석의 표면과
동일한 평면이 된다.

3) 유물

출토된 유물은 대다수가 塼・瓦・鐵못 등의 건축재료이다.

瓦 : 암키와 수키와의 두 종류로 대부분 青灰色이며 瓦面은 무늬가
없고 안쪽은 布紋이 있다. 암키와는 길이 39cm, 너비 32~39cm, 두께
약 2.5cm이며 수키와는 길이 33cm, 너비 16.5~・18cm, 두께 약 1.5cm
이다.

塼 : 장방형의 青塼과 寶相花紋塼 殘片이 소량 출토되었다(그림 4-
14~1).

쇠못 : 형태가 4稜錐形로 되어 있으며 횡단면은 방향 혹은 장방형이
다. 그 길이의 길고 짧음으로써 대체로 2종류로 나눌 수 있다. 하나는
길이 8~9cm로 멸板종류에 사용하던 못이고 다른 하나는 길이 18~20
cm로 들보도리 종류에 사용하던 못이다.

兩廊에서 출토된 유물이 많지 않고 완전한 상태로 남아있는 것 역
시 적으며 또한 이러한 자료들이 지금까지 정리되지 않아 상세한 정
황은 앞으로 있을 발굴 보고에서 전체적으로 소개하기로 한다.

4) 小結

제1궁전 東·西 양쪽의 廊 蕪유적은 근래에 이곳에서 농경을 하고 또한 이전의 발굴이 신중하지 못하여 중요한 유적의 형태가 파괴되었다. 따라서 현재 발굴 정리하는 데 많은 어려움이 있다.

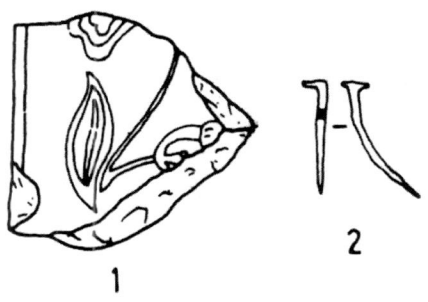

그림 4-14　1. 寶相花紋磚, 2. 鐵釘

따라서 이번의 발굴에서 많은 수확이 있었으나 여전히 추측할 수밖에 없었다,

먼저 兩廊 東西向段의 중간부분에서 상호 대칭적인 모종의 특수한 의의를 가진 建築單元을 발견하였다. 이것이 이번 발굴의 가장 큰 수확이었다. 제1궁전지 평면의 礎石배열상황과 唐大明宮 正衙含元殿과 麟德殿 前殿의 礎石배열상황이 기본적으로 일치하며[2] 그 배치형태 역시 어느 정도 흡사하다. 含元殿 東廊 남쪽에 翔鸞閣이 접하고 있고 西廊 남쪽에 栖鳳閣이 접하고 있으며 麟德殿 東廊에 郁儀樓가 있고 西廊에 結麟樓가 있음을 볼 때[3] 제 1궁전 東·西廊 중의 建築單元 역시 이런 종류의 樓 또는 閣종류의 부속건물이라고 생각된다.

다음으로 동·서 兩廊의 南으로 꺾인 부분의 礎石배열은 東西向 4列, 南北向 30列인데 일본학자는 발굴 당시 東西向의 1列을 빠트려 그 보고서 중에서 이 부문의 廊房結構를 "桁行 28間"이라 하였으나 현재 발굴된 것은 29間이다. 이외에 兩廊의 立柱·墙·地面 및 基礎結構 등의 관한 것 역시 일본학자의 보고 중에는 빠져 있다.

---

2) 含元殿의 상세한 정황은 馬得志의 《1959~1960년 唐代明宮發掘簡報》(《考古》 1961年 7期)에 있고, 麟德殿의 정황은 中國科學院考古硏究所의 《唐長安大明宮》(科學出版社,1959년)에 있으며 발해 上京 제1궁전의 정황은 原田淑人·駒井和愛等의 《東京城 －渤海國上京龍泉府址の發掘調査》(東京, 1939年)을 참조하였다.

3) 《雍錄》卷1

제1궁전 동·서 兩廊蕪유적의 建造년대는 제1궁전의 축조보다 약간 뒤로 잡을 수 있다. 출토된 건축재료의 대부분이 불에 탄 흔적이 있는 것으로 보아 東·西 兩廊 모두 불로 소실되었음을 알 수 있다. 宮城의 주요 전축이 모두 불에 탄 흔적이 있는 것으로 보아 宮城도 함께 불에 타 없어졌다고 여겨진다. 이러한 宮城 전체의 화재는 거란이 발해를 멸망시킨 후 모종의 필요성에 의해 대규모로 성을 불태웠을 가능성이 매우 높다. 문헌 중에 거란이 발해 상경성을 파괴한 기록이 많이 나타나나 발해가 東丹國을 세우고 상경성을 天福城으로고지고 나서는 城을 불태운 것에 관한 기록이 보이지 않는다. 따라서 거란이 이 城에 대해 대규모적인 파괴를 행한 것은 東丹國으로 南遷(928년)한 전후라고 생각된다.

7. 渤海上京城內의 주거지 發掘報告 *

발해 上京龍泉府城址의 발굴을 종합하기 위하여 흑룡강성 文物考古工作隊 발해 연구실 및 목단강시 文管站, 寧安縣文管所의 몇몇 사람들이 1981년 7월부터 1984년 11월까지 城內의 午門台基 및 門墩, 1호 殿台基 및 양쪽 慢道, 東西長廊, 宮城南墻의 2, 3, 4호 門址 및 일부분의 城墻, 水溝 등의 유적지를 발굴하던 중 3호 門址를 발굴하면서 이 주거지를 발견하였다.

주거지의 위치는 宮城南墻 서쪽 3호 門址 西門墩의 서북 모서리이며 編號를 F₁(그림 4-15)이라 하였다. F₁은 T₁내에 있으며 그 퇴적상태가 비교적 단순하므로 T₁西壁을 例로씨 들기도 한다. 제1층은 표토층으로 흑갈색이며 두께는 0.15~0.2m이다. 제2층은 황갈색이며 두께는 0.2~0.4m로 이 층 내에서 대량의 白灰와 木炭塊가 출토되었고 유물이 비교적 많았다. F₁은 이 층 밑에서 시작된다. 제3층은 黃砂土로 두께는 0.1m이고 이 층 밑은 生土이다.

1) 유적

3호 門址 西門墩과 城墻사이의 모서리에는 장방형의 灰坑이 한 개 있다. 編號는 H₁으로 한다. 남북의 길이는 2.3m, 너비는 1.9m, 깊이는 0.35m이다. 城墻의 北壁 上部는 F₁에 의해 약간 파괴되었다. F₁의 烟筒은 H₁의 서북모서리 위에 있다. H₁내에서 토기의 뚜껑(蓋), 罐이 각 1개씩 출토되었는데 모두 泥質灰陶이며 녹로를 사용해 만들었다.

---

* 黑龍江省文物考古硏究所『渤海上京宮內 房址發掘簡報』北方文物 1987. 1, pp. 38~42.

F₁은 지면을 단단하게 다진 위에 남북 너비 3.8m, 동서길이 4m로 축조하였다(墙 역시 안에 있음). 墙은 기본적으로 黃土에다 약간의 석괴를 혼합하여 쌓았고 너비 0.2~0.4m, 殘高 0.15m이다. 南墙의 東半部는 3호 門의 西門墩 北壁 중 약간 서쪽의 일부분으로 이루어졌다. 墙내에는 9개의 기둥구멍이 있는데 그중 1개

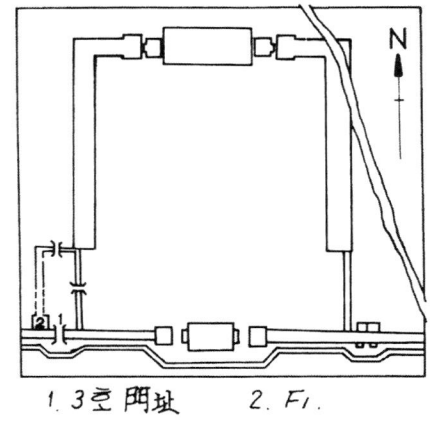

그림 4-15 F1위치도

가 길이 0.12m 너비 0.06m의 장방형인 것을 제외하고 모두 원형으로 직경 0.1~0.12m, 깊이 0.06~0.18m이다.

房내의 지면은 남북너비 3.5m, 동서길이 2.4m이다. 房내의 동남부에서 길이 1.3m, 너비 0.5m, 두께 0.04m의 炭化木板이 발전되었는데 가로로 구멍이 뚫려 있는 흔적이 있는 것으로 보아 房門에 쓰여지던 물건으로 추측된다.

房내의 서북모서리에 길이 · 너비 각 1m의 방형의 竈가 있다. 竈膛의 밑 부분은 孤形에 가까우며 上口의 길이와 너비는 각각 0.6m, 깊이는 0.36m이다. 竈壁은 석괴를 0.2m의 너비로 쌓고 居住面보다 0.24m 높다. 竈壁과 밑 부분은 모두 불에 구워진 홍갈색으로 매우 견고하다. 竈門은 · 竈의 남쪽에서 약간 서쪽으로 치우친 곳에 너비 0.4m, 높이 0.25m로 설치하였다. 竈膛의 서북모서리에 높이 0.1m, 너비 0.12m의 火口가 있고 이것은 坑내의 烟道와 서로 통하고 있다.

房내의 서쪽에 길이 3.3m, 너비 1.15m, 높이 0.35m의 石板坑이 있다. 坑내에는 각각 너비 0.36~0.38m, 깊이 0.13~0.18m의 남북향의 咽道(炕洞)가 2개 설치되었고 위에는 두께 0.08~0.1m의 큰 玄武岩石板이 炕面 역할을 하고 있다. 房址의 서남쪽 모서리에 길이 0.7m, 너비

0.92m, 殘高 0.4m의 방형의 烟筒이 있다. 烟筒의 內徑은 길이 0.22m, 너비 0.36m이다. 烟筒의 북쪽 아래에는 너비 0.25m 높이 0.1m의 방형의 烟洞과 炕의 서쪽 烟道는 서로 통해 있다(그림 4-16).

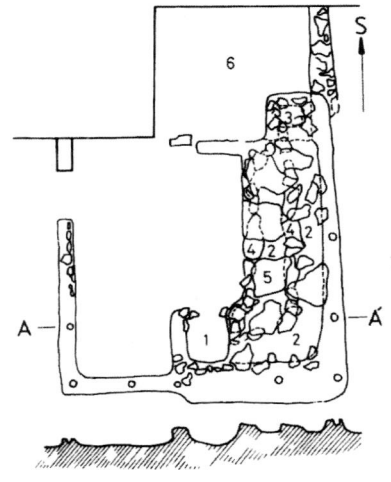

그림 4-16 F1의 평면도 및
단면도(3 : 20)
1. 竈 2. 烟道 3. 烟筒 4.烟道隔墙
5. 炕板石 6. 灰坑

2) 유물

(1) T1 제2층 출토유물 〈토기〉

토기는 모두 泥質灰陶로 점토의 띠를 쌓아 손을 빚어 만들었고 불에 구운 온도가 비교적 높아 단단하다 하나만 무늬로 장식하였고 나머지는 모두 무늬가 없다. 器形은 罐·鉢·碗·缸·壺 등이 있다.

罐 2개－T_1(2) : 29는 구연부가 넓고 頸部가 좁으며 腹部는 볼록하고 底部는 평탄하다. 구연부의 직경은 26cm이다 (그림 4-14(4)). T_1(2). : 30은 구연부가 넓고 頸部는 좁으며 腹部의 밑부분이 안쪽으로 약간 들어가 있고 底部는 평탄하다. 底部 가까이에 직경 4cm의 둥근 구멍이 1개 나있다. 구연부의 직경은 19.6cm, 높이는 18cm이다(그림 4-17~1).

壺 1개－T_1(2) : 28은 구연부가 넓고 구연부가 둥글며 구연부가 좁고 腹部는 볼록하다. 구연부의 직경은 8cm이고 殘高는 17.2cm이다(그림4-17(6)).

碗 2개－$T_1$② : 34는 구연부가 넓고 구연부는 둥글며 腹部는 약간 볼록하고 底部는 평탄하다. 구연부의 직경은 14cm, 높이는 6.2cm이다 (그림 4-17(3)). T1② : 37은 구연부가 넓고 구연부가 方形이며 頸部

가 좁고 腹部 밑부분이 안쪽으로 들어갔다. 구연부의 직경은 11cm, 殘高는 4.8cm이다(그림 4-17(7)).

缸 1개-T₁② : 32는 구연부가 직립되고 구연부가 2중으로 되어 있으며 용기의 표면에 줄무늬가 있다(그림 4-17(2)).

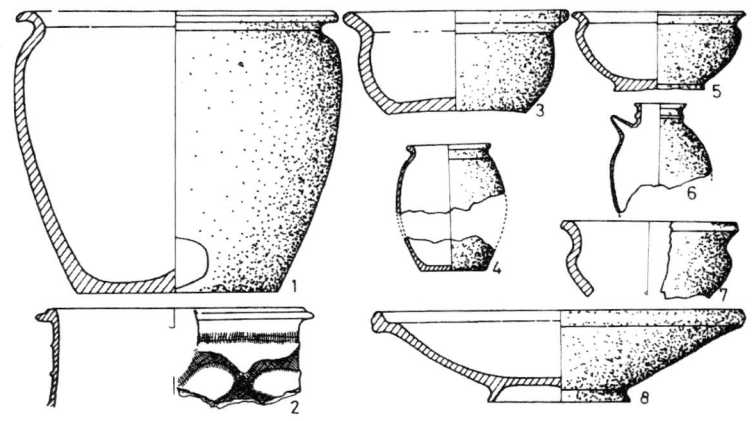

그림 4-17   토기 1. 罐(T₁② : 30) 2. 缸(T₁② : 32) 3. 碗(T₁② : 34) 4. 罐(T₁② : 29) 5. 鉢(T₁② : 36) 6. 壺(T₁② : 18) 7. 碗(T₁② : 37) 8. 뚜껑(H1 : 1)

〈鐵器〉

마차끝 휘갑쇠판 1개-T1② : 25는 형태가 대체로 圓形에 가깝고 外緣에 서로 대칭하여 輻齒가 있다. 직경은 7.8cm, 높이는 4.5cm이다(그림·4-18(1))

보습 1개-T₁② : 14는 대체로 원추형을 이루며 底部는 평탄하고 上部는 弧形으로 돌출 되어 있다. 銎이 있고 殘長은 18cm이다(그림 4-18(7)),

鏃 3개·-T₁②) : 3은 鏃身이 뱀의 머리 형태를 이루며 鋌은 짧다. 전체의 길이는 5.8cm이다(그림 4-18(2)). T₁② : 2는 鏃身은 柳葉形에 가까우며 鋌이 있고 下部의 鉗에 작은 구멍이 1개 나 있다. 전체의 길

이는 8.5cm이다(그림 4-18(3)). T₁② : 5는 鏃身이 3角形에 가깝고 길
이는 8.5cm이다(그림 4-18(4)).

　刀 1개-T₁② : 1은 刀身이 柳葉形이고 柄部에 鋬이 있으며 方形의
柄首로 되어있다. 길이는 7.2cm이다(그림 4-18(6)).

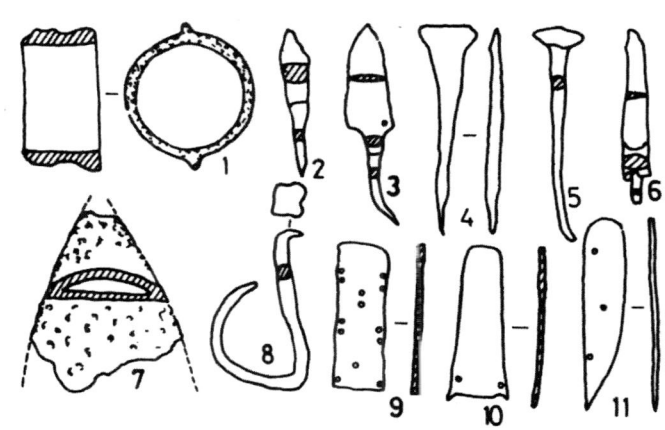

그림 4-18 F1②출토의 鐵器
1. 마차끝 휘갑쇠관 2.~4. 鏃 5. 8. 못 6. 刀 7. 보습 9.~11. 鎧甲

　鎧甲片 20개-형태에 따라 3종류로 분류할 수 있다. 첫째, 長方形으
로 鉆위에 2개의 구멍이 1組를 이룬 작은 구멍이 4~6組 있다(그림4-
18(9)). 둘째, 刀形으로 圓頭와 尖頭가 있으며 3개의 작은 구멍이나 있
다(그림 4-18(11)). 셋째 梯形으로 2개의 구멍이 나있다(그림 4-
18(10)).

　釘 14개-T₁② : 9는 釘帽를 국자형태로 만들고(그림 4-18(8)), T₁
② : 17은 釘帽가 斗笠형태이다(그림 4-18(5)).

　이밖에 직경 2.5cm의 "開元通寶" 1개와 紅色의 漆器殘片 및 藍·褐色
의 顔料가 출토되었다.

⑵ 房內의 출토유물

〈陶器〉

罐 2개-泥質褐陶로 점토의 띠를 쌓아 녹로를 이용해 제작하였다. T_1 : 7은 구연부가 넓고 구연부가 둥글며 腹部는 볼록하고 底部는 평탄하다. 구연부의 직경은 8.6cm, 높이는 16.8cm이다(그림 4-19(1)).

單耳罐 1개-F∴ 6 모래가 섞인 灰陶로 구연이 넓고 구연부가 두꺼우며 頸部는 좁다. 頸밑에 4줄의 凹弦紋을 새겼고 底部는 평탄하다. 구연의 직경은 9.8cm, 높이는 13cm이다. (그림 4-19(2)).

碗 2개-泥質灰陶로 모두 녹로를 이용해 제작하였다. 구연이 넓고 구연부가 둥글며 肩이 있다. 腹部는 경사졌으며 底部는 평탄하다. 구연의 직경은 16.8cm 높이는 8.2cm이다. (그림 4-19(5)).

솥 2개-泥質灰陶로 손으로 제작하였다. 腹部가 직선이며 底部는 둥글다. 그중 하나의 내부에 鎔銅이 있었다(그림 4-19(3~4)).

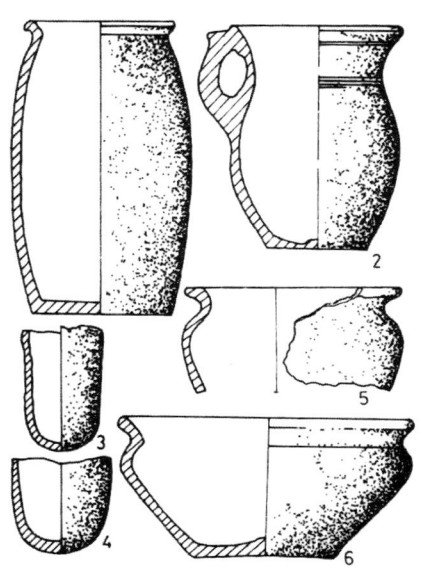

그림 4-19 F1출토의 토기
1. 罐 2. 單耳罐 3.4. 솥 5.6 碗

〈鐵器〉

마차끝 휘갑쇠판 3개-T_1 : 5는 輨의 外緣에 2개의 齒가 서로 대칭 되어 있다.

직경 8.7cm, 두께 0.9cm이다 (그림 4-20(1)). F1 : 9은 輨의 外緣에 5개의 齒가 균일한 간격으로 나있다. 직경은 7.8cm 두께는 0.9cm이다. (그림 4-20(2)). F1 : 11은 輨의 外緣에 5개의 齒가 균일한 간격으로 배치되어 있고 직경은 4cm, 두께는 0.6cm이다(그림4-20(3)). 망치 1개-F1 : 10은 長方形이며 측면은 梯形이다. 錘의 중앙에 길이 2.7cm, 너비 1.4cm의 長方形구멍이 있다. 錘의 길이는 8.7cm, 너비는 5cm이다(그림 4-20(4)).

挿 1개-F₁ : 15는 弧刀으로 鋩이 있다. 단면은 V형태이고 器身은 兩頭釘(鉚釘)으로 연결하였다. 길이는 15cm 너비는 5.3cm이다(그림4-20(5)).

뚜껑 1개-F₁ : 3 蓋위에 3줄의 둥근 凸弦紋이 있고 중앙에 錐形의 꼭지가 있다. 紐身에는 7줄의 凸弦紋을 하였다(그림 4-20(8)).

水晶珠 1개-F1 : 1은 원형으로 鑽의 구멍이 있으며 광택이 뛰어나다 (그림 4-20(7)).

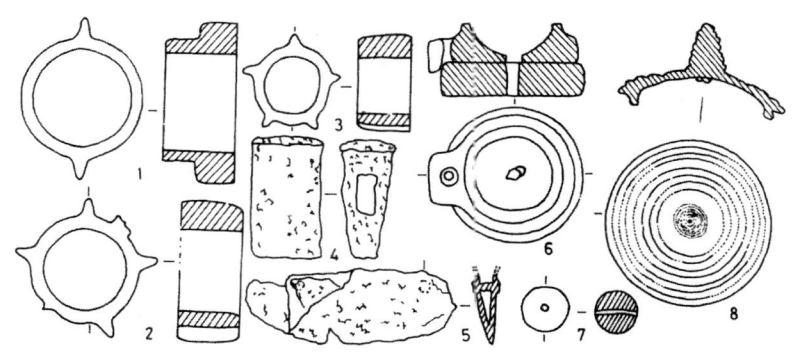

그림 4-20 F1출토의 鐵·石器
1.~3 마치끝 휘갑쇠판 4. 망치 5. 꽂는 것(쐐기) 6. 맷돌 7. 水晶珠 8. 뚜껑

陶佩飾-F1 : 2는 陶佩 위에 金을 박은 것으로 正面에 이러한 花紋을 하였다.

이외에 狍子의 복사뼈 1개가 출토되었다. 이것은 오랜 시간 사용하여 광택이 나며 매끄럽다.

3) 結語

주거지는 2·3號 「門址와 같이 불에 탄 후 폐기되었다.[4] 그런데 房

內에서 출토된 陶器와 주거지의 지층과의 관계를 보면 이 주거지가 발해上京宮城내의 후기건축물임을 알 수 있다.

房內 火炕의 축조형식과 5호 宮殿 서쪽에 있는 殿의 火炕 축조형식은 기본적으로 일치하며5) 단지 그 규모상에 있어서 차이가 날 뿐이다.

이번에 출토된 유물, 예를 들어 鐵器蓋, 漆器殘片 등은 당시 비교적 높았던 수공업생산 수준을 반영하고 있다. 鍾, 釘, 車棺 및 炕내에서 출토된 솔 등의 유물을 보면 당시의 房主人은 수공업 노동에 종사하던 사람임을 추측할 수 있다. 이외에 출토된 갈고·꽂는 것 등은 房主人이 수공업노동에 종사함과 동시에 농업생산과 가공도 하였음을 설명해 준다. 그리고 房 부근에서 발견된 대량의 鎧甲片, 鏃, 주거지 또는 宮城을 나가는 주요 城門곁에 설치한 "內重門" 등으로 판단해 볼 때 발해 후기에 전쟁이 빈번하였고 이 門은 방어적 목적이 있었음을 알 수 있다.

房內에서 출토된 陶器와 地層 중에서 출토한 陶器의 胎土, 제작기법, 형태 등은 일정한 차이를 나타내어 城內 건축지의 斷代的 현상을 말하는 새로운 實物的 증거가 된다.

이번에 출토된 開元通寶, 紅色의 漆器殘片, 陶佩飾에 金을 박은 것 등은 이전에는 드물게 나타나는 것이다.

주거지가 門곁에 만들어진 것은 일반민의 房이 아님을 설명해 준다. 3호門 남쪽과 이 房과 대응하는 지점에 주거지가 하나 있으나 파괴가 심하여 그 형태, 규모를 상세히 알 수 없다. 이렇게 城門 양쪽에 房을 축조한 현상은 唐 長安城의 "明德殿" 유적지와 같은 것으로 이것 역시 "문지기"가 숙직하는 門房이다.6)

4) 《渤海上京城 2, 3, 4號 門址發掘簡報》, 《文物》1985年 第11期.
5) 東西考古學會 《東京城—渤海國上京城龍泉府址의 發掘報告》 東方考古學叢刊 甲種第五典, 1939年(日文)
6) 《唐代長安城明德門遺址發掘簡報》, 《考古》 1974年 第 1 期.

8. 黑龍江 海林 二道河子 渤海고분 *

　黑龍江省 海林縣 二道河子中學 부근의 발해墓群은 1979년 省 전체의 문물을 조사할 때 발견되었다.[1] 1983년 5월 蓮花저수지 수몰지역을 발굴·조사하면서 이곳의 墓地를 다시 조사하여 그중 4基의 고분(編號 $M_1 \sim M_4$)을 발굴하였다.

1) 槪況

　二道子河公社中學은 海林縣 鎭 동북쪽 약 60km지점의 牡丹江 左岸의 계단상의 지형에 위치하며 中學 서남쪽 4km지점이 公社의 소재지이다(그림 4-21)), 이곳은 목단강 중·하류의 협곡지대에 속하여 지세가 비교적 광활하고 평탄한 계단상의·지형으로 앞은 江面보다 5~8m 높으며 뒤쪽은 점차 높아져 연이어 구릉을 이룬 산들에 접해있다. 학교운동장의 동남쪽에 있는 耕地에는 발해 시기의 封土積石墓

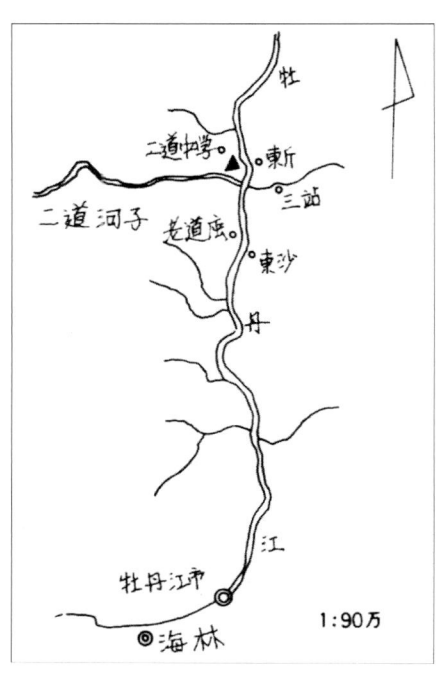

그림 4-21　海林二道河子 발해 고분위치도

*　黑龍江省文物考古硏究所『黑龍江海林二道河子渤海墓葬』北方文物 1987. 1, pp. 34~37
1)《牡丹江中下游考古調査》, 1980年 油印稿.

20여基가 분포하고 있고 墓區의 범위는 남북이 약 250m, 동서가 약 100m이다. 축조한지가 오래되어 풍우에 침식되었고 또한 이곳 주민들이 집을 세우기 위해 돌을 채취하거나 농경지로 이용하였기 때문에 심하게 파괴되어 많은 石塊가 지표위에 방치되거나 다른 곳으로 옮겨진 것도 있어 불규칙적으로 돌이 쌓인 · 墓를 형성하고 있다. 따라서 대다수가 돌더미의 밑에 墓室이 있으나 또한 墓室이 없는 것도 있고 墓室 위가 돌더미 대신에 지표면보다 약간 높게 土丘로 된 것이 있다.

墓室은 일반적으로 耕地層 밑의 黃砂層에 묻혀 있고 墓頂石이 지표면에 노출된 것도 있다. 발굴을 마친 4基의 墓는 1基는 비교적 대형의 多室石壙封土墓이고 2基가 平頂石室封土墓, 나머지 1基는 石棺封土墓이다. 이 墓들은 일찍이 도굴 당하여 현재 墓壙만 보존상태가 양호하며 墓內의 부장품은 많지 않고 尸骨도 거의 남아있지 않다. 墓內에 불에 태운 흔적이나 木炭조각이 있는 墓가 있다.

2) 고분形制

M₄는 大型石壙封土墓로 1개의 主室과 2개의 측실(耳室)로 되어있다(그림 4-22(2)). 북쪽으로 학교가 120m 떨어져 있고 동쪽으로 목단강 邊이 15m 떨어져 있다. 발굴하기 전 墓室 위쪽에는 직경 5m, 높이 1m에 남하는 돌더미가 있었다, 묘의 방향은 265°이다. 묘벽은 형태가 불규칙적인 크고 작은 석괴를 2~3층으로 쌓았고 그 틈새는 砂土와 碎石으로 메웠다. 主室은 중간에 위치하며 長方形으로 室內는 동서길이 2.9m, 남북너비 2.2m이다. 4면의 石壁의 두께는 약 1m씩이고 上部는 파괴되어 殘高가 0.6~0.8m이다. 石壁 안쪽 면은 정연한 형태로 쌓여 있고 4곳의 모서리부분도 약간 둥글게 되어있다. 墓門은 너비 0.9m로 西壁의 중앙에 설치하였다. 門의 남북 양쪽에 각각 1塊의 大石을 수직으로 세워 門頰을 만들었으나 上面에 門楣는 보이지 않는다. 墓門 바깥쪽은 돌을 쌓아 봉하였다.

묘의 上部가 이미 파괴되어 主室의 封頂방식을 알 수는 없으나 직접 封土한 것으로 여겨진다. 主室의 남북 양쪽에 主室과 통하지 않는 1개씩의 측실이 있다. 평면은 장방형으로 북쪽 측실은 길이 2.5m, 너비 약 0.8m이며 남쪽 측실은 길이 2.1m, 너비 0.6m이다. 측실은 主室의 한쪽 壁을 직접 하였고 나머지 3壁은 석괴를 쌓아 만들어 두께 0.3~0.6m, 높이 약 0.4m이다. 남쪽 측실의 上部에 하나의 大石板이 가로로 걸려있는 것으로 보아 측실은 석판을 이용해 封頂하였음을 알 수 있다.

墓室 底部는 황색의 砂土로 되어있고 墓內는 碎石가 반점 모양으로 뭉쳐있는 黃砂를 함유하는 흑회색의 砂土로 메워져 있다. 主室의 東南쪽 모서리에서 사람의 무릎뼈(膝蓋骨) 1개와 말의 어금니 1개가 출토되었다. 墓內에는 복원이 가능한 陶器 2개와 鐵甲片 1개, 殘鐵獨개가 있었다. 토기의 殘片은 비교적 많아 모래가 석인 紅褐色陶가 주류를 이루고 泥質의 灰陶가 다음으로 많다. 그리고 少量의 泥質의 紅褐色陶와 모래 섞인 灰·褐陶가 있다. 器形은 罐·壺·鉢 종류가 많고 器物의 구연은 외반된 2중구연이 비교적 많고 외반된 尖脣·直口尖脣·수축된 平脣도 있다. 측실에서는 小量의 陶片만 출토되었고 다른 유물은 없었다.

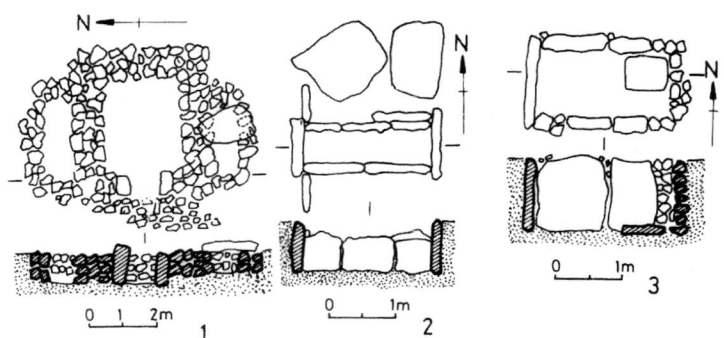

그림 4-22 고분의 평·단면도
1. M₄ 2. M₃ 3. M₁

M₃은 單人石棺封土墓로 학교에서 東北으로 30m지점에 위치한다(그림 4-22(2)). 평면은 장방형으로 길이 2m, 너비 5m 깊이 0.7m이다. 墓의 4面의 石壁은 가공한 석판을 수직으로 세워 만들었다. 石板은 黃灰色의 砂岩으로 두께 10~15cm, 너비 70cm, 길이 100cm 정도 된다. 墓의 西쪽 石板의 양쪽에 각기 1개의 石板을 접속시켜 흡사 "双耳"형상을 나타내고 있다. 이것을 근거로 하면 西쪽 끝이 墓室의 앞쪽이 됨을 알 수 있다. 墓의 방향은 260°이다. 墓의 천정은 2塊의 大右板을 덮어 봉하였으나 발굴 당시 頂石은 이미 열려져 墓室의 北쪽에 방치되어 있는 상태였다. M₃매장은 비교적 알게 하여 가장 깊은 곳이 지표에서 0.9m이다. 발굴하기 전 지표는 농경지로 이용되어 돌이 쌓여있지 않았으나 墓壁의 보존상태는 양호하여 기본적인 부분은 뒤섞이지 않은 상태였다. 墓의 底部는 黃色砂土이고 墓내부는 黃砂가 섞인 黑土로 메웠다. 이 墓는 일찍이 도굴 당하여 尸骨이 보이지 않고 3개의 모래 섞인 홍갈색의 토기편만 출토되었다. 이 토기편은 손으로 제작한 것으로 무늬가 없고 器形을 알 수 없다.

M₁은 石室封土墓로(그림 4-22(3)) 학교에서 동남쪽으로 70m지점에 위치한다. 발굴 전 지면에 직경 약 3m, 높이 0.4m의 土丘가 있었고 그 위에 돌들이 덮여 있었다. 墓室은 장방형이고 북·남·서의 3壁은 크고 긴 석판을 수직으로 세워 만들었으며 석판 사이의 틈새는 작은 석괴로 채웠다. 동쪽 벽과 남북 2壁의 동쪽 끝은 석괴를 쌓아 봉하였다. 墓의 천정은 石板으로 봉한 흔적이 보이지 않는다. 墓壁의 상부는 약간 안쪽으로 경사졌고 墓底部는 동서길이 1.95m, 남북너비 1m. 墓의 깊이는 1.1m이다. 墓의 내부는 두 부분으로 나누어 흙으로 메웠다. 상층은 소량의 黃砂와 석괴가 섞인 黑土로 두께 0.6m이고 하층은 黃黑色의 가는 모래로 두께 0.5m이다. 유물은 下層에서 많이 출토되었다. 墓底는 黃砂土이다. 墓底의 東쪽 끝부분 北壁 근처에 매끄럽고 윤이 나는 면이 위쪽을 향하게 石板 1개가 놓여 있었다. 이 石板은 길이 0.6m, 너비 0.5m, 두께 0.1m로 작은 잔 3개가 놓여 있었다. 이것은 부

장한 冥器라 여겨진다. 墓底의 중앙에서 불에 탄 흔적을 볼 수 있었고
또한 불에 탄 흔적이 있는 사람의 두개골 조각과 팔다리뼈가 각각 1
개. 木炭 1개가 발견되었다. 이외에 鐵甲片 6개, 부서진 陶罐 2개가 출
토되었다.

M₂는 長方形의 石室封 墓로 학교에서 南쪽으로 120m 지점, 東쪽으
로 M₄가 약 12m 떨어져 있다. 墓室은 남북길이 약 2m, 동서너비
0.9m, 깊이 1.3m이다. 이 墓는 파괴상태가 심하여 동서 양쪽 壁의 크
고 긴 석판이 각기 1개씩 남아있는 것을 제외하고 나머지 부분의 석
판은 일찍이 사람들에 의해 파괴되었다. 墓내부를 메운 흙은 2층으로
구분된다. 상층은 碎石이 섞인 흑색의 砂土로 두께 0.6m이고 하층은
두께 0.7m의 黃黑色 砂土이다. 하층에서 토제의 紡輪 1개, 토기편이
여러 개, 그리고 부서진 사람뼈 조각이 출토되었다. 토기편은 모래 섞
인 홍갈색이 많고 모래 섞인 흑갈색의 토기片도 약간 있다. 西壁右板
의 안쪽지표에서 0.6m 떨어진 상·하층의 교차지점에서 완전한 형태
의 2중구연 深腹의 陶罐 1개가 출토되었다.

3) 출토 유물

4基의 墓에서 완전한 형태 혹은 복원이 가능한 陶容器 7개, 토제 방
추차 1개; 鐵甲片 7개, 殘鐵錫 2개가 출토되었다.

(1) 토기

盤口長頸壺(1개, M₄ : 1)−완전한 상태로 출토되었다. 泥質의 灰陶로
불에 구운 온도가 비교적 높고 輾轤를 이용해 제작하였다. 唇部는 날
카로우며 腹部는 볼록하고 平底이다. 頸部에는 볼록한 선 무늬로 둘렀
고 肩部는 얕은 홈을 둘렀다. 口沿의 직경은 7.6㎝, 腹部의 가장 넓은
곳의 직경이 14㎝, 밑부분의 직경 10㎝. 높이 20.5㎝이다(그림 4−
23(1)).

2중구연 深腹罐(4개) 모래 섞인 紅褐色의 陶器로 口沿이 넓고 구연부가 두꺼우며 腹部가 깊고 平底이다. 손으로 제작하였다(그림 4-23(2~4)). 이중에서 M₄ : 3은 頸部에 볼록한 선무늬를 한 줄 둘렀고 肩部에는 한곳에 十字로 음각한 것이 보인다. 口沿의 직경은 9.6cm, 가장 넓은 腹의 직경은 10cm이다.

鼓腹罐(1개, M₁ : 7)-口沿部가 부서져 불완전한 상태이다. 泥質의 黑灰色의 陶器로 眉部는 3줄의 오목한 弧紋을 장식하였고 그 사이에 호선문과 파도문을 하였다. 腹部에는 3줄로 송곳으로 찌른 듯한 형태의 무늬를 둘렀다. 녹로를 사용하여 만들었고 불의 온도는 비교적 높다(그림 4-23(7)).

敞口平底鉢(1개, M₂ : 3)-완전한 상태로 출토되었다. 모래 섞인 紅陶로 唇部가 날카롭고 둥글며 平底이다. 무늬는 없고 손으로 제작하였다. 口沿의 직경은 11cm, 바닥면의 직경은 6cm, 높이는 4cm이다(그림 4-23(9)).

작은 잔(3개)-모두 완전한 형태로 출토되었다. 무늬는 없고 手制이다. 불의 온도는 비교적 낮고 器形이 불규칙적이며 器壁은 두께가 균일하지 않다. M₁ : 1은 口沿이 약간 넓고 腹이 볼록하며 平底이다. 口沿外 직경은 5.2cm, 腹의 가장 넓은 곳의 직경은 6cm, 밑바닥의 직경은 5cm, 높이 5.6cm이다(그림 4-23(8)).

방추차(1개, M₂ : 2)-완전한 형태로 출토되었다. 泥質의 紅陶로 圓台形이며 두께는 0.8cm이다. 상부의 표면에는 6개의 손톱문이 방사선 형태로 배열되어 있다. 중심에 있는 둥근 구멍의 직경은 0.5cm이다(그림 4-23(11)).

이외에 田字形의 무늬와 弦紋의 띠에 젖꼭지모양의 圓圈紋을 가한 陶片이 출토되었다.

(2) 鐵器

鐵甲片(7개)-두 가지 유형으로 나눌 수 있다. 첫째 유형은 평면이 약간 菱形으로 길이 5.2cm, 너비 3.4cm, 두께 0.1cm이며 직경 1.5mm의 작은 구멍이 6개 뚫려있다 (그림 4−23(6)). 다른 유형은 표면이 長方形으로 1개만이 양쪽 끝부분만 약간 남아있을 뿐이다. 남은 길이는 7.2cm 너비 2.7cm, 두께 0.1cm이며 上面에 직경 2mm의 작은 구멍이 12개 뚫려있다(그림 4−23(12)).

　　鐵鍋(2개)−2개 모두 절단되어 있다. 잘라진 면의 형태는 "D"형이다. $M_4 : 32$의 남은 길이는 6cm, 너비 0.8cm, 두께 0.2cm이다.

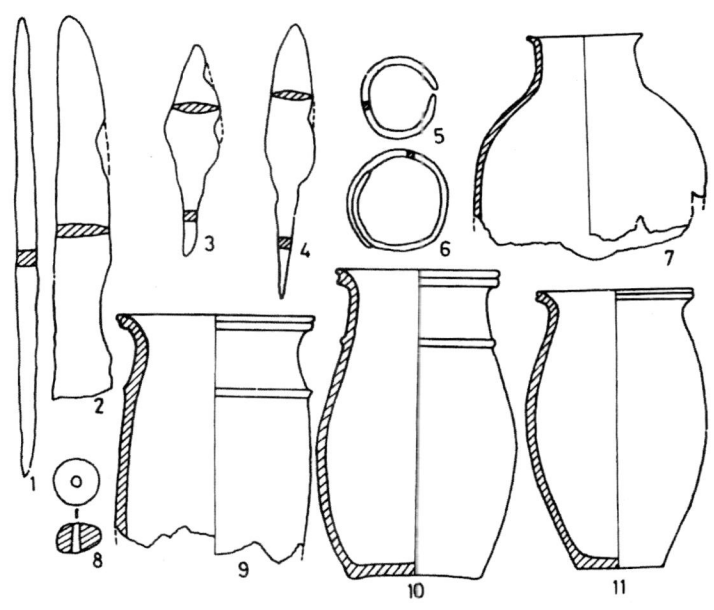

그림 4-23 출토 유물

1. 盤口長頸壺 2.~4. 深腹罐 5.10. 帶紋鉢陶罐 6.12. 鐵甲片 7. 鼓腹罐
8. 토제 작은 잔 9. 陶鉢 11. 토제 방추차

4) 結語

이번에 발굴한 4基의 墓는 모두 발해 시기에 흔히 보이는 封土積石墓이다. 墓葬의 形制로 보면 이도하자 M₄의 主室과 흑룡강성 東寧縣 大城子 발해墓地의 M₁과 매우 흡사하며2) 모두 大型石壙封土墓에 속한다. M₁과 길림성 화룡현 北大 발해墓地 M₂₆은 石壁封土墓로 서로 흡사하며3) 墓壁은 석괴를 이용해 쌓았거나 긴 석판을 세워 壁을 만들고 평면은 장방형이고 墓道는 없다. M₃과 흑룡강 해림 산저자4)·길림 육정산5) 등에서 발견된 小型石棺封土墓는 대체로 흡사하다. 토기의 특징으로 보면 二道河子 M₂·M₂·M₄에서 출토한 2중구연 深腹罐, 즉 "鞋鞨罐"이라 부르는 것은 和龍北大·六頂山·大城子 등에서 출토한 것과 서로 같거나 매우 흡사하다. M₄에서 출토한 盤口長頸壺와 화룡 북대 묘지에서 출토한 長頸寬眉壺는 서로 비슷하다.6) 이외에 이도하자 묘지에서 많은 陶器의 眉部·腹部에 볼록하거나 오목한 弧紋장식이 있는 것은 화룡북대의 陶器에서도 자주 나타나고 있다.7) 이로써 이도하자 묘군의 연대가 발해 시기라는 것을 알 수 있다.

이도하자 발해 고분은 다른 곳의 발해고분과 많은 비슷한 점을 가지고 있을 뿐만 아니라 또한 뚜렷한 독자적인 특징도 가지고 있다. 지금까지 발견된 발해고분은 모두 南北向의 封土墓이고 墓道나 墓門이 南쪽에 있으며 墓室이 대다수가 單室(双室은 1基만이 발견되었다)이

2) 黑龍江省文物考古 工作隊·吉林大學歷史系考 古專業:《東寧大城子渤海墓葬發掘簡報》,《考古》, 1982年 第 3 期.
3) ,6).7) 延邊博物館:《和龍縣北大渤海墓葬淸理簡報》,《東北考古與歷史》, 1982年 第 1輯.
4) 黑龍江省文物考古 工作隊·吉林大學歷史系考 古專業:《東寧大城子渤海墓葬發掘簡報》,《考古》, 1982年 第 3 期.
5) 黑龍江省文物考古 工作隊·吉林大學歷史系考 古專業:《東寧大城子渤海墓葬發掘簡報》,《考古》, 1982年 第 3 期.
6) 孫秀仁 :《略論海林山咀子渤海墓葬的刑制·傳統和文物特征》,《中國考古學會第一次年會論文集》, 1979年, 文物出版社.
7) 王承禮·曹正榕:《吉林敦化六頂山渤海古墓》,《考古》, 1961年 第6 期.

나[8) 이도하자에서 발굴한 4基의 墓 가운데 2基가 서쪽으로 열려있고 또한 1基에 主室과 측실로 구분되는 多室石壙封土墓이다. 이것은 발해 고분을 연구하는데 새로운 자료를 제시해 준다.

이외에 M_4의 2개의 측실과 M_3서쪽 끝의 "双耳"형태의 2개의 石板이 모두 좌우로 대칭되어 있는 것은 이 지역의 고분건축에 있어 造型상의 특징으로 주의해 보아야 하는 현상이다.

고분군 발굴의 참가자는 牡丹江地區文管站 金乃庚, 虎林縣圖書館 宋智禮, 黑龍江雀文物考古硏究所・喬梁・吳英才・李延鐵・劑曉束 등이다.

---

8) 鄭永振: 《渤海墓葬硏究》, 《黑龍江文物業刊》, 1982年 第 2 期.

9. 黑龍江 海林 北站村의 渤海墓 試掘 *

北站村은 목단강 左岸에 위치하며 서남쪽으로 약 37㎞지점에 海林
縣城이 자리하고 있고 해림현 柴河鎭에 속한다(그린 4-24).·墓地는
村에서 서쪽으로 약 1.5㎞떨어진 서쪽의 산에서 동남쪽으로 이어지는
완만한 구릉지대로 고분이 밀집되어 분포하고 있어 墓사이의 거리가
1~2m 정도 되며 50여基가 있다. 전체 墓의 평균높이는 지표에서 0.
8~1m 정도이며 그 위에는 잡초가 무성하게 자라고 있다. 그곳의 농
민들이 장기간동안 여기서 돌을 채취하였기 때문에 대부분의 墓가 파
괴되었다. 이 고분군은 흑룡강성박물관이 1958년 4월 목단강 하류를
발굴 조사할 때 발견된 것으로 이
미 보고된 바가 있다.[1]

1983년 5월 흑룡강성 文物考古工
作隊는 목단강 중·하류 蓮花댐 수
몰구역을 발굴조사하면서 墓地서남
쪽의 3基(編號 83HBM1~M₃)를 선
택하여 시굴하였다. 발굴참가자는
흑룡강성문물고고공작대 呂遵祿·
李陳奇와 해림현도서관 嚴鳳奎이
다. 시굴결과는 다음과 같다.

이번에 발굴한 3基墓는모두 장방
형의 평행천정 封土墓이나. 그 축
조순서는 먼저 地面보다 약간 낮게

그림 4-24   海林北站 渤海墓
위치도

 * 黑龍江省文物考古研究所『黑龍江海林北站渤海墓試掘』北方文物 1987. 1 pp. 32~33
    p. 112.
 1) 黑龍龍省博物館 : 《牡丹江中下游考古調古簡報》《考古》, 1960年 第4期.

장방형의 土坑을 판 후 石塊를 이용하여 4壁을 쌓았다(그 중 한 면을 門으로 남겨두고 양쪽 측면에 2개의 긴 돌로 기둥을 세우고 그 위에 가로로 하나의 板石을 얹어 門楣를 만들었다. 그 밑에 횡렬로 작은 石塊를 한 줄 놓아 門檻을 조성한 후 石塊로 門을 막았다). 그 후에 다시 長條形 또는 方形의 석판으로 천정을 덮었고 마지막으로 흙으로 墓를 봉하여 圓丘형태를 이루었다(그림 4-25). 墓壁 안쪽은 비교적 평평한 돌을 이용해 쌓았고 上部가 약간 안쪽으로 들어갔으며 그 외부는 돌을 쌓은 형태가 매우 불규칙적이다. 墓를 축조하는데 이용한 석괴는 그 지역에서 산출되는 화강암이다. 사용된 석괴는 단지 약간의 가공을 하거나 거의 가공하지 않아서 크기가 일정치 않아 매우 불규칙적인 형태를 나타낸다.

M$_1$ 墓는 남향이며 동쪽으로 18°치우쳐 있고 깊이는 0.95m이다. 墓口는 길이 2.45m 너비 1.30m이다. 墓頂의 蓋石은 2塊로 형태가 불규칙한 方形의 大石板이다. 墓門은 南壁 정중앙에서 열도록 되어있다. 墓바닥에 木炭과 人骨(그중 불에 탄 뼈가 있다)이 어지럽게 널려있는 것으로 보아 葬式에 일정한 法이 없었음이 판별된다. 이외에 墓바닥北部에서 鐵鍬 2개, 鐵刀와 鐵錐 각 1개가 발견되었고 西南쪽 모서리에서 갈아서 광택이 나는 灰陶罐 1개가 출토되었다.

M$_2$: 墓는 남향이며 東쪽으로 30°치우쳐 있고 깊이는 0.75m이다. 墓口는 길이 2.20m, 너비 1.80m이다. 천정의 蓋石은 3塊로 형태가 불규칙한 장방형의 大石板이다. 墓門은 南壁의 서쪽에 치우쳐 있다. 墓바닥에 人骨이 널려 있어 근처에 頭骨 있었으며 동북쪽 모서리

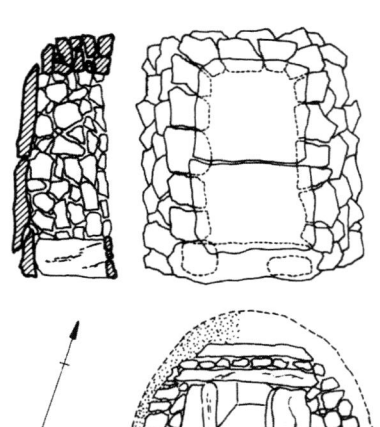

그림 4-25 海林北站M$_1$ 북원도

와 중앙부에서 下肢骨과 上肢骨을 발견하였으나 부패가 심하여 葬式을 명확히 알 수 없다. 頭骨의 東쪽옆에 모래가 섞인 흑갈색의 陶罐이 1개 있었다.

M₃ : 墓는 남향이며 東쪽으로 35°치우쳐 있고 깊이는 0.7m이다. 墓口는 길이 3m, 너비 2.10m이다. 墓頂의 蓋石은 역시 3塊의 형태가 불규칙한 긴 石板으로 무게가 무거워 千餘斤에 달하는 것도 있다. 墓門은 역시 南壁에 만들었으나 약간 서쪽으로 치우쳐 있다. 墓바닥의 동북모서리, 서북모서리, 西壁內側과 北壁內側에서 각각 부패한 人骨을 발견하였다. 이 人骨은 4개의 개체에 속하는 것으로 보아 2次로 遷葬하였음을 추측할 수 있다. 그리고 人骨 중 불에 탄 骨이 있고 그 주변에 잘게 부서진 木炭이 발견되는 것으로 보아 당시 火葬의 풍속이 있었다고 여겨진다. 부장품으로 모래 섞인 黑褐색의 陶罐과 銅·은제 귀고리 및 瑪瑙珠장식품 등이 있다.

  3基의 墓에서 출토된 유물은 모두 11개로 鐵器·陶器와 銀·銅·石으로 만든 장식품 등이다.
  鐵刀 1개(83HB M₁ : 1)—刀部는 弧形이고 背部는 직선이며 柄部는 약간 좁고 한쪽이 안쪽으로 오목하게 들어가 있다. 전체길이는 10cm이다(그림 4—26(2)).
  鐵鏃 2개—하나는 (83HB M₁ : 2) 菱形으로 횡단면과 투시면이 서로 비슷하고 脊이 없는 4稜의 화살촉으로 전체길이는 5.6cm이다(그림 4—26(3)). 다른 하나는(83HB M₁ : 3) 柳葉形형으로 횡단면은 M₁ : 2와 일치하며 脊이 없는 4稜의 화살촉으로 전체길이는 7.3cm이다(그림4—26(4)).
  쇠송곳 1개 (83HB M₁ : 4)—가늘고 긴 4稜形으로 전체길이는 12cm이다(그림 4—26(1)).
  동제 귀고리 1개(83HB M₃ : 5)—銅絲를 구부려 만들었다. 직경은 2.7cm이다(그림 4—26(6)).

은제 귀고리 1개(83HB M_3 : 5)―銀絲를 구부려 만들었다. 직경은 2.2cm이다(그림 4―26(5)).

瑪瑙珠 1개(83HB M_1 : 4)―圓形에 가까우며 중앙에 구멍이 나있다. 紅色으로 약간 투명하며 직경은 1.2cm이고 구멍의 직경은 0.25cm이다(그림 4―26(8)).

泥質磨光灰陶罐 1개(83HB M_1 : 1)―녹로를 이용하여 만들었고 질이 단단하며 정교하다. 구연이 작고 頸이 곧으며 腹部는 둥글고 볼록하다. 밑부분은 파손되어 없어졌다. 殘高는 24cm, 구연의 직경은 12cm이다(그림 4―26(7)).

모래 섞인 黑褐色陶罐 3개―모두 구연부가 두껍고 頸部가 좁다. 손으로 제작하였고 굽는 온도가 낮고 고르지 않아 조잡하다.

① (83HB M : 1)――腹部가 약간 곧으며 구연의 직경의 腹部의 가장 넓은 곳의 직경과 비슷하다. 頸밑에 볼록한 弦紋이 한줄 있고 밑부분은 파괴되어 남아있지 않다. 구연의 직경은 10cm, 殘高는 12.8cm이다(그림 4―26(9)).

② (83HB M_3 : 2)―腹이 약간 밑으로 늘어져 있고 구연의 직경은 腹部의 가장 넓은 곳의 직경보다 작다. 頸밑에는 역시 한 줄의 볼록한 弦紋이 있고 底部는 안쪽으로 약간 오목하게 들어갔다. 구연의 직경은 8.4cm, 底部의 직경은 6.8cm, 전체높이는 16cm이다(그림 4―26(10)).

③ (83HB M_3 : 1)―腹이 약간 볼록하고 구연의 직경은 ②와 마찬가지로 腹部의 가장 넓은 곳의 직경보다 작다. 구연의 직경은 8cm, 底部의 직경은 4.3cm, 전체높이는 14.6cm이다(그림 4―26(11)).

이번에 발굴한 3基의 墓의 形制와 돈화육정산[2]·寧安大朱屯[3]·海林頭道河子[4] 및 和龍北大[5] 등지의 墓地는 부분적으로 고분이 서로 일

---

2) 王承禮·曹正榕 : 《古林敦化六頂山渤海古墓》, 《考古》, 1961年 第6期.
　　王承禮 : 《敦化六頂渤海墓葬淸理發掘記》, 《社會科學戰線》, 1973年 3期.
3) 黑牝江省博物館 : 《牡丹江中下游考古調査仙報》, 《考古》, 1960年 第 4 期

치하고 있다. 즉 모두 장방형의 평행천정 封土墓이다. 이런 형태의 묘
장은 발해고분의 주된 형식의 하나로 분포 범위가 넓고 수량도 역시
많다.

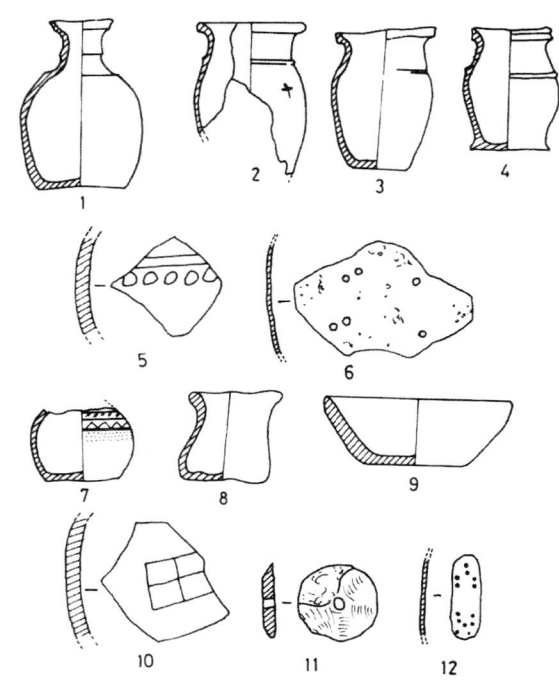

그림 4-26 출토유물

　1. 쇠송곳　2. 鐵刀　3.4. 鐵鏃　5. 은제 귀고리　6. 동제 귀고리　7.
泥質陶罐　8. 瑪瑙珠　9.10.11. 夾砂陶罐

　3基의 墓에서 출토한 토기는 胎土에 따다 모래 섞인 흑갈색의 토기
와 泥質의 夾陶의 둘로 구분된다. 前者는 비교적 조잡하며 주로 부장
품용으로 제작한 器皿일 것이고 後者는 녹로를 이용해 제작하여 비교

　4) 呂遵祿 : 《黑龍江寧安・林口發現古墓葬群》, 《考古》, 1962年 第11期.
　5) 延邊~博物館 : 《和龍北人渤海墓葬淸理簡報》, 《東北考古與歷史》, 1982年 第1輯

적 정교하며 實用器라고 생각되고 이것이 그 시대의 토기제작 수준을
반영하는 것이라 여겨진다.

3基의 墓는 紀年이 없고 출토된 유물도 적다, 그런데 현재까지 발해
고분의 시대구분 문제가 확실하게 해명되지 않은 상태이므로 이墓의
구체적인 연대를 확정하기 어렵다.

발해 고분의 시대구분은 이후 발해 考古研究 중에서 신속한 해결을
이루어야 하는 중요한 과제 중의 하나이다.

●역자●

최무장(崔茂藏) 경희대학교 중문학과 졸업
대만대 대학원 고고인류학과(석사과정), 프랑스 파리제1대(고고학박사과정),
문화재관리국 상근전문위원, 건국대학교 박물관 관장, 건국대학교 부교수, (현)
건국대학교 사학과 교수, (현) 건국대학교 박물관 관장, 한국고대학회 회장, 한
국선사고고학연구소 소장
저서로는『중국의 고고학』,『한국의 구석기문화(개정판)』,『고구려 고고학』,
『교양 고고학』,『구석기시대』,『문화와 환경』외 다수

● **渤海의 起源과 文化**

●초판 발행 2002년 10월 30일
● 2   쇄 2003년 10월 30일

●엮 은 이 최무장
●펴 낸 이 채종준
●펴 낸 곳 한국학술정보(주)
경기도 파주시 교하읍 문발리
파주출판문화정보산업단지 538-2
전화 031) 908-3181(대표) · 팩스 031) 908-3189
홈페이지 http://www.kstudy.com
e-mail(e-Book사업부) ebook@kstudy.com
●등   록 제일산-115호(2000. 6. 19)
●가   격 31,000원

ISBN 89-534-0528-9 93910 (Paper Book)
89-534-0529-7 98910 (e-Book)